W0172119

Die Autorin

Gerta Ital, eine deutsche Künstlerin, folgte nach jahrzehntelangen Studien und körperlichen wie geistigen Übungen einem inneren Ruf nach Japan. Dort fand sie in den fünfziger Jahren als erste westliche Frau Anschluß an die Gemeinschaft der Zen-Mönche. Ihre Erfahrungsberichte wurden zu Klassikern der Begegnung mit östlichem Denken und der Kultur Japans.

In diesem Bericht über ihren zweiten Aufenthalt in einem japanischen Zen-Kloster hat Gerta Ital die Zeugnisse eigener Erfahrungen in der Meditation, in der Lösung von Koans und in den Übungen zum Erlebnis der Erleuchtung niedergelegt. In den wenigen Jahren, die zwischen ihrer ersten und zweiten Reise nach Japan lagen, sind einschneidende Veränderungen im Kloster ihres verehrten Zen-Meisters eingetreten. Zwar sind die moralische Unversehrtheit und die fromme Hingabe des Roshi davon nicht berührt, ebenso wenig wie die Praxis der Meditation des Koans mit ihrer unerbittlichen Disziplin und ihren beglückenden Erlebnissen. Doch der Verfall ist zu spüren – er bildet eine geschichtliche Parallele zu dem Verlust christlicher Substanz.

Die Meditation über ein Koan, der Durchbruch zum Einen, die Erfahrung der glückseligen Befreiung behalten dennoch ihre Kraft und Gültigkeit. Wie in alten Zeiten bemühen sich auch heute Schüler um die Wahrheit des All-Einen und um das Erlebnis der Erleuchtung.

In der Reihe Goldmann Esoterik
liegt von Gerta Ital außerdem vor

»Der Meister, die Mönche und ich« (11731)

GERTA ITAL

AUF DEM WEGE ZU SATORI

Übersinnliche Erfahrungen
und das Erlebnis der Erleuchtung

GOLDMANN VERLAG

Made in Germany · 11/87 · 2. Auflage
Lizenzausgabe mit Genehmigung des Scherz Verlags, Bern und München
© 1971 by Otto Wilhelm Barth Verlag GmbH,
(im Scherz Verlag, Bern und München)
Umschlaggestaltung: Design Team München
Druck: Elsnerdruck, Berlin
Verlagsnummer: 11701
Lektorat: Michael Görden · Herstellung: Klaus D. Voigt
ISBN 3-442-11701-1

Es waren zwei Ereignisse innerhalb des Jahres 1967, die dazu führten, daß mein lebenslanges Widerstreben von Dingen zu berichten, die mir auf meinem langen Weg der re-ligio zu Gott begegnet waren, zuerst ins Wanken gebracht wurden: Ein Buch und ein Gespräch. Bis dahin hatte ich nicht beabsichtigt, meinem im Jahre 1966 im O. W. Barth Verlag erschienenen Buch: »Der Meister, die Mönche und ich – im Zen-Buddhistischen Kloster« noch etwas hinzuzufügen. Diesem Bericht über die Praxis in einem japanischen Zen-Kloster als Schülerin von einem der größten lebenden Meister mit den inneren Auseinandersetzungen über ein, vom Meister gegebenes Koan, die nicht eher endeten, bevor es sich in einem beispiellosen Durchbruch zum »Einen« als das Eine selbst offenbart hatte, diesem, aus unmittelbarem Erfahren und unmittelbarer Erschütterung geschriebenen Bericht kann kein weiteres Wort hinzugefügt werden.

Dieser »Erleuchtungsweg« im Zen war das überwältigende Finale eines in, um und mit Gott ringenden Lebens, dem – im irdischen Körper – wohl kein weiterer Höhepunkt mehr folgen kann.

Was aber ging diesem Finale voran?

Wohl hatte ich in meinem Buch über den ersten, ausschlaggebenden Eingriff des Himmels sowie über die großen Prüfungen berichtet, nicht aber über die, in ihrer Art vielleicht einzig dastehenden, sogenannten »mystischen« Erlebnisse. Für mich allerdings waren diese Erlebnisse keineswegs »mystisch«. Sie waren – und ich glaube jedem meiner großen Vorgänger und Vorgängerinnen in der Geschichte der Mystik wird es ebenso ergangen sein – sie waren »wirklicher« als das sogenannte »reale«, täglich zu lebende Dasein.

Das Buch, das den ersten Anstoß zu der Frage an mein Inneres gab, ob mein Schweigen weiterhin gerechtfertigt sein könnte, war das Erinnerungsbuch des verstorbenen, berühmten Schweizer Psychologen C. G. Jung: »Erinnerungen, Träume, Gedanken« *). Nicht daß ich beim Lesen dieses Lebensweges mit seinen Träumen, seinen Spuk- und okkulten Begebenheiten auch nur die geringste Ähnlichkeit mit meinem eigenen Weg gefunden hätte. Nein, was mich so nachhaltig beeindruckte, war der Mut, mit dem Jung Erlebnisse sehr mittleren Grades aus seinem Unbewußten erzählte, die völlig uninteressant gewesen wären, wenn sie nicht eben von C. G. Jung gestammt hätten, allerdings mit Ausnahme der visionären Erlebnisse von unheimlicher Kraft während einer schweren Erkrankung. Auf diese in ihrer Art einmaligen Transzendenz-Erfahrungen möchte ich an passender Stelle noch zurückkommen.

Jung hat, um die Phänomene der Schizophrenie, die ihm als jungem Arzt an der psychiatrischen Universitätsklinik in Zürich zum ersten Male in ihrer ganzen erschütternden Unbegreiflichkeit entgegengetreten waren, von ihrer Ursache her erkennen und dann behandeln zu können, begonnen, sich persönlich mit diesen Dingen auseinanderzusetzen. Er hat das, was er das Unbewußte nannte, sein Leben lang h e r a u s g e f o r d e r t und mit ihm gelebt, um einen Heilsweg für seine Patienten zu finden. Er tat dies aber auch aus eigener Faszination.

Die Antworten allerdings, die ihm auf seine Herausforderung wurden, blieben – abgesehen von den oben erwähnten – begrenzt, für ihn selber oft jahrelang fragwürdig, und sie beschränkten sich auf Kundgebungen aus der sogenannten »Zwischenwelt«. Aber der Mut, sie mitzuteilen und darzutun, wie ihn sein eigenes Ego gewissermaßen gezwungen hatte, diesen Weg zu gehen, um als Seelenarzt neue Wege weisen zu können, war es, der mich veranlaßte, mir selber die Frage vorzulegen, ob mein Schweigen noch immer gerechtfertigt sein könnte.

Ich hatte nicht herausgefordert. Das, was mir nach und nach, nachdem ich dem ersten Anruf gehorcht hatte, zugestoßen war, kam jedesmal unerwartet und unvorhergesehen. Als Himmels-Eingriff. Und was sich dabei ereignete, das war so einmalig und nur als strikt persönlicher Eingriff zu begreifen, wie auch jedesmal mit derart weitreichenden Folgen, daß sie mein Leben nicht nur in seiner Haltung bestimmten, sondern es von Grund auf veränderten, indem sie

---

*) C. G. Jung: »Erinnerungen, Träume, Gedanken«, Rascher, Zürich.

es äußerlich zerstörten, damit es das gewünschte, nur auf dem inneren Wege zu erreichende Ziel würde finden können.

Aus den Lebensbeschreibungen der berühmten Mystiker waren mir deren Erlebnisse zum großen Teil bekannt. Doch alle waren grundsätzlich anders als die meinen. Vergleichen ließ sich nichts. Sollte, durfte ich nun darüber berichten? Ich kam zu keinem Ergebnis meiner Überlegungen.

Aber ich hoffte, es würde sich als Frucht meines, für das Frühjahr 1967 geplanten zweiten Aufenthalts im Zen-Buddhistischen Kloster in Japan bei meinem Rôshi ganz von selber herausstellen.

Meditationen über dieses Thema waren dann in Japan nicht mehr nötig, weil sich vorher eine merkwürdige Begegnung ereignen sollte, die ich als einen Fingerzeig des Schicksals ansehen mußte.

Eines Vormittags wurde ich angerufen. Ein Herr war am Apparat, nannte seinen Namen und bat in ausgezeichnetem, nur mit einem fremden Akzent versehenen Deutsch, ob er mich aufsuchen dürfe. Als ich zögerte, sagte er, daß ein deutscher Verwandter ihm vor längerer Zeit mein Buch geschickt und daß er die erste günstige Gelegenheit benutzt habe, um nach Deutschland zu fliegen. Er kam aus dem hohen Norden Skandinaviens. Am Nachmittag saß er mir gegenüber: Ein sehr gut aussehender Herr, Anfang fünfzig, groß, schlank, fast hager, elegant. Sein tragisches Erlebnis, das ihn zu mir getrieben hatte, war folgendes: Er hatte vor einem Jahr seine Frau und seinen einzigen Sohn durch einen Unglücksfall verloren.

Sie hatten sich, wie jeden Morgen in den Pfingstferien, der schön aber kühl war, während er in seiner Fabrik war, zum Schwimmen fahren lassen. Der Chauffeur wartete im Wagen.

Plötzlich sah er, wie der 14jährige Harald einen Arm wie winkend aus dem Wasser hob und dann untertauchte. Er nahm an, daß Harald seiner Mutter zugewinkt habe, die auf ihn zuschwamm. Auf einmal waren beide verschwunden.

Ehe der Chauffeur aus dem Wagen war und seine schwere Uniform, während er auf den Strand zuraste, abgeworfen hatte, war es zu spät. Beide waren schon ertrunken und abgetrieben und wurden erst nach mehreren Stunden geborgen.

»Harald hatte im kalten Wasser«, fuhr Herr v. M. im Erzählen fort, »wie die Obduktion ergab, einen Herzkrampf erlitten, sich an die Mutter geklammert und, als er sank, meine sehr zarte Frau mit sich in die Tiefe gerissen.«

Herr v. M. hatte seine Frau vor 18 Jahren auf einer seiner Geschäftsreisen in Indien kennen gelernt. Ein Jahr später hatten sie geheiratet und waren dann regelmäßig in Abständen von zwei Jahren für mehrere Wochen nach Indien geflogen – um verständlichem Heimweh vorzubeugen.

»Wir liebten uns und waren unendlich glücklich. Meine Frau war im hinduistischen Glauben erzogen, tief gläubig und eine glühende Verehrerin des großen Ramakrishna. Ich hinderte sie in nichts. Sie hatte ihren eigenen Gebetsraum.« Mein Besucher hielt inne im Sprechen und bat, eine Zigarette rauchen zu dürfen. Nach ein paar langen Zügen fuhr er fort:

»Der einzige Kummer meiner Frau war, daß ich nicht die Spur religiös war. Christlich-protestantisch erzogen, hatte ich mich, nur um meine Eltern nicht zu kränken, noch konfirmieren lassen. Dann aber hatte ich keine Kirche mehr betreten, denn ich fand alles, was von der Kanzel herab über Gott erzählt wurde, einfach absurd. Und nicht nur ich, allen meinen Altersgenossen erging es ähnlich. Ich versuchte, so gut ich konnte, aus meinem Leben auf anständige Weise das Beste zu machen. Es fiel mir leicht, weil ich glücklich war.« Mein Besuch machte oft kleine Erschöpfungspausen, die ich ebensowenig unterbrach wie sein Erzählen.

»Die Doppelkatastrophe traf mich wie – ja – ich finde kein Wort dafür. In den ersten Tagen war ich so betäubt von dem Schlag, daß ich nichts begriff und wie ein Schlafwandler umherging und die nötigen Dinge so erledigte, als ob ein Automat in mir alles bewerkstellige.

Als ich aus dieser Erstarrung erwachte, brach ich zusammen und beschloß, auf der Stelle den beiden geliebten Menschen zu folgen. Mein Weiterleben war sinnlos geworden. Ich nahm Veronal.

Was sich danach ereignete, das ist es, was mich heute zu Ihnen führt. Irgendwann kam ich in einem Krankenhaus wieder zu mir. Aber das wußte ich nicht. Ich dachte, ich sei tot. Denn als ich das Erwachen, ich möchte sagen: das überklare Erwachen meines Geistes spürte, da sah ich meine Frau, dicht vor mir. Sie war so schön wie in der ersten Zeit unserer Liebe, lächelte mir zu und sagte: ›Wir sind glücklich.‹

Noch zweimal fiel ich in Bewußtlosigkeit zurück und jedesmal wiederholte sich beim geistigen Erwachen dasselbe Erlebnis. Meine Frau stand strahlend vor mir und sagte: ›Wir sind glücklich.‹

Später berichteten mir die Ärzte, daß sie zwei Tage lang um mein Leben gekämpft hätten. Aber das ist unwichtig. Wichtig ist etwas Unerklärbares. Denn: Als ich von den Toten sozusagen wieder auferstanden war, da war die Verzweiflung über meine Tragödie verschwunden. Und das nur wenige Wochen nach dem Verlust. Wieder begriff ich nichts und war ohne Unterlaß auf der Suche nach meinem Schmerz. Aber es half nichts, es war Tatsache: Ich war auf unbegreifliche Weise von allen Qualen befreit. Aber auch befreit von mir selber. Nichts war mehr über Gebühr wichtig, obwohl ich meine Pflicht tat, wie eh und je.

Dann kam Ihr Buch, das mich erschütterte. Irgend etwas in mir war so stark ergriffen, daß ich beschloß, die Meditationsübungen, so wie Sie sie beschrieben hatten, genau auszuführen. Endlich wollte ich mir selbst oder meinem Selbst, das ich nicht kannte, auf die Spur kommen, damit ich in der eigenen Haut nicht mehr wie ein Fremder stecken mußte.

Den Lotossitz war ich durch meine Frau seit Jahren gewohnt. Ich saß also ohne Schmerzen früh morgens, ehe ich ins Werk fuhr, eine Stunde und abends zwei Stunden. Manchmal sogar die halbe Nacht.

Sie haben in Ihrem Buch von einem mystischen Erlebnis berichtet, von der Begegnung mit einem außerirdischen Meister, über die Sie sagten, daß sie Ihr ganzes Leben in der Folge verändert habe.

Auch ich habe, nach etwa sieben Monaten ununterbrochenen Übens und Meditierens ein solches Erlebnis gehabt.« Ungläubig-erstaunt sah ich ihn an.

»Leider haben Sie in Ihrem Buch nichts konkretes über dieses Ereignis ausgesagt,« fuhr er fort, »deshalb möchte ich Sie fragen, ob es vielleicht ähnlich war wie das, was ich erlebt habe. Ich habe inzwischen das Buch von dem englischen Schriftsteller Paul Brunton gelesen, in dem er von wegweisenden mystischen Erlebnissen berichtet; seine Erscheinungen waren aber die von lebenden indischen Meistern. Und da er alles genau beschrieben hat, so ersah ich daraus, daß mein Erlebnis anderer Art gewesen sein muß.

An dem in Frage kommenden Tage hatte ich sehr lange, etwa vier Stunden meditiert. Zwei Uhr war vorbei, als ich mein Bett aufsuchte und auch sofort einschlief. Plötzlich erwachte ich schreckhaft mit dem beängstigenden Gefühl, daß etwas unerklärlich Fremdes in meinem Zimmer sei, und ich setzte mich auf. Ich war vollkommen wach und der anfängliche Schock war einem Gefühl von wirklich unbeschreiblicher Seligkeit gewichen.

Vor mir, am Fußende des Bettes stand ein so herrliches, aus sich selbst leuchtendes Wesen, daß ich es nur als göttlich bezeichnen kann, und sah mich, während ich unfähig war, mich zu rühren, durchdringend an. Wieviele Sekunden diese Erscheinung währte, weiß ich nicht. Auf einmal war sie, ebenso plötzlich wie sie gekommen war, wieder verschwunden.

Wäre ich ein ausübender Christ, dann würde ich wahrscheinlich das Gleiche sagen, was Papst Pius XII. eines Morgens zu seiner aufwartenden Nonne gesagt hatte ›Der Herr ist mir erschienen.‹ Ich kann nichts anderes sagen als: Dieses Erlebnis hat mich umgewandelt und zwar total.

Ist es sehr vermessen, Sie nun zu fragen, ob Ihre Erfahrungen ähnlich oder ganz anders gewesen sind? Bitte glauben Sie mir, ich frage nicht aus Neugier. Es fragt sie ein verzweifelt die Wahrheit Suchender.«

Diesem Mann gegenüber war keine Zurückhaltung mehr am Platze. Ich fühlte, daß er »geschickt« war, um bei mir die Bestätigung zu finden, nach der ihn verlangte. Also tat ich meinen Mund auf und schenkte ihm die Kenntnis von meinen Erlebnissen.

»Und das haben Sie der Welt verschwiegen?« sagte er nach einer langen Pause erschüttert.

»Wie können Sie das verantworten? Nicht alle Menschen, die verzweifelt suchen, können sich in ein Flugzeug setzen und zu Ihnen fliegen. Mich haben Sie in dieser Stunde reich und glücklich gemacht. Warum geben Sie Ihr Erleben nicht allen Menschen?«

»Weil die große Gefahr besteht, daß ein solcher Bericht mißverstanden werden könnte. Ich denke dabei vor allem an das Heer jener Schwärmer und Pseudomystiker, die aus eigener Unzulänglichkeit zu allen Zeiten heillose Verwirrung gestiftet haben. Nur starke Menschen, die ihre Erdenpflicht ebenso ernst nehmen wie die geistige Pilgerfahrt, sind fähig, einen Erkenntnisweg zu gehen.«

»Sie sagen es. Und ich hoffe, mich zu diesen Starken zählen zu dürfen,« versetzte mein Besucher ernst. »Auch bin ich überzeugt, daß das, was mich umwandeln konnte, auch noch andere Menschen erreichen kann. Vergessen Sie doch die Schwärmer. Wollen Sie um dieser Halben willen allen denen die Hilfe und Beglückung versagen, die ihnen auf ihrem Wege Trost und Zuversicht verleihen könnten?

Aus Ihrem Buch weiß ich, daß Sie nicht katholisch sind. Gerade deshalb möchte ich Sie daran erinnern, daß es doch erst wenige Jahre her ist, daß Papst Pius XII. nichts dagegen einzuwenden hatte, daß seine mystischen Erlebnisse, wenngleich aus Indiskretion, wie es hieß, veröffentlicht wurden. Unsere skandinavischen Blätter waren jedenfalls voll von den Berichten über das sogenannte Sonnenerlebnis und die spätere »Herren-Erscheinung«.

»Ich erinnere mich genau« sagte ich und fügte dann lachend hinzu: »Aber Sie vergessen die Prominenz!«

»Die von sich aus etwas preisgab, was bis zu dem Zeitpunkt – innerhalb der katholischen Kirche zumindest – unüblich gewesen ist. – Ich darf Sie nicht drängen, ich weiß. Ich kann Sie nur inständig bitten, nicht länger zu schweigen.«

Es war mir unmöglich meine Betroffenheit über die Aktualität unserer Auseinandersetzung zu verbergen, und ich verhehlte Herrn v. M. nicht, daß sie just zu einer Zeit kam, in der ich mich nun schon wochenlang mit diesem Problem herumgeschlagen hatte.

»Ihr Besuch«, sagte ich, »ist ein starker positiver Anstoß, ich muß es zugeben. Ich will mich weiter prüfen.«

»Sagen Sie mir noch eines«, bat mein Besucher, sichtlich befriedigt, »bedeutet mein Erlebnis nun etwas ähnliches wie das, was Sie als ›Satori‹ beschrieben haben?«

»Nein«, sagte ich. »Das Satori des Zen-Buddhismus ist etwas anderes. Im Erlebnis des Satori ist alles Gegensätzliche, wer oder was es auch sei, aufgehoben. Es gibt keine Gegenüberstellung mehr.«

»Und was ist dann der Sinn von Erlebnissen, die letzten Endes k e i n e n Sinn haben?« fragte Herr v. M. hart.

»Hat Ihr wunderbares Erlebnis für Sie keinen Sinn gehabt?« fragte ich zurück, und als er zu lächeln begann, fuhr ich fort: »Der Sinn kann nur der sein, daß dem Menschen angezeigt wird, daß er auf dem rechten Wege ist, daß sein Streben erkannt wurde und erwartet wird, daß er in seinen Bemühungen nicht nachläßt.«

»Also eine Art von Initiation?«

»Wenn Sie so wollen, ja. Aber vergessen Sie nicht, daß jede Art von Bezeichnung vom Menschen erdacht worden ist. Im Zen wird das alles abgelehnt.«

»Was übrig bleibt ist also ›Nichts‹?«

»Um die Berührung oder die Vereinigung mit dem Urgrund zu erreichen, muß man durch das ›Nichts‹ hindurch. Aber – man muß ja aus dieser Vereinigung, die nur Sekunden lang währt, auch wieder zurück. Und dann sind, laut Zen, Bäume wieder Bäume und Berge wieder Berge. Warum also nicht auch Meister wieder Meister und Götter wieder Götter?

An der Existenz alles Seienden besteht überhaupt kein Zweifel. Nur ist der, der die Erleuchtung gewonnen hat, nicht mehr abhängig; weder von dem, was ist, noch von dem, was nicht ist.«

»Gut«, nickte Herr v. M. »Das muß man in sich verarbeiten. Und ich glaube, daß mein Inneres dazu bereit ist.

Beantworten Sie mir nur noch eine Frage, daß heißt – wenn Sie wollen oder dürfen: Wer war dieses Wesen, dessen bloßes Erscheinen aus diesem Saulus,« er zeigte auf sich »einen Paulus zu machen im Stande war? Sie, die Sie ebenso überwältigende wie unfaßbare Erlebnisse gehabt haben, Sie müssen es doch wissen.«

»Ich weiß es n i c h t«, erwiderte ich »und – man soll auch nicht danach forschen...« »Jetzt spricht Zen aus Ihnen,« unterbrach er mich heftig. »Aber Ihre großen Erlebnisse lagen, wie Sie vorhin sagten, viele Jahre vor Ihrem Zen-Weg und damals haben Sie doch bestimmt, profan ausgedrückt, überlegt oder geforscht, ›wer‹ aus der göttlichen Welt zu Ihnen gekommen war.«

»So unnatürlich Ihnen das vorkommen mag, Herr v. M. – ich habe es nicht getan. Über dieses Phänomen des Nicht-Nachforschens habe ich schon damals, gerade als ich voll und ganz im Geist des Zen zu leben begonnen hatte, selber gestaunt und darüber nachgedacht – warum ich damals n i c h t nachgedacht hatte.

Es kann nur so sein, daß ich den Geist des Zen schon von Anfang an, wenn auch unbewußt, in mir getragen habe. Meine glühende Hingabe und Liebe hatte ich nie – bei aller Verehrung – auf ein Einzelwesen beschränkt, ich suchte immer nur das Eine, das Ewige – Gott. Und auf dieses Gesuchte warf ich all meine Inbrunst. Doch ohne jede Schwärmerei oder Sentimentalität.

Für das, was mir auf diesem Wege geschenkt wurde, habe ich Glück und Dankbarkeit bis zum heutigen Tage als unverlierbaren Bestand meines Seins in mir getragen und das wird so bleiben bis zu meinem letzten Atemzug. Aber alles, was ich empfangen habe, das habe ich empfangen, ohne es und ohne mich dabei zu überschätzen. Ich habe immer einfach ›weitergemacht‹. Und ich glaube, das war schon damals im Geiste des Zen, ohne daß ich verstandesmäßig von ihm etwas gewußt hatte.«

»Ja, Sie!« Mein Besucher schüttelte unwillig den Kopf.

»Nun – Sie hatten ja gerade mich gefragt...« Jetzt mußten wir beide lachen und das wirkte befreiend.

»Sehen Sie«, konnte ich nun etwas erleichtert fortfahren, »wenn sich Ihrem entschiedenen und starken Suchen nach der Wahrheit ein Funke des Ewig-Göttlichen zugeneigt hat, um Ihnen wortlos zu verkünden: ›Du bist auf dem rechten Wege. Suche weiter und Du wirst finden‹ – dann sollte man nicht versuchen, diesen göttlichen Funken, der Gestalt angenommen hatte, um erkannt zu werden, zu personifizieren, um ihn irgendwie ›einordnen‹ zu können. Zen würde sagen...«

»Nein, bitte nicht!« Herr v. M. hob abwehrend die Hände. »Raten Sie mir, was ich jetzt, mit oder ohne Zen, tun soll.«

»Das einzige, was ich sagen kann ist: Identifizieren Sie sich mit diesem, Ihrem göttlichen Erscheinungsfunken. Werden Sie eins mit ihm. Dadurch werden Sie nicht nur alle Zweifel verlieren und großes Glück empfinden, sondern Sie werden seinen wortlos ausgesprochenen Willen erfüllen. Und mehr kann ein Mensch nicht tun.«

Kurze Zeit nach dieser Unterredung wurde ich krank und war gezwungen, meinen Abflug nach Japan um zwei Wochen zu verschieben. Aber ich war diesem Eingriff, der mich zur Ruhe zwang, nicht gram.

Es war schön, still zu liegen und, ohne irgendwelchen Pflichten nachhetzen zu müssen, wieder und wieder die durch die bedeutsame Unterredung herausgeforderte Entscheidung zu überdenken. Zuletzt blieb nur ein einziger Einwand übrig. Wenn der Gedanke, diese in ihrer Art vielleicht einmaligen, transzendenten Erfahrungen den suchenden Menschen weiterzugeben, auch nur mit dem leisesten Schimmer eines Wunsches verbunden war, als etwas Besonderes zu gelten oder betrachtet zu werden, dann allerdings mußten sie, solange ich lebte, unterbleiben. Immerhin aber konnte ich für mich anrechnen, daß ich dreißig Jahre lang geschwiegen hatte, denn so lange lag das Letzte der großen Erlebnisse zurück.

Ich beschloß als Ergebnis der bedeutsamen Aussprache und den ihr folgenden Beleuchtungen des Problems von den verschiedensten Seiten, die nach fast einem Menschenalter etwas aufgerührt und in Fluß gebracht hatten, was bis dahin wie ein Gralsgeheimnis in meinem Herzen behütet geblieben war, zweierlei. Erstens: mich unablässig auf die absolute Reinheit meines Vorhabens hin zu prüfen. Und zweitens: Gott, der sich in dem, was Er von mir forderte, bisher immer unmißverständlich offenbart hatte, die Entscheidung zu überlassen.

Mit diesem Vorsatz im Herzen flog ich wenige Tage später nach Japan. Was sich dort dann endgültiges ereignete, darüber werde ich im letzten Kapitel berichten.

Ich habe das erst spät begriffene Glück gehabt, von Beginn meines Lebens in eine zwar religiös fundierte, aber gänzlich undogmatische Familie eingebettet zu sein. Meine Mutter war katholisch, aber mein Vater evangelisch. Und da, wenn ich herangewachsen sein würde, es mütterlicherseits, nach menschlichem Ermessen, keine Verwandten mehr geben würde, so wurde ich evangelisch getauft. Wesentlich aber war, daß zwischen meinen Eltern in religiösen Dingen nicht die geringste Kluft bestand. So wuchs ich in einer Atmosphäre selbstverständlicher Toleranz auf – ohne zu wissen, daß es Toleranz war, und ohne zu ahnen, daß dies das Fundament sein würde, das mich späterhin befähigte, die großen Weltreligionen, die ich nach und nach, wenn auch zunächst nur als »Bildungsgut«, kennen lernte, vorurteilsfrei in mich aufzunehmen.

Als ich sechs Jahre alt war, begann mein Klavierunterricht bei meinem Vater. Als ich etwa zwölf Jahre alt war, zogen wir nach dem Berliner Westen: Schlüterstraße, Ecke Kurfürstendamm, und in dieser Gegend, die damals von einer Schönheit und Vornehmheit war, von der man sich heute keine Vorstellung mehr machen kann, blieben wir wohnen, solange meine Eltern lebten. Es war eine sehr glückliche Zeit, obwohl ich eigentlich immer überanstrengt war, was sich in den Entwicklungsjahren in starker Bleichsucht und oft rasenden Kopfschmerzen äußerte. Nicht nur, daß in den Oberklassen der Schule sehr viel verlangt wurde, ich studierte außerdem Musik. Bei uns um die Ecke am Kurfürstendamm war das Studio der damals hochberühmten Marta Remmert, Kammervirtuosin und Hofpianistin. Sie war zu jener Zeit schon eine alte Dame. Aber wenn sie sich an den Flügel setzte, dann hielt man den Atem an. Sie war die letzte Schülerin von Franz Liszt gewesen und ihr Institut war eine Hochschule kleinen, aber exklusiven Formats. Wir hatten außer dem Klavierunterricht Theoriestudium, Primavistaspielen und allmonatlich einen Kammermusikabend, zu dem jeweils ein oder zwei Herren von der Lindenoper, die selber den Titel »Kammermusiker« führten, hinzugezogen wurden. Auch für diese Abende hatten die Schüler sehr zu studieren, denn um mit diesen hervorragenden Künstlern musizieren zu dürfen, mußten wir unseren Part makellos beherrschen.

Wilhelm Furtwängler hat einmal, anläßlich seiner mutigen Auseinandersetzung wegen Paul Hindemith mit dem NS Regime, geschrieben, daß er von einem Kritiker, der sich erlaube über große Musik zu urteilen, v e r l a n g e, daß er zum mindesten einen vierstimmigen Satz schreiben könne. Nun, wir in der Remmert-Theorie-Klasse, wir konnten ihn schreiben. Und wenn bei kleinen Kompositionsaufgaben Nöte auftraten, half und erklärte der Vater.

Mein Vater war seinem ganzen Wesen nach die Lauterkeit selbst und niemand, der ihm begegnete oder beruflich mit ihm zu tun hatte, konnte sich diesem Eindruck entziehen. Es ist nicht übertrieben, wenn ich sage, daß immer ein Strahlen von ihm ausging, ein Strahlen der Herzensgüte und der Herzensfreundlichkeit zu Jedermann. Dabei aber war nichts Weichliches an ihm. Furchtlos und mit beispielhaftem Elan stellte er sich jedem Unrecht entgegen und um seine vorbildliche Disziplin wußten seine Musiker.

Auch die schweren Schatten, die über seinem künstlerischen Leben lagen, hatten nie vermocht, die Güte seines Herzens zu irritieren. Und als in den zwanziger Jahren die Orchesterführer sich zusammenschlossen, um den Kapellmeisterverband für Groß-Deutschland zu gründen, ehrten ihn sowohl die großen wie die kleinen Kollegen dadurch, daß sie ihren Louis Ital zu ihrem ersten Vorsitzenden wählten. Er blieb es bis zu seinem Tode.

Die Liebe zu meinen Eltern und das absolute Vertrauen zueinander, das unsere kleine Familie trug, waren die Tragpfeiler meines jungen Lebens. Dabei wurde ich nicht etwa verzärtelt erzogen, wie es oft bei einzigen Kindern der Fall ist. Ich mußte immer fleißig sein und auf Höflichkeit und gute Manieren wurde streng geachtet. Verstöße wurden auf der Stelle geahndet, denn meiner Mama saß das Handgelenk locker und funktionierte auch manchmal versehentlich ungerecht. Aber es hat mir nichts geschadet und »Komplexe« habe ich auch nicht bekommen.

Vermögen hatten wir nicht und erwarteten wir, obwohl mein Vater gut verdiente, auch nie in nennenswertem Umfange zu besitzen. Deshalb war das Bestreben meiner Eltern dahin gerichtet, ihrem Kinde eine umfassende Bildung durch die besten Lehrmeister zuteil werden zu lassen. Der Lieblingsgedanke meines Vater war, daß ich Lehrerin werden sollte. Ich glaube, es ist der Traum jedes Künstlers, der Vater geworden ist, seine Kinder aus dem Inferno der steten Unsicherheit, die das Künstlerdasein nun einmal mit sich bringt, in einen gesicherten bürgerlichen Beruf zu bringen.

Natürlich kam es anders. Für mich gab es nur den einen Gedanken: ich werde Schauspielerin, und ich vertraute mich der Mama an. Hier muß ich einfügen, daß auch sie Künstlerin, Sängerin, gewesen war, die, als sie meinen Vater, der etwas jünger war, kennen lernte, in ihrem herrlichen Beruf schon die halbe Welt bereist hatte. Als ich zur Schule kam, nahm sie Abschied von der Bühne. Ehe wir es wagten, meinen Vater mit meinem Entschluß bekannt zu machen, ließ mich die Mutter von den berühmtesten Koryphäen Berlins – und was für Künstler waren das damals! – nicht nur auf mein Talent hin prüfen, sondern daraufhin, ob es »außergewöhnlich« sei. Denn nur dem »Außergewöhnlichen« würden beide Eltern die Zustimmung für die berufliche Ausbildung geben. Deshalb begnügte sie sich nicht mit der Prüfung durch einen Meister, sondern alle »Großen« mußten » Ja« gesagt haben. Und das geschah.

Nun erhielt ich die gründlichste Ausbildung, die man sich vorstellen kann. Ein dreiviertel Jahr lang, ehe ich an ein Rollenstudium denken durfte, hatte ich nur Sprachunterricht. Jeder Ton, jeder Vokal, jede Silbe mußten »sitzen« und sie wurden durch zwei Oktaven hindurch, vom leisesten Hauch bis zum Aufschrei, so lange geübt bis die Kunst des Sprechens zur selbstverständlichen Natur geworden war. Dann erst begann die unvergeßlich herrliche Zeit des Rollenstudiums bei Eduard von Winterstein.

Meine Eltern ließen mir, nachdem die Würfel einmal gefallen waren, alles Ausdenkbare, was für meinen Beruf notwendig war, angedeihen, wobei das Klavierstudium immer nebenher ging. Daß ich jeden Abend im Theater saß und zwar bei Reinhardt im Deutschen Theater und in den Kammerspielen, war selbstverständlich. Es waren Lernjahre unvergeßlichen Glückes, denen Jahre der Seligkeit des »Sich-verschwenden-dürfens« auf der Bühne folgten.

Die ganze Kraft, die ich später nach innen nahm, verströmte ich in meine Kunst, in jede Rolle, die ich spielte, und das Publikum spürte es. »Das Haus war wie in einem tiefen Bann«, so hieß es immer in meinen Kritiken. Nur K u n s t gab es für mich auf der Welt und sie war mein Heiligtum.

Schon frühzeitig kam der erste »Eingriff« des Himmels, von dem ich in meinem früheren Buch bereits berichtet habe. Er traf mich gleich einem Blitzstrahl aus einer unbekannten Welt. Ich werde es nie vergessen, ich war damals am Staatstheater, dem Schauspielhaus am Gendarmenmarkt, engagiert und spielte in Eichendorffs »Die Freier« die Rolle der umworbenen Gräfin. Eines Abends war ich nach der Vorstellung bei Bekannten eingeladen. Es war nur ein kleiner Freundeskreis, der sich zusammengefunden hatte, um, wie mir bei dem späten Essen der Hausherr mitteilte, seinem Gast aus Dresden, der mir ebenfalls wohlbekannt war, in seinem Hause Gelegenheit zu einem Experiment zu geben.

Was für ein Experiment? Und nun erzählte mir mein Tischherr, daß sein Freund durch einen Zufall vor einiger Zeit magnetische Kräfte an sich entdeckt habe. Personen, denen er nur über die Stirn streiche, fielen sofort in Trance, er besitze erwiesenermaßen Heilkräfte und seine spiritistischen Erfolge seien phänomenal.

Ich hörte zum ersten Male von derartigen Dingen und war sprachlos. Das Haus, in dem ich mich befand, gehörte einem bekannten Großindustriellen, der Dresdener Freund war ein bedeutender Bankfachmann und die wenigen anderen Anwesenden gehörten gleichen Berufen an. Einzig der Staatstheaterintendant Ernst Legal und ich waren an diesem Abend Außenseiter.

Je mehr mir mein Tischherr von den merkwürdigen Geschehnissen von seinem sonst so nüchternen Freund erzählte, um so entschlossener wurde ich, diesen Kreis von jetzt an zu meiden. Die schienen hier ja alle den Verstand verloren zu haben! Schade, aber mit solchen Leuten wollte ich nicht mehr verkehren. Außerdem wurde ich, während er sprach, von einer geradezu tödlichen Müdigkeit befallen. Ich, die ich sonst auch zu später Stunde immer wach und gegenwärtig war, konnte mich kaum mehr aufrecht halten.

Inzwischen war im Nebenzimmer für die »Sitzung« alles vorbereitet worden. Auf einem ovalen Tisch lag ein fester, großer, weißer Pappbogen, der mit sehr glattem Papier bezogen war, und auf dem in einem großen Kreis die Buchstaben des Alphabets eingezeichnet waren. In einen kleinen Kreis in der Mitte hatte man ein dünnwandiges Wasserglas gestellt. Als wir versammelt waren, gab der Dresdener einige Erklärungen ab.

»Also zuerst,« sagte er, »meldet sich mein verstorbener Freund Arthur. Wenn ich dann mit ihm ein paar Worte gesprochen habe, dann kann jeder der Anwesenden, der einen seiner verstorbenen Lieben sprechen will, deren Namen nennen. Arthur holt jeden heran.«

Während sich alles nun um den Tisch gruppierte, verzog ich mich etwas in den Hintergrund. Ich war über diesen »Unfug« derart empört, daß ich nur einen Gedanken hatte: Wie kann ich mich drücken ohne unhöflich zu sein?

Der Dresdener und der Hausherr saßen einander gegenüber und jeder hatte zwei Finger auf das Glas gelegt, das dann von »Arthur« gelenkt werden sollte. Rechts und links saßen zwei Herren mit Schreibblocks vor sich auf dem Tisch, um mitzuschreiben, auf daß keines der »goldenen Worte«, die da kommen sollten, verloren gehe. Es ging also los.

»Nanu«, hörte ich den Dresdener sagen. »Da stimmt was nicht. Das ist nicht Arthur. Wir wollen noch einmal anfangen.« Nach einer kleinen Pause: »Also was ist denn das? Sowas ist noch nicht dagewesen. Das ist schon wieder nicht Arthur.« Er nahm die Hand vom Glas. Da sagte sein Gegenüber:

»So laß doch mal ausbuchstabieren, wer sich da meldet. Vielleicht ist Arthur verhindert.« Sie begannen zum dritten Mal und buchstabierten, wohin das Glas lief, laut mit.

»Carlital?« Niemand verstand den Namen. Bis einer der Schreibenden sagte: »Wir müssen den Namen trennen. Dann heißt es Carl Ital.« Das Glas wurde gefragt: »Stimmt das?«

»Ja. Ich rufe Gerta.«

Wie vom Donner gerührt war ich, als ich den Namen gehört hatte, aufgesprungen. Alle Köpfe drehten sich mir zu.

»Kennen Sie einen Carl Ital?«

»Ja«, stotterte ich, einer Ohnmacht nahe, »mein Onkel.« Das Glas wurde weiter geführt.

»Gerta, es werden sehr schwere Zeiten für Dich kommen. Aber Du wirst sie überstehen. Freue Dich. Ich bin gekommen, um Dir zu sagen, daß Du größte östliche Förderung hast. Ich wiederhole. Freue Dich. Du hat größte östliche Förderung. Leb wohl.«

Nun mischte sich der Dresdener ein und fragte: »Können wir Dich wieder rufen?« »Nein,« war die Antwort. »Ich komme nicht mehr. Ich bin sehr weit von Euch entfernt.«

»Hast Du noch etwas zu sagen?«

»Nein. Wir wollen aufhören. Es strengt Gerta zu sehr an.« Sprachlos vor Staunen hoben die Herren ihre Sitzung auf. Wie durch einen dichten Nebel hindurch hörte ich den Dresdener sagen: »Der muß eine enorme Kraft haben, daß er keinen meiner Freunde 'ran ließ. Und dann: ›Aufhören‹! Ich habe noch nie erlebt, daß einer von ›drüben‹ jemals aufhören wollte.«

Dieser Onkel von mir, ein jüngerer Bruder meines Vaters, war wenige Jahre vor diesem Ereignis ganz plötzlich, etwa 40 Jahre alt, gestorben. Heute würde man sagen, an einem Herzinfarkt. Ich hatte ihn sehr geliebt.

Er lebte in seinem Haus in Bad Soden im Taunus, von wo er täglich zu den Farbwerken nach Höchst in sein Büro fuhr. Er hatte also einen sehr realen und verantwortungsvollen Beruf. Jetzt fiel mir ein, daß ich noch einen Brief von ihm besaß, den er mir zu meiner Konfirmation geschrieben hatte. Ich hatte ihn mir aufgehoben, weil ich schon damals empfunden hatte, daß er etwas Besonderes war. Als ich ihn nach vielem Suchen fand und wieder las, war ich erschüttert. Er hatte nicht wie an ein junges Mädchen, sondern wie an einen erwachsenen Menschen geschrieben. Und als ich einige Jahre später, nachdem ich schon viel »erfahren« hatte, diesen Brief noch einmal las, da war meine Erschütterung noch unvergleichlich größer. Denn jetzt erkannte ich deutlich: er hatte alles gewußt. Und in seinem Brief hatte er mich zu der Vertrauten seines Wissens gemacht.

Ein wunderbarer Brief! Wie einsam, wie allein mußte er mit solchen Erkenntnissen gewesen sein! Hatte er schon damals geahnt, daß seine Worte mich eines Tages erreichen würden? Gesegnet sei sein Andenken, und gesegnet sei, daß er, als die Zeit um mich wachzurütteln herangenaht war, aus seiner fernen Welt noch einmal zu uns zurückgekehrt war.

Für die Leser, die mein erstes Buch nicht kennen, möchte ich das, was ich dort eingehend beschrieben habe, hier noch einmal ganz kurz zusammenfassen, damit sie wenigstens einen Leitfaden für den Weg mit seinen außergewöhnlichen Erlebnissen, den ich zurücklegen mußte, bekommen können. Denn diesen Erlebnissen gilt dieser Bericht. Dazu wird es leider nötig sein, daß ich mich, wenngleich sehr sparsam, aus meinem Buch »Der Meister, die Mönche und ich«, selber zitiere und zwar jedesmal in Anführungsstrichen.

Das Stichwort also, das mir für meinen Anfang gegeben worden war, hieß: »Freue Dich. Du hast größte östliche Förderung.«

»Östliche Förderung? Ich war zwar völlig ahnungslos, was diese Worte bedeuten könnten, ließ mir aber doch unverzüglich die gesamte Literatur über Indien sowie die Übersetzung seiner Hauptwerke kommen.

Die Lehre vom Karma schlug wie ein Blitz in mich ein und löste augenblicklich alle quälenden Fragen. Es war sogar so, daß ich schon von dieser Erkenntnis an überhaupt keine Fragen mehr hatte, wenigstens nicht mehr über die Kardinalsorgen, die die Menschheit in Atem halten: die Fragen über Leben und Tod und über die Unbegreiflichkeiten des ›blindwaltenden‹ Schicksals.

Unser Christentum hat, wie jede Weltreligion, Gebote für sittliches Verhalten aufgestellt. Wie man aber die in der Bergpredigt enthaltenen Forderungen innehalten und sich dennoch im täglichen Leben behaupten könne, darüber steht nichts geschrieben. Indiens Yogalehre hat den Schlüssel dazu geliefert, und ich habe diesen Schlüssel ergriffen. Ich begann nach den Vorschriften des Yoga zu leben und fing als erstes mit der Gedankenkontrolle an. Das schreibt sich leicht hin und man liest auch leicht über solchen Satz hinweg. Aber getan ist es nicht leicht; denn wenn man Erfolg haben will, dann muß diese Arbeit an sich rigoros sein. Halbheiten führen zu nichts. Man muß gewissermaßen sein eigener Wachhund werden, der sofort anschlägt, wenn sich etwas Verdächtiges regen will.«

Nach einem Jahr unnachsichtigen Übens und Kontrollierens der Gedanken hatte ich ein Gefühl, als ob kein Stein mehr auf dem anderen geblieben wäre. Daß es zunächst nur grobe Brocken waren, deren ich mich entledigt hatte, ahnte ich in meinem Glücksgefühl hierüber nicht. In der Zuversicht, daß diesem ersten inneren Erfolg weitere folgen würden, entschloß ich mich zu dem Gelöbnis vor

Gott und mir selbst, den schwersten Yoga, der die meisten Opfer vom Menschen verlangt, den sogenannten »königlichen«, den Rāja-Yoga zu leben.

»Rāja-Yoga verlangt außer der ununterbrochenen Arbeit an sich selbst auch eine strenge Askese im täglichen Leben. Er verbietet: Genuß von Alkohol, Genuß von fleischlicher Nahrung, er verbietet Rauchen und sexuellen Verkehr. Nach einigen Jahren, wenn der Mensch in seinen Übungen gut vorangekommen ist und seine inneren Kräfte gestählt hat, braucht er darin nicht mehr so ängstlich zu sein. Zunächst aber werden diese Opfer gefordert, denn ein Yogi (wie jeder nach Erleuchtung Strebende) darf an nichts mehr hängen. Er muß Herr sein über sich und seine Gelüste. Wer seine Zigarette oder seine Brasil nicht lassen kann, der ist ihr Knecht. Knechte aber können nicht gebraucht werden.

Voraussetzung für jedes Yoga-Training ist ferner die strenge Innehaltung der in jeder Religion geforderten moralischen Grundsätze, verbunden mit absoluter Wahrhaftigkeit. Ohne diese Grundlage würde jedes Bemühen fruchtlos bleiben.«

Als erstes begann ich die rechte Sitzhaltung *asana* zu üben. Nachdem ich so weit war, daß ich eine Zeitlang schmerzfrei im Buddhasitz verharren konnte, begann ich mit der nächsten Stufe im Rāja-Yoga, dem *prānā-yāma*. Über die Praxis dieser grundlegenden Übungen habe ich in meinem ersten Buch ausführlich berichtet. Hier möchte ich nur erwähnen, daß dieser innere Weg, den ich eingeschlagen hatte, mein Geheimnis war. Ich übte meinen Beruf mit der gleichen Hingabe und Begeisterung aus wie bisher. Daß ich gewissermaßen ein Doppelleben führte, ahnte kaum ein Mensch in meiner Umgebung.

Ich bin dem Himmel immer tief dankbar dafür gewesen, daß ich schon früh und mit größter Intensität auf dem geistigen Wege war, als mich die erste Katastrophe traf. Das Scheiden meiner geliebten Mutter.

Sie hatte sich auf ärztlichen Rat einer Operation »auf Verdacht« unterziehen müssen, der übrigens unbegründet gewesen war, wie sich nachher herausstellte. Sie erholte sich von diesem Eingriff, vor dem wir gezittert hatten, erstaunlich rasch. Der Tag, an dem wir sie heimholen wollten, wurde festgesetzt; wir bereiteten am Vortage alles zu ihrem Empfang vor und konnten deshalb an jenem Nachmittag nicht wie sonst zu ihr in die Klinik kommen. Am Abend hatten sowohl mein Vater wie ich Vorstellung. Und an jenem Abend verließ sie uns.

Da wir spät aus dem Theater nach Hause kamen, erhielten wir die Nachricht erst durch einen telefonischen Anruf am nächsten Morgen. Ich war am Telefon...

Wie man so einen Schlag überlebt, ich weiß es nicht. Aber mein Vater und ich, wir waren fortan gezeichnet. Jeder auf seine Weise. Das ist das Einzige was ich dazu sagen möchte.

Aber weil meine Mutter in einem so inneren Glanz von dieser Erde schied, von dem ich sagen möchte »S o zu gehen, das sah ihr ähnlich«, will ich doch erwähnen, was uns die Schwester, die sie betreute, darüber berichtet hat.

Mama konnte faszinierend erzählen, und die Schwester – um alles für die Nacht zu richten – kam gerade hinzu, als sie der Dame, die das Zimmer mit ihr teilte und die zufällig eine alte Bekannte war, schilderte, wie sie meinen Vater einst in Straßburg kennen gelernt hatte und wie unbezwinglich vom ersten Tage an ihre Liebe zueinander gewesen sei.

Plötzlich hörte sie mitten im Satz auf zu sprechen. Die Schwester drehte sich erstaunt um und stürzte zum Bett. Es war Embolie. Im Gedenken an ihre große Liebe hatte ihr Herz aufgehört zu schlagen.

Wohl wußte ich um den »Weg«. Aber um den verzweifelten Schmerz des »Nicht mehr zu Dir gehen zu können« in das große Bejahen des Schicksals umzuwandeln, dazu war ich noch nicht reif genug. Dennoch war ich aber vielleicht gerade deshalb fähig, mein ganzes Herz in die tägliche, stundenlange Gebetsmeditation für das Heil meiner Mutter zu legen und voller Inbrunst alle himmlischen Kräfte zu ihrer Hilfe zu rufen.

Ob es für sie irgendwie »nötig« war, wer will das wissen. Aber – mein für sie da-sein, das m u ß sie gespürt haben.

Gleichzeitig aber hat dieses glühende, ununterbrochene zu Gott rufen schließlich mein eigenes Wesen über sich selbst hinausgehoben.

Es war etwa zwei Jahre nach dem Scheiden meiner Mutter, als sich etwas Merkwürdiges begab, das ich kommentarlos genau so wiedergeben will, wie es sich zugetragen hat.

Ich war befreundet mit Professor Dr. Johannes Maria Verweyen, der damals Ordinarius für Philosophie an der Universität Bonn war. Er kam, da er außer der Professur das Amt des Generalsekretärs der Theosophischen Gesellschaft Adyar (früher Rudolf Steiner) innehatte, des öfteren nach Berlin und versäumte nie, mich zu besuchen. Als ich ihm eines Tages von dem Erlebnis mit meinem verstorbenen Onkel und den dazugehörenden Begleitumständen erzählte, zeigte er sich höchst interessiert, den Dresdener Bankier kennenzulernen, um eventuell einer »Sitzung« beizuwohnen. Da ich mit dem Dresdener, seit dem für mich so bedeutsam gewordenen Abend, in freundschaftlichem Kontakt geblieben war, war es nicht schwer, ein Treffen mit ihm zu vereinbaren. Er lud den Professor und mich in seine Villa nach Dresden ein. Allerdings dauerte es eine Weile, bis wir alle zum gleichen Zeitpunkt ein paar Tage frei hatten, aber schließlich klappte es und wir trafen uns, aus verschiedenen Richtungen kommend, in dem ebenso schönen wie gastlichen Hause.

Die Überraschung war, daß unser Gastgeber keine spiritistische Sitzung, auf die wir gefaßt gewesen waren, veranstaltete, sondern uns mit seinem »Medium« bekannt machte. Das war eine reizende Dame, mittleren Alters, die Schwester seiner Frau, die er unseretwegen ebenfalls nach Dresden gebeten hatte.

Es war also eine völlig private Angelegenheit, bei der nur noch ein intimer Freund des Hauses, ein ebenso berühmter, wie gefürchteter Musikkritiker zugegen war.

Wir waren, da die Frau unseres Gastgebers sich vor »solchen Dingen« fürchtete, insgesamt nur fünf Personen, unser »Magier« und sein Medium als die Akteure, der Kritiker, Verweyen und ich als Beobachter oder, wenn es nötig war, als Mitwirkende.

Es war wirklich unglaublich wie schnell Frau S. reagierte. Ihr Schwager brauchte ihr nur ein einziges Mal leicht über die Stirn zu streichen, da war sie schon »hinüber«.

Den Beginn bildeten die üblichen, aus der parapsychologischen Literatur bekannten Dinge, die mich etwas langweilten, den Herrn Musikkritiker aber außerordentlich fesselten. Als das Medium einwandfrei fest schlief, machten wir untereinander aus, einen bestimmten Satz aus einem der Bücher in der nebenan gelegenen Bibliothek herauszusuchen, den Frau S. dann finden sollte. Es war der Kritiker der aus Meyers Konservationslexikon etwas auswählte, sich Band, Seite und den dort behandelten Gegenstand aufschrieb und, vorsichtig wie er war, nicht einmal uns mitteilte, um was es sich handelte.

Als wir wieder saßen, gab der Hausherr seiner schlafenden Schwägerin den Auftrag aus einem der Bücher, die in deckenhohen Regalen standen, den ausgewählten Satz herauszufinden. Sie stand auf und begab sich im Trance in das Nebenzimmer. Ich muß zugeben, daß es ziemlich lange dauerte. Aber als sie endlich vor dem betreffenden dicken Band verharrte, ihn herauszerrte, mit geschlossenen Augen die Seiten wendete, dann mit dem Zeigefinger die Zeilen entlang fuhr und schließlich mit leiser Stimme sagte: »Hier muß es sein«, da stürzte unser Kritiker, sein Papier schwenkend, hinzu. Ihr Finger lag auf dem Wort »Leitmotiv«, Buchstabe L. Und dasselbe Wort stand auf dem Papier.

Wir fanden, daß es eine erstaunliche Leistung gewesen war, selbst dann, wenn man in Betracht zog, daß die Möglichkeit von Telepathie nicht ausgeschlossen war. Schließlich hatten wir gewußt, daß das in Frage kommende Buch ein Meyer war und wenn der Kritiker auch behauptete, daß er, um nicht an das gewählte Wort denken zu müssen, im Geiste die Freischütz Ouvertüre dirigiert habe, so blieb trotzdem die Möglichkeit für eine Übertragung offen.

Unser Gastgeber entschloß sich zu einem anderen Experiment. Wieder versenkte er seine Schwägerin in Schlaf und gab ihr folgenden Befehl: »Du begibst Dich jetzt nach Kassel in Deine Wohnung, gehst durch alle Zimmer und berichtest uns nachher genau, was Benno (ihr Mann) und Friedel (ihre erwachsene Tochter) gerade gemacht haben.«

Das war schon aufregender. Schließlich waren wir in Dresden.

Nach einer angemessenen Zeit weckte er sie wieder auf und sagte: »Nun erzähle uns, wo Du warst und was Du gesehen hast.« Mit stockender Stimme und selber höchst erstaunt sagte sie:

»Ich war zu Hause in meiner Wohnung. Ja – und ich ging durch alle Zimmer. Es war alles in Ordnung. Benno saß in seinem Zimmer am Schreibtisch und arbeitete und Friedel war in ihrem Zimmer ...« Plötzlich wurde sie ganz hellwach und sagte verwirrt: »Warum packt denn meine Tochter ihren Koffer? Das verstehe ich nicht. Es war doch kein Gedanke daran, daß sie verreisen sollte. Was kann denn das bedeuten?«

»Das werden wir gleich haben,« sagte unser Gastgeber, ging ans Telefon und meldete ein Gespräch nach Kassel an. Wir befanden uns in Hochspannung.

»Na, Benno«, fragte er, als sein Schwager sich gemeldet hatte, »Du sitzt wohl am Schreibtisch, daß Du dich so schnell meldest?« Benno bestätigte, daß er schon den ganzen Abend Akten wälze.

»Und wie geht es Friedel, was macht sie? Du weißt doch, Mütter sind nun einmal immer besorgt.« Kleine Pause. Dann:

»Was denn, verreisen will sie? Morgen früh? Aber warum denn?« Er blinzelte uns triumphierend zu, während er weiter lauschte. Als er sein Gespräch beendet hatte erfuhren wir, daß Friedel ein Telegramm von ihrer Cousine erhalten hatte, in dem diese sie dringend bat, nach Erfurt zu kommen. Ihre Mutter war erkrankt und da Friedels Cousine berufstätig war, so mußte ihre pflegebedürftige Mutter tagsüber allein bleiben.

Nun waren wir aber doch überwältigt. Frau S. hatte sich also tatsächlich, daran gab es jetzt überhaupt keinen Zweifel mehr, aus ihrem Körper heraus, in eine weit entfernte Stadt hin und wieder zurückbegeben und hatte einen unwiderlegbaren Beweis für ihre Anwesenheit in ihrer Wohnung mitgebracht.

Noch während die Diskussionen über diese Sensation hin und her gingen, war mit geradezu elementarer Gewalt ein Wunsch in mir aufgestiegen, der auf der Stelle derart Besitz von mir ergriff, daß ich, unfähig ihm zu widerstehen, meinem Gastgeber ein Zeichen machte, daß er mir ins Nebenzimmer folgen möge. Und hier bestürmte ich ihn mit der Bitte, seiner Schwägerin den Auftrag zu geben, sich mit meiner verstorbenen Mutter in Verbindung zu setzen. Sie solle sie fragen, wie es ihr gehe, ob sie glücklich sei und ob sie mir etwas zu sagen habe.

Ich war der Meinung, daß, – wenn es möglich war, sich in einem vom fleischlichen Körper abgelösten Zustand im irdischen Bereich frei zu bewegen – sich doch auch eine außerirdische Begegnung ermöglichen lassen müßte.

Mein Freund war von dem Gedanken, ein so aufregendes Experiment zu starten, sofort elektrisiert. Er sorgte dafür, daß seine Schwägerin sich etwas ausruhe und, nachdem sie wieder zu uns zurückgekehrt war, versenkte er sie in Tiefschlaf.

Dann gab er ihr mit großer Eindringlichkeit den Auftrag, um

den ich ihn gebeten hatte. Verweyen und der Kritiker sahen sich überrascht an. Sollte sich hier etwas Außerordentliches ereignen? Ich aber verharrte in einem schwer zu beschreibenden Erregungszustand. Verweyen sagte mir später, daß ich die ganze Zeit zitternd, mit geschlossenen Augen und die Hände zu Fäusten geballt dagesessen hätte.

Als unser »Magier« fühlte, daß die Zeit gekommen war, sein Medium wieder zu wecken, holte er sie behutsam und mit sanften Strichen zu uns zurück. Dann sagte er: »Nun erzähle uns genau, was Du erlebt hast.«

Frau S., wieder noch halb im Trance, begann mit fast erloschener Stimme und mit kleinen Pausen zwischen den Sätzen zu sprechen.

»Ich flog, ich flog. Die Erde lag hinter mir. Ich flog – und viele, viele andere waren ebenso wie ich unterwegs, die aber dann in anderen Richtungen als ich ihren Weg fortsetzten. Plötzlich sah ich von fern eine leuchtende Kugel und wollte auf sie zu. Aber – – da konnte ich auf einmal nicht weiter – «. Sie stockte, ehe sie sehr leise, und gleichsam, als ob sie den kurz vorher erlebten Schock jetzt noch nachfühle, erschöpft sagte: »Ich mußte zurück.«

Wir saßen sprachlos. Selbst nachdem eine geraume Zeit vergangen war, verspürte niemand mehr Lust zu reden. Jeder ging auf sein Zimmer und versuchte zu schlafen.

Am nächsten Abend, als wir wieder beisammensaßen, verkündete der Hausherr, seiner Kraft bewußt:

»Heute muß es gelingen. Gestern war mein Befehl nicht stark genug und Hedwig (so hieß seine Schwägerin) war auch schon überanstrengt. Heute machen wir nur dieses eine Experiment.«

In der Tat, sobald seine Schwägerin fest eingeschlafen war, gab er ihr den gleichen Auftrag wie am Vorabend, fügte aber hinzu: »Ich befehle Dir, daß Du die Banngrenze durchdringst und den Kontakt mit der Mutter von G. I. unter allen Umständen herstellst.«

Stumm saßen wir und warteten. Meine Nerven waren zum Zerreißen gespannt. Auch die Männer verharrten, ohne sich zu regen.

Als unser Freund sich endlich erhob, um die wie erstorben in ihrem Sessel Ruhende mit langsamem, sanften Streichen über Kopf und Stirn zu wecken und sie den ersten leichten Atemzug tat, da zitterte, glaube ich, nicht nur ich. Er ließ ihr solange Zeit bis ihr Atem sich reguliert hatte, ehe er ihr befahl:

»Nun berichte uns genau, was Du erlebt hast.«

Mit geschlossenen Augen, immer wieder stockend, mit tonloser, erschöpfter Stimme begann sie leise, gleichsam wie für sich selbst, zu sprechen:

»Wieder flog ich – und wieder flogen zuerst viele andere mit mir. Je weiter ich flog, um so einsamer wurde es um mich – auf einmal war ich wieder allein. Ich flog – – bis ich von weitem wieder die leuchtende Kugel erblickte. Aber wieder konnte ich nicht weiter. Etwas Unbeschreibliches, Starkes hielt mich zurück. Aber – ich fühlte in mir einen so heftigen Drang das Hindernis zu durchdringen, daß es mir endlich gelang den Bann zu überwinden und weiter zu fliegen. Es war eine goldene Kugel, der ich mich näherte – ich hörte Musik – ich kam dem wunderbaren Leuchten näher – ich wollte eindringen – es ging nicht. – Ich versuchte es mit großer Anstrengung noch einmal – da ertönte aus der Kugel ein furchtbares, donnerndes ›Zurück!‹

Ich fiel abwärts.«

Wir saßen wie gelähmt. Niemand sprach ein Wort. Frau S. legte ihren Kopf in den Sessel zurück und fiel in einen Erschöpfungsschlaf. Als wir wieder fähig waren, uns zu regen, hoben wir sie auf und betteten sie auf eine Couch.

Am nächsten Tag fuhren wir wieder in verschiedenen Richtungen auseinander.

Für uns alle, glaube ich, war gerade das Nicht-Gelingen des großen Experimentes, vor allem wegen der alle Norm sprengenden Art, in der sich das Nicht-Gelingen vollzogen hatte, überzeugender als ein »gelungenes« Experiment es je hätte werden können.

Da sich Professor Verweyen weiterhin stark mit parapsychologischen Versuchen befaßte, habe ich – als Beobachterin – vielen seiner interessanten Versuche beigewohnt. Doch niemals hat sich etwas auch nur annähernd Vergleichbares ereignet. Unser Dresdener Erlebnis blieb ein einsamer Höhepunkt.

Ich selbst hatte sofort unter dieses Früh-Kapitel meiner Erfahrungen einen Schlußstrich gezogen.

Fünf Jahre lang hatte ich nach dem ersten »Anruf« mit beispielloser Hingabe, Freude und Energie an meiner Ent-werdung gearbeitet und im Gebet unablässig um die Hilfe Gottes für mein Tun gerungen, als etwas geschah, was mir die beseligende Gewißheit schenkte, daß mein Gebet erhört worden war. Über dieses zentrale Erlebnis in meinem Leben habe ich in meinem ersten Buch folgendes geschrieben:

» ... Ich habe weder die Absicht, es zu schildern, noch darf ich es. Nur soviel kann ich sagen, daß sich bei diesem Ereignis die ›Annahme‹ durch einen außerirdischen Meister und die mystische Vereinigung mit ihm vollzogen hat. Das ist nach uralter mystischer Erfahrung ein Bund, der nie mehr gelöst werden kann.«

Wenn ich jetzt, drei Jahre, nachdem ich die Worte« »Ich habe weder die Absicht, es zu schildern, noch darf ich es,« geschrieben habe, dennoch über dieses Ereignis und über die ihm folgenden genau berichten »darf«, so beweist diese Tatsache, daß sich gerade in diesen letzten drei Jahren wieder so Entscheidendes auf dem inneren Entwicklungsweg ereignet hat, daß mir erlaubt wurde, souverän über das, was mir geschehen ist, zu verfügen.

Es ist ebenso seltsam wie beglückend, daß auch dieses »Ereignis«, genau wie der erste »Anruf« stattfand, bevor eine erschütternde Katastrophe alle meine inneren und äußeren Kräfte in Alarmbereitschaft setzen sollte.

Vier Jahre nach dem Scheiden meiner Mutter brach mein Vater zusammen.

Ich will mich kurz fassen, denn es gibt Dinge, die selbst noch nach Jahrzehnten im Nacherleben die menschliche Leidensfähigkeit überfordern. Dennoch habe ich nie aufgehört, dem Himmel dafür zu danken, daß ich »Zur Stelle« sein durfte. E r hatte es so gefügt. Und darum berichte ich es. Denn, das was geschah, war entsetzlich und – dennoch – nicht ohne Gnade.

Mein Vater war bei mir zu Tisch. Danach legte er sich hin, um vor der Vorstellung noch etwas zu schlafen. Als es Zeit war, ihn zu wecken, tat ich es schweren Herzens, denn er schlief seltsam fest. Als er zu sich kam, sagte er, daß ihm nicht gut sei. Wahrscheinlich sei ihm das Essen nicht bekommen.

Ich sah ihn an und ein entsetzliches Ahnen durchfuhr mich. Ich beschwor ihn, liegen zu bleiben und nicht ins Theater zu fahren. Ich wollte hinfahren und dem Konzertmeister Bescheid sagen, daß er die Vorstellung dirigieren müsse. Es war nichts zu machen. Eine Vorstellung versäumen – das hatte es noch nicht gegeben.

»Dann fahre ich mit Dir,« sagte ich entschlossen und von innerer Angst geschüttelt.

Diese stumme Fahrt! Ich glaube bestimmt: meiner eigenen Hinrichtung entgegen zu fahren, wäre leichter gewesen.

Und mein Vater? Auch in ihm muß das Grauen um etwas Unabwendbares gewesen sein – aber still und tapfer, so wie er sein ganzes schweres Leben gelebt hatte, ging er ihm entgegen.

Gott gab, daß in der ersten Reihe einige Plätze frei waren. Ich saß direkt hinter dem Dirigentensitz.

»Ich bin bei Dir, Papa«, flüsterte ich ihm zu, als er den Taktstock hob und die Vorstellung begann. Er nickte.

Gott lehrte mich, zu erfahren wie – Angst – sein kann. In Angst, gemischt mit einem, ich möchte fast sagen, metaphysischen Entsetzen vor dem, was kommen würde, war jeder Herzschlag, war jedes neue Atemholen von mir getränkt. Bis es geschah.

Plötzlich sank der rechte Arm meines Vaters, der Taktstock fiel zu Boden und sein Oberkörper neigte sich zur Seite. Aber im selben Augenblick hatten ihn meine Arme von hinten fest umschlungen.

Ich rief ins Orchester hinunter den Musikern zu: »Halten Sie meinen Vater, damit er nicht fallen kann,« und als ich sah, daß rechts und links zwei Herren aufsprangen und ihn hielten, raste ich hinaus, schrie den Kontrolleuren zu, nach einem Krankenwagen zu telefonieren und eilte durch den Hintereingang hinunter ins Orchester.

Auf dem Boden zwischen den Musikern kauernd und bei dem dort unten infernalischen Dröhnen und Heulen der Instrumente, weil das Orchester weiterspielen mußte, hielt ich meinen, wie ich annahm, sterbenden Vater im Arm.

In der Hölle gequält zu werden, dünkt mich winzig gegen die Martern jener Stunde (denn so lange dauerte es ehe ein Krankenwagen kam), die ich mit meinem Vater, der die Sprache verloren hatte, in dem grausigen, von dem Tönen aller Instrumente widerhallenden, kleinen Orchesterraum durchlitt.

Und dann trug man ihn, weil der Hinterausgang zu schmal war, während die Vorstellung weiterging, durch den Zuschauerraum hinaus. Das war sein Abschied.

Er hat noch beinahe vier Monate lang, ohne die Sprache wiedererlangt zu haben, in einem – bei vollem Bewußtsein – friedlichen immer weniger werden, seine Lebensuhr auspendeln lassen müssen.

Aber sein wahres Ende war in jenem Augenblick als er dort zusammenbrach, wo er sein Leben lang gewirkt hatte: am Dirigentenpult.

In einem Zeitraum von etwa fünfundzwanzig Jahren habe ich nicht mehr als insgesamt sechs sogenannte »Wahrträume« gehabt. Derartige nächtliche Ereignisse, die nicht nur in das Gedächtnis, sondern vielmehr in das ganze Wesen des Menschen wie mit ehernen Buchstaben eingegraben werden — und zwar mit jeder Einzelheit — als Träume zu bezeichnen, fällt schwer.

Träumen tut jeder Mensch, ob er es weiß oder nicht. Aber die seltenen Erlebnisse, die ich meine, sind von anderer Substanz. Der Mensch, dem sie geschehen, weiß um ihre Unverwechselbarkeit und es wird ihm, solange er auf dieser Erde weilt, unmöglich sein, sie aus seinem Gedächtnis zu tilgen. Sie sind lebendiger als das »reale« Leben. Meist sind sie eine Botschaft, die sich auf etwas, dem Menschen in der Zukunft Bevorstehendes bezieht.

Wo kommen sie her? Wer sendet eine solche Botschaft? Ich bin überzeugt, daß es das dem Menschen innewohnende Göttliche Selbst ist, das sich seinem irdischen Vehikel auf diese Weise kundtut, sei es als Warnung, sei es als Spiegelbild seiner noch unvollkommenen und deshalb verbesserungswürdigen Eigenschaften oder aber als geistige Vorausschau schlechthin.

Selbst wenn er eine derartige Botschaft vorerst noch kaum begreift, dem Menschen, der ihrer gewürdigt wurde, wird die Deutung im Laufe der Jahre von selber — durch das Leben — zufallen, des kann er gewiß sein.

Ähnlich ist es wenn »Es« aus dem Menschen spricht. Als ich vor mehr als fünfundzwanzig Jahren von einem Mönch aus seiner Klosterbibliothek eine uralte Ausgabe der Aufzeichnungen der hl. Theresa von Avila geliehen bekam und mit atemloser Ergriffenheit las, was sie als ihre »Ansprachen« bezeichnete, da war ich ebenso glücklich wie dankbar für dieses Erlebnis. Dankbar vor allem deshalb, weil sie niedergeschrieben hatte, was ihr auf ihrem einmaligen Wege zugestoßen war. Überströmend vor Freude aber, weil ich bei ihr von Kapitel zu Kapitel dem eigenen Erleben wiederbegegnete.

Vor allem das, was die Heilige über die Art und Weise ihrer »Ansprachen« mitteilte, nämlich, daß zu ihr, über lange Zeit hin, nur ein einziger Satz gesprochen wurde und zwar immer so lange bis entweder die Voraussage eingetroffen war oder bis sie die Forderung, die ihr gestellt worden war, erfüllt hatte, ergriff mich ungemein.

Als ich aber bis zu dem Teil vorgedrungen war, den die Heilige den innersten Kreis nennt, da war meine Erschütterung vollkommen. Theresa hatte ihre Aufzeichnungen für die Nonnen, die mit ihr zusammen im Kloster lebten, aufgeschrieben, damit ihnen auch dort, wo ein Zweifel an der Echtheit eigener Schau auftreten würde, ihr, Theresas Weg zur Vereinigung mit Gott, den sie ihnen vorgelebt hatte, immer neuen Mut und Kraft einflößen möge. Die letzten Dinge, über die sie scheu und wie stammelnd kündete, brauchten nicht verdeutlicht zu werden, denn wer bis dahin gelangt war, für den waren sie ohnehin offenbar. Theresa hatte für Gottessucher geschrieben, nicht für Neugierige. (Hier muß ich einfügen, daß die mehrbändige, sehr alte Ausgabe, die mir zur Verfügung stand, zwar in einem alten Stil, aber sehr viel ausführlicher geschrieben war, als die neue Bearbeitung ihrer Schriften.)

In meinen Anfängerjahren auf diesem Weg, ich mochte suchen, ringen, kämpfen, beten wie ich wollte, erhielt ich, um mit Theresa zu reden, nur einen einzigen »Ansprache«-Satz, der zugleich Verweis und Hinweis war: »Du eiferst zu viel!«

Ja, natürlich. Die Stimme hatte recht. Nachdem ich einmal »ergriffen« war, war ich auch hingerissen. Hingerissen von all dem Neuen, Unbekannten, das sich vor mir aufgetan hatte. Nie bekam ich genug. Nicht nur, daß ich, unnachsichtig mit mir selber, mein Leben umgestellt hatte und nach den Vorschriften des Rāja-Yoga lebte, ich wollte wissen. Am liebsten: alles!

»Du eiferst zu viel« stand unnachgiebig für einige Jahre über meinem Leben. Alle Aufmerksamkeit, alles Mühen, dem großen Forderer genügten sie nicht. Als die Mahnung eines Tages aber nicht mehr kam, merkte ich es zunächst gar nicht. Erst als sie durch einen anderen kurzen Befehl abgelöst wurde, wurde mir bewußt, daß ich in ein neues Stadium eingetreten war. Der Befehl lautete: »Du sollst nichts tun!«

In jenen Jahren hatte ich noch keine Ahnung davon, daß in frühen Jahrhunderten große chinesische Meister, um ihre Schüler zur Erleuchtung zu führen, das »K o a n« erfunden hatten.

Was meint eigentlich dieses merkwürdige Wort »Koan«? Dr. Daisetz T. Suzuki erklärt es in seinem Buch »Die große Befreiung« folgendermaßen: »Ko-an bedeutet wörtlich eine ›Urkunde‹ oder eine ›gesetzliche Verordnung‹ – ein Ausdruck der gegen Ende der Tang-Dynastie in Gebrauch kam. Heute bedeutet es die Anekdote eines alten Meisters, oder das Zwiegespräch zwischen Meister und Mönchen, oder eine Feststellung oder eine Frage, die von einem Lehrer vorgebracht wurde; Mittel, die dazu dienen sollten, den Geist für die Wahrheit des Zen zu öffnen.« *)

Auf jeden Fall ist ein Koan etwas, was selbst mit den hervorragendsten Verstandesmitteln nicht zu begreifen, geschweige zu lösen ist. Wer ein Koan bekommt, der soll es nicht zergrübeln, er soll mit ihm leben.

Mit dem »Befehl«: »Du sollst nichts tun«, den ich heute, nach so vielen Jahren, als ein vom Himmel gegebenes »Koan« betrachte, hatte ich zu leben. Und zwar bis zur Vernichtung – in jeder Beziehung.

Wenn der »Himmel« den Menschen, der sich ihm dargeboten hat, zu prüfen beginnt, dann kommt ihm kein irdischer Meister an Härte, Zielsicherheit und Unbedingtheit gleich.

»Du sollst nichts tun!« Was, in aller Welt, meinte dieses Wort? Ich begriff gar nichts. Nach sieben Jahren grausamer Krankheit, die erst meine Stimmbänder so angegriffen hatte, daß ich dem über alles geliebten Beruf entsagen mußte und die dann in einen Halstumor ausartete, der den Gesichtsnerv einschloß, so daß ich jahrelang nie ohne die entsetzlichsten Schmerzen lebte, war ich nach zwei Operationen endlich auf dem Wege der Besserung. Ich lebte auf, die Stimme kehrte zurück, ich studierte wieder und die ersten Bestätigungen beim Rundfunk für ein come-back hatten mich beglückt. Und nun das! Eine Erklärung dafür, was denn »Besonderes« mit diesem Befehl gemeint sein könne, bekam ich nicht, so sehr ich auch

---

*) D. T. Suzuki: »Die große Befreiung«, Zürich 1969.

bei den täglichen Meditationen in mich hineinforschte. Der Befehl war anscheinend total. Tagtäglich mußte ich mich neu zum Gehorsam zwingen. Ich beugte mich, obschon ich nichts begriff. Aber – begriff denn der »Himmel« seinerseits nicht, daß ich um weiterleben zu können, Geld verdienen mußte?

Nein. Er beharrte auf seinem Befehl. Heute weiß ich, daß er mich nicht nur täglich neu erproben wollte, sondern daß mein immer noch ungestümes Temperament, das ich ununterbrochen zügeln oder ganz zurücknehmen mußte, umgewandelt werden sollte. Es wurde umgewandelt. Nicht so, daß ich es verloren hätte, es hat nur keinen Selbstzweck mehr ...

»Du sollst nichts tun« hatte mich nicht zum Faulenzen angeregt. Im Gegenteil: Ich arbeitete in jener Zeit noch mehr denn je. Stundenlanges Meditieren war selbstverständlich und ebenso selbstverständlich war künstlerisches Studium, viele Stunden am Tag. Ich wußte ja nicht, worauf der Befehl hinaus wollte und arbeitete nach meinen Möglichkeiten, um jederzeit »bereit« zu sein. Nur: Jede berufliche Wirkung nach Außen war mir verwehrt. Und ich hatte nicht nur Möglichkeiten, ich hatte große Angebote.

Was es hieß, mit heiterem Lächeln und weinendem Herzen alles zurückweisen zu müssen – den Ruin vor Augen –, das wird kaum jemand ermessen können. Zuletzt hielt ich nur noch aus Verzweiflung, Zorn und Zweifel durch. Jetzt wollte ich w i s s e n, wie weit und bis zu welchem Ende der Befehl führen würde. Er führte bis zum Ende.

Was ich jetzt niederschreibe, ist kein Märchen. Es ist härteste Wirklichkeit und – Wahrheit.

»Es ist doch nicht möglich, daß Er, dem ich gehorche, mich im Stich läßt, das kann Er doch nicht«, dachte ich ununterbrochen. Er konnte. Täglich zerbrach ich, täglich richtete ich mich neu auf – und Er sah zu. Aber meine Kraft erlahmte nicht. Jetzt wuchs sie an Seinem »Nicht-Tun«. Fast möchte ich sagen, daß mein Gehorsam zu einer Herausforderung wurde.

Es kam das Ende. Ich besaß noch fünfzig Pfennige. Das ist wörtlich zu verstehen. Keine einzige Mark war mehr hinter mir und keine vor mir.

Ich legte das Fünfzigpfennigstück auf meinen Tisch und setzte mich im Buddhasitz nieder.

Alle, in langer Askese gesammelte Kraft ballte ich zusammen und rief den »Befehler«.

Ich bat nicht, ich flehte nicht, als ich seine Nähe spürte, ich revoltierte.

»Was willst Du?«

»Ich denke Du bist der ›liebe Gott‹ – oder mindestens ein Teil von Ihm«, sagte ich furchtlos, »Dann weißt Du genau, warum ich Dich rufe. Ich habe Dir gehorcht bis zu diesem Augenblick, wo ich vor dem Nichts stehe. Ich weiß, weil ich Dich kenne, daß Du sagen wirst ›Du hast noch fünfzig Pfennige‹. Darum habe ich sie dort auf den Tisch gelegt. Und weißt Du, was ich damit mache? Ich kaufe Vogelfutter! Weil nämlich die Meisen und die Spatzen der Umgegend darauf vertrauen, auf meinem Balkon ihr Winterfutter zu finden. Die halten es nicht so lange aus zu hungern wie ich. Das hast Du so eingerichtet.«

»Also – was willst Du?«

»Du mußt ein Wunder tun«, sagte ich entschlossen. »Ich habe, um Deinem Befehl zu gehorchen, getan was ich konnte und solange ich konnte. Jetzt bist Du an der Reihe.«

Es muß etwas geschehen. Du hast drei Tage Zeit. So lange halte ich aus. Aber wenn bis zum dritten Tag nicht Dein Wunder kommt, dann mußt Du wissen, daß ich Deinem Befehl nicht mehr gehorche – um nicht in Schuld und Schulden zu geraten. Drei Tage!«

Nach dieser Auseinandersetzung, bei der ich um keinen Zoll zurückgewichen war und die als etwas Grandioses und Unerhörtes in der Erinnerung geblieben ist, da war ich, trotz meiner katastrophalen Situation, vollkommen heiter und gelassen. Ich wartete.

Der erste Tag verging – nichts.

Der zweite Tag verging – nichts.

Am dritten Tage wurde ich vormittags angerufen. Am Telefon meldete sich ein Name, den ich längst vergessen hatte. Dieser Herr, um den es sich handelte, war mir etwas schuldig. Um es genauer zu sagen: Da mir durch seinen Sohn ein ziemlich schwerer Unfall zugefügt worden war, so wäre er zu einer Lebensrente verpflichtet gewesen. Aber nachdem damals alle Arzt- und Krankenhauskosten von ihm bezahlt worden waren, hatte ich aus Dankbarkeit dafür, daß ich »davongekommen« war, nichts unternommen. Er seinerseits hatte nichts von sich hören lassen und ich hatte es vergessen.

Jetzt war er am Telefon!

»Ich würde Sie gern einmal aufsuchen«, sagte er, und als ich nichts dagegen einzuwenden hatte, fügte er hinzu: »Am liebsten gleich, wenn es Ihnen paßt.«

Als er mir eine Stunde später gegenüber saß, entschuldigte er sich mit »sehr schlechten Geschäftsverhältnissen« dafür, daß er nie etwas habe von sich hören lassen. Aber immer habe der Gedanke daran, daß er zu einer Lebensrente an mich verpflichtet sei, wie ein Damoklesschwert über ihm geschwebt. So dankbar er und seine Frau dafür gewesen seien, daß ich bisher nichts gegen sie unternommen habe, so sehr habe er den Tag gefürchtet, an dem sich das ändern würde.

Aus diesem Grunde sei er nunmehr zu dem Entschluß gekommen, mit mir darüber zu sprechen, ob man sich nicht einigen könne.

Er konnte nicht sehen, wie mein Inneres, über diese Rede zu lächeln begonnen hatte.

»Wie haben Sie sich diese Einigung vorgestellt?«, fragte ich ruhig.

»Meine Frau und ich dachten folgendermaßen: Falls sich innerhalb von fünf Jahren bei Ihnen noch irgendwelche Folgen des Unglücks, denen man mit ärztlicher Hilfe beikommen könne, zeigen sollten, so würden wir uns verpflichten, sämtliche Kosten dafür zu tragen. Und da wir nicht wissen, ob wir ein Leben lang im Stande sein werden, für den Fehler unseres Sohnes aufzukommen, so wollten wir Ihnen eine Abfindung anbieten.« Er sah mich unsicher an.

»Ja?«

»Ja, also, wenn Sie bereit wären auf alle weiteren Leistungen von unserer Seite zu verzichten, dann würde ich Ihnen zweitausend Mark auszahlen. Das ist alles, was ich leisten kann.«

Ich schwieg. Nicht um mein Gegenüber in Schrecken zu versetzen, sondern um gesammelt einen Gruß zum Himmel zu schicken. Dieser Gruß lautete: »Wenn Du meinst, daß dies fürs Erste reichen wird, dann will ich nicht klüger sein wollen als Du. Danke.«

»Es ist gut«, sagte ich zu Herrn W. »Ich bin einverstanden.«

»Meine Frau wird glücklich sein«, sagte er mit hörbarem Aufatmen. »Und was mich betrifft, so muß ich sagen, daß ich noch nie mit einem Menschen so gut auseinandergekommen bin wie mit Ihnen.« Sprach's, nahm die Aktentasche, die er neben sich gestellt hatte, öffnete sie und zählte zwanzig Hundertmarkscheine auf den Tisch.

Ich sah auf die Uhr. Es war eine Stunde vor Ablauf des dritten Tages.

Das himmlische Koan »Du sollst nichts tun« war zu Ende gelebt. Es kam nie wieder. Und damit war ich frei, zu »tun« wie ich wollte. Aber alles Tun war nun von der Wurzel her verändert. Ich hatte mich, der eigenen Kämpfernatur durchaus entgegen, in bedingungslosem Gehorsam selbst gezähmt. Das Ich-Tun war geschwunden. An seine Stelle war das »Tun als täte man nicht« getreten. Es wäre aber falsch anzunehmen, daß der Mensch jetzt peinlich auf das »Wie-Tun« bedacht wäre. Es ist, vergleichsweise wie beim »Kreislauf des Lichts« im chinesischen Yoga.

»Haben die Übungen Erfolg gehabt, dann kreist das Licht, ohne daß noch eine Meditation nötig wäre. Das bedeutet, daß das, was einmal unter bedeutsamen Erfahrungen, ja Erschütterungen ins Bewußtsein gehoben ist, nicht mehr verlorengehen kann (Rousselle).« Das Tun ist also frei geworden von Begierden und von egozentrischem Schielen nach Vorteil, und dieses Ergebnis schließt die Total-Verwandlung des Übenden ein. Es ist wie in den japanischen Zen-Künsten, von denen ich damals noch keine Ahnung hatte, obwohl ich schon seit zwölf Jahren *zazen* übte: dem Schwert-Weg, dem Speer-Weg, dem Bogenschießen-Weg und allen voran, dem Zen-Weg, der allen Künsten *) innewohnt – man muß vom ersten Schritt an, auf diesem Wege das Unkraut »Unreinheit« mit der Wurzel auszurotten suchen. Das geht nicht von heute auf morgen. Es braucht Jahre, vielleicht ein Leben, vielleicht auch viele Leben, und es geht immer wieder über Leben und Sterben. Denn das persönliche Ich setzt sich mit allen Kräften zur Wehr, weil es nicht begreift, daß nur sein Sterben es erst zum wahren Leben führen kann. Es sieht und fühlt nur den Verzicht. Wohl möchte es gern die verheißene Erleuchtung, doch soll es möglichst schnell gehen, die Risiken sollen nicht zu groß sein und ermunternde Zwischenerfolge sollen auch von Zeit zu Zeit sichtbar werden.

---

*) Vgl.: Kammer: »Der Bergdämon« – E. Herrigel: »Zen in der Kunst des Bogenschießens«, E. Herrigel: »Der Zen-Weg«, alle Werke im O. W. Barth Verlag, Weilheim/Obb.

Solche Einstellung aber führt zu nichts. Nur vollkommene Absichtslosigkeit auf dem Wege zu Gott kann endlich zu Ihm führen.

Große ostasiatische Meister haben immer wieder darüber geschrieben. Hunderttausende haben im Laufe der Jahrhunderte diese Schriften mit ihren erschütternden Beispielen gelesen. Voller Begeisterung gelesen. Aber Begeisterung allein nützt nichts. Und es ist leider bis zum heutigen Tage so geblieben, daß die meisten Menschen wohl das leuchtende Ziel, wie ein heißersehntes Orplid, zu schauen wünschen, aber d e n W e g ü b e r s e h e n, der dahin führt.

Aus diesem Grunde ist auch in bezug auf mein Erlebnis bei der Auflösung des Koan »Du sollst nichts tun« nicht vornehmlich dieses Enderlebnis als Besonderheit zu betrachten, sondern der Weg, der zurückzulegen war. Nicht irgendein »Ergebnis« – so beglückend es für den Erleber auch sein mag – ist wesentlich, sondern das steinige, harte Vorwärtsschreiten ohne Sicht, das Zähmen des Ichs – solange bis es als »Ich« und als »Ich will« nicht mehr existiert. Darauf allein kommt es an.

Wer fähig ist, durchzuhalten bis er »freigesprochen« wird, was jeder auf die ihm gemäße Weise erfahren wird, ist unangreifbar geworden.

Das meint nicht, daß sich sein tägliches Leben verändert, es meint auch nicht, daß ihm Schicksalsschläge erspart bleiben. Leben bleibt Leben und Karma bleibt Karma. Aber das »Ganz Andere« hat sich i n i h m vollzogen. Darum: Seine Gelassenheit ist durch nichts mehr zu erschüttern. Von ihm gilt das Sanskritwort:

»Auch erfreut ist er nicht erfreut, und auch gequält ist er nicht gequält – um seine wunderbare Haltung in diesem und jenem Geschick wissen nur, die seinesgleichen sind.« (Heinrich Zimmer: Indische Offenbarungsworte.)

»Der Seele Grenzen kannst Du nicht auffinden, auch wenn Du gehst und jede Straße abwanderst: einen so tiefen Logos hat sie (Heraklit, Fragment 43)«.

Es ist etwas Geheimnisvolles um echte Wahr-Träume. Wie ich schon erwähnte, bin ich der Überzeugung, daß der Gott-Funke, der in jedem Menschen verborgen ruht, sobald er erweckt wurde und in die ihm gemäße Bewegung geraten ist, sich selbst in dem ihm zustehenden Gefäß bezeugen und vorantreiben will.

Der erste Traum
Etwa zwei Jahre nach dem Beginn der absoluten Yoga-Übungen

Ich befand mich in einem Seebad am Meer. An der Strandpromenade entlang waren die üblichen weißen Villen, von denen ich eine kleine bewohnte. Das Hinterland des Bades bot den Anblick einer Stadt.

Es war ein schöner Tag und ich war am Strand. Ich war ganz allein, weit und breit war kein Mensch zu sehen. Das Meer war blau und herrlich in seiner Unendlichkeit.

Auf einmal ließ seine leuchtende Farbe nach und ich sah zum Himmel. Was ich da erblickte, ließ mich vor Schreck erstarren. Denn: Der Himmel war verschwunden und statt seiner drohte von oben ein fürchterliches Gebirge herab. Es gab keinen Himmel mehr, es gab nur noch diese steinerne Masse mit ihren der Erde zugewandten drohenden, spitzen Graten und Gipfeln.

In meiner Erstarrung konnte ich nur den einen, entsetzten Gedanken fassen: »Das kommt immer näher, das wird herunterstürzen!«

Kaum hatte ich es gedacht, da geschah es! Das Gebirge stürzte mit unbeschreiblichem Getöse herab und zersplitterte in einem Steinregen. Ich lag auf der Erde und rührte mich nicht.

Plötzlich war Stille.

Langsam wuchs ein großes Verwundern in mir, daß ich nicht tot war. Ich versuchte mich aufzurichten. Ich war sogar unverletzt. Nun stand ich auf und sah mich um.

Die Stadt in meinem Rücken war verschwunden und wohin ich auch blickte, sah ich nichts als Steinmassen – Steinmassen, die alles bedeckten. Nur ein einziges kleines Haus war ausgespart worden. Es war das Haus, in dem ich wohnte.

Plötzlich schrie ich laut auf: »Das Meer! Das Meer! Wo ist denn das Meer?«

Das Meer vor mir war verschwunden und zu einer Wüste aus Stein geworden.

Da wußte ich in meinem Herzen: »Wenn ich das Meer nicht wiederfinde, dann bin ich verloren!« Und wieder schrie ich in tiefster Verzweiflung:

»Das Meer! Wo ist das Meer?«

Jetzt ging es wie ein Riß durch mich hindurch – vor Glück. Am Horizont, in unendlicher Ferne, blaute ein schmaler Streifen auf: Das Meer!

Und im selben Augenblick wußte ich in meinem Herzen: Ich muß hin. Ich muß diese endlose Steinwüste durchwandern. Und erst wenn ich das Meer wieder erreicht habe, werde ich erlöst sein.

Als ich aus diesem Traum erwachte, befand ich mich noch immer, zu Tode erschöpft, mitten in dem Steinmeer und kroch, nur noch ein Haufen Qual, auf allen Vieren, mit blutenden Händen, Füßen und Knien vorwärts. Weiter – – weiter – – –

Noch heute kann ich die beispiellose Erschütterung, die ich während dieses unerhörten Vorganges durchlebte, nachempfinden. Jetzt allerdings mit der doppelten Erschütterung darüber, daß sich diese Prophezeiung, die sich mit eindeutiger Unmittelbarkeit an das noch in der »Welt« lebende Menschenkind gewandt hatte, bis in die letztmögliche Konsequenz erfüllt hat.

Allein mußte ich mich auf den Weg machen, der ohne Gnade, der aus Stein war. Die Welt in der, mit der und aus der ich lebte, also m e i n e Welt und mit ihr mein ganzes damaliges Sein, wurde in der Folge vom Himmel vernichtet.

Mit welcher Härte, mit welcher Unbedingtheit, den Alleingang fordernd, Er sich durch dieses, nun fast zu Ende gelebte Leben, ohne Aufhören manifestiert hat, braucht nicht weiter erwähnt zu werden.

Der »Traum« sagt es aus.

Der Zweite Traum
Zwei Jahre nach dem ersten

Der Traum beginnt gewissermaßen als Fortsetzung eines langen Gespräches, das ich mit meiner verstorbenen Mutter über meine »Einweihung« geführt hatte. Er beginnt also, als das Gespräch beendet ist. Sein Inhalt ist mir jedoch voll bewußt.

Hoher Ernst erfüllt uns, als wir in einen riesigen Vorhof eintreten, in dem viele Kirchen, von verschiedenartigem Aussehen, in weiter Runde beieinander stehen. Ich bin in meiner gewöhnlichen weltlichen Kleidung, meine Mutter trägt ein langes, weißes Gewand.

Wir wenden uns der Kirche zu unserer Rechten zu und treten ein. Doch in dem Augenblick, als ich die Schwelle überschreite, werde ich von einer unsichtbaren Macht zurückgehalten und – aus dem Unsichtbaren – geküßt. Ich verstehe, daß dies die Weihe für das Kommende bedeutet.

Wir gehen zu einer Kapelle innerhalb der Kirche. Vor dem Altar steht ein Bischof in rotgoldenem Ornat, der mich erwartet hat.

Ich knie nieder. Hinter mir meine Mutter. Der Bischof segnet mich. Dann neigt er sich nieder und küßt mich.

Jetzt erst spricht er und fragt, wie ich von nun an wirken, wie ich h e l f e n wolle.

Verwirrt schaue ich zu ihm auf und frage unsicher, ob ich von nun an nur noch »wohltätig« Konzerte geben soll.

»Das genügt nicht«, sagt er.

Da trat von links eine grau gekleidete »Assistentin«, die ich bis dahin nicht bemerkt habe hinzu, und erklärt, daß sie mich mit allem bekannt machen und mir die Wege weisen will.

Der Bischof nickt und dann ist er plötzlich verschwunden.

Meine Mutter und ich verlassen die Kirche und treten wieder in den sonnigen Vorhof hinaus. Schweigend gehen wir zum Ausgang. Hier ist jetzt eine Leine gespannt, auf der ein Paar schneeweiße Handschuhe hängen. Ich weiß, daß sie mir bestimmt sind und nehme sie an mich.

Ein Kommentar zu diesem Traum erübrigt sich. Nur das Eine möchte ich bemerken: Zu der Zeit dieses nächtlichen Erlebnisses war ich noch mitten in meinem Beruf, auf der Bühne und im Konzertsaal, den ich als etwas Heiliges betrachtete. Damals war ich überzeugt, daß ich, auch innerhalb des künstlerischen Berufes, den inneren Weg würde gehen können. Daher meine unbefriedigende, verwirrte Antwort an den Bischof.

Wach-Traum
Wieder zwei Jahre später

Ich erwache mit dem Gefühl von Angst – Angst – Angst. Der ganze Raum, in dem ich mich befinde, mein Schlafzimmer, ist erfüllt von diesem kosmischen Grauen: A n g s t.

Ich suche Rettung, Hilfe und schwebe durch die geschlossene Tür in das Gastzimmer, in dem – wie ich wußte – ein vertrauter Freund des Hauses schlief. Ich lasse mich neben ihm nieder, rüttele ihn verzweifelt und bitte ihn mir beizustehen. Er aber stößt mich mit ausgestreckter Hand von sich und knirscht, wütend über die Störung: »Weg! Weg!«

Im Zimmer ist es stockdunkel. Plötzlich, direkt vor mir, teilt sich das Dunkel, als ob es wie ein Vorhang auseinandergezogen würde. In einem lichten, strahlenden Ausschnitt, gleichsam wie aus dem Unsichtbaren kommend, schreiten Mönche, in dunkler Kutte, eine sehr hohe, breite Treppe hinab. In sprachloser Spannung, im Bett sitzend, verfolge ich das Geschehen. Sie beachten mich nicht. Nur der Erste, Oberste, der in ihrer Mitte geht und ein helleres Gewand trägt, lächelt mir zu und winkt ermutigend.

Plötzlich aber erscheint auf der rechten Seite der Schar, in silberner Rüstung – so wie man den Erzengel Michael sich vorstellen könnte – ein strahlendes Wesen.

So strahlend wie er aussieht, so strahlend lächelt er mir zu, grüßt mich und winkt mir mit seiner Rechten. Es ist, als lächle und winke er mir Mut zu. Dann schließt sich der Vorhang.

Nach wenigen Sekunden der Dunkelheit teilt sich der Vorhang von neuem und derselbe Vorgang – gleichsam wie zur Bestätigung und Betonung – wiederholt sich.

Als der »Silberne« mich wieder grüßt und mir zuwinkt, möchte ich, in überströmender Seligkeit darüber, den armen Schlafenden neben mir teilnehmen lassen und rüttele ihn: »Sieh doch nur!«

Aber da steht, wie ein eherner Befehl ein Wort im Raum: »Schweig!«

Es ist weder gesprochen noch geschrieben – aber der ganze Raum ist erfüllt von: »Schweig!«

Und der Vorhang schließt sich.

Im nächsten Augenblick befinde ich mich wieder in meinem eigenen Bett in meinem Zimmer. Ich stehe auf und schreibe nieder, was ich erlebte.

Dieser Wach-Traum hat sich auf eine erschütternde Weise erfüllt. Nicht nur in der Verwirklichung des Befehls, nirgends Beistand oder Hilfe zu suchen und nur der Führung durch den Himmel zu vertrauen, sondern auch ganz real.

Ich schrieb darüber in meinem ersten Buch, anläßlich meines ersten Besuches im Zen-Buddhistischen Kloster:

»Auf einmal lenkte der Chauffeur in eine schmale, den Berg steil hinaufführende Gasse ein und Frau M. zeigte mit der Hand gradeaus: »Der Tempel«.

Ich beugte mich vor, und als ich durch den Regenvorhang hindurch nichts als eine breite, ungeheure, steil ansteigende Treppe erblickte, durchzuckte mich im selben Augenblick das Bild einer Erinnerung gleich einem elektrischen Schlag ... Wir stiegen aus.

Da stand ich im strömenden Regen, fast blind und dennoch im Herzen wie berauscht vor Glück, denn in blitzhafter Erkenntnis war mir das Unfaßbare zur Gewißheit geworden: Ich war am Ziel.

Diese Treppe, von der man nicht sehen konnte, wohin sie führte oder woher sie kam, war mir vor vielen Jahren in einem Wachtraum gezeigt worden ...

In den nachfolgenden Jahren hatte ich vor einer Unzahl von herrlichen Kirchen, Kathedralen und Domen gestanden und zu manchen hatte auch eine Freitreppe hinaufgeführt. Aber eine Treppe, die gewissermaßen aus dem Nichts zu kommen schien, oder die von einem Heiligtum herabführte, das hinter ihr im Verborgenen liegen mußte, die war mir noch nie begegnet. Hier war sie.«

Seit der Verheißung waren mehr als dreißig Jahre vergangen.

Der vierte Wahrtraum
Vier Jahre nach dem vorangegangenen Traum

Ich befand mich in einem winzigen, kreisrunden Waldfleckchen, das rings von hohen, dichtbelaubten Urwaldbäumen eingeschlossen war und – keinen Ausgang hatte. Ich stand, eine Gefangene, in der Mitte.

Plötzlich sah ich, und die Haare sträubten sich mir in tödlichem Erschrecken, wie aus dem Dickicht, mir genau gegenüber, eine Schlange von enormer Größe direkt auf mich zukam.

Irrsinnige, unbeschreibliche Angst ergriff mich, denn die Schlange sah mich an und kam auf mich zu. Knapp vor mir richtete sie sich auf. Zitternd, wie vor meiner Hinrichtung, stand ich und erwartete das fürchterliche Ende.

Da geschah das Unfaßliche: Die Schlange wendete plötzlich ihren Kopf nach rechts – dann glitt sie, hochaufgerichtet, meinen linken Arm streifend, an mir vorbei und verschwand hinter mir.

Aber noch ehe ich mir der Rettung ganz bewußt werden konnte, fiel mein entsetzter Blick auf eine zweite Schlange, die von derselben Stelle wie die erste auf mich zu kam.

Sie war noch weit fürchterlicher als ihre Vorgängerin. Mit einem grauenhaft geschuppten Kopf wirkte sie wie das Urbild alles Bösen und Ekelerregenden.

Panik, Entsetzen und Angst so fürchterlicher Art packten mich, daß mir für deren Beschreibung die Worte fehlen. Verzweifelt sah ich mich nach einer Fluchtmöglichkeit um – aber schon bei der Regung dieses Gedankens schoben sich die Urwaldbäume dichter zusammen. Der Raum um mich wurde noch enger, so daß auch nicht ein Spalt zum Entrinnen blieb.

Noch ehe sie mich erreicht hatte, richtete sich die Schlange hoch auf.

Ich schrie in meinem Inneren: »Wird sie mich nicht auf die widerlichste, grauenvollste Weise töten?«

Da war es, als ob aus den Wipfeln der Bäume mir Trost zuwehe und als ob hauchzart die Stimmen meiner verstorbenen Eltern und Freunde nicht hörbar aber fühlbar wurden.

Die Schlange, hocherhobenen Hauptes, und fast zu meiner Größe aufgerichtet, war nun ganz nahe herangekommen und – sah mich an – lange.

Eiskalt vor Entsetzen hielt ich stand.

Auge in Auge sahen wir uns an, und in all meinem Grauen erkannte ich, daß die Schlange herrliche, tieftraurige Augen hatte. So blieben wir, sekundenlang, unbeweglich.

Plötzlich bog sie Kopf und Oberleib zur Seite, berührte leicht meine linke Schulter und – glitt vorbei.

Aufatmend glaubte ich mich gerettet, da sah ich wie von der linken Seite aus dem Dickicht, drei andere Schlangen nahten. Die ersten waren aus der mir gegenüberliegenden Mitte gekommen. Aber sie sahen gegen die anderen geradezu gutmütig aus und waren auch viel kleiner. Ich hatte keine Angst mehr. Sie kamen heran, streiften leicht mein linkes Bein und verschwanden wie die vorigen.

Jetzt wußte ich, daß ich gerettet war. Zugleich wich die Starre aus meinem Körper, die mich die ganze Zeit über gefangen gehalten hatte. Ich konnte mich bewegen.

Nun wandte ich mich rechts um und sah, daß dort auf einmal kein Wald mehr war, sondern daß unendlich weiter Himmel sich dehnte. Ich ging ein paar Schritte dorthin und blieb stehen.

Plötzlich sah ich, wie vom Himmel herab eine kleine, schmale, schneeweiße Schlange, von deren beiden Seiten schmale Bänder wie Flügelchen flatterten, in rasendem Flug auf mich herunterstieß.

Im nächsten Augenblick hatte sie mich schon erreicht und sich unter das Oberleder meines linken Halbschuhs geschoben.

Ich fühlte einen feinen, glühenden Stich auf meinem Fuß und wagte, sprachlos, mich nicht zu rühren.

Plötzlich stand, weißgekleidet, meine verstorbene Mutter neben mir, und ohne mich über ihre Gegenwart zu wundern, erzählte ich ihr aufgeregt die Sache mit der weißen Himmelsschlange. Sie erwiderte nichts, sondern wandte sich um und ging mit mir nach der anderen Seite, die ebenfalls auf einmal geöffnet war, aus dem Rund heraus in einen Wald, der nichts außergewöhnliches mehr hatte, sondern uns auf breitem Promenadenweg gehen ließ.

Es wurde nichts gesprochen. Aber unaufhörlich spürte ich die kleine, weiße Schlange, die, zusammengefaltet, auf meinem linken Fuße ruhte.

Wer denkt bei diesem grandiosen Traum nicht an die Aussage der alten Zen-Meister (von denen ich damals noch nichts wußte), daß, nach der Überwindung der »aufgerichteten Barrieren« und der danach folgenden Vereinigung mit dem Urgrund, die Welt, der man sich entledigt hatte, ihr normales Aussehen und Wesen wieder zurückerhalte. Eine überwundene Welt, in der man sich von nun an frei und »befreit« bewegen konnte.

Aber er zeigt auch in aller Deutlichkeit, daß die Prüfungen bis an die äußerste Grenze des Ertragbaren gehen würden.

Der fünfte Wahrtraum
Sechs Jahre später

Als der Traum beginnt, sitze ich auf dem Fensterbrett eines weit offenen Fensters. Dem Zimmer wende ich den Rücken. Es ist unwichtig und gegenstandslos.

Viele, furchtbare Geschehnisse, wie ich weiß, liegen hinter mir, aber endlich ist es mir gelungen, mich auf dieses Fensterbrett zu retten. Es ist mir deutlich bewußt, daß es ein »mich retten« war.

Ich sitze still und sehe hinaus. Aber für das, was ich sehe, oder vielmehr nicht sehe, fehlt mir jede Möglichkeit der Beschreibung, denn vor mir liegt das – Nichts.

Ich kann die Ungeheuerlichkeit nur noch nachempfinden. Denn: nicht nur das Fehlen alles Gegenständlichen war das Unbeschreibbare, sondern da war auch kein Himmel und kein Horizont, überhaupt nichts dem Auge Faßbares, an das es sich hätte halten können; nur eine unermeßliche Leere. Aber auch »Leere« ist noch ein Begriff. Das aber was ich sah – oder nicht sah – entzieht sich jedem Begriff. Ich saß, mit einem Wort, auf der Schwelle zum Nicht-Sein.

Plötzlich, während ich gebannt in dieses Nichts starre, fühle ich, daß aus dem Unsichtbaren ein Wesen zu mir gekommen ist und sich rechts neben mich auf das Fensterbrett gesetzt hat. Obwohl das Wesen unsichtbar bleibt, fühle ich, daß es ein Knabe ist. Doch »Knabe« ist hier nicht gleichbedeutend mit »Kind«, denn sein Wesen ist dem meinen völlig harmonisch angepaßt.

Kaum habe ich das seltsame Ereignis begriffen, als ich »fühle«, daß der »Knabe« von mir verlangt, (wortlos verlangt), ich solle mich mit ihm aus dem Fenster stürzen.

Entsetzen ergriff mich. Ich sah in das Nichts und fragte bebend:

»Werden wir nicht ins Bodenlose stürzen?« Und gleich darauf, wie in blitzhafter Erkenntnis: »Bist Du der Sternenknabe?«

Ich erhalte keine Antwort.

Aber auf einmal fühle ich, wie Menschen und Geschehen aus der Vergangenheit in meinem Rücken schemenhaft auftauchen und wieder nach mir greifen wollen – da schreie ich auf, als ob die Hölle hinter mir wäre:

»Geschehe was da wolle. Aber nie mehr zurück!«

Der »Knabe« und ich stürzen in den Raum.

Es ist ein Augenblick der Angst, des Grauens. Aber die Arme des »Knaben« halten mich so fest umschlungen, daß alle Angst schwindet und – mit dem Schwinden der Angst – halten wir inne im Sturz und stehen still. Natürlich war da kein fester Boden, sondern wir »stehen« im leeren Raum.

Und im nächsten Augenblick steigen wir!

Alle Angst ist, wie etwas nie gekanntes, verschwunden. Seligkeit erfüllt mich. Ich höre mich fragen: »Bist Du der Sternenknabe?«

Keine Antwort. Aber die Arme des »Knaben« schließen sich fester um mich.

Wir steigen.

Ich höre mich jubeln und jauchzen: »Bist Du der Sternenknabe«?

Da neigt sich ein seliges Antlitz dem meinen zu, und ich fühle mich ganz und gar durchdrungen von dieser Seligkeit, die ein einziges Bejahen ist.

Und wir steigen, steigen, steigen ohne Ende im unendlichen Raum.

Auch in diesem herrlichen Wahr-Traum ist unmißverständlich auf die conditio sine qua non hingewiesen worden.

Er zeigt, daß selbst die Überwindung der Welt noch nicht genügt, denn, wenn nicht die totale Preisgabe: »Komme was da wolle« mit dem Absturz in das bodenlos Unbekannte vollzogen wird, dann kann die gegenständliche Welt doch wieder Macht über den an der Grenze Verweilenden gewinnen.

Das Wunderbare aber ist, daß der Mensch, der durch Not und Tod oder auch durch Glück hindurch, den einmal als seine eigene Wahrheit erkannten Weg unbeirrbar weitergeht – vom Himmel begleitet wird. Das hat jeder dieser Wahr-Träume bestätigt.

Es meint nicht, daß dem Menschen etwas abgenommen wird. Selbst die Entscheidung, sich ins Bodenlose zu stürzen, muß er allein treffen.

Aber hat er sie getroffen, dann ist er in Einheit mit dem Himmel und wird von ihm getragen.

Der »Seltsamkeit« wegen möchte ich zu diesem Wahr-Traum noch ergänzend hinzufügen, daß, nach chinesischer Legende, an einem einzigen Tage im Jahr – am siebenten Juli – der »Göttliche Kuhhirte«, der »Sternenknabe« über die Milchstraße kommt, um sich mit der »Spinnerin« zu vereinen.

In Japan ist der 7. Juli ein hoher (aber inoffizieller) Feiertag, genannt: »Tanabata Matsuri«. Das einmal im Jahr stattfindende »Treffen« dieser beiden Sterne »Kengyu« und »Shokuya« wird auf liebenswürdige Art gefeiert. Man schreibt seine Namen auf bunte Streifen und befestigt sie an den Bambuszweigen in den Gärten. Auch Blumen und Früchte werden an Haus und Tempelaltären dargebracht, um die beiden Sterne zu ehren.

Ich bin am siebenten Juli geboren.

Der sechste Wahrtraum
Wiederum sechs Jahre später

Ich saß in einer Wiese.

Still und froh betrachtete ich, wie gewöhnlich im Buddhasitz, die Landschaft. Vor mir bis zum Horizont gedehnt, war grünes Wiesenland. Links von mir, aber ziemlich entfernt, dehnte sich in sanften Windungen ein Fluß. Rechts von mir, im Hintergrund, ein riesiger Berg.

Plötzlich bemerkte ich, daß der Berg sich bewegte und langsam auf mich zukam. Entsetzt sah ich diesem Ereignis zu und erkannte zu gleicher Zeit, daß die Front, die unaufhaltsam näher kam, ein Antlitz trug – und wie mir schien –, ein männliches Antlitz. Auf einmal spürte ich, und panischer Schrecken ergriff mich, daß der Berg sich mit mir vereinen wollte...

Aber ich blieb still sitzen, ohne mich zu rühren, – – – und der Berg ging in mir auf.

Starr, bewegungslos fühlte ich das Ungeheure, das sich in mir vollzogen hatte, ohne daß sich meine äußere Gestalt verändert hätte.

Da fiel mein Blick auf den Fluß – und wenn es möglich sein konnte, so erschrak ich noch mehr als vorher –, denn der Fluß veränderte seinen Lauf und kam auf mich zu...

»Er wird mich überfluten, und ich werde in ihm ertrinken«, dachte ich entsetzt.

Doch da sprach eine Stimme:

»Fürchte Dich nicht. Sieh hinein. Du bist es selbst.« Eine Sekunde lang erkannte ich in dem Fluß mein eigenes Gesicht. Dann ging er auf unerklärliche Weise in mir auf.

Ich saß in der Wiese.

Rechts kein Berg. Links kein Fluß. Beide in mir.

Und eine Stimme sprach:

»Das ist der Weg zur Einheit, zur Vollkommenheit.«

»Du bist es selbst!« Dieses Wort habe ich in der geheimen Zwiesprache mit dem Rôshi (*sanzen* genannt), im Zen-Buddhistischen Kloster, zwanzig Jahre nach diesem Wahr-Traum, immer wieder gehört. Sei es in bezug auf den Buddha oder auf sonstige existierende Wesen und Dinge, gleichgültig ob irdischer oder außerirdischer Zugehörigkeit.

»Es gibt nur das Eine und im Einen ist alles enthalten.« Der Wahr-Traum hat dieses Zen-Wort vorweggenommen. Auch die Verschmelzung von Yin und Yang (männlich und weiblich). Im Traum symbolisiert als Berg und Fluß.

Der siebente und letzte Wahr-Traum, der mir etwa zehn Jahre nach seinem Vorgänger gegeben wurde, rundete die Schauungen insofern – vermutlich endgültig – ab, als er eine Begebenheit zeigte, die sich nach meinem leiblichen Tode und nicht auf diesem Stern vollzog.

Darüber möchte ich schweigen, weil diese Schau nicht mehr zu meinem Erdendasein gehört.

Seit etwa zwei Jahren habe ich mich immer wieder und bis zum heutigen Tage geprüft, ob es zu verantworten sei, von den Dingen zu berichten, die mir, in den ersten vierzehn Jahren meiner re-ligio zu Gott, widerfahren sind. Ich meine nicht die Wahr-Träume. Ich meine Geschehnisse so außer-ordentlicher Art wie sie in unseren Zeiten wohl selten geworden sind.

Ich soll berichten, und da ich immer dem »Großen Befehler« gehorsam gewesen bin, so gehorche ich auch jetzt. E r oder E s wird wissen, warum es so sein soll.

Das zentrale Ereignis meines Lebens liegt zeitlich zwischen dem zweiten und dritten Wahrtraum und genau fünf Jahre nach der mit unvergleichbarer Inbrunst vollzogenen Rückwendung auf den Weg zu Gott.

Es war in einer Mainacht. Ich erwachte plötzlich durch einen heftigen, schmerzhaften »Ruck«, der den Körper erschütterte. Der Schmerz war sofort vorbei. Aber der »Ruck« hatte mich aus meinem fleischlichen Körper herausgerissen. Das aber wußte ich noch nicht. Ich lag wie vorher auf dem Rücken – nur eben »über« meinem Körper.

Für das, was ich sah und empfand, suche ich vergebens nach den rechten Worten.

Mein Schlafzimmer war in überirdisch strahlendes Licht getaucht und in diesem Licht, sein Strahlen noch weit übertreffend, stand, ganz in fließendes Silber gehüllt, ein göttliches Wesen und sah mich an.

Seine Schönheit kann ich nicht schildern. Aber seine Aura erfüllte den ganzen Raum. Und diese Aura war: Liebe.

Was ich hier sage, ist nichts, ist erbärmlich gegenüber dem, was sich als »Liebe« kundgab. Es war das Ganze, das Göttlich-Ungeteilte, das diesem Wesen entströmte.

Wahrscheinlich war ich nur deshalb fähig, wahrzunehmen und zu empfinden, wofür im menschlich-körperlichen Dasein die Voraussetzungen fehlen, weil ich mich nicht mehr in dem gewohnten Gehäuse befand.

Während ich regungslos lag und schaute, vollzog sich eine Nebenhandlung. Rechts neben mir – das strahlende Wesen mußte sie mitgebracht haben – saß in schlichtem, weißen Gewand auf dem Bettrand meine vor vier Jahren heimgegangene Mutter und strich mit ihren Händen ununterbrochen über meine rechte Halsseite. Ich beachtete sie nicht und bemerkte auch nicht, daß sie schließlich entschwand. Ich sah nur das Göttliche Wesen, das in seiner Herrlichkeit und Größe vor mir bis zur hohen Zimmerdecke ragte.

Es stand unbeweglich. Seine, in dem wunderbaren Antlitz, wie Sonnen leuchtende Augen sahen mich mit tiefem Ernst mahnend und fordernd an. Ich aber schaute nur.

Da wandte sich das Göttliche Wesen ab und ich sah, wie es durch das Fenster entschwebte.

Aber in diesem Augenblick riß es mich in Verzweiflung empor. Und oh Wunder – keine Erdenschwere hielt mich zurück. Ich flog ihm nach. Ich wußte nur eins: ich muß zu Ihm! Der Sturmwind der Verzweiflung muß mich getragen haben, denn ich erreichte das ersehnte Ziel.

Das strahlende Wesen hielt inne in seinem Flug und wandte sich mir zu. Schüchtern, flehend und nichts als Darbietung sah ich zu ihm auf.

Da geschah etwas, was so überirdisch schön war, daß ich kaum wage es niederzuschreiben: das ernste, schöne Antlitz begann zu lächeln.

Dieses Lächeln – kein irdisches Wort kann ausdrücken, wie es ist, wenn der Himmel lächelt. Liebesströme durchfluteten mich. Und dann nahm dieses strahlende Wesen mich in seine Arme, zog mich ganz in sich ein und küßte mich auf den Mund.

Für die Seligkeit, die mir in jenen Augenblicken geschenkt wurde, hat die Sprache keinen Ausdruck. Und über das, was man nicht ausdrücken kann, soll man nicht zu stammeln versuchen.

Wenig später befand ich mich wieder in meinem Bett. Mein Körper war starr und bewegungslos. Aber mein Geist war leuchtend wach. Nach einer Weile konnte ich die Augenlider bewegen, etwas später kam Leben in die Fingerspitzen, bis nach und nach der ganze Körper seine normale Wärme und Beweglichkeit zurückgewann.

Die große, heilige Theresa schrieb nach einem ihrer Erlebnisse: »Noch am folgenden Tage fühlte ich den Schmerz an allen Pulsen und im ganzen Körper, so daß es mir vorkam als wären alle meine Glieder verrenkt.«

Was mich betrifft, so mußte ich mich, am Tage nach dem nächtlichen Erlebnis – es war ein Pfingstsonntag – mit großen Schmerzen niederlegen. Diagnose: Schwere Rippenfellreizung. Erst nach vierzehn Tagen begann ich mich besser zu fühlen.

Aber diese, nach dem »Eingriff« verständliche, körperliche Reaktion war ein Nichts gegen das, was sich in der Folge dann für mich ergeben sollte.

Die »Nebenhandlung« innerhalb des großen Ereignisses, die meiner verstorbenen Mutter zugefallen war, war es, die mein äußeres Leben zur Katastrophe führen und es damit – dem Wunsche des Himmels, dem ich mich ja dargeboten hatte, entsprechend – in seiner gesamten Struktur verändern sollte.

Schon nach drei Monaten hatte sich an der rechten Halsseite, die »bestrichen« worden war, eine Drüse derart stark entwickelt, daß sie von Geheimrat Sauerbruch entfernt werden mußte. Danach fühlte ich mich wieder wohl, nahm an, daß ein kleiner Schaden für immer beseitigt sei und schloß, als ich ein schönes Rollenangebot bekam, einen Vertrag ab. Am ersten Weihnachtsfeiertag war Premiere. Es sollte meine letzte sein. Am Hals bildeten sich, an der gleichen Stelle, neue Drüsenknoten, die nunmehr von dem damaligen Röntgenspezialisten, Professor Chaoul behandelt wurden. Durch die Einwirkung der Strahlen wurde die Entwicklung der Krankheit zwar nicht gehemmt – aber meine Stimmbänder wurden ruiniert.

Bis ich begriff, daß ich nicht mehr fünf Minuten lang sprechen konnte, ohne stockheiser zu werden, vom Singen zu schweigen, und daß es nur noch eines für mich gab: abtreten und verschwinden – das war ein bitterschweres, langsames Sterben.

Sieben Jahre lang wucherte die Krankheit, in denen ich Tag und Nacht entsetzliche Schmerzen ertragen mußte, ehe ich aus ihrer Umklammerung entlassen wurde. Wieder operierte Sauerbruch. Wir wußten beide, worum es ging, denn der Tumor hatte den Gesichtsnerv eingeschlossen.

Ich wurde gesund. Oder vielleicht wäre es richtiger zu sagen: ich durfte gesund werden.

Es wäre über die Folgen des himmlischen »Eingriffs« noch viel zu sagen. Da sie ja aber in der Hauptsache geistiger Natur sind, möchte ich die prägnantesten übersinnlichen Erlebnisse, die dem ersten folgten, zuvor schildern, damit der Weg, den ich gehen mußte, verständlicher wird.

Das zweite große Ereignis fand bereits drei Wochen nach dem ersten »Besuch« statt.

Wieder erwachte ich von dem bewußten Körper-Ruck, der dieses Mal aber nicht mehr schmerzhaft war.

Wieder war das Zimmer erfüllt von der überwältigenden Liebesaura. Aber der Raum blieb dunkel. Ich sah nichts. Ich fühlte nur.

Das himmlische Wesen, das mich von meinem Körper befreit hatte, schwebte dicht über mir und blies mir seinen heißen Odem ins Gesicht. Seine Hände aber strichen, während mein ganzer Kopf von dem heißen Blasen durchdrungen wurde, unaufhörlich von meiner Stirnmitte zu den Seiten hin. Unaufhörlich.

Ich war eine beseligte Empfängerin. Aber keineswegs ohne geistige Präsenz. Ich war mir des Geschehens voll und klar bewußt.

Der Abschluß der Handlung oder man kann vielleicht besser sagen: Der Be-handlung war wieder der, mit menschlichen Worten nicht zu schildernde, allesdurchdringende, heilige Kuß.

Nach diesem Ereignis fanden keine »Behandlungen« mehr statt. Die nächsten Begegnungen, nur noch drei während des folgenden Jahres, waren nicht im Bezirk unserer Erde. Dabei »geschah« nichts, wenn man davon absehen will, daß der unsägliche Wonnezustand, in dem ich mich jedesmal befand, mich nach meiner Rückkehr immer deutlicher empfinden ließ, in welchem Gefängnis wir uns alle auf diesem Stern der Bewährung befinden.

Daß die »Behandlung« die Erweckung des Stirnlotos (des zweiblättrigen Chakras) war, wird all den Suchern oder Forschern bewußt sein, die entweder den indischen Kundalini-Yoga oder die Lehre der indischen Weisen von den dem Menschen innewohnenden sieben Chakras kennen, die es zu erwecken gilt.

Im niedrigsten, dem Steißbein-Lotos, dem Muladhara, der am untersten Ende des hohlen Rückenmarkkanals liegt, ruht zusammengerollt eine Kraft, die Kundalini genannt wird. Wenn diese Kundalini bei dem, durch unzählige Inkarnationen hindurch unablässig Suchenden, endlich erwacht, dann beginnt sie sich ihren Weg durch diesen hohlen Kanal zu erzwingen und »in ihrem stufenweisen Aufstieg öffnet sich gleichsam eine Bewußtseinsstufe nach der anderen.« (Vivekanda, Rāja-Yoga)

Bei Werner Blohm, der in seinem Büchlein »Chakras« *) eine knappe, aber für den Nicht-Forscher durchaus genügende Zusammenfassung der »Serpent Power« von Sir Woodroffe (A. Avalon) **) gegeben hat, ist über den sechsten, den Stirnlotos zu lesen:

»Alle Impulse des Erwachten gehen von dem lichten Strahlenzentrum des zweiblättrigen Lotos aus. Das sagt schon sein Name. *Ajna* bedeutet Befehl, Weisung, Gebot, Auftrag. Er liegt etwa 2 cm hinter der Stirnwand, in Augenhöhe zwischen den Brauen.

Wie die Geistgeburt zur Weihenacht in der Sonnenwende des Steinbocks stattfindet, so auch die des Schülers hier im Befehls-Lotos (*Ajna Chakra*). Der Yogi wird zur Geistesfreiheit geführt, wird zum Herrn alles dessen, was in seinem Leibe ist bis hinunter zu den Kräften im vierblättrigen Lotos. Er wird Herr der ganzen Kolonie von Wesenheiten, die in Wahrheit in ihm sind. Bis in die Tiefen hinein scheint das Licht der Erkenntnis; die Schlange ist überwunden, der Drache besiegt. Von niemand anderm empfängt der Yogi Befehle als aus dieser Vereinigung mit dem göttlichen kosmischen Geiste, d. h. aus der Intuition.

Gesunde Urteilskraft und klares, logisches Denken sind Bedingung für die Entwicklung des Stirnlotos. Durch die Unterscheidung des Wahren von der Maya der Erscheinung wird in der Stirn der

---

*) W. Bohm: »Chakras, Lebenskräfte und Bewußtseinszentren«, O. W. Barth Verlag, Weilheim/Obb.
**) Deutsche Übersetzung: A. Avalon: »Die Schlangenkraft«, O. W. Barth Verlag, Weilheim/Obb.

Mittel- und Schwerpunkt erzeugt. In Tätigkeit wird er durch die rechte Meditation versetzt.

Vom Strahlungsmittelpunkt im zweiblättrigen Lotos fließen Ströme längs der beiden Hände. Durch sie wird der Ätherleib bewegt. Das höhere Ich wird geboren, frei, und tritt mit Wesen der geistigen Welt in Verbindung. Der Stirn-Lotos ist das Tor zum Geist.«

Soviel zum Thema »Stirnlotos«, der dank Meditation ungehindert mit dem 1000blättrigen Scheitellotos ineinanderschwingt; beide gleichzeitig aber mit den höchsten kosmischen Kräften.

Ein schweres Jahr verging. Aber noch viel, viel schwerere sollten vor mir liegen. Der »Himmel« wußte und wollte es. Darum gab er mir ein Wort mit auf den steinigen Weg:

Ich erwachte von einem starken Donnergrollen in meinem Zimmer und fuhr erschrocken in die Höhe.

Vor mir, mitten im Schlafzimmer, stand eine schneeweiße Wolke.

Dann geschah, innerhalb von Sekunden, zu gleicher Zeit dreierlei: Unter heftigem Donner fuhr ein leuchtender Blitz durch die Wolke und – Es – sprach: »Dir wird geholfen werden!«

Wenn ich schreibe »sprach« so deshalb, weil ich nicht weiß, wie ich mich sonst ausdrücken soll. Die Worte kamen nicht von einer »Stimme« – sie standen vielmehr, unheimlich stark, gleichsam ehern, innerhalb von Blitz und Donner, im Raum.

Ein erschütterndes Erlebnis.

Aber noch war ich nicht frei von dem Glauben, daß auch mein irdisches Leben etwas von dieser Hilfe zu spüren bekommen würde. Doch das war nicht der Fall. Es war, im Gegenteil so, daß diese Hilfe erst dann – und nur dann – sich kund gab, wenn ich mich jeweils in tiefster Not bewährt hatte. Dann fiel eine Fessel, gleichsam wie von selber ab. (Zum Beispiel wie nach den Jahren des Befehls »Du sollst nichts tun«).

Zehn Jahre später folgte die »Große« Erfahrung, die zeitlich ungefähr mit dem fünften Traum zusammenfiel.

Den ganzen Abend (vor dem Erlebnis) hatte ich mich, solange bis ich einschlief, wieder einmal mit dem sehr geliebten Sokrates beschäftigt.

Ich erwachte mit schreckhafter Heftigkeit. Das Irdische erschrickt eben zunächst immer, wenn sich das »Ganz Andere« naht.

Zunächst war Seine Aura da und erfüllte den Raum. Aber es war nicht die, mir so tief bewußte, Aura: Liebe. Es war: Weisheit.

Unbeschreibbar – aber alleserfüllend, allesdurchdringend war sie offenbar, hüllte mich ein und ich wußte: Die Weisheit selbst ist bei mir.

Unfähig mich zu rühren, blieb ich der Wand zugekehrt, auf der Seite liegen. Der Raum blieb dunkel.

Da war es bei mir. Sanft wurde ich herumgedreht, so daß ich auf den Rücken zu liegen kam.

Und dann küßte mich die Weisheit. Der Kuß war stark, heftig, allesdurchdringend.

Aber noch während dieses Geschehens durchfuhr mich, innerhalb der unfaßbaren Beseligung, ein schneidender Schmerz, das Wissen: Ich darf nicht in ihr – der Weisheit – verweilen. Es muß wieder geschieden werden – und bald.

Doch spürte ich, innerhalb der Einheit des Verschmolzenseins, daß das Weisheit-Wesen den gleichen Schmerz empfand.

(Zen: Wenn D u weinst, weint das Universum.)

Und in diesem schneidend-seligen Schmerz vollzog sich die Trennung.

Das steht hier nun so ganz einfach hingeschrieben auf dem Papier. Aber wie soll man etwas näher oder tiefer beschreiben, was sich dem in der irdischen Dimension noch Verweilenden als ein Seins-Zustand zwar erlebnismäßig kund zu tun vermochte, das aber mit jedem Zusatz – in der Weitergabe – entweiht werden müßte? Man kann nur schweigen.

Nach dieser letzten »Begegnung« war und blieb ich allein. Auch das mußte ertragen werden. »Ertragen«, weil der Mensch stets im Innersten hofft, daß die Beseligungen kein Ende nehmen. Er muß es also hinnehmen und ertragen, daß das letzte Wort einmal gesprochen worden ist.

Allerdings war nun der – jedem Menschen innewohnende – »Göttliche Punkt« stärker, strahlender und schließlich das ganze geistige Dasein erfassend, lebendig geworden.

Insofern ist der Mensch auch wieder nicht allein. Weil er »Es«

eben in sich – bewußt in sich – trägt. Das heißt: Wo immer er sich befindet und sei es an profanster Stelle, es bedarf nur einer inneren Schaltung und die Vereinigung ist augenblicklich hergestellt.

Allerdings nur unter einer Bedingung: Mit der täglichen Übung darf er nicht nachlassen, denn sonst läßt auch alles andere nach. Es gibt also kein Ausruhen oder Verweilen bei irgend etwas »Erreichtem«. Und der Gedanke: Ich habe »Es«, wäre tödliches Verderben.

Der Mensch aber, der nicht nachläßt, wird immer demütiger. Er muß zum Nichts werden, denn erst dann kann er als Werkzeug des Himmels gebraucht werden. Selbst im Getriebe der Welt bleibt er innerlich unangefochten. Und wenn er »handelt«, ist er nicht der Handelnde.

»Man eint sich seinem Staube«, sagt Laotse. Aber unsichtbar – könnte man hinzufügen – trägt dieses »Nichts« ein königliches Gewand.

Noch war »Zen« für mich nicht die Potenz, die es einmal werden sollte. Indien und der indische Yoga blieben die unerschöpfliche Lehr- und Heilsquelle. Ich möchte gleich hinzufügen, daß sie trotz, oder besser gerade wegen, meiner großen Erfahrungen im Zen es auch bis zum heutigen Tage geblieben sind. Indien hat alles vorweggenommen. Auch die Lehre vom Nicht-Sein und der »Welt als Maya«, als Schein.

Der Zen-Buddhismus ist nur der strengste und eindeutigste Weg zur Vereinigung mit dem Urgrund. Ein Weg, der keine Umwege gestattet.

Das Erlebnis, worüber ich noch berichten will, ist nicht mehr von der Art der Vorangegangenen. Es fand keine »Gegenüberstellung« mehr statt, sondern »Es« bediente sich meiner. Das war bestürzend und nicht mehr beseligend.

Es war im Juli 1950. Längst war ich bar jeder Erwartung, daß sich das »Ganz Andere« nochmals kund tun würde, weil es ja nichts mehr zu offenbaren gab – wenigstens vermutlich nicht mehr als »Gegenüberstellung«.

Aus tiefem Schlaf fuhr ich mitten in der Nacht empor und war sofort hellwach, denn »Es« sprach. Nicht im Raum und nicht unter Blitz und Donner, sondern aus mir. Aus meiner eigenen Tiefe.

»Es« sprach ungeheuer rasch. In Sekundenschnelle muß daher erfaßt werden, was gesagt wird, denn sonst ist es vorbei und kommt nicht wieder. Wiederholt wird nichts.

Es ist ein seltsames Gefühl so »benützt« zu werden. Man hört atemlos zu und ist gleichzeitig in höchster Alarmbereitschaft, um das Gesagte im Bewußtsein festzuhalten. Diese absolute Gegenwärtigkeit des benutzten Gefäßes ist ein unbedingtes Muß. Ist da auch nur für den Bruchteil einer Sekunde ein Zaudern, dann hat man »Es« für immer verpaßt.

Es sprach:

Ich bin der Seiende, der alles ist, was das Sein umfaßt.

Nun ist das Sein in zwei Teile geteilt: In das des Seienden, der da ist und der da nicht ist, und in das des Seienden, der ist und der ohne das Sein dessen, der da ist und der da nicht ist, nicht existieren kann.

Dann gibt es noch das dritte Sein: Das Sein, das nur durch das Sein, das ist, geoffenbart werden konnte. Und nur dadurch, daß es geoffenbart wird, kann es erkannt werden. Aber dieses Erkannte ist nichts als das Sein der geoffenbarten Welt. Und seine Lichter, Sonnen und Sterne sind das jetzige geoffenbarte Sein.

Und das zu erkennen ist nötig, um zu wissen, daß es das Nicht-Sein gibt.«

Papier und Bleistift lagen auf dem Nachttisch. In der gleichen rasenden Eile, wie »Es« gesprochen hatte, schrieb ich das Vernommene nieder.

Dieses vergilbte Blatt liegt jetzt neben mir. Ich habe kein Wort verändert.

Was verlangte die nächtliche Belehrung, wenn man so sagen darf, von mir?

Sie wies auf das hin, was kommen sollte, was kommen mußte: auf die Erkenntnis, daß es das Nicht-Sein gibt.

Und wunderbarerweise erhellte der Seiende, der gesprochen hatte, gleichzeitig, daß es nur durch das geoffenbarte Sein hindurch möglich war, das Nicht-Seiende zu erkennen.

Wir leben also, um zu erkennen.

Das geoffenbarte Sein, unser Universum, war von dem »Zweiten«, dem Schöpfer-Sein oder Schöpfer-Gott geschaffen worden, der

»ohne das Sein dessen, der da ist und der da nicht ist, nicht existieren kann.«

Daraus erhellt, daß wir alle, bis zum letzten Grashalm, ein Teil von »Ihm« dem Ur-Seienden sind, ob wir es wissen oder nicht, ob wir uns dementsprechend verhalten oder nicht. Es gibt keine Ausnahme.

Zen: »Von Anbeginn sind alle Wesen Buddha.« (Womit der kosmische oder Ur-Buddha gemeint ist.)

Die großen Erleuchteten aller Zeiten, aller Rassen, aller Religionen haben es gewußt.

Das mir in jener unvergeßlichen Minute Mitgeteilte ist im Laufe der Zeit eins mit mir geworden. Ich lebe aus diesem Sein, in diesem Sein und mit diesem Sein. Unbewußt tut das jeder Mensch. Das Göttliche Sich-Kundtun aber will, daß Seine Geschöpfe lernen, es bewußt zu tun.

Daraufhin entsteht als Erstes natürlich die Frage: Wie kommt man dahin, wie gelangt man zu solcher Erkenntnis, die »Erfahrung« sein muß?

Ehe ich versuche, darauf eine Antwort zu geben, muß ich auf ein Wort aufmerksam machen, das mich, seitdem es jetzt vor genau 18 Jahren zu mir gesprochen wurde, nicht mehr losgelassen hat. Es ist das Wort: »Jetzige«. Im Zusammenhang: »Und seine Lichter, Sonnen und Sterne sind das jetzige geoffenbarte Sein.«

Der Sinn dieses Satzes kann nur meinen: Es hat schon vor dem Entstehen unseres Weltalls Universen gegeben und es wird demnach, nach seinem Vergehen oder Einziehen in das Ursein, wieder ein neues Universum entstehen.

Dem Inder ist diese geistige Erfahrung seit Jahrtausenden selbstverständlich. Ihm war nichts statisch. Alles war im Fluß. Ein Kalpa umfaßte eine Weltperiode, die in viele Manvantaras eingeteilt war. Ihm war also gewissermaßen von Anbeginn seiner Fragen nach dem Wie und Warum des menschlichen So-Seins etwas evident, was uns noch heute, etwa 4500 Jahre später, vom bloßen Denken her nicht eingehen will oder uns zum mindesten befremdend anmutet.

Woher aber kam dem indischen Menschen ein solches Erkennen? Von seinen Sehern und Heiligen, die in frühen Zeiten noch in einer Bindung zur Gottheit standen, wie sie uns heute fast kaum mehr glaubhaft erscheint. Zum Glück haben die großen Meister ihre Erkenntnisse niedergeschrieben, oder von ihren Schülern niederschreiben lassen. Von den Veden bis zu den Upanishaden haben sie in großartiger Folge und in auf Erden nie wieder erreichter Tiefe, oft sogar in Frage- und Antwort-Spiel, aufgezeichnet, was ihnen jeweils als Frucht unablässigen Sich-Versenkens und Meditierens aufgegangen war.

Eine ganz frühe Aussage in den Veden, von Shankara kommentiert und von Deussen übersetzt,*) lautet:

»Die Welt geht zwar zugrunde, aber so, daß die Kräfte von ihr übrig bleiben und diese Kräfte sind die Wurzel, aus der sie wieder hervorgeht, denn sonst würden wir eine Wirkung ohne Ursache haben.«

An anderer Stelle wird der gleiche Gedanke dahingehend ergänzt, daß die »Kräfte« einer vergangenen Weltepoche wohl die Wurzel der neuen Weltperiode bilden, und daß sich somit alles Gewesene wiederholt, aber gleichzeitig unter Hinzufügung eines neuen, vorher noch nicht dagewesenen Zustandes als Erlebens- und Erkennensobjekt.

Nicht vorausgesetzt ist, daß ein Stern wie z. B. unsere Erde ein Kalpa lang »lebt«. Aber als ein Muß gilt, daß alle auf ihm beheimateten, denkenden Wesen bis zu dem Zeitpunkt seines Erlöschens den Zustand der Erlösung erreicht haben. Diejenigen jedoch, die immer noch zurückgeblieben sind, müssen auf einem anderen Stern, der sich noch in der Entwicklung befindet, ihre Aufgaben wiederholen und mit ihm schließlich langsam fortschreiten.

Die Literatur, in der frühere Weltensysteme, ebenso wie kommende, als etwas so selbstverständliches erwähnt werden wie von uns etwa das Zeitalter der Renaissance oder wie Mutmaßungen über das vor uns liegende zweite Jahrtausend, ist sowohl in Indien wie in China unübersehbar.

Um seiner sprachlichen und dichterischen Schönheit willen möchte ich einen Abschnitt aus den gesammelten Aufsätzen von Erwin Rousselle: »Vom Sinn der Buddhistischen Bildwerke in China«**) zitieren. Die Buddhas der drei Zeiten, von denen er in dem Ab-

---

*) Deussen: »System des Vedanta«, Brockhaus, Leipzig 1923.
**) Gentner Verlag, Darmstadt.

schnitt spricht, sind der Buddha Dipamkara (d. h. Anzünder der Lampe), der vor »vier unermeßlichen Perioden« und hunderttausend Weltaltern lebte, Sākyamuni-Buddha (Gautama), der Buddha unseres Zeitalters und Lehrer der Götter und Menschen, und Maitreya, der jetzige Bodhisattwa, der zukünftige Buddha der Liebe und Güte, der von Sākyamuni selbst als sein Nachfolger eingesetzt wurde.

»Wenn wir unseren Blick prüfend auf die Idee der ›Buddhas der drei Zeiten‹ lenken oder gar den Sinn jener grandiosen Vision des Lotossūtras zu erfassen suchen, in der der uranfängliche Buddha Prabhūtaratna eines längst vergangenen Weltalters aus der Zeiten Schoße wieder emporsteigt und die ungezählten Buddhas ferner Weltsysteme aus den Tiefen des Raumes aufleuchten, da erklingt in uns eines der erhabensten Leitmotive buddhistischer Philosophie: die Forderung einer das Weltganze umspannenden, immer und überall im Universum gültigen, ewigen Wahrheit – philosophia perennis! Kaum eine andere Religion der Erde bewegt sich mit solcher Ausdrücklichkeit und Selbstverständlichkeit durch alle Zeit- und Welträume wie der Buddhismus, wie insbesondere der Mahāyāna-Buddhismus.

Hier hat der östliche Geist einer – den Blick dumpf auf die Erde richtenden – Welt als ein flammendes Fanal die Gipfel der Ewigkeit beleuchtet und den Blick auf eine Höhe gezogen, von der aus alles Entstehen und Vergehen ganzer Weltsysteme nur wie das leichte Aufblinken und sofortige Wiedererlöschen eines Funkens ist, den der Pilgerstab des Welten-Dharma, des Urbuddhas, aus dem nächtlichen Pfade schlägt ... Zugleich aber erklingt leise jenes trostreiche, ewige Lied, dessen Herkunft niemand weiß und das uns verstehen heißt, daß diese ganze Bahn von Lichtfunken und die lange, lange Nachtfahrt notwendig und sinnvoll sind, auf daß der Pilger ans Ziel gelange, auf daß der Pfad ein Ende habe, und daß der letzte Funke als Morgenstern den neuen, den ewigen Tag verkünde, dessen erlöstes Licht keinen Abend kennt ...«

»Der ›gütige‹ Maitreya und der ›Entzünder der Leuchte‹ Dipamkara bilden als Liebe und Licht mit dem ›Lehrer der Götter und Menschen‹ Sākyamuni, dem Künder des Nirwāna in der Mitte, eine Buddhagruppe, die Vergangenheit, Gegenwart und Zukunft umschließt. Aus dem Dämmer der Zeiten – sei es der abgelaufenen, sei es der künftigen – ragen die beiden äußeren in die Welt Sākya-munis herein, wie Bedingung im Anfang (die Anzündung der Leuchte) und Vollendung am Ende (die alles erlösende Liebe). Sākyamuni aber umfaßt beides und tront daher in den Tempeln in ihrer Mitte, wie er auch die Mitte der Zeiten, unser gegenwärtiges Leben, erleuchtet und zur Erlösung weist.

Jene gewaltige Schau der Ewigkeit, in der Welten und Zeiten als winzig erscheinen, gibt dem Geiste Heimat, Weltüberlegenheit und ›sancta indifferentia‹, während der sinndeutende Klang der Erlösung zugleich dynamischen Schwung und Liebe erweckt, zur Mitarbeit am Erlösungswerke aufruft und die vergängliche Sekunde mit heiliger Ewigkeit füllt.«

Selbst wenn man die eben zitierten Stellen als »nur Mythologie« abzutun geneigt sein sollte – sie sind es nicht »nur«. Und zwar des-halb nicht, weil sie aus der Tiefe eines ergriffenen Herzens weiter-gegeben worden sind. »Ergriffen« in doppeltem Sinne: zunächst aus eigenem Erkennen, dann aber aus dem Ergriffen-Werden von dem Ganz-Anderen.

In einem unserer Gespräche, in denen wir gegenseitige Erfahrun-gen austauschten, sprach auch Rousselle von einem zentralen mysti-schen Erlebnis (ähnlich dem von mir vordem geschilderten), das er während seines langen Aufenthaltes in China gehabt hatte, wo er mit den chinesischen Mönchen über die vom Meister gegebenen »Koans« meditieren mußte.

Das Bedeutsame ist, daß die beispiellosen Forschungsergebnisse unserer Physiker und Astrophysiker, die heutzutage ja Hand in Hand arbeiten, wissenschaftlich – wenngleich ihrem Erkenntnisweg nach anders formuliert – dem religiös-kosmischen Weltenaufbau der indischen Weisen nicht nur nahekommen, sondern ihm in seinen letzten Folgerungen (die vorläufig noch eine wissenschaftliche Hy-pothese bleiben) überhaupt nicht mehr widersprechen. Die moderne Wissenschaft ist auf dem Wege, sich mit dem, für den Fernen Osten bis zum heutigen Tage gültigen, uralten Wissen der indischen Seher an dem Punkte zu treffen, der zwar nicht mehr überschreitbar, doch alles erleuchtend sein wird.

Wie kommt man nun zu der Erkenntnis, die Erfahrung sein muß: »Von Anbeginn sind alle Wesen Buddha?«

Um das Ende einer derartigen Erfahrung vorweg zu nehmen: Ihr

Ergebnis besteht darin, daß die Einswerdung mit dem kosmischen Buddha, christlich ausgedrückt: mit Gott vollzogen wird.

Nach meiner eigenen Erfahrung – und damit in Übereinstimmung mit dem, was »Zen« meint, müßte ich sagen: Aus der Einswerdung mit dem »Seienden, der da ist und der da nicht ist« kommt die Erleuchtung, daß alle Wesen von Anbeginn Er – oder Es – selber sind. Allerdings geht einer solchen Erleuchtung (jap: Satori), die sich zuweilen mit blitzartiger Schnelligkeit vollzieht, ein langer, innerer Reifeprozeß voraus.

Die Inder sprechen davon, daß Äonen notwendig sind bis die Rückkehr in das Ur-Sein vollzogen werden kann. Das heißt, daß jeder Mensch durch alle denkbaren Erfahrungen, sowohl durch die grauenvollsten wie die beseligendsten, hindurchgegangen sein muß, um die Endsumme aller seiner Erfahrungen, die das N i c h t -
S e i n zum Ergebnis haben, einzutauchen in den Seienden selbst.

Ein Ergebnis, einem Rechenexempel vergleichbar, das schließlich aufgeht. Aber bevor dieses Auf-gehen möglich wird, hat der, wohl noch im menschlichen Körper weilende, aber nicht mehr mit menschlichem Maß Meßbare, ein Letztes und noch einmal Schwerstes zu leisten: Er muß auch die überirdisch-beseligenden Erfahrungen, seine Begegnungen mit Göttlichen Wesen, die die Hüter, Ordner, Lenker, die Götter des »Geoffenbarten Seins« sind, als n i c h t - s e i e n d erkennen und sich von ihnen ablösen.

Das wird für ihn noch einmal eine innere Zerreißprobe sein.

Um also an einem unvordenklichen Tage in den eigenen Ursprung wieder eingehen zu können, muß jeder Gegensatz aufgehoben worden sein. Auch Gott – der S e i e n d e – darf kein Gegenüber mehr sein. Man ist Er selbst.

Das ist das Ziel. Aber der Weg ist weit. Doch verliert er in demselben Augenblick sein furchtbares Gewicht, wenn der Mensch sich bewußt wird: Es ist mein eigener Ur-Wille, daß ich diesen Erfahrungsweg gehe. Indem er den eigenen Ur-Willen annimmt, hat er bereits begonnen, b e w u ß t zu leben. Und darauf kommt es an. Bewußt leben bedeutet: auf sich selber schauen, auch: sich zuschauen. Das »Erkenne Dich selbst«, das dem griechischen Sucher von seinem Einweihungstempel entgegenleuchtete, ist unabdingbar.

Wenn man sich selber zuschaut, das heißt, wenn man sein Denken und Tun kritisch betrachtet, dann geht man auf eine Entdeckungsreise, die an Unvorhergesehenem und für unmöglich Gehaltenem alle Abenteuer übertrifft, die ein Verwegener, die Außenwelt Entdeckender zu bestehen haben mag. Denn der sich-selbst-entdeckende Mensch muß zu seinem Entsetzen – oder auch zu seinem Entzücken – feststellen, daß er sowohl das »Laster an sich« wie auch die »herzerlösende Güte an sich« selbst ist, daß er, mit einem Wort, das ganze Universum mit allen seinen negativen und positiven Möglichkeiten in sich trägt. Er ist es selbst. Und es gibt daher nichts, was er – potentiell – nicht sein könnte.

An diesem Punkt der Erkenntnis muß die Entscheidung fallen. Die Entscheidung für die einzuschlagende Richtung. Der erkennende Mensch wird sein eigener Wegweiser.

Das Normal-Gute, also daß ein Mensch sich bemüht nicht mit den Gesetzen seines Landes in Konflikt zu kommen, ein Leben der Pflichterfüllung, der Rechtschaffenheit, der ethischen Haltung schlechthin zu führen, ist mit dieser Entscheidung nicht gemeint. Diese ist von ihm schon in längst vergangenen Zeiten gefällt wor-den. Sie ist die Basis, auf der die Völker unserer Erde überhaupt leben und sich weiterentwickeln können. Gemeint ist die religio zu Gott.

Immer wieder bin ich, nach dem Erscheinen meines ersten Buches, gefragt worden, ob man nach Japan gehen müsse, um die von mir geschilderte »Einheit« zu finden, um »erleuchtet« zu werden. Und eigentlich ist dieses vorliegende Buch, insbesondere aus dem Grunde geschrieben, um mit diesem irrigen Denken aufzuräumen.

Kein Mensch braucht sein Land, sein Haus, seinen Beruf zu ver-lassen, um den großen Heimweg anzutreten. Es hieße den Ewig-Seienden und All-Gegenwärtigen zu einem Liliputformat herab-würdigen, wenn man Ihn anderswo suchen wollte als dort, wo man sich gerade befindet. Es bedarf nur der Hinwendung des Herzens zu Ihm.

Freilich: Die Begierden, in welcher Art sie auch auftreten mögen, sind der schlimmste Feind des Menschen und das größte Hindernis auf diesem Wege. Um sich in steter, harter, entsagungsvoller Arbeit langsam von einer nach der anderen zu befreien, braucht man weder in ein anderes Land noch in ein Kloster zu gehen. Dort, wo den einzelnen das Leben hingestellt hat, da ist man – nach dem Gesetz des Karma – an seinem richtigen Platz, und an diesem Platz und nirgends anderswo sollte man mit der großen Arbeit an sich selbst beginnen. Denn, ob man es wahr haben will oder nicht, dort, wo alles gewohnheitsmäßig »eingefahren« ist, lauern auf den sich selbst Prüfenden oft die meisten Überraschungen.

Ist der Mensch wahrhaft, streng und unerbittlich mit sich, dann wird ihm geholfen werden. Der Gott-Funke, der in ihm ruht, und den er durch sein unermüdliches reines Wirken geweckt hat, wird ihn leiten und ihn auf immer neue Fehler, die Er getilgt haben will, aufmerksam machen.

Ich brauche hier nicht noch einmal zu wiederholen, wie mit dem *zazen,* das heißt mit dem Sitzen in Meditation begonnen werden muß, wie die ersten Atemübungen dabei weiterhelfen sollen; dies alles ist ausführlich und eingehend in meinem ersten Buch behandelt worden und ich muß mich darauf beziehen.

Aber beantworten möchte ich eine Frage, die immer wieder an mich gestellt wird. Sie lautet: »Wenn es mir unmöglich ist in der vorgeschriebenen *zazen*-Haltung (*kekka* oder *hanka*) zu ›sitzen‹, bin ich dann von vornherein zur Erfolgslosigkeit verurteilt?«

Zunächst ist hierauf die grundsätzliche Gegenfrage zu stellen: »Aus welchen Gründen ist diese Sitzhaltung unmöglich?« Ist es vielleicht eine Art von Bequemlichkeit, die die Schmerzen, die mit dieser Haltung für geraume Zeit verbunden sind, nicht ertragen will?

In einem solchen Falle wäre der Verzicht auf den empfohlenen Sitz in der Tat ein starkes Hindernis. Diese, zugegeben heftigen Anfangsschmerzen müssen von dem gesunden Menschen ertragen werden, denn das in Jahrtausenden erprobte Sitzen ist, wenn man es einmal kann, nicht nur das Fundament auf dem der Körper »richtig« ruht, sondern er hat sich mit dieser Haltung die denkbar beste Grundposition geschaffen, um sowohl als Sende- wie als Empfangsstation wirken zu können. Abgesehen davon, daß auch die Chakras (die Lotoszentren) im Menschen bei dieser Meditationshaltung am relativ leichtesten geweckt werden können.

Ganz anders liegt der Fall, wenn der Sucher durch Krankheit oder körperliche Besonderheit an dieser Sitzhaltung gehindert wird. Das ist Karma.

Diesen Menschen kann nicht eindringlich genug gesagt werden: Das Erste, was in derart besonderen Fällen geleistet werden muß, ist, nicht mit dem Geschick, das hier als Hindernis auftritt, zu hadern, sondern es anzunehmen.

Geschieht das unbedingt (also ohne Hintergedanken wie etwa: wenn ich mich mit meinen Hindernissen abfinde, so wird der Himmel doch hoffentlich auch...), dann kann dieses bedingungslose Sich-Ergeben nicht nur einen Schritt, sondern womöglich schon einen kleinen Sprung in der ersehnten Richtung verursachen. Die Annahme des Schicksals wäre also das Erste, was zu tun wäre. Dann müßte der behinderte Mensch den Sitz (also auf einem Stuhl), der es ihm ermöglicht den Rücken kerzengrade zu halten, selbst herausfinden. Der gerade Rücken aber sollte Bedingung sein. Ist er mit dieser Haltung so verschmolzen, daß sie ihm selbstverständlich geworden ist, dann wird er störungsfrei an die Arbeit gehen können.

Was aber machen die Menschen, die durch ein Leiden auch am Sitzen auf einem Stuhl (oder im Bett) gehindert sind, die also ständig liegen müssen? Yoga-Arbeit scheidet hier grundsätzlich aus. Hier muß alles anders gemacht werden.

Selbstverständlich gilt auch für sie als Erstes die Annahme des Karmas.

Ist sie innerlich vollzogen, dann sollte dieser Leidende keinen – in seinem Falle nämlich gänzlich unnützen – Gedanken an die ihm verwehrte Sitzhaltung verschwenden, sondern sich einzig auf das konzentrieren, was seiner Lage gemäß ist.

Hier wäre die Hilfe: Das Gebet. Kein Lippengebet, sondern ein geistiges Gebet. Betet man richtig, dann ist es gleich meditieren.

Wie macht man das?

Zunächst nimmt man eine flache Lage ein, nur ein kleines Nackenkissen wäre gut. Durch diese Liegelage wird die Wirbelsäule, so gut es geht, gerade »gelegt«, damit der Atem möglichst ungebrochen hindurchströmen kann. Die Hände ruhen geschlossen über der Nabelgegend (ohne sie zu drücken) und zwar ruht die linke Hand in der Schale der rechten und die beiden Daumen schließen sich nach oben, wie beim *zazen*.

Dann beginnt man zu atmen. Man atmet durch die Nase so tief wie möglich ein (nicht krampfhaft) und lenkt den Atemstrom ganz sanft hinunter zur Leibesmitte. Mehrere Male. Wenn es nicht gleich gut gelingen will, muß man Geduld haben, in wenigen Wochen wird es wie »von selber« gehen.

Dieses in die Leibesmitte Senken des Atems soll die Vorbereitung für das Gebet sein, was nun ebendorthin gelenkt werden soll. Warum?

Diese Gegend ist das Zentrum des sogenannten zehnblättrigen Lotos (Chakra), uns besser bekannt als Solar-Plexus = Sonnengeflecht. Hier steigt aus der Tiefe der »Erinnerungen« (der Psychologe sagt: aus dem Unterbewußten) die in früheren Inkarnationen nicht bewältigte Fülle der Begierden auf, wobei man beachten sollte, daß selbst jedes kleinste Übel, es heiße wie es wolle, aus Begierde entsteht.

Zu diesem Kulminationspunkt also sollte man das Gebet senken. Man ruft sein eigenes Göttliches Selbst an, das zugleich die Gesamtsumme aller unendlichen bisherigen Erfahrungen, wie auch der eigene Ursprung ist: Gott.

Man sollte nicht annehmen, daß ein leiblich gefesselter Mensch ohne »Gier« sei. Die kleinen oder großen Laster haben sich nur angepaßt. Der Wunsch nach einem Spaziergang zum Beispiel, um nur das an sich Harmloseste anzudeuten, der für den Gesunden zum Selbstverständlichen gehört, kann für den zum Liegen Verurteilten zur verzehrenden Qual werden. Diese Qual aber ist nichts anderes als Begierde.

Das Gebet in die eigene Tiefe müßte dementsprechend also ungefähr lauten: »Du, mein wahres Selbst, befreie mich von dem Wunsch nach...« Dieses Gebet sollte so stark wie ein Befehl sein. Man spricht ja mit sich selbst – wenngleich es das göttliche Selbst ist.

Danach wendet man die Gebetsgedanken von der eigenen Tiefe fort zum »Himmel«, also zum Allgegenwärtigen hin. Das geschieht, jeder Beter weiß es, indem man die Gedanken von der Stirnmitte aus aufwärts sendet. Es ist wirklich ein »Senden«, und bei jedem reinen Senden findet auch ein »Empfangen« statt.

Jetzt aber sollte es ein Demutsgebet sein, das gesendet wird. Es bittet um die Unterstützung für die Arbeit an der eigenen Befreiung.

Jedem Menschen, ob gesund, krank oder moralisch gefährdet, sollte jederzeit bewußt sein, daß es keinen Ort, keine Lage, keine Situation gibt, von der aus er Gott nicht erreichen könnte. Selbst wenn er im finstersten Abgrund der Hölle weilen müßte – der geballte Sehnsuchtsschrei seines Herzens ist in jedem Augenblick fähig alle Himmel zu durchdringen. Er muß ihn nur senden ...

Allen Suchern aber, sowohl den Gesunden und unermüdlich an sich Arbeitenden, wie den durch Leiden Behinderten, muß etwas gesagt werden, was mit zum Wichtigsten auf dem Wege zur Befreiung gehört: Der Sucher darf nie auf Erfolg (oder gar Belohnung) für sein Mühen um Reinheit und Erkenntnis warten. Das ist die schlimmste Gier.

Das Gute muß um des Guten willen, die Arbeit an sich selbst um der Reinheit an sich willen getan werden. Wer nach (wenngleich himmlischer) Anerkennung schielt, der hat »seinen Lohn dahin« – wie es in der Bibel heißt. B e d i n g u n g l o s e s Tun ist der Weg.

In dem Zusammenhang Karma-Menschenleben muß ich immer an jene Menschen denken, die im Gefängnis, oder im KZ oder im Zuchthaus eine Strafe abbüßen müssen, die sie garnicht begangen haben, die also unschuldig sind.

Das ist ein schlimmes, ein grausames Geschick, ein Geschehen, das den Betroffenen in einen derartigen Abgrund von Verzweiflung zu stürzen vermag, daß er darüber den Verstand verlieren könnte. Alles, was einmal Gültigkeit für ihn hatte, bricht zusammen: Der Glaube an Gerechtigkeit, der Glaube an die Menschen, der Glaube an den Sieg der Wahrheit.

Aber selbst dann, wenn der Verurteilte klar erkennt, daß alles gegen ihn spricht, und daß nur er allein um seine Unschuld weiß – hat er in dieser totalen Aussichtslosigkeit doch immer noch eine letzte Hoffnung: Gott.

Er hat sie selbst dann, wenn er sich nie näher mit Glaubensdingen befaßt hat. Sie ist jedem Menschen eingeboren und in der tiefsten Not, die sein ganzes Inneres aufwühlt, erinnert er sich – und dann beginnt irgend etwas in ihm zu hoffen: Dieses Unrecht kann Er doch nicht zulassen!

Aber Gott schweigt. Er läßt das Unrecht zu. Wo ist Er? Solchen Verzweifelten die geistige Situation ihres schuldlosen Leidens zu erhellen, ist nicht leicht.

Was ist denn Karma?

Es ist das Gesetz von Ursache und Wirkung. Die Ursachen für sein Glück oder sein Mißgeschick hat der Mensch in früheren Inkarnationen gesät. Einiges davon trägt er in seinem gegenwärtigen Leben ab und baut sich durch sein Verhalten sein künftiges Schicksal.

Dem unschuldig im Gefängnis oder gar im Zuchthaus Schmachtenden geschieht demnach, nach dem Gesetz des Karma, keineswegs ein Unrecht.

Im Weltengedächtnis, wo die Taten jedes einzelnen Menschen aufgezeichnet sind, gibt es weder Mitleid noch Gnade noch Urteil, es gibt nur Eins: ausgleichende Gerechtigkeit.

Wenn also einem, seiner eigenen Verzweiflung derart ausgelieferten Menschen, der nichts mehr »versteht«, die Erkenntnis dafür aufgehen könnte, daß das Fehlurteil seiner irdischen Richter nichts anderes darstellt als das gerechte Urteil seines Karmas, das ihn für eine Schuld bezahlen läßt, die er in vergangenen Zeiten begangen hat und die, von der ewigen Gerechtigkeit aus gesehen, nie verjähren kann – dann dürfte ihm sein Geschick vielleicht leichter tragbar werden.

Sollte es ihm jedoch gelingen, über sich selbst hinauszuwachsen, sein hartes Los anzunehmen und die unbekannte Sühne zu bejahen, dann würde ein solcher innerer Akt die große Wende für ihn herbeiführen.

Nicht als ob sich nun alle eisernen Tore für ihn öffnen würden – obwohl auch das im Laufe der inneren Bewährung geschehen könnte –, die Wende wäre sein Sich-hin-wenden zur Erkenntnis; ein innerer Vollzug, der diesen Sieger über die vorerst unbegriffene Qual und Not mit einer Glückseligkeit erfüllen würde, die sich jeder Beschreibung entzieht. In einen solchen einsamen Überwinder würden sich Ströme von Seligkeit ergießen.

Leider geht es den meisten Menschen, die sich zu der Arbeit an sich selbst entschlossen haben, nicht schnell genug, nämlich mit »Erfolgen«, die ihnen beweisen sollen, daß ihr Mühen auch beachtet wird. Dabei ist für jedermann selbstverständlich, daß zu jedem Beruf ein vieljähriges Studium erforderlich ist, ein Studium, das z. B. bei den meisten akademischen Berufen nie aufhören darf. Dasselbe gilt von den großen Künstlern, denen man zujubelt und bei denen es niemandem verwunderlich vorkommt, daß ihr Leben eigentlich ein Opferleben für die Kunst ist... Aber mit dem allerschwersten Studium, das ein Mensch sich zumuten kann, mit dem soll alles schnell vorangehen. Solchem Wahndenken kann nicht energisch genug entgegen getreten werden, weil es für den Übenden, der auf etwas »wartet«, zum größten Hindernis werden kann. Auch folgender Einwand: »Man liest doch so oft von Menschen die ›Es‹ (die Erleuchtung) schnell bekommen haben, sogar über ein ganz junges Mädchen wurde berichtet«, kommt immer wieder und zwar auch von intellektuell hochgebildeten Menschen.

Was in der Zen-Literatur oft als »plötzliche Erleuchtung« beschrieben wird, das ist weder »plötzlich« noch »schnell« erworben worden. Auch nicht in dem Fall von dem angeführten jungen Mädchen. Hartes, unermüdliches Schleifen des eigenen Wesens, und zwar in vielen Inkarnationen, ging derartigen Ereignissen voraus.

Sogar von dem Buddha unseres Zeitalters weiß man, daß er in seiner letzten irdischen Inkarnation – unter unsäglichen Opfern und asketischen Übungen – viele Jahre lang einsam gerungen hat, ehe er die vollkommene (kosmische) Buddhaeinheit, die ihn zum Weltenlehrer erhob, erreicht hatte.

Und Bodhidharma, der im Jahre 520 n. Chr. von Indien nach China kam, um diesem Lande den Buddhismus zu bringen und der selber sein Leben lang in unfaßbarer Askese verharrte, sagte zu dem weisen und hochgelehrten Eka, seinem späteren Nachfolger, als dieser ihn, unter erschütternden Umständen um Unterweisung bat:

»Die unvergleichliche Lehre des Buddha kann nur nach einer langen und harten Zucht, durch Erduldung dessen, was am schwersten zu erdulden ist und durch Übung dessen, was am schwersten zu üben ist, verstanden werden. Menschen von minderer Tugend und Weisheit, die leichten Herzens und voller Eigendünkel sind, sind nicht fähig, die Wahrheit des Buddhismus zu erkennen.«

Ich könnte mit Beispielen von großen chinesischen und später auch von japanischen Meistern, die freiwillig, um des großen Zieles willen, Unsägliches erduldeten, noch lange fortfahren. Aber selbst Beispiele, zahllos wie Sand am Meer, sind unnütz, wenn der Anfänger auf dem Wege sich immer nur an die seltenen Berichte von »schnellen Ergebnissen« klammert und nicht im Stande ist, zu begreifen, daß ein solches Ergebnis nur die Frucht von einer vorangegangenen, lebenslangen, hohen geistigen Zucht sein kann. Diese Zucht also ist Voraussetzung und Bedingung.

Wäre es anders, was würde einen rein zufällig »Beschenkten« daran hindern, ein zucht-loses Weltleben zu führen, da er ja etwas empfangen hat, für dessen Besitz er nicht die nötige Reife besaß?

Die großen Meister haben nie aufgehört, das strengste, entsagungsvollste Leben zu führen. Auch genügt es ja nicht, nur einmal in das Erleuchtungsmeer eingetaucht zu sein, es soll und muß sich in dem, der die Erleuchtung erfahren hat, täglich erneuern, um die Verbindung mit der ewigen Weisheit nie, auch nicht für einen Tag, abbrechen zu lassen. Damit ist nicht gemeint, daß sich die, nach beispiellosen, geistigen Exerzitien erfolgte »Berührung« mit dem Urgrund ständig wiederholt, sondern es will sagen, daß die Verbindung mit diesem Alles-Seienden, durch die tägliche Meditation zu Ihm hin immer vollkommener werden muß und daß sie es auch wird.

Nur durch dieses unablässige Sich-neu-verbinden wird das irdische Vehikel fähig, das Gefäß für »Ihn« oder »Es« zu sein und zu bleiben. Nicht zur Selbstbeglückung, sondern um eine Wirkungsstätte, eine winzige Sendestation für »Ihn« darzustellen. Das bedeutet: Obwohl man denkt, ist man nicht der Denker, und obwohl man tut, ist man nicht der Täter. Dies allerdings schließt eine Sicherheit und Weltüberlegenheit in sich ein, die nur derjenige ganz zu verstehen mag, der sie in gleicher Weise besitzt.

Was nun meine persönlichen »mystischen« Erfahrungen, die ich geschildert habe, angeht und die für mich nicht mystisch, sondern nur das uns selbstverständlich »reale« Übersteigende waren, so möchte ich allen denen, die an den Aussagen großer Mystiker doch noch Zweifel hegen, ganz schlicht erklären: Es gibt wirklich mehr, als unsere Schulweisheit sich träumen läßt, und Göttliche Wesenheiten sind ebenso »real« – wie wir selber.

Nur: Auch sie sind nicht das Letzte, sie sind lediglich die strahlenden Wegspuren, die auf das durch kein Bild mehr zu benennende Formlose, Namenlose, Stofflose, Nicht-seiend-Seiende hinweisen.

Warum ist der Zen-Buddhismus solchen Erlebnissen gegenüber ablehnend? Da diese Einstellung auf Sākyamuni, den Buddha unseres Zeitalters, zurückgeht, in fast allen westlichen Interpretationen aber leider mißverständlich ausgelegt worden ist, darf ich wohl etwas dazu sagen, da ich beides erfahren habe: sowohl die »Mystik« wie die Praxis des Zen als »Erleuchtungsweg.«

Der Erhabene, wenn er direkt befragt wurde, hat nie behauptet, es gäbe keine Götter, keine heiligen Wesenheiten, es existiere nicht Brahman oder mit welchem Namen immer man die Welten der Götter und das Sein des ersten Seienden bezeichnen wolle.

Das, was er auf solche Fragen antwortete, war dem Sinne nach die Feststellung: Derartiges Wissen-Wollen hilft nicht zur Erlösung. Es lenkt nur ab vom reinen Weg, der zur Auslöschung von Gier und Wünschen führen soll. Nur unablässiges eigenes Tun führt zur Befreiung von Leid und damit zu Nirwana.

Nirwana kann der sich selbst von allen Süchten Befreiende also schon im irdischen Dasein erleben. Denn: es ist ein Zustand ...

Wenn der Buddha von seinen früheren Existenzen sprach, so hatte er fast immer auch von Begegnungen mit hohen Weltenregenten, also Göttern, berichtet. Auch als er in seinem letzten Erdendasein nach der vollkommenen Erleuchtung unter dem Bodhibaum meditierte und sein »Geist dazu neigte, in Ruhe zu verharren und die Lehre nicht zu verkünden«, da habe, so erzählte er seinen Jüngern, Brahma Sahampati seinen Brahmahimmel verlassen, sei vor ihn hingetreten und habe den »Vollendeten« gebeten, um der Wesen willen, die nur noch wenig von irdischem Trachten erfüllt seien, die Lehre zu verkünden.

Letzte Überzeugung, warum der Buddha über »müßige Fragen« schwieg, möge ein Auszug über sein Gespräch mit dem ehrwürdigen Malunkyaputta vermitteln.*)

Malunkyaputta: »Herr, als ich hier meditierte, kam mir der Gedanke: ›Über Ewigkeit und Vergänglichkeit, Endlichkeit und Unendlichkeit der Welt, über das Verhältnis des Lebens zum Leibe und über das Schicksal eines Vollendeten nach dem Tode hat der Erhabene nichts erklärt. Das gefällt mir nicht. Ich will ihn deshalb darüber befragen‹...«

Der Erhabene: »... Auf die Ansicht, daß die Welt ewig sei, läßt sich der Wandel der Heiligkeit nicht gründen, auch nicht auf die gegenteilige Ansicht, ebensowenig auf die anderen, von dir genannten. Mag das eine oder das andere zutreffen, auf jeden Fall gibt es Geburt, Alter und Tod, Kummer, Jammer, Schmerz, Gram und Verzweiflung in der Welt, und ich lehre, wie man deren Ende noch in diesem Leben erreichen kann.

---

*) »Majjhima-Nikaya«, Berlin 1963, Übersetzung Kurt Schmidt.

Darum nehmet das, was ich nicht erklärt habe, als nicht erklärt hin und haltet euch an das, was ich erklärt habe.

Jenes habe ich nicht erklärt, weil es nicht zweckdienlich ist, weil es nicht einen vollkommenen Wandel der Heiligkeit begründet, weil es nicht zur Entsagung, nicht zur Leidenschaftslosigkeit, nicht zum Ende des Leidens, nicht zur Beruhigung, nicht zur höheren Weisheit, nicht zur Erleuchtung, nicht zum Nirwana führt.«

Fragen also, die nichts mit der Weiterentwicklung des Fragers, nichts mit dem Bemühen, die Leidenschaften zum Erlöschen zu bringen, zu tun hatten, lehnte der Buddha ab. Auch solche Fragen haben nämlich als Wurzel immer noch das Begehren, daß es so sein möge, wie der Frager es sich wünscht. Wo aber noch Begehren ist, und wenn es sich in sublimster Weise äußert, ist nicht Erlösung.

Einmal müsse der Mensch ohne die Stütze von hohen Wesenheiten seinen Heilsweg gehen, verlangte der Buddha, denn n u r dann könne er völlige Freiheit erlangen. Damit meinte er nicht, daß die hohen Wesenheiten nicht existierten, sondern daß der zur Wahrheit Erwachende die Stütze loslassen müsse. Mit der Stütze, die losgelassen werden müsse, meinte er auch sich selbst . . .

Wem diese über-menschliche Kraft zum Entsagen, die der Erhabene von denen, die seine Jünger waren, erwartete, kaum verständlich erscheint, der muß bedenken, daß diese Jünger die geistige Elite Indiens darstellten, des Indiens der Veden, der Upanishaden, des Indiens, das die höchste geistige Kultur auf diesem Stern entfaltet hatte. Seine Jünger waren hochgelehrt und hatten schon, bevor sie sich um ihn scharten, in harter Askese und geistiger Zucht gelebt. Und wäre der Erhabene nicht der »Vollkommen Erlöste« – den sie als solchen erkannten – gewesen, diese Männer hätten sich schwerlich vor ihm geneigt.

Die Voraussetzungen für die auf dem Heilsweg schon weit Vorangeschrittenen waren – um das nur kurz zu streifen – fundamental anders als die uns bekannten vom See Genezareth. Der Buddha w u r d e verstanden, und das, was er lehrte, wurde in sofortiger Übung erkannt und in Eigenerkenntnis umgesetzt.

Der Zen-Buddhismus ist es, der sich die reine Nachfolge des »direkten« Weges in aller Strenge zu eigen gemacht hat und sie lebt, wenngleich heute nur noch in kleinsten Klostergemeinschaften. Doch darüber an späterer Stelle.

Natürlich kann kein Meister verhindern, daß im Verlaufe seiner strengen asketischen Zucht auch ein Zen-Mönch von Bildern oder Erscheinungen heimgesucht wird, die vom Meister aber bestenfalls als Fortschritt und als Zeichen dafür, daß gut geübt wurde, gewertet werden.

Makyō werden solche »Störungen« etwas geringschätzig genannt, und viele Meister haben sie vor ihrer Erleuchtung mit derartiger Heftigkeit erlebt, daß sie sich ihrer kaum erwehren konnten. Nur haben sie den Betroffenen nicht weiter gebracht, außer daß er sich mühen mußte, sich wieder von ihnen zu lösen.

Auch sind diese »Störungen« anderer Art als die aus Indien und der westlichen Mystik bekannten Erlebnisberichte. Sie werden deshalb auch kaum als Hilfe auf dem Heilsweg angesehen und sind es auch nicht.

Mir selbst geschah, nachdem ich (im Jahre 1963) einige Monate im japanischen Zen-Kloster ununterbrochen *zazen* geübt hatte, folgendes: Während der Meditation, bei der die Augen halbgeöffnet sind, zogen, gleichsam wie lebendig gewordene Reliefbilder, an der mir gegenüber gelegenen Wand Männergestalten in langem Zuge vorbei. Meister früherer Zeiten, so wußte ich, waren es, in lange, ihrer Epoche entsprechende, priesterliche Gewänder gekleidet. Fast alle chinesisch im Aussehen, mit kahl geschorenen Häuptern und vielfach mit langen, weißen oder schwarzen Bärten. So zogen sie stumm und würdevoll dahin, ohne mich, die sie anschaute, zu beachten.

Als ich mir des Phänomens bewußt wurde, schloß ich schnell die Augen, um das Maya-Gebilde zu verjagen. Aber als ich sie wieder öffnete, zogen die ehrwürdigen Gestalten noch immer vorbei.

Zwei Tage lang übte ich »Nicht-Beachtung« – danach kamen die Bilder nie wieder. Aber jetzt, wo ich das Erlebnis niederschreibe, sehe ich den stillen, grandiosen Zug wieder genau so vor mir wie damals.

Dem Rôshi gegenüber habe ich garnichts davon erwähnt. Ich wußte, er würde »nothing« sagen, und das hatte ich selber getan.

Auch über meine »mystischen« Erfahrungen habe ich zu dem Rôshi nie gesprochen. Sie als *Makyō* abtun zu lassen, das ging wohl nicht an, zumal sich derartige Dinge schwer in einer fremden Sprache mitteilen lassen. Mißverständnisse sind da immer möglich. Ich wußte, ohne irgendwelche menschlichen Kommentare zu benötigen, was mir geschehen war, was das Gegebene bedeuten sollte und was es von mir verlangte. Und dieses innere Wissen ging über jede *sanzen*-Aussprache hinaus.

Für mich ging es im Zen-Buddhistischen Kloster und der wunderbaren Arbeit mit dem Rôshi einzig darum, das »Nichts« zu erleben und zu durchdringen um – zur Einheit zu gelangen.

Dazu mußte ich alle göttlichen Wesenheiten, die im »Geoffenbarten Sein« walteten, hinter mir lassen – und zwar mit ihrem Wissen und Willen.

Ich vergaß alles und mich selbst und nur dadurch konnte aus mir werden, was ich in meinem ersten Buch beschrieben habe.

Hat man aber diesen grandiosen Durchbruch erlebt – und ich werde im letzten Kapitel das dem »Zen« gehören wird, noch einmal versuchen, dieses Erfahren verständlich zu machen –, dann »sind Bäume wieder Bäume, Berge wieder Berge«, und – so darf ich wohl hinzufügen: auch Gottheiten wieder Gottheiten.

Gewandelt hat sich nur der aus dem Erfahrenen Zurückgekehrte. Die Welt ist wieder da wie eh und je, nur – er steht ihr nicht mehr »gegen-über«. Er ist in Frieden mit ihr.

Ehe ich diesen Bericht über meine Erfahrungen abschließe, die vor dem großen Erlebnis lagen, das »Zen« heißt, möchte ich auf etwas hinweisen, das bis zum heutigen Tage ungeklärt geblieben ist.

Unsere großen Wissenschaftler erforschen alles, was das Universum im unvorstellbar Größten wie im unvorstellbar Kleinsten »ist« und wie es in seiner äußeren Potenz immer vollkommener erkannt werden kann. Was der menschliche Geist leistet, ist so gigantisch, daß es normalerweise nur noch in seinen Ergebnissen faßbar ist, nicht mehr faßbar aber ist, wie der Weg, dank der ebenfalls durch Menschengeist geschaffenen Instrumente, möglich wurde.

Aber immer noch gehört dieses gesamte Forschungswerk der Außenwelt an, auch dann, wenn es gelingt, sie bis in ihre winzigsten

Teile zu zerlegen, oder wenn man eines Tages im Stande sein wird, auf dem Mars zu landen.

Sollte es dem menschlichen Forschergeist nun nicht möglich sein, das Studium der Astrophysik mit einem inneren Weg zu verbinden, der zu völlig neuen Erkenntnissen – und dieses Mal der Menschheit zum Heil – führen könnte?

Ich will damit sagen: Angenommen man wäre bereit, weder mich noch meine erlauchten Vorgänger auf dem Erfahrungsweg, den wir bisher als »mystisch« bezeichnen mußten, für Betrüger oder für schizophren Belastete anzusehen, sondern das, was wir berichteten, schlicht für wahr hinzunehmen, dann möchte ich an unsere Forscher eine Frage richten, die, meines Wissens, exakt noch nie gestellt worden ist.

Vorerst aber noch einmal die Feststellung. Bei den außerirdischen »Besuchen«, von denen ich berichtet habe, ohne das geringste hinzuzufügen oder auszuschmücken, kann man nicht von sogenannten »Visionen« sprechen, denn es wurde ja jedes Mal eine Handlung ausgeführt.

Wenn man also bereit sein sollte, mir die Besuche dieser hohen Wesenheiten zu glauben, dann lautet meine Frage an unsere Wissenschaftler: Wo kommen sie her?

Diese Wesenheiten müssen ja, da sie »sind«, irgendwo beheimatet sein. Aber wo?

Meine eigene Vermutung ist folgende: Es muß Weltkörper geben, die auch mit den vollkommensten Geräten nicht aufzuspüren sind, weil sie, wie ihre Bewohner feinststofflicher Art sein müssen.

Vielleicht ist die seit wenigen Jahren von den großen Physikern zwar bis jetzt nur hypothetisch angenommene »Anti-Materie« – obwohl mit diesem Begriff gearbeitet und gerechnet wird –, welche die Möglichkeit ganzer Anti-Materie-Welten in sich schließt, die Lösung? Ich weiß es nicht. Aber der Gedanke ist bestechend.

Immerhin hat es den Anschein, als ob wir vor Entdeckungen im Weltraum stünden, die alles bisher für möglich gehaltene in den Schatten stellen werden. Vielleicht gibt es auch Weltkörper, die nur zu errechnen, nicht aber zu erschauen sind?

Sollte es nicht einen Forscher reizen, dem Geheimnis nachzuspüren, wo die Wesen herkommen, die sich in seltenen Fällen auf unserem Stern gezeigt haben? Damit meine ich nicht die »Ufos«. Es müßte ein Wissenschaftler sein, der parallel mit seiner äußeren Forschertätigkeit einen inneren Erkenntnisweg zu gehen vermöchte. Die Versenkungstechnik des *zazen,* die, ohne Illusionen zu gestatten, zu der höchst möglichen Erleuchtung führen kann, wäre der rechte Weg, der einem Forscher zu völlig unerwarteten Offenbarungen verhelfen könnte.

Vom geistigen Standpunkt her gesehen ist es uninteressant, ob Raumschiffe auf dem Mond oder gar auf dem Mars landen werden. Das bringt keinen Menschen innerlich weiter.

Aber ein Forscher, dem es durch die Vereinigung von exaktem Wissen mit geistiger Erkenntnis gelingen sollte, – durch Meditation – mit den physikalisch nicht auszumachenden Welten in Kontakt zu kommen, könnte unseren in Trübheit und seelischer Finsternis verschmachtenden Stern zu der Heilung und Genesung von allem Übel führen, auf die seine Geschöpfe seit Adams Zeiten warten.

Ein Weg zu diesem Ziel wäre die Energie. Und zwar die dem menschlichen Gehirn innewohnende.

Der deutsche Nobelpreisträger Wilhelm Ostwald hat als erster diesen Namen für »Stoff« geprägt. Um verständlich zu machen, was mir vorschwebt, möchte ich Ostwald zitieren, der in seinem Werk: »Grundrisse der Naturphilosophie« *) in knappen und allgemein verständlichen Worten seine Anschauung dargelegt hat.

»Man kann auf keine Weise Stoffe erzeugen, ohne andere Stoffe im gleichen Gewicht für ihre Erzeugung aufzuwenden. Man kann also Stoff auf keine Weise aus Nichts schaffen, man kann aber ebensowenig die Stoffe in das Nichts verschwinden lassen. Alles, was man mit ihnen machen kann, beschränkt sich darauf, daß man sie aus vorhandenen Formen in andere Formen umwandelt.

Um davon reden zu können, wollen wir ein für allemal einen Namen für dieses Ding einführen. Wir nennen es E n e r g i e.

Es kommt hierbei natürlich nicht die moralische Qualität der Energie in Frage, sondern eine genau meßbare physikalische Größe. Sie hat die besondere Beschaffenheit, daß sie sich in Arbeit aller Art verwandeln läßt, aber nur unter der Voraussetzung, daß eine entsprechende Menge von ihr für die Arbeit verbraucht wird.

---

*) Akademie Verlag, Leipzig 1914.

Die Energie ist also ein Ding, das entweder selbst Arbeit ist oder in Arbeit überführt werden oder endlich aus Arbeit irgendwelcher Art gewonnen werden kann.

Wir können dieses Ding, das ebenso unerschaffbar wie unvernichtbar ist, wie die Stoffe es sind, auch als etwas Stoffähnliches auffassen. Von den Stoffen unterscheidet es sich dadurch, daß es nicht notwendig Gewicht hat oder Raum einnimmt. Mit den Stoffen aber ist es vergleichbar in seiner Eigenart der Unerschaffenheit und Unvernichtbarkeit. Es handelt sich also um etwas bedeutend subtileres und schwieriger zu kontrollierendes als die gewöhnlichen Stoffe, daher rührt es denn auch, daß man erst seit verhältnismäßig kurzer Zeit den Charakter dieses neuen Wesens, der Energie, klar erkannt hat.

... Alle Vorgänge der Welt lassen sich somit beschreiben als Vorgänge, bei welchen Energien irgendwelcher Art sich in Energien anderer Art umwandeln, wobei ihre Menge zwar unverändert bleibt, ihre Form und Beschaffenheit aber die mannigfaltigsten Veränderungen erfährt.

... Somit erweist sich die Energie bei den Vorgängen in der Welt durchaus als das Wesentliche und Entscheidende, als dasjenige, an welchem die tatsächlichen Vorgänge stattfinden.«

Das ist so klar und überzeugend ausgedrückt, daß sich jedes weitere Wort erübrigt. Ich habe diesen, fast möchte ich sagen »diesen Lehrsatz« nur deshalb zitiert, um das, worauf ich hinaus will, verständlich machen zu können.

Das Haupt eines jeden lebenden Wesens birgt eine Energiestation – bei dem einen schwächer, bei dem anderen stärker entwickelt –, durch die es überhaupt erst fähig wird, sein Da-sein zu behaupten. Die Energie hat sich als die schöpferische Kraft erwiesen, aus der durch Verwandlung oder Umwandlung alles, was ist, entstanden ist.

Das menschliche Wesen braucht seinen Denkapparat jedoch nicht nur um zu denken, sondern auch um sich eine ganze Welt »vorstellen« zu können. Wenn man zugibt, daß der Mensch, wenn er will, im Stande ist, innerhalb von nur einer einzigen Minute etwa die Alpen, eine Mittelmeerlandschaft, liebe oder unliebe Menschen »innen« zu sehen, ein Musikstück »innen« zu hören und sich auch noch verheerende Kriegsereignisse vorzustellen, dann ist das nicht nur ein ewig unbegreiflich bleibendes Wunder, sondern es muß zu seiner Verwirklichung praktisch ein enormer Energieverbrauch stattfinden. Er vollzieht sich konzentriert und gewissermaßen abgeschlossen von der gesamten Umwelt, im menschlichen Gehirn.

Warum sollte man nun zu einem bestimmten Zweck nicht ein umgekehrtes Verfahren versuchen? Nämlich die Energiewellen hinaussenden, um ein (vorher bedachtes) gewünschtes Ziel anzupeilen?

Es ist nicht aufzuzählen, wieviele »Sender« bis hinauf zu den der Radioastronomie dienenden Sende-Empfangsstationen es auf unserem Stern gibt. Alle sind Technik und dienen der Technik, ob sie der Unterhaltung oder der Erforschung des Weltalls gewidmet sind.

Die vollkommenste Sende- und Empfangsstation aber trägt der Mensch in sich selbst.

Seine Sendefähigkeit, auch über weite Strecken geleitet, ist bewiesen durch die exakten Experimente der Gedankenübertragung, die zu einer bestimmten Empfangsperson hin über viele Kilometer hinweg erfolgreich waren. Alle diese Experimente verliefen in horizontaler Richtung. Warum sollten dazu Berufene die gleichen Experimente nicht in vertikaler Richtung versuchen?

Ich hoffe, es ist klar, daß ich mich nicht für eine Abart des Spiritismus einsetze, sondern für den exakten Versuch, einen zuvor als mathematisch »möglich« errechneten, für das Fernrohrauge jedoch unsichtbaren Weltkörper unseres Systems auf einer geistigen Welle anzufunken. Allerdings: Der Mensch und sein Motiv müßten rein sein, sonst würde das Ergebnis seinem Charakter entsprechen.

Diese Überlegungen haben mich ein Leben lang nicht losgelassen. Die Ursache dafür stammt noch aus den ersten Jahren meiner strengen Yogaarbeit und der absoluten Hingabe an Gott. In jener Zeit erhielt ich viele Male lautlose Anweisungen, die, ich kann es nicht anders ausdrücken, mitten in meinem Gehirn landeten. Von diesem Ort aus stellte ich auch, so als sei dies das Natürlichste von der Welt, Rückfragen, die sofort beantwortet wurden. Über dieses Phänomen »nachher« immer tief erstaunt, fragte ich einmal, wie es denn möglich sei, daß meine geistig gesendeten Fragen verstanden würden. Darauf kam die, mir unvergeßliche Antwort: »Geistige Sendungen erscheinen als leuchtende Funken, die wir empfangen und verstehen.«

Diesen, vor fast einem Menschenleben »gesprochenen« Satz habe ich nie vergessen können, aber auch nie weitergegeben.

Wenn ich es heute tue, dann nicht, um Schwärmern und Pseudo-okkultisten (von denen ich mich immer ferngehalten habe) ein Stichwort zu geben, sondern um, in einem Zeitalter der unbegrenzten technischen Möglichkeiten, auf die grenzenlosen und noch völlig ungenutzten der »geistigen Technik«, wenn dieser Ausdruck erlaubt sei, hinzuweisen.

Ob auf entfernten Weltkörpern Moose wachsen und Bakterien leben, das ist nur für eine Handvoll von Wissenschaftlern interessant. Die »Menschheit« kommt durch eine derartige Realität in ihrer verzweifelt pessimistischen Seelenverfassung um keinen Schritt weiter. Deshalb wäre es dem Zeitgeist, besser: dem Geist unserer Zeit entsprechender, wenn, zusammen mit der äußeren Erforschung des Weltalls, die Erforschung seiner geistigen Welten gehen würde.

Man braucht dazu nicht in die Millionen Lichtjahre von uns entfernten Milchstraßen vorzustoßen, denn unser eigenes System bietet bestimmt adäquate Möglichkeiten. Und wenn sich in absehbarer Zeit die Anti-Materie-Welt tatsächlich errechnen lassen würde, dann wäre sie natürlich auch in unserem System denkbar. Warum sollte es nicht eine »geistige« Sonne geben?

In den letzten Jahrzehnten haben wir gelernt, das Wort »unmöglich« in bezug auf den Fortschritt der Technik aus unserem Sprachlexikon zu verbannen. Wenn die geistige Forschung endlich der technischen parallel verlaufen würde, dann würde auch hier der Begriff »unmöglich« sehr schnell in freudiger Begeisterung vergessen werden.

Hoher Ernst, seelische Lauterkeit und wissenschaftlich fundierte Kenntnisse wären die Voraussetzung für ein derartiges Forschungsgebiet.

Selbst ein vorerst nur bescheidener Anfangserfolg, der aber das Tor zu weiteren öffnen würde, wäre schon imstande, für die in tragischer Not, Angst und oft auswegloser Bedrängnis dahinlebende Menschheit ein Licht der Lösung und Erlösung zu bringen, das selbst noch einem anscheinend hoffnungslosen Dasein Wert, Sinn, Zuversicht und inneren Glanz verleihen könnte.

Meiner zweiten Japanreise gingen Monate der Unsicherheit voraus. Nicht allein deshalb, weil wieder alles, was ich in der Zwischenzeit verdient hatte, dafür geopfert werden mußte, sondern vor allem deshalb, weil ich mich selbst immer wieder zu fragen gedrängt fühlte: W a r u m will ich noch einmal nach Japan? Warum dieses Opfer, warum noch einmal alle Schwierigkeiten und Entbehrungen, die ich ja zur Genüge kannte, auf mich nehmen? Was ist es, das mich dazu treibt?

Die Liebe zum Rôshi und die Sehnsucht, wieder in seiner Nähe zu sein, mußten bei der Untersuchung ausgeklammert werden, denn diese Bindung von Herz zu Herz war nie unterbrochen worden und bedurfte keiner realen Bestätigung. Was aber war es sonst, das mir keine Ruhe ließ? Es war auch nicht die Erwartung, neue Erleuchtungen zu erleben; denn es gibt für den im irdischen Körper Gebundenen eine Grenze. Es war also höchstens die Sehnsucht, das erfahrene Satori in harter Disziplin immer neu zu vertiefen. Aber auch dazu bedurfte es nicht unbedingt einer Weltreise. Bei entsprechend rigoroser Ausschaltung aller Störungen war es überall zu verwirklichen.

Daß ich täglich über dieses Problem meditierte, war selbstverständlich. Eine definitive Antwort erhielt ich jedoch nicht. Das einzige Ergebnis meiner ständigen Selbstprüfung war folgendes: Ich war völlig frei zu entscheiden – ich bekam weder ein Ja noch ein Nein. Nur im Herzen wollte ein Gefühl nicht weichen, das sagte: »Wenn du das Risiko, das diese Reise in jeder Beziehung, vor allem für die Gesundheit, bedeutet nicht eingehst: kein Vorwurf! Jedoch für dein ganzes weiteres Leben wirst du von dem peinigenden Gedanken nicht frei werden, etwas versäumt zu haben. Dabei bleibt es unwichtig, ob es etwas zu versäumen geben wird oder nicht.

Mochte es auch, den äußeren Gegebenheiten entsprechend, unverständlich erscheinen, ich entschied: Wenn der Rôshi einverstanden ist, dann kehre ich ins Kloster zurück.

Seine Antwort vom 3. Mai 1967 lautete:

»Liebe Schwester:

Ich habe Ihren Brief erhalten. Gut, unsere Schwester.

Wir erwarten den Tag, um Sie willkommen zu heißen.«

Das war beglückend.

Während der Monate der inneren Unsicherheit hatte ich mich – für alle Fälle – einer harten meditativen Disziplin, die die selbstverständliche tägliche Meditation bei weitem übertraf, unterworfen, um mich für meinen Aufenthalt im Zen-Kloster selber für die höchstmöglichen Leistungen vorzubereiten.

Längst war Grobes schon nicht mehr zu bearbeiten. Aber vielleicht waren karmische Reste im Unbewußten verborgen, die – wenn nicht mehr im Irdischen – so doch in den mentalen Bereichen sich als hindernde Störung erweisen würden?

Täglich vernichtete ich in stundenlangem, unerbittlichen Meditieren die als »möglich« angenommenen Regungen in allen Chakrazentren mit derartiger Härte und Intensität, daß ich nach einigen Wochen zusammenbrach. Die Folge war, daß ich fiebrig und entkräftet meinen Abflug nach Japan um zwei Wochen verschieben mußte. Obwohl ich dadurch schon in die klimatisch schlimme Periode hineingeraten würde (man kann das in Japan nie genau wissen, weil sich alles oft um viele Wochen verschiebt), war ich so heiter und gelassen, als ob die zu bewältigende Aufgabe, die vor mir lag, mich im Grunde gar nichts mehr anginge.

Dieser, mir selber fast unbegreifliche Gleichmut, der allerdings auch keine Freude auf das Kommende zuließ, war zweifellos das Ergebnis der vorangegangenen Disziplin – aber auch das der allnächtlichen liebevollen Weisungen, die ich während dieser schweren Zeit erhielt. Sie gaben mir die Gewißheit, daß die bis zum körperlichen Zusammenbruch führenden Ent-werdungs-Übungen im höchsten Sinne gewünscht waren. Nur eine dieser »Ansprachen« möchte ich hier einer Tagebuchnotiz vom 23. 12. 66 entnehmen:

»Nur wer sich selbst zerstört, kann anderen Lehrer, Helfer sein. Du hast es weitgehend vollendet. Aber arbeite weiter so wie bisher, damit alle Reste getilgt werden.« Dann kamen weitere, bei diesem

»inneren Sprechen« (wie Sri Aurobindo es nennt) immer wiederkehrende, wunderbare Verkündigungen, die aber nichts mehr mit
meinem Erdenleben zu tun haben.

Dieses Mal wollte ich die Flugreise über Rußland machen. Nicht
allein, weil es die kürzeste und darum auch billigste Strecke war,
sondern weil ich, wenn ich nun schon diese Weltreise zum zweiten
Male unternahm, auch auf dieser anderen Route so viel wie möglich
kennen lernen wollte. Daß ich acht Tage in Moskau unterbrechen
würde, stand fest – aber der Hauptgrund, weshalb ich den Weg
über Rußland gewählt hatte, war: Ich wollte nach Peking. Meine
Sehnsucht hatte nie Japan gegolten, merkwürdigerweise, aber immer
China. Von Jugend an. Und vor allem Peking.

Mit dem Visum schien auch alles glatt zu gehen – da aber brach
die Kulturrevolution in China aus und es gab keine Einreise mehr.
Das war eine bittere Enttäuschung, mit der ich mich abfinden mußte.

Es erscheint wie ein Wunder, daß man innerhalb von nur zwei
Stunden Flugzeit schon in Moskau landet. Der Flughafen selbst ist
dann kein Wunder mehr. Man ist weniger enttäuscht als verwundert
darüber, daß die Sowjets, von denen man im Bereiche der Technik
Vollkommenes erwartet, bis jetzt keine Zeit dafür gefunden haben,
die erste Visitenkarte ihrer Potenz in einem so primitiven Zustand
zu präsentieren. Kein Restaurant, kein Wartesaal, nicht der bescheidenste Komfort erwartet den Gast. In einer riesigen, kahlen
Halle, an deren Front zum Ausgang die Schalter für Paß-, Zoll- und
Geldkontrolle sich befinden, türmt sich das Gepäck auf dem Fußboden und es erscheint hoffnungslos das eigene herauszufinden. Wer
in einer Gruppe reist, wie alle Insassen, die mit mir im Flugzeug
saßen, braucht sich freilich nicht zu kümmern, das besorgt der Reiseleiter. Aber der private Einzelreisende, der nicht Russisch spricht,
verbringt eine qualvolle Zeit der Hilflosigkeit. Schließlich be-
schwerte ich mich bei der Paßkontrolle, denn mir war durch Intourist Abholung in einem Privatwagen garantiert. Es wurde telefo-
niert und ich stand weiter wartend, denn eine Sitzgelegenheit gab es
nicht. Endlich stürzte, von draußen kommend, ein Mann auf mich
zu, entschuldigte sich in gutem deutsch, daß er zu spät gekommen
war, verfrachtete mich in seinem Wagen und begann die Gepäck-
suche. Als er endlich mit meinen beiden Koffern wieder erschien, da

atmete ich auf. Schließlich hatte ich Garderobe für ein Jahr Fernost bei mir.

Auf Flughafenkomfort also, so wie man ihn in der ganzen Welt und selbst dort, wo man ihn kaum vermuten würde, antrifft, hat man in Rußland bis jetzt keinen Wert gelegt, denn auch in Leningrad war es nicht anders. Dort war der sehr kleine Warteraum zugleich das Büro der Sekretärin. Der Komfort war eine Karaffe mit Wasser und ein paar Gläser auf einem Tisch, der zur Unterhaltung der Wartenden mit einigen Magazinen über Technik in russischer Sprache geschmückt war. Man hört nicht auf, sich zu wundern. Aber die Angestellten, die fast ausnahmslos mindestens eine Fremdsprache beherrschten, machten durch ihre Höflichkeit und oft auch durch persönlichen Einsatz vieles wieder gut.

Es dauert etwa dreiviertel Stunden bis man mit dem Wagen vom Flughafen in die Stadt Moskau kommt. Das Hotel, vor dem der Fahrer mich absetzte, lag mitten in der City, an der Hauptstraße, die zum Roten Platz und dem Kreml führt. Das Hotel Minsk hatte einen tadellosen, großen Empfang, die Formalitäten waren bald erledigt, ein mächtiger Fahrstuhl fuhr mich nach oben, die Etagenfrau brachte mich auf mein Zimmer. Ich betrachtete es und – fuhr wieder hinunter, um mich auf der Stelle zu beschweren. In Berlin hatte ich einen Service 1. Klasse, pro Tag DM 68.– bezahlt und machte der Empfangsdame klar, daß ich auch einen solchen beanspruche und nicht in einem drittklassigen Zimmer zu bleiben gedächte. Man verwies mich an die Dolmetscherin im Nebenraum. Hier saßen drei junge Damen, jede mit eigenem Schreibtisch und Telefon. Dolmetscherinnen für Deutsch, Französisch und Englisch. Diese Einrichtung, die alle großen Hotels haben, in denen Fremde »einquartiert« werden, erleichtert dem der russischen Sprache Unkundigen den Aufenthalt wohltuend. Die Hauptsache aber war, daß die Damen ihre Fremdsprache nicht nur vollkommen beherrschten, sondern stets liebenswürdig und hilfsbereit waren, ganz gleich in welcher Sprache.

Ich brachte also meinen Wunsch nach Zimmerwechsel vor. Grund: Intourist-Berlin hatte Zimmer mit eigenem Bad zugesichert. Meines besaß nur einen winzigen Duschraum. Das Schlimmste aber war: Das große Fenster des Zimmers hatte weder Gardine noch Vorhang – vielleicht, weil es so blind von Schmutz und an ihm klebenden Fliegen war, daß man der Ansicht war, daß dieser Schutz vor neugierigen Blicken ausreichen würde. Meine Dolmetscherin lächelte verständnisinnig und begann zu telefonieren. Das Ergebnis: Es war kein anderes Zimmer zu haben. Ich verlangte die Adresse vom Haupt-Intourist, dessen Sitz ja in Moskau war. Die durfte nicht gegeben werden. Das fing ja gut an. Aber meine Dolmetscherin, die Deutsch ohne den leisesten Akzent sprach, war ein so bezauberndes Wesen, daß ich entschlossen war, ihr alle Schwierigkeiten zu ersparen und den Intourist selber herauszufinden.

Diese junge Dame glich in Aussehen und Benehmen einer jener Aristokratinnen, wie sie von russischen Autoren, etwa der Jahrhundertwende, beschrieben worden sind. Man sah die junge Gräfin, die, überzart etwa wie unsere Effi Briest, auf ihren Gütern ein einsames, allem Lauten abgewandtes Leben führte, gleichsam leibhaftig vor sich. Sie war engelhaft schön, mit einem wehmütigen Zug im Gesicht und – es war kaum zu glauben – mit blonden, langen Korkenzieherlocken; wie aus einem Gemälde herausgeschnitten. Dazu mit natürlicher Liebenswürdigkeit und einer zärtlich-weichen Stimme begabt. Heinrich Heine hätte sich in so viel »Holdheit« auf der Stelle verliebt. Ich tat es auch und sagte mir: Sieh an, auch das ist Rußland!

Als ich am übernächsten Tag nach Leningrad abflog, schenkte ich ihr all die Kleinigkeiten, die ich für solche Zwecke mitgenommen hatte: Lippenstift, Puder, Parfüm. Sie strahlte überwältigt und sagte: »Sie sind so lieb, ich will Ihnen auch etwas schenken«, verschwand für einen Augenblick in der Kabine hinter ihrem Schreibtisch und brachte mir dann in einem Umschlag reizende Glückwunschkarten für Kinder mit Zeichnungen für alle Gelegenheiten, deren Aufschriften sie mir eifrig erklärte. Ich habe sie noch. Und wenn ich an Moskau denke, dann denke ich zuerst an dieses entzückende Geschöpf – und dann erst an den Kreml.

Der Kreml! Es war mittlerweile vier Uhr nachmittags geworden und ich machte mich bei strahlendem Sonnenschein auf, um einen ersten Blick auf seine goldenen Kuppeln zu werfen.

Ich ging zu Fuß, der Weg war weit, aber nicht zu verfehlen, da man die Hauptstraße, die auch die Hauptgeschäftsstraße war, nur gradeaus zu gehen brauchte. Die Auslagen in den Läden waren, wie es nach den vielen Zeitungsberichten nicht anders zu erwarten war, für unsere Begriffe dürftig. Aber wenn die Moskauer damit zufrieden waren, dann war das ihre Sache. Man traf keine Eleganz, aber auch keine Not.

Sobald man den durch seine Dimensionen imponierenden Roten Platz erreicht hat, von dem man zu dem weltberühmten Anziehungsplatz Moskaus, dem Kreml, gelangt, wird der Fußgängerverkehr durch Polizisten gelenkt. Das bedeutet, daß man, selbst wenn man sich schon im Gebiet der goldenen Kuppeln befindet, nur ganz bestimmte Wege gehen darf. Das gilt aber auch für die Sowjets selbst. Bei diesem ersten Besuch wollte ich nur einen Gesamteindruck gewinnen und mich orientieren, wie ich am nächsten Morgen gründlicher würde vorgehen können.

Der erste, der zweite und der dritte Besuch ergaben, jeweils verstärkt, die gleiche Überzeugung: Man befand sich in einer orientalischen Märchenwelt. Doch, anders als etwa in Bangkok, konnte sie mir, bei aller objektiven Bewunderung, das Herz nicht erwärmen. Es muß wohl die Atmosphäre sein, die dem dafür Empfänglichen das Frohsein an dieser Stätte verwehrt. Denn auch die Steine reden – selbst wenn sie schweigen.

Wem es vergönnt ist, wie es mir bei jedem meiner Besuche vergönnt war, den Kreml dann zu erleben, wenn die vielen, vielen goldenen Kuppeln seiner Kirchen und Paläste von der leuchtenden Sonne zu Eigenleben erweckt, sich in funkelnder Pracht zu strahlenden Fanalen im Himmelsblau steigern und einen Glanz verbreiten, den man nur als überwältigend bezeichnen kann, der versteht die Verzauberung, von der hier viele Besucher ergriffen werden.

Nur wenige Gebäude sind für Besucher geöffnet, in den Kirchen des Kreml wird kein Gottesdienst mehr zelebriert. Dennoch sind zwei, die ich besuchte, der Hauptanziehungspunkt und zwar keineswegs nur für die Fremden. Der Anteil der, wie unschwer zu erkennen war, aus der Provinz angereisten Bevölkerung war dominierend. Und – höchst erstaunlich – sie defilierten an den überaus kostbaren Särgen der moskowitischen Herrscher, die alle in einer der Kreml-Kirchen aufgebahrt sind, in ehrfürchtiger Andacht vorüber. Unangefochten. Hier, an dieser Stelle, wie auch später in Leningrad, durfte ich lernen, daß die Sowjets die Vergangenheit ihres Volkes, die Rußland hieß, vor ihren Bürgern nicht verunglimpfen, obwohl dafür, was ihre Herrscher betrifft, einige Ursache gewesen wäre...

Am Roten Platz ist bekanntlich das Lenin-Mausoleum. Was sich hier in aller Ordnung abspielt, das ist ohne Beispiel. Kilometerweit stehen Frauen und Männer an der Mauer entlang in Doppelreihe, um an seinem Sarg vorbeizudefilieren. Sie stehen Stunden und Stunden; die unübersehbare Schlange, wann immer man vorbeikommt, sie bleibt unübersehbar. Das muß jeden, der das erlebt, sehr nachdenklich stimmen, denn es gibt Dinge, die sich weder kommandieren, noch erzwingen lassen. Diese seit Jahren andauernde, sich nie vermindernde, stumme Prozession gehört zu ihnen.

Als ich auf dem Heimweg war, allerdings noch in der Roten Platz Nähe, überfielen mich Hunger und Müdigkeit mit derartiger Heftigkeit, daß ich eine des Weges kommende Dame ansprach (sie reagierte auf Französisch) und sie fragte, ob sie mir wohl in der Nähe ein gutes Restaurant empfehlen könne. Es war ein Haupttreffer. Sie zeigte nach der gegenüberliegenden Straßenseite und meinte, daß in jenem Hotel viele Fremde verkehrten. Aber es sei teuer. Da ich mit Essensscheinen ausgestattet war, konnte mir nicht viel passieren und ich begab mich, durch eine Tunnelüberführung, nach drüben. Hier war zu meiner Freude auch ein Pfeil angebracht der um die Ecke zum Intourist hinwies. Nun wußte ich, wo ich am nächsten Morgen, auf dem Wege zum Kreml, zuerst Guten Tag sagen würde.

Das Restaurant war fürstlich. Die Garderobenablage (die Sachen wurden eingeschlossen) war im Erdgeschoß. Die Pracht kam in der ersten Etage. Dem Besucher mußte auf den ersten Blick klar sein, daß er sich in einem ehemaligen Privatpalais befand. Und in einem, das intakt geblieben war. Man hatte klugerweise alles gelassen, wie es war, nur ein paar Türen ausgehoben. Man konnte von Zimmer zu Zimmer gehen, um sich an einem der kleinen, schön gedeckten Tische einen Platz zu suchen. Natürlich war alles besetzt. Aber eine der russischen Bedienerinnen packte mich am Arm und brachte mich an einen etwas größeren, ovalen Tisch, wo noch ein Platz frei war. Deutsche und Schweizer, die Geschäfte in Moskau abzuwickeln hatten, tafelten hier mit ihren Frauen. Es wurde ein amüsanter Abend. Das Essen – es gab eine reichhaltige Speisekarte – war ausgezeichnet, das Prozellan auf dem es serviert wurde, war wappengeschmückt und die Gläser – an jedem Tisch wurde reichlich getrunken – waren aus dem herrlichsten Kristall-Brillantschliff, den ich je gesehen habe. Ich beschloß meine Moskauer Mahlzeiten ausschließlich hier einzunehmen. Wo mögen die Besitzer all der Herrlichkeiten, mit denen die Räume ausgestattet waren, geblieben sein?

Das Frühstück jedoch im Hotel Minsk am nächsten Tag, nach einer Nacht ohne Fenstervorhang und einem Morgen ohne Bad, brachte mich dann in die rechte Stimmung für den Intourist.

Hier waren die Fremdsprachendamen auf Beschwerden anscheinend nicht trainiert, sie zuckten im Chor die Achseln, woraufhin ich ihren Chef zu sprechen wünschte. Der käme erst später. Unerschüttert erklärte ich, daß ich dann jetzt zum Kreml ginge und um zwölf Uhr wieder zurück sein würde. »Sagen Sie Ihrem Chef inzwischen bitte alles, was Sie von mir gehört haben, und daß ich auf einer Umquartierung in ein erstklassiges Hotel bestehe.«

Um zwölf Uhr war er tatsächlich anwesend, sprach hervorragend Deutsch und sein Entsetzen über die Mängel, von denen man ihm berichtet hatte, hätten einem Italiener Ehre gemacht.

»Sie haben tatsächlich kein Badezimmer?« Er schüttelte tieftraurig den Kopf. »Die Sache ist schnell erledigt«, sagte ich und nannte ihm das Hotel in dem der Schweizer wohnte, der sogar etwas weniger gezahlt hatte als ich. »Dahin quartieren Sie mich bitte um.«

»Ich habe schon alles versucht«, beteuerte er. »Es ist kein Zimmer zu haben.«

»Aber ich bleibe nicht im Minsk.«

»Sie fliegen doch schon morgen früh nach Leningrad«, rief er. »Ich verspreche Ihnen, daß Sie, wenn Sie nach Moskau zurückkommen, zufrieden sein werden.«

»Ja – aber jetzt...?«

»Die Fenster sind geputzt! Und die Etagenfrau wird für Vorhänge sorgen. Ich habe alles veranlaßt.«

Als ich ins Hotel Minsk zurückkehrte, empfing mich die Etagenfrau mit einem so herzhaften Gelächter wie, so scheint mir, nur bodenständige Russinnen lachen können. Sie kam sofort mit, schloß das Zimmer auf, zeigte auf das blitzblank geputzte Fenster, tätschelte anerkennend meinen Arm, brach wieder in ein Kollossalgelächter aus und präsentierte mir zwei, auf einem Stuhl liegende, feldgraue Militärdecken, mit denen sie zur Nacht das Fenster verhängen würde. Es war herzerquickend. Wir lachten im Duett. Und dazu brauchten wir keine Vokabeln.

Am nächsten Morgen in kleinem Flugzeug ein kurzer Stunden-flug. Leningrad! Um es vorweg zu sagen: Die Stadt ist eine Be-glückung. Ich hatte mir vor Antritt meiner Reise einen Plan dieser Stadt ziemlich genau gezeichnet, alle Straßen, alle Plätze und wichtigen Gebäude, die ich sehen wollte, alle Ausflüge, die ich machen wollte, waren vermerkt; für jeden Tag hatte ich ein Pro-gramm entworfen. Wenn es mir gelang, dieses durchzuführen, würde es keineswegs zu anstrengend sein. Dieser Plan war eine Kostbar-keit, er verlieh eine wunderbare Sicherheit und ich konnte mich blindlings auf ihn verlassen.

Das Hotel lag zu meinem Mißvergnügen weit außerhalb der Stadt, am Endpunkt der Untergrundbahn. Fahrt bis zum Newski-Prospekt etwa 40 Minuten, Gehweg zur Untergrund knapp zehn Minuten. Die Zeit, die man also zwei bis viermal am Tag unge-nützt vergeuden mußte, war enorm und verstimmte beträchtlich. Sonst war es ein gutes, neuerbautes Hotel mit allem Komfort, einem großen Park gegenüber, also mit einer schönen, ansprechenden Lage. Ein Privatwagen hatte mich vom Flugplatz abgeholt, ich bekam wieder ein Heftchen mit Essensscheinen und (wie auch in Moskau) mit einem Billet für eine Fahrt nach Wahl in die Umgebung mit einer Dolmetscherin.

Mein erstes Gespräch in Leningrad war aufschlußreich, erfreulich und sollte sich in allem bestätigen.

Gleich, nachdem ich mein Zimmer in Besitz genommen hatte, war ich in den Speisesaal gegangen, um mich, ehe ich mich auf meine erste Entdeckungstour machte, etwas zu stärken, denn die Zeit für ein Mittagessen war noch nicht gekommen. Der Raum war men-schenleer bis auf eine Dame, die einsam an einem Tisch saß und ein Sandwich verzehrte. Da die Bedienerin gerade bei ihr kassierte, setzte ich mich zu ihr und bestellte Tee und Toast. Sie war Englän-derin und lebte in Australien.

»Sie kommen wohl gerade aus Moskau?« begann sie die Unter-haltung.

»Ja.«

»Haben Sie etwa auch im Minsk gewohnt?«

Also über das Minsk waren wir uns einig und sie erzählte mir empört und mit recht kräftigen Worten über ihre Erlebnisse dort. Sie hatte eine Woche lang da gewohnt. Als ich der Dame jedoch meinerseits mitteilte, mit welchem Nachdruck ich mich beim Chef des Intourist beschwert hatte, war sie zunächst sprachlos.

»Das hätte ich nicht gewagt«, sagte sie.

Es war Tatsache: Die Menschen, die dieses Land besuchen, hatten Angst. Sie nehmen sowohl alles Unzumutbare, wie auch das oft unverschämte Benehmen des im Restaurant bedienenden Personals, worüber sie sich in jedem anderen Land lauthals beschweren würden, ohne Widerspruch hin. Anscheinend fürchten alle »bestraft« zu werden, wenn sie nicht parieren, was natürlich Unsinn ist. Wenn man seine Wünsche sachlich und höflich vorbringt, werden sie ebenso sachlich und höflich untersucht. Auch die Sowjet-Union braucht Fremdenverkehr und solange Beschwerden gerechtfertigt sind, müssen sie zum mindesten hingenommen werden. Wenn man in Gruppen reist, sieht die Sache anders aus. Da ist der Reiseleiter zuständig. Das hat vielleicht einige Vorteile und ist natürlich viel preiswerter. Dennoch würde ich mich nie einer Gruppe in Rußland anschließen. Als Privatreisender ist man frei. Man kann seine Mahlzeiten einnehmen, wo man will, und man ist überhaupt völlig ungebunden. Man wird auch nicht bespitzelt, man bewegt sich mit derselben Unbekümmertheit wie in Paris oder Berlin oder Rom.

»Ich kann gar nicht sagen, wie ich Sie beneide, daß Sie jetzt diese herrliche Stadt genießen können«, sagte die Engländerin. »Ich fliege leider in einer Stunde ab. Ich wollte meinen Flugschein umlegen lassen, aber es ging nicht. So fliege ich nach Skandinavien und dann nach Hause. Sie werden sich, wenn Sie fortmüssen, genauso schwer von hier trennen, wie ich. Das prophezeie ich Ihnen.« Sie erging sich in Superlativen über die Schönheit der Stadt und – über die Aufgeschlossenheit ihrer Bewohner. »Ganz anders als in Moskau«, sagte sie. »Dort konnte ich mich nicht wohlfühlen. Die Menschen, und wenn man sie nur als Straßenpassanten zur Kenntnis nimmt, wirken mürrisch, unfreundlich und irgendwie stumpf. Hingegen hier – nun Sie werden es erleben!«

Ich erlebte es, schon eine halbe Stunde später, gleich bei meiner ersten Untergrundbahnfahrt in die Stadt, als ich einen neben mir stehenden Mann fragte, ob der Zug direkt zum Newski-Prospekt fahre. Er bejahte auf Deutsch, dann sah er sich um, tippte einem sitzenden jungen Mann auf die Schulter und zeigte auf mich, worauf jener emporschnellte und mir seinen Platz anbot. Wäre dies ein

Einzelvorkommnis geblieben, dann wäre es nicht weiter erwähnenswert, aber es wiederholte sich bei jeder U-Bahnfahrt, daß ein älterer Herr einen jüngeren »Sitzenden« darauf aufmerksam machte, daß ich – eine Fremde – stand und daß der Betreffende seiner Aufforderung schnell und freundlich Folge leistete. Auch bei uns kommt es vor, daß junge Leute aufstehen (in Japan überhaupt nicht), aber daß ältere Männer es für selbstverständlich erachten, jüngere auf einen Höflichkeitsakt hinzuweisen, und daß diese nicht brummend, unfreundlich oder überhaupt nicht, sondern spontan bereitwillig reagieren, das scheint mir ein auf Gegenseitigkeit beruhender Vertrauensbeweis zu sein, der schön ist.

Dieses St. Petersburg (sein Name »Leningrad« paßt beim besten Willen nicht, denn wo man geht und steht befindet man sich ausschließlich in der Stadt Peter des Großen und seiner Nachfolger), ich sagte es schon, ist eine Wonne. Wer erfahren will, wie Europa einmal war, der gehe in diese Stadt. Sie hat ihren Glanz restlos behalten oder wiedererhalten, denn die Russen haben weder Kosten noch Sorgfalt gescheut, um alles im Krieg Zerstörte wiederaufzubauen: haargenau historisch wieder aufzubauen. Nicht nur am Newa-Kai mit dem Winterpalais, der Admiralität, der Eremitage, auch in der mit dem Newa-Kai parallel laufenden Khalturinstraße, die links bis zur Newa, rechts bis zur Moika führt, wo Seite an Seite die Paläste der Großfürsten stehen und wo das Marmorpalais, das Katharina die Große dem Grafen Orlow schenkte, mit seiner Gartenfront aus blauem und rosa Marmor das Ende der Khatturinstraße bildet. Ebenso sind rechts und links von der Fontanka (einem Kanal der Newa) alle Besitzungen, die den vornehmsten Familien des Adels gehörten, vollständig wiederhergestellt. Es ist alles da – sogar die goldenen Wappen an den schmiedeeisernen Gittertoren und die dazu gehörenden Fürsten- oder Grafenkronen. Der Eindruck ist ein absolut geschlossener und vollkommener. Es fehlt nichts. Und selbstverständlich reitet Peter der Große hoch zu Roß wie eh und je am Newa-Kai ostseewärts, und Katharina die Große, inmitten des schönen, kleinen Ostrowski Parkes direkt am Newski-Prospekt, schaut hoch vom Sockel ihres Denkmals in majestätischer Pracht, huldvoll lächelnd auf die in der Sonne auf den Parkbänken ausruhenden Genossen beiderlei Geschlechts herab.

Schon immer hatte man Petersburg das »Nordische Venedig« genannt. Wenn man vom Newa-Kai zur Jenissari Insel rechts mit der Peter-Pauls-Festung, der Kathedrale und dem Mausoleum mit den Sarkophagen der Romanows, oder links zur Strelka, der Ostspitze der Basilius Insel hinüberschaut und sich von dem überwältigenden Anblick nicht trennen kann, dann wiederholt man für sich selbst, was viele andere schon früher hier empfunden haben. Nur: Hier betet man nicht schwermütig »Möge Gott dich erhalten«, wie in Venedig auf Schritt und Tritt, sondern im herrlich erfrischenden Ostseewind fühlt man: Diese Stadt ist gesund. Hier bröckelt nichts.

Allerdings war ich vom Wetter begnadet. Während der acht Tage meines Rußland-Aufenthaltes schien die Sonne strahlend vom Himmel; es war sommerlich warm, ohne heiß zu sein und von der Ostsee wehte ein belebender Wind, der selbst den ermüdeten Besucher neu zu stärken vermochte.

Als ich an einem Vormittag am Newa-Kai wieder den unvergleichlichen Blick genoß, kam eine Gruppe junger, hochgewachsener, blonder Russen, unverkennbar Studenten, fröhlich herangeschlendert. Sie unterhielten sich auf – Japanisch! Das war in dieser Umgebung so unwahrscheinlich, daß ich lachen mußte und ihnen etwas auf Japanisch zurief. Daraufhin erhob sich ein geradezu jubelndes Gelächter, sie ließen mich nicht mehr los und brachten mich zu einer der Marmorbänke, wo ihr *senzei* (jap: Professor, Lehrer), ein Japaner, in der Sonne saß. Es wurde eine höchst vergnügliche halbe Stunde und als ich den Japaner fragte, ob er wieder nach Japan zurückkehren würde, da breitete er die Arme aus, zeigte auf die Herrlichkeiten vor, hinter und um sich und sagte *»Mō kaerimasen* (Ich kehre nie zurück)«, was Händeklatschen und jubelnden Beifall bei seinen Studenten hervorrief. Ich nickte: »*Wakarimasu* (ich verstehe)«. In der Tat, wenn man diese strahlende Weite der Landschaft und die Großzügigkeit der ganzen Stadt mit den übervölkerten japanischen Städten und ihren, von wenigen Hauptstraßen abgesehen, schmalen Gäßchen verglich, durch die kaum ein Taxi fahren konnte, dann mußte man ihn verstehen. Außerdem war er wohl Kommunist, denn das waren hier ja schließlich alle. Nur, weil es eben alle waren, so machten sie daraus keine Sache; was selbstverständlich war, brauchte nicht betont zu werden.

Natürlich wurde ich von den Studenten, die durchweg gut Englisch sprachen, als sie hörten, daß ich Deutsche war, sofort gefragt:

Ost oder West? Aber meine westliche Zugehörigkeit minderte ihre herzliche Ungezwungenheit um nichts. Das erfuhr ich übrigens immer wieder. Die Feststellung: West, rief niemals eine Stellungnahme oder einen Wechsel der Freundlichkeit oder Hilfsbereitschaft hervor. Ich hatte die Frage beantwortet und damit war es gut.

Eine der schönsten Sommerresidenzen der Zaren war Peterhof, jetzt Petroworez. Mit Taxi und Dolmetscherin wurde ich abgeholt. Die Fahrt, zum Teil mit Blick auf die Ostsee, dauert etwa dreiviertel Stunde. Und dann ist es einfach herrlich. Die Wasserspiele »Die Pyramide« genannt, sind weltberühmt – für mich aber war am eindruckvollsten der Wasserweg, der beim hoch oben gelegenen Großen Palais mit sprudelnden Quellen und Kaskaden beginnend, als tiefblauer, schmaler Kanal direkt in die Ostsee führt. Die Aussicht, die man von oben genießt und die in die blaue Unendlichkeit mündet, ist unvergeßlich.

Meine Dolmetscherin war wieder ausgezeichnet. In fehlerlosem Deutsch erklärte sie mehr als ich wollte und führte mich ohne zu ermüden durch die stundenlang sich dehnenden Parkanlagen, mit ihren kleineren Anlagen und Schlössern und einem besonders schönen, sich am Meer entlang ziehenden Terrassenweg aus weißem Marmor.

Fremdsprachen, das habe ich immer wieder bemerkt, werden von den Dolmetschern so vollkommen beherrscht, oft sogar mit den ungewöhnlichsten, aber treffenden Vokabeln, daß man aus dem Staunen nicht herauskommt.

Meinen letzten Ausflug machte ich auf eigenes Risiko. Zarskoje Selo, den Lieblingssitz von Katharina der Großen und ihrer Nachfolger, von Quarenghi erbaut, wollte ich noch sehen.

»Das ist unmöglich. Das können Sie nicht. Die Fahrt ist zu weit und viel zu umständlich. Sie finden nie hin«, riefen die Dolmetscherinnen nacheinander in drei Sprachen, als ich mich, von meinem letzten Stadtgang und anschließendem Mittagessen zurückgekehrt, im Hotel erkundigte, wie ich dorthin kommen würde.

»Sie müßten mit der Untergrund mehrere Male umsteigen und dann mit dem Zug fahren. Das schaffen Sie nicht.«

Daraufhin ging ich also los, entschlossen es doch zu schaffen. Die ganze Sache erzähle ich eigentlich nur aus Dankbarkeit für die überwältigende Hilfsbereitschaft des russischen Menschen. Es begann bereits am Untergrundbahnhof. Ahnungslos, wie weit fahren, wo umsteigen, fragte ich einen bieder aussehenden Mann, das heißt, ich sagte nur in fragendem Ton: »Sarskoje Selo?« Worauf er lachte und zurückfragte: »Deutsch?« »Ja«.

»Ich gut Deutsch. Kriegsgefangenschaft.« Dann packte er mich am Arm und sagte »Zeige umsteigen. Wenn Ende, dann Zug bis Puschkinstadt. Von da Autobus bis Schloß.« Wir fuhren mehrere Stationen bis er mich hinauszerrte, mit mir zu einem anderen Bahnsteig ging, auf den nächsten Zug wartete, mit mir einstieg, dem nächststehenden Genossen eine Station sagte, auf mich zeigte und im letzten Moment wieder hinaussprang. Ich konnte nicht einmal mehr danken, nur noch winken. Noch zweimal wurde ich von unterwegs Aussteigenden weiterempfohlen, dann war ich angelangt. Ich schrieb mir den Namen der Untergrundstation auf – inzwischen war ich schon eine Stunde unterwegs –, ging zum »Bahnhof«, der glücklicherweise nur ein paar Schritte entfernt, einen schmalen Perron, rechts und links Schienen und den Himmel über sich hatte, und löste eine Fahrkarte nach Puschkinstadt. Durch Fingerabzählen machte mir der Beamte begreiflich, an der wievielten Station ich auszusteigen hatte. Ich glaube, es war die elfte. Es währte noch einmal mehr als eine Stunde, ehe ich in Puschkinstadt den Zug verließ und mich in einem lieben, kleinen Landstädtchen befand. Ich hatte Glück, indem ich, nach bangen Zweifelsminuten, den Autobus in der rechten Richtung bestieg. Fahrtdauer 25 Minuten. Endstation Schloßpark.

Es dauert eine Weile bis man durch den Park, vorbei an Prachtgebäuden, bis zum Hauptschloß gelangt. Dann aber sind Überraschung und Entzücken im Einklang. Das von Quarenghi im klassizistischen Stil erbaute Schloß wirkt, trotz seiner enormen Maße, bestechend elegant und, gleichsam wie ein Märchenbild, der traumhaft schönen Umgebung zugehörig. Es »lebt« in ihr und die Landschaft erhält durch seine Schönheit ihren Glanz. Ein großer, tiefblauer See, mit fröhlichen Menschen in Ruderbooten, vor dem Schloß beginnend, zieht sich bis in die Ferne und rechts und links vom See, der von einem gepflegten Uferweg umrahmt ist, breiten sich herrliche, dichte Wälder aus. Es ist einfach unbeschreiblich schön. Für die Schloßbesichtigung blieb mir keine Zeit, man benötigt mindestens zwei Tage, um alles richtig kennen zu lernen. Ich genoß bei See- und

Waldspaziergängen, die stets den Blick auf alle Herrlichkeiten freiließen, bei diesem strahlenden Wetter einfach nur die Schönheit und vergaß dabei auf die Uhr zu sehen. Aber als die Sonne plötzlich hinter den Baumwipfeln verschwand, erschrak ich. Ich hatte ja noch eine Reise vor mir und außerdem keine Ahnung, wann wohl ein Zug gehen würde.

Also zurück durch den Park und hin zur Bushaltestelle. Er kam nach einer halben Stunde und als ich endlich am Bahnhof ausstieg, da war die Dämmerung vollkommen. Aber vergebens suchte ich die Gegend nach einem Billetschalter oder einem menschlichen Wesen ab. Nichts und niemand war zu finden. Sollte am Ende kein Zug mehr gehen? Der Schreck fuhr mir in die Glieder. Vorsichtig schlich ich mich um das kleine Gebäude herum und erblickte auf dem offenen Bahnsteig ein paar Menschen. Vielleicht kam doch noch ein Zug? Ich riskierte es und gelangte ungehindert durch irgendwelche Sperren, zu ihnen. Es gab nur zwei Geleise, deshalb war kein Zweifel möglich, falls ein Zug kommen sollte, in welche Richtung ich fahren mußte. Als endlich, endlich wirklich einer kam, schickte ich einen Dank zum Himmel und stieg ein. Ohne Fahrkarte! Das war nun wahrhaftig kein gutes Gefühl, aber ich hatte keine Wahl. Mir war die ganze lange Fahrt über recht ängstlich und unbehaglich zu Mute, was fing ich an, wenn ein Kontrolleur kam? Ich konnte erst tiefaufatmen, als ich den Zug verließ. Als Fremde ohne Sprachkenntnisse in der Sowjetunion eine Reise ohne Fahrkarte machen zu müssen, das ist ein Alptraum. Immerhin war diese Sorge nicht mein einziges Bangen während der Fahrt. Draußen war es inzwischen ganz dunkel, es war nichts mehr zu sehen und mit dem Zählen der Stationen kam ich völlig durcheinander, weil der Zug zuweilen auf freiem Feld hielt.

Mir gegenüber saß ein Ehepaar, gutbürgerlichen Stils, mit einer erwachsenen Tochter von etwa zwanzig Jahren, die mein ängstliches Ausschauen bei jeder Station sicherlich längst bemerkt hatten. Endlich erlaubte ich mir die Dame anzusprechen und ihr den Zettel mit dem Namen der Station, wo ich aussteigen mußte, zu zeigen. Glücklicherweise sprach die Tochter Englisch, ich berichtete von meinem Abenteuer, man fragte, wo ich wohne und versicherte, daß man mir rechtzeitig Bescheid sagen würde.

Die Familie unterhielt sich dann angeregt und ich bemerkte zufällig, daß die Mutter ihrer Tochter Geld gab, ohne mir etwas dabei zu denken. Endlich war es so weit. Sie zeigten zu dritt, daß ich aussteigen mußte, ich bedankte mich, und – das junge Mädchen stieg ebenfalls aus. Zusammen gingen wir zur Untergrundbahn und auf meine darüber verwunderte Frage antwortete sie: »Wir haben den gleichen Weg.« Das war ja nun großartig. Ich brauchte niemanden mehr mit Fragen zu belästigen, wir stiegen innerhalb einer Stunde zweimal um bis wir endlich die Endstation erreicht hatten. Zu meinem Hotel mußte ich nach rechts abbiegen und da ich wußte, daß in linker Richtung Universitätsseminare lagen und viele Studenten dort wohnten, so fragte ich meine Begleiterin, ob sie jetzt dahin abbiegen würde, um mich von ihr zu verabschieden.

»Nein«, sagte sie, »ich bringe Sie zu Ihrem Hotel.« »Das ist sehr liebenswürdig. Aber den Weg kenne ich genau.«

»Fein«, sagte sie, ging zum Schalter und löste eine Karte. Sprachlos sah ich ihr zu und fragte: »Wohnen Sie denn nicht hier?« »Nein«, lächelte sie. »Ich wollte Sie nur sicher nach Hause bringen.«

Da hatten also Vater, Mutter und Tochter im Zuge besprochen, daß ihre Tochter mich, die ich der Sprache nicht mächtig war, – ungeachtet dessen, daß es bereits spät war und ihre Tochter mit mindestens zwei Stunden Verspätung heimkehren würde – geleiten solle. Und ihre Mutter hatte ihr auch noch das nötige Fahrgeld dazu gegeben.

Leider werden diese drei Menschen nie erfahren, mit welcher Dankbarkeit ich ihrer gedenke. Nicht etwa deshalb, weil die Gefahr bestanden hätte, daß ich meinen Heimweg, nachdem ich richtig ausgestiegen war, nicht gefunden hätte, sondern darum, weil es so wunderbare, selbstlose Hilfeleistung überhaupt noch gibt und man sie erleben kann. Je seltener man ihr begegnet – um so kostbarer bleibt sie in der Erinnerung.

Am nächsten Mittag flog ich nach Moskau zurück, voll von Glück und Dankbarkeit für fünf unvergeßlich schöne Tage.

Natürlich bin ich in Leningrad auch in der Eremitage gewesen. Zweimal. Aber um einigermaßen mit diesem Museum vertraut zu werden, würde man Wochen täglichen Studiums benötigen. Außerdem hatte ich es falsch gemacht; anstatt bei der Kürze der mir zur Verfügung stehenden Zeit, die Säle aufzusuchen, die der Frühzeit der russischen Länder und unter ihnen vor allem den Skythen gewidmet waren, ging ich zu den Italienern und Franzosen, die wir in unseren europäischen Museen nicht nur reichhaltiger, sondern vor allem mit ihren Spitzenwerken vertreten haben. Abgesehen von diesem Fehler war ich zusätzlich abgelenkt von der einmaligen Pracht der Räume, deren Kostbarkeit alles übersteigt, was das Auge an Innendekoration je erblickte. Man muß also erst das große Staunen über den jeweiligen Rahmen, in dem sich die Bilder und Skulpturen befinden, überwunden haben, ehe man fähig ist das, was an Wänden und in Vitrinen ausgestellt ist, zu betrachten. Nicht zu vergessen die Schönheit der unzählbaren, köstlichen Wandteppiche aller Herkunft, mit denen die Galerien, die die Verbindungswege zu den verschiedenen Sälen bilden, geschmückt sind. Für die Eremitage braucht man Zeit, viel Zeit. Hat man sie nicht, dann bleibt leider nur ein flüchtiger Eindruck. Aber auch der ist gewaltig.

In Moskau wohnte ich dann nicht mehr im Minsk, sondern in dem neurenovierten Hotel Metropol, gegenüber vom ebenso schönen wie berühmten Bolschoi-Theater mit seiner weißen, klassizistischen Fassade. Am Nachmittag pilgerte ich noch einmal zum Kreml. Zum letzten Mal sah ich, wie seine 19 goldenen Kuppeln, von denen allein neun der Basilius Kathedrale gehören, das Sonnenlicht in verdoppeltem Glanz zurückstrahlten, dann nahm ich Abschied, bevor die Schatten das Leuchten verdrängen würden.

Für den Abend hatte mir das Hotel noch ein Billet zu einem Ballett im Bolschoi-Theater besorgen können. Bis zur Pause war ich von dem Dargebotenen nicht überwältigt. Aber dann riß ein Rausch von Schönheit und Können die Zuschauer von den Sitzen. Unvergeßlich.

Der nächste Vormittag gehörte einer großen Stadtbesichtigungsfahrt mit dem Glanzpunkt der hoch über der Stadt auf den Leninbergen gelegenen Lommonossow-Universität, von der aus man einen großartigen Blick über ganz Moskau genießt.

Um halb vier holte mich ein Intourist-Taxi ab und brachte mich zum Flughafen. Der Start nach Tokyo, non-stop-Flug, war um 5 Uhr p. m. Ankunft in Tokyo anderen Tags um 12 Uhr mittags.

Abgesehen davon, daß mir Nachtfahrten immer unsympathisch gewesen sind, war ich guten Mutes. Sicherlich besaßen die Sowjets die denkbar besten Flugzeuge, da hatte ich auch nicht den geringsten Skrupel. Zwei Russinnen und zwei Japanerinnen waren die Stewardessen, die Passagiere waren ausschließlich Japaner, die sich dieser kürzesten und billigsten Flugstrecke in ihre Heimat bedienen wollten. Ich war die einzige Europäerin. Die Touristenklasse dieser erst kürzlich eröffneten Strecke war ausverkauft.

Etwa eine halbe Stunde nach dem Start, als unbeschreibliches Stoßen und Rütteln, wie ich es auf all meinen Flügen noch nie erlebt hatte, noch immer nicht vorbei war, fragte ich meinen japanischen Nachbarn, der in Tokyo Professor für Psychologie war, ob wir uns denn noch immer auf dem Rollfeld befänden.

»Nein«, sagte er. »Wir sind mindestens schon 5000 Meter hoch.«

Um annähernd einen Begriff zu bekommen, in was für einem Vehikel wir uns befanden, stelle man sich ein uraltes, kleines Schiff im Sturm mitten auf dem Ozean vor, das von den Wellen pausenlos auf und nieder geworfen wird, und dazu zusätzlich das unaufhörliche Brüllen der Propeller... Ich glaube aber, daß man sich das, was den Passagieren in diesem antediluvialen Flugzeug bei herrlichem, wolkenlosem Wetter zugemutet wurde, einfach nicht vorstellen kann.

»Die haben kein Jet eingebaut, anders ist das nicht denkbar«, erklärte man mir später bei der Lufthansa.

Nach einer weiteren Stunde der entsetzlichsten Pein bekam ich zum ersten Mal in meinem Leben einen Herzkrampf und erhob mich, um im Gang etwas auf und ab zu gehen. Wieder fand ich mich, in Decken gepackt, eine Stewardeß neben mir, in anderer Umgebung. Ich war im Gang ohnmächtig geworden und man hatte mich in die erste Klasse getragen. Natürlich war es hier um kein Yota besser, aber ich konnte liegen, und das war unter den katastrophalen Umständen wenigstens eine kleine Hilfe. Während die Stewardeß sich noch mit mir beschäftigte, wurde ein Japaner hereingeschleppt und niedergelegt. Später eine Japanerin, der es so schlecht ging, daß sie bei der Ankunft in Tokyo auf einer Bahre wegtransportiert werden mußte. Eine Nacht des Elends und Schreckens lag hinter uns, als wir schwankend, grün im Gesicht und völlig am Ende mittags in Tokyo-Haneda landeten.

Mit großer Dankbarkeit muß ich der Leitung der Deutschen Lufthansa gedenken, die mich, obwohl ich mit einer anderen Linie geflogen war, laut Order aus Berlin, von einer Angestellten schon am Rollfeld in Empfang nehmen ließ, die mir bei allen Formalitäten behilflich war und dann mit mir nach Tokyo-City fuhr, wo im Daiichi-Hotel ein Zimmer für mich reserviert war. Sieben Monate später, als ich meinen Rückflug in langsamen Etappen über Honolulu, wo ich eine paradiesische Woche bei Freunden verlebte, über San Franzisko nach Mexiko-City und Yukatan und endlich von New-York nach Hause nahm, wurde ich an jedem Flughafen von einem Angestellten der Lufthansa erwartet. Und das, obwohl sie auf manchen dieser Routen überhaupt nicht flog. Diese großartige Zuverlässigkeit gab mir in dem schweren Erschöpfungszustand, in dem ich von Japan aus den Heimweg antrat, ein Gefühl der Sicherheit und Geborgenheit für das ich nur dankbar sein kann.

In Tokyo blieb ich nur eine Nacht und fuhr schon am nächsten Tag meinem Ziel entgegen.

Es ist eine großartige Einrichtung in Japan, daß sich auf den Bahnsteigen, da, wo jeder Waggon eines einlaufenden Zuges hält, ein Merkzeichen befindet. Genau an diesem Zeichen kommt der Waggon zum stehen und da man, zusammen mit der Fahrkarte, Waggon und Platznummer erhalten hat, so gibt es kein Suchen.

Am erster Klasse Merkzeichen stand außer mir nur ein japanisches Ehepaar. Er im dunklen Anzug, sie in einem bildschönen Kimono. Er mußte entweder ein hoher Beamter oder ein Industriekapitän sein, denn nun nahten mehr und mehr Japaner, alle in feierlichem Anzug – vermutlich um ihn zu verabschieden.

Jedem einzelnen stellte er seine Frau vor und jedesmal verbeugte sich die junge Frau dreimal ganz tief vor dem sich ebenfalls Verbeugenden, der gleich einem anderen Platz machte. Wie hält sie das aus? dachte ich und begann nach einer Weile zu zählen. Als ich bei hundert Verbeugungen ihrerseits angelangt war, gab ich es auf, denn es war noch kein Ende in Sicht.

Es gab keinen Zweifel mehr: Ich war in Japan.

Als ich, vollbewußt mein Empfinden beobachtend, die herrliche Treppe, die zum Tempel führte, langsam emporstieg, machte ich die erstaunliche Entdeckung, daß mein Herz weder schneller schlug noch daß sich eine besondere Freude in mir zu regen begann.

Seltsam, dachte ich. »Seltsam« habe ich später dann noch sehr oft gedacht.

Im Vorhof war, wie immer um diese frühe Nachmittagszeit, kein Mönch zu sehen. Ich durchquerte ihn und ging direkt zu dem separat gelegenen, kleinen Gebäude, das der Rôshi bewohnte. Der diensthabende Mönch, er war neu und ich kannte ihn nicht, schaute aus seinem Fensterchen. Ich grüßte ihn und nannte meinen Namen, worauf er nickte und sofort verschwand, um mich zu melden, während ich meine Schuhe ablegte.

Und nun geschah das Unerwartete, nie für möglich Gehaltene, was das Schönste und Beglückendste meines diesmaligen Aufenthaltes im Tempel sein und bleiben sollte: Die Schiebetüren öffneten sich und der Rôshi kam mir durch das Vorzimmer bis hinaus in den Eingang entgegengeeilt und streckte mir beide Hände entgegen. Ich ergriff sie, küßte sie und drückte sie an mein Herz. Es waren tief bewegende Sekunden, in denen zwei Menschen einen einzigen Herzschlag »im Einen« hatten. Dann führte er mich in seinen Privatraum.

Ich möchte erklären, warum das Ganze so überaus ungewöhnlich war und mich darum so tief bewegte. Ein Rôshi empfängt einen Besucher nie anders als still und unbeweglich auf der Matte sitzend, nachdem der Ankömmling, gleich welchen Ranges, im Vorzimmer seine tiefen Verbeugungen – Japaner bis zur Erde – gemacht hat. Danach darf der Besucher ihm gegenüber, aber in etwa anderthalb Meter Entfernung durch eine Vertiefung im Boden unüberschreitbar gemacht, auf einem dünnen Kissen hockend, Platz nehmen. Irgendwelche Berührungen sind unstatthaft. Es ist in Japan überhaupt nicht üblich sich, wie bei uns, die Hand zu reichen, man verneigt sich; eine Berührung ist unerwünscht. Um so überwältigender war diese Begrüßung durch den Rôshi.

»Willkommen, willkommen, liebe Schwester, in unserem Tempel«, sagte er bewegt und als wir später einander bei Tee und Kuchen gegenüber saßen und ich ihm gedankt hatte, daß er mich wieder im Kloster aufnahm, kamen – fast ungewollt – die Worte über meine Lippen: »Ich bin nur gekommen, um Sie noch einmal zu sehen und um noch einmal in Ihrer Nähe zu sein.« Er nickte und wandte den Kopf zum Fenster, um seine Rührung zu verbergen.

Immer wieder mußte ich in dieses vertraute Antlitz schauen – es hatte sich verändert.

»Ja, ich habe mich entschlossen einen Bart zu tragen«, lächelte der Rôshi auf meine erstaunte Frage. Vom Kinn hing ihm ein schmaler, langer, weißer Bart herab und auch der Schädel war nicht mehr ganz glatt rasiert, sondern an den Seiten waren Büschel von grau-weiß-meliertem Haar sichtbar. Das veränderte das Aussehen natürlich. Vor allem machte es älter, aber nicht nur dies war für die Veränderung ausschlaggebend. Noch vor vier Jahren hatte ich festgestellt, wie glatt und jung Gesicht und Hals des damals immerhin schon 64jährigen geblieben waren. Jetzt sah ich, daß er vom Leid gezeichnet war. Und ich wußte warum: Madame M., über deren Persönlichkeit und segensreiches Wirken für den Tempel ich in meinem ersten Buch ausführlich berichtet habe, die große Mäzenin des Tempels und ergebene Freundin des Rôshi, hatte am 26. 12. 1965, nach mehr als einem halben Jahr der entsetzlichsten Qualen, diesen Stern verlassen. Und das muß das Zermürbende für den Rôshi gewesen sein. Zuschauen zu müssen wie diese strahlende, heitere, kluge, lebhafte, mit der fraulichsten Wärme ausgezeichnete Freundin, geschlagen mit einem fürchterlichen Leiden, dahinsiechte. Die erste Nachricht, daß sie schwerkrank – vermutlich mit Krebs – im Hospital liege, erhielt ich im Sommer 65. Tief erschrocken schickte ich mehrere Male Geld für Blumen und schrieb an den Rôshi mit der Bitte, ihr meine sorgenvollen Grüße zu bringen. Im Oktober erhielt ich einen Brief von ihm, der mir Hoffnung gab und sein ganzes Herz offenbarte. Er schrieb:

Okt. 1965

... Now I am glad to hear that you will come back to our monastery after 18 months. And I am feeling more gladness to see your hearty love for our Mrs. M. Once she was in a critical condition, but now she became a little well, then we are at ease a little too. Last night I visited her and I read your kind, kind letter to her and told her your warm, warm heart and we saw her gentle smile and tears of joy. Dear sister, please be free from care, she will be well gradually and you can see healthy her when you come back to me. I have received your money again and Mr. Yamamoto will buy some beautiful flowers for her and we can see new tears of joy again.

Please be careful for your health and come back soonerly.

»... nun freue ich mich, daß Sie in etwa achtzehn Monaten in unser Kloster zurückkommen wollen. Aber noch tiefere Freude empfinde ich über Ihre herzliche Liebe für unsere Mrs. M. Ihr Befinden war sehr kritisch, aber jetzt geht es ihr ein wenig besser und deshalb sind auch wir etwas erleichtert. Gestern abend war ich bei ihr, las Ihren lieben, lieben Brief vor und erzählte ihr von Ihrem warmen, warmen Herzen. Ich sah ihr zärtliches Lächeln und ihre Freudentränen.

Seien Sie unbesorgt, liebe Schwester, sie wird allmählich gesunden und Sie werden sie, wenn Sie zurückkehren, gesund vorfinden.

Ich habe Ihr Geld wieder erhalten und Mr. Yamamoto wird schöne Blumen für sie kaufen und wir werden ihre Freudentränen sehen.

Bitte achten Sie auf Ihre Gesundheit und kommen Sie bald.«

Trotz der Schwierigkeit für einen Japaner in einer fremden Sprache zu schreiben, offenbaren diese Zeilen die ganze Liebesfülle und das grenzenlose Mit-Leiden des Rôshi.

Unrichtigerweise ist im Westen immer noch weitgehend die Meinung vertreten, daß die Praxis des Zen-Buddhismus, die von dem Übenden, will er die Erleuchtung – Satori – erlangen, auf diesem Wege als conditio sine qua non das Erlöschen der Eigen-Persönlichkeit verlangt (auf daß das Ganz Andere in ihm wirken kann), ihn allem »Menschlichen« entfremde.

Das Gegenteil ist der Fall. Allerdings darf man nie den noch Übenden, den mit sich selbst Ringenden, der jeglichem Haften entsagen und aus diesem Grunde alles abweisen muß, was das Leben an ihn herantragen will, als Maßstab nehmen. Einzig und allein nur den Erleuchteten selbst. Denn nur bei ihm hat sich alles das, was wir mit den »Eigenschaften« des Menschen bezeichnen, transzendiert. Wer aus dem Großen Satori zurückkommt – und der Rôshi ging viele, viele Male in diesen Zustand der absoluten Einheit ein und kam aus ihm zurück –, der ist Mensch und Buddha zugleich. Christlich könnte man vielleicht sagen: Gott hat sich in ihm verwirklicht. Oder: Er hat sich vergöttlicht. Und nun wirkt Gott (Das Große »Es«) selbst in und aus ihm.

Dabei bleibt die ursprüngliche Besonderheit des Erleuchteten durchaus gewahrt. Was den großen Rôshi betrifft, so war und ist seine Besonderheit innerhalb des Umfassenden – die Liebe. Und seinem hohen Auftrag entsprechend, die sich opfernde Liebe.

Man sollte diese großen Erleuchteten nie, in Form einer Kritik, miteinander vergleichen wollen, denn jeder hat seine ureigene Besonderheit (die er aber nie zu einem Dogma entwickelt), aus der heraus er sein Wirken gestaltet. Und jeder wird die ihm anvertrauten Mönche, innerhalb der unantastbaren Buddhaeinheit und seinem besonderen Wesen entsprechend, führen.

Der Brief des Rôshi offenbart dieses »Große Lieben«, das schon dankbar ist für ein selten gewordenes Lächeln. Zwei Monate, nachdem ich seine hoffnungsvollen Zeilen erhalten hatte, war Mme. M. ihrem Leiden erlegen. Und nach allem was ich – nicht vom Rôshi –, sondern von seinem Sekretär und dem Direktor des Krankenhauses, in dem sie gelegen hatte, erfuhr, kann man nur sagen: Gott sei Dank.

Diese überaus kultivierte und gepflegte japanische Grande Dame hatte sich eine Hautkrankheit zugezogen. Wenn sie im Anfang behandelt worden wäre, dann wäre vermutlich alles wieder gut geworden. Aber wie ich Mme. M. kannte, hat sie, um den Rôshi nicht zu erschrecken, ihren Zustand verheimlicht und ihre Besuche bei ihm und zum zazen im Tempel, so lange es nur irgend ging, durchgehalten. Bis es zu spät war. Da auf Kosten keine Rücksicht genommen werden mußte, so geschah selbstverständlich alles Denkbare. Es half nichts mehr. Schließlich war ihr ganzer Körper von Geschwüren bedeckt, so daß auch keine Einspritzungen mehr gemacht werden konnten. Die üppige Frau magerte zum Skelett ab, ihr schönes Gesicht wurde entstellt und da auch die Mundhöhle von dem Übel ergriffen war, so war in der ganzen letzten Zeit die Nahrungszufuhr unmöglich geworden. Es muß ein Martyrium gewesen sein, das man nur als höllisch bezeichnen kann.

Aber auch für die wenigen, ihr wirklich nahestehenden Menschen – also vor allem für den Rôshi –, die hilflos zusehen mußten, wie ihr Leib sich lebend auflöste, muß es eine endlose Qual gewesen sein.

Wenn der Osten nicht den unverbrüchlichen Glauben an das Gesetz des Karma hätte, dann wäre gerade der Fall der Mme. M. geeignet, den Menschen über das Absurde des »blind waltenden« Schicksals verzweifeln zu lassen.

Eine Frau, die sich, trotz schwerer seelischer Kümmernisse, eine Wärme und Heiterkeit des Wesens bewahrt hatte, die ihre Umgebung beglückte, die klug war, Menschenkenntnis besaß und die ihren großen Reichtum stets in den Dienst des Nächsten gestellt hatte, eine Frau die tief religiös war – ohne eine Schau daraus zu machen – und deren Dasein der Tempel, dessen Abt der Rôshi war, Jahre der sorglosen, blühenden Entwicklung verdankte, sie wurde mit dem grausamsten und leider auch abstoßendsten Leiden zu Tode gemartert.

Es gibt für das real sonst Unerklärliche nur e i n e Erklärung: Der seelisch-geistige Zustand dieser Frau, die nie nach Erleuchtung gestrebt hatte, die nie geheim zum *sanzen* mit dem Rôshi gegangen war, weil sie der inneren Überzeugung war, dafür nicht reif zu sein – wie sie mir selbst gesagt hatte –, mußte in diesem Leben einen so hohen Entwicklungsgrad erfahren haben, daß es wohl nötig war, Karmareste, die der Weiterentwicklung hindernd im Wege gestanden hätten, so schnell wie möglich zu beseitigen.

Vom Menschen aus gesehen, bedeutet solcher Glaube die große Versöhnung mit dem Leid. Für den »Wissenden« aber besteht kein Zweifel darüber, daß derartige (einschneidende) Entscheidungen vom eigenen Göttlichen Selbst des Menschen getroffen werden, falls dieses Selbst den schnelleren Fortschritt als möglich erkannt hat und ihn verantworten kann.

»Ich habe einen kleinen Tempel zum Gedenken an M. san gebaut«, sagte der Rôshi. »Dort werden Sie wohnen und Ihr eigenes Zimmer haben.« Ich verneigte mich dankend und überlegte, wo dieser Tempel sich wohl befinden könne, denn unser hoch am Berg gelegener Tempel besaß nicht so umfangreiche Parkanlagen wie z. B. die Tempel in Kyoto. Zu uns gehörte nur ein großes Stück Bergwald und ich entschied hoffnungsvoll, daß er dort liegen müsse.

»Und hier kommt Sakamoto san«, lächelte der Rôshi, als sein Sekretär um die Erlaubnis bat, eintreten zu dürfen. »Er wird Ihnen, wie Sie gewünscht hatten, bei Ihren Einkäufen behilflich sein.«

Eine glückliche halbe Stunde war beendet. Ich wußte, der Rôshi freute sich, daß ich wieder bei ihm war, aber mir selbst hatte sich ein beklemmendes Gefühl auf die Brust gelegt. Ich schob es jedoch auf meine Müdigkeit und machte mich mit Sakamoto san auf den Weg. Es wurde sehr anstrengend. Der Sekretär fuhr mit mir von einem Kaufhaus ins andere. Ich kaufte eine Matratze und Bettwäsche, wohl wissend, daß ich beides im Tempel nicht vorfinden würde, außerdem bestand er auf einer großen Taschenlampe und schließlich kaufte ich noch etwas an Kochgeschirr und was ich zum Frühstück brauchen würde. Als alles im Taxi verladen war, fuhren wir zum Tempel zurück. Zwei Mönche wurden beauftragt die Sachen, zusammen mit meinen Koffern, zum Miyokanji (so hieß die Neugründung) zu bringen. Wir beide gingen voraus.

Jetzt traf mich die erste Erschütterung. Dieser kleine Tempel, von dem der Rôshi gesprochen hatte, lag nicht innerhalb unseres Geländes, wie ich angenommen hatte. Wir verließen es durch einen seitlich gelegenen Nebeneingang und wanderten kreuz und quer durch sehr schmale, schmutzige Berggäßchen, so daß ich das Gefühl hatte, mich nie zurechtfinden zu können. In der Tat habe ich mich später noch oft verlaufen. Aber wenn keine Hindernisse auftraten, dann waren es nur sieben Minuten bis zum Haupttempel.

Das Gebäude, mit einem noch fast unbepflanzten Vorgarten, glich auf den ersten Blick eher einer hübschen japanischen Villa als einem Tempel und der Eindruck verstärkte sich noch als wir eintraten. Ein Vorraum mit Steinfußboden und großen Regalen für Schuh- und Schirmablage war weit umfangreicher und komfortabler als der Vorraum beim Rôshi. Aber das war erst der Beginn. Das Erdgeschoß bestand aus fünf sehr großen, herrlich mit *tatami* ausgelegten Räumen. Einer davon, zwischen dem eleganten Empfangsraum und einem großen Wohnraum mit Wandschränken gelegen, war dem eigentlichen Sinn dieses Hauses – es fällt mir in der Erinnerung schwer »Tempel« dafür zu sagen – geweiht. An der Wand war ein schöner Altar, etwas größer als die üblichen Hausaltäre in vornehmen Häusern, mit kostbaren Leuchtern und einigen Gegenständen geschmückt, die ich, als von dem Hausaltar von Mme. M. stammend, wiedererkannte. Davor die Instrumente für die Zeremonie, in dem für Hausaltäre üblichen Format: ein kleines Bronzebecken und eine Pauke. Links, zwischen Empfangsraum und Altar, hing ein sehr großes, besonders schönes Bild von Mme. M. Auf der anderen Seite, rechts vom Haupteingang befanden sich zwei andere Räume. Der eine, besonders große, war als Speisesaal für die Nonnen gedacht, die zu größeren Festen oder allgemeinen *zazen*, die etwa zweimal im Jahre stattfanden, aus ihren Klöstern in anderen Orten angereist kommen. Von hier ging es rechts in einen kleinen Telefonraum und geradeaus, mit Front zum Garten, in den mit vielen Wandschränken, Nähmaschine usw. ausgestatteten Wohnraum der für dieses Anwesen eingesetzten Hüterin: meiner alten Feindin, der Nonne Ê kun san. Das war der zweite Schlag!

Allerdings hatte er mich schon vorher getroffen, denn der Sekretär, der keineswegs ihr Freund war, hatte mich darauf aufmerksam gemacht.

»Aber sie hat nichts zu sagen«, erklärte er mit Nachdruck, »denn alles untersteht dem ersten Mönch.«

Die Nonne war natürlich auf mein Kommen vorbereitet und hatte ihre Anweisungen erhalten. Sie hatte uns am Eingang mit der gebotenen Freundlichkeit begrüßt und mir die Haupträume gezeigt, die schließlich auf eine enorm große Küche mündeten. Links von der Küche war ein kleiner Eßraum und rechts ging es zum Waschraum, von dem man weiter ins Bad gelangte. Hinter der Küche, durch einen kleinen Durchgang erreichbar, lagen nebeneinander vier Toiletten.

Es war einfach alles da. Es fehlte nichts. Man sah auf den ersten Blick, daß hier eine Frau den Innenarchitekten gespielt hatte.

Zum Oberstock führte eine Treppe, die man nicht in unserem Sinne als »Treppe« bezeichnen konnte; sie war vielmehr eine steile Leiter, die nur den einen Vorteil hatte, fest angebracht zu sein. Sonst aber war sie lebensgefährlich.

Hier oben sollte ich mir aussuchen, wo ich wohnen wollte. Es gab zwei nebeneinanderliegende riesige Räume, die für Massen-Nonnen-Quartiere gedacht waren, kahl, der nackte Holzfußboden ohne *tatami*, keine Wandschränke und die die ganze Front einnehmenden Fenster (das Haus hatte richtige Glasfenster, nicht die üblichen aus festem, auswechselbarem Papier) ebenfalls nackt. Sie hatten nicht die Verdunkelungsmöglichkeit, die die untere Etage durch ineinanderschiebbare, etwa 3 cm dicke Holzwände besaß, die an Fenstern und Türen angebracht, das Haus mit Anbruch der Dunkelheit hermetisch abschlossen, Schutz gegen Eindringlinge und Sturm boten und auch nächtliche Dunkelheit garantierten.

Hier war also nichts. Erschüttert setzte ich mich auf die Matratze, die wir irgendwohin gelegt hatten und die natürlich keine Federkernmatratze für ein richtiges Bett, sondern nur eine hübsch bezogene Auflage für den mit *tatami* ausgelegten Fußboden, auf dem man schlief, darstellte. Auf dem nackten Holz schlief selbst der ärmste Japaner nicht...

Inzwischen war es Abend geworden. Nach der Reise, dem Einkaufsnachmittag, noch nicht erholt von dem verheerenden Moskau-Tokyo-Flug und von dem, was mich hier erwartet hatte, zutiefst enttäuscht, war ich so übermüdet, daß ich nicht mehr die Kraft zum Verzweifeln aufbrachte. Morgen, dachte ich, morgen werde ich dunkle Vorhänge kaufen. Jetzt muß ich erst einmal so gut oder so schlecht es geht ausruhen und zu schlafen versuchen.

Damit war es dann nichts. Nicht allein wegen des harten Lagers! Ich dachte wehmütig daran zurück, daß ich, als ich vor vier Jahren im Haupttempel lebte, den Boden, auf dem ich lag, wenigstens mit *tatami* ausgeschlagen hatte, und so war es, auch dank des kostbaren Bettzeugs das mir Madame M. geliehen hatte, einigermaßen erträglich. Hier lag ich, nur durch eine dünne Matratze von ihm getrennt, auf dem nackten Fußboden. Nach einer Weile, als die Gliederschmerzen überhand nahmen, versuchte ich, sie mit einem deutschen Mittel zu beruhigen, aber während ich noch die Wirkung abwartete, begann ein geradezu infernalischer Lärm: Der Chor der Hunde!

Der kleine Tempel, in dem ich von nun an wohnen sollte, war rings von schmalen Gäßchen, Häuschen an Häuschen geklebt, umgeben, ein richtiges Quadrat und wenn der Lärm losging, war nach keiner Richtung hin eine Fluchtmöglichkeit vorhanden. Es war regelmäßig so, daß gegen elf Uhr nachts ein junger Hund in den höchsten Tönen zu weinen anfing. Das war das Signal für die

Meute der uns einrahmenden, vier Gäßchen. Sie feuerten sich gegenseitig immer wieder an und steigerten ihr Heulen und kreischendes Bellen ohne Unterlaß und ohne Pause bis zum hellen Morgen. Ohropax in den Ohren – hier blieb es wirkungslos. Für europäische Länder wäre ein derartiger »ruhestörender Lärm« strafbar und die Polizei würde auf der Stelle eingreifen. Hier aber gehörte es zum Selbstverständlichen und die Bewohner waren deshalb nicht gestört, weil sie von je an diese nächtlichen Orgien gewöhnt waren und weil sie außerdem nachts die starken Holzaußenwände ineinanderschoben. Da konnte kaum ein Geräusch durchdringen. Am Tage lagen die Hunde dann vor ihren Heimstätten in der Sonne und schliefen, durch nichts zu stören – was ihnen nach ihrer aufreibenden nächtlichen Tätigkeit auch nicht zu verdenken war –, so daß sie für die nächste Nacht wieder munter sein konnten.

Das war mein Beginn.

Zehn entsetzliche Tage folgten, mit einem körperlichen Zusammenbruch nach dem anderen, die ich nur in Stichworten schildern möchte, weil das nochmalige Durchleben dieser Zeit beim Niederschreiben mich so peinigt, daß ich schon nach wenigen Zeilen den Stift niederlegen muß.

Es blieb nicht aus, daß ich mich in jenen Tagen verzweifelt immer wieder fragte, ob ich denn wahnsinnig gewesen sei, wieder alles verfügbare Geld zu nehmen und es zum zweiten Male, gerade in dem Augenblick, wo ich in der Heimat etwas behaglicher und sorgloser hätte leben können, für eine geistige Idee zu opfern. Denn: Von einem auch nur spärlichen Ansatz zur Verwirklichung dieser Idee oder dieser Hoffnung war nicht das geringste zu merken. Auch der katastrophale Wohnzustand blieb unverändert. Nach drei Nächten ohne Schlaf, am Tage ohne warme Mahlzeit, denn die Nonne war ohne jede Ankündigung verreist – sie war einfach weg –, von offensichtlicher Feindschaft umgeben, verließen mich die Kräfte. In meinem Tagebuch steht nur: »Bin ein Wrack. Bei Sakamoto san verzweifelt geweint.«

Weinen war nie meine Sache. Die Bemerkung zeigt, daß meine Nervenkraft aufgezehrt war.

Der Sekretär horchte jedoch erstaunt auf, als ich ihm von einer Entdeckung erzählte, die ich zwangsläufig hatte machen müssen und ging daraufhin sofort mit mir zum ersten Mönch des Semesters, der mich von meinem Aufenthalt im Tempel vor vier Jahren genau kannte, um ihm meine Beschwerden vorzutragen. Es handelte sich um folgendes: Morgens um halb sechs, abends und zwischendurch, ging ein weibliches Wesen, das keine Nonne war, durch meine Niederlassung und verschwand hinter einer Tapetentür. Nun war mir vom Rôshi ein abgeschlossenes Zimmer zugesichert worden – aber ich befand mich, wie sich herausstellte, in einem offenen Durchgangsraum, in dem ich von jedermann, wann es beliebte, gestört werden konnte. Da in einem Tempel alle Räume jedermann zugänglich sein müssen, so sah ich mir das von meinem Raum abgehende Zimmer an, das als einziges im Haus keine Schiebewand sondern eine kleine, feste Tür hatte – und war sprachlos. Dieses Zimmer war, wie ich feststellte, das einzige, das beim Bau im Oberstock fertig geworden war. Es war mit *tatami* ausgelegt und mit Wandschränken ausgestattet. Außerdem lag es isoliert und sein Fenster war mit den vorher erwähnten Holzschiebewänden versehen. Gegen den nächtlichen Lärm war es fast vollständig abgeschirmt, denn links nebenan zur Straße war ein unbenutzter Gebetsraum, rechts waren die Wandschränke, die dritte Seite hatte das verschließbare Fenster und die vierte war durch die offenen Räume, in denen ich kampierte, abgeschirmt.

Warum war dieses Zimmer dem Sekretär und mir nicht gezeigt worden? Und wer war es, der hier wohnte und keine Nonne war?

Es war die Schwester der Nonne, die die Hüterin dieses Hauses war, ein junges Mädchen von etwa 25 Jahren, das nichts mit dem Zen-Buddhismus zu tun hatte, sondern in Osaka in einem Büro arbeitete und von ihrer, viel älteren Schwester hier einquartiert worden war.

Es kam heraus, daß niemand etwas davon wußte, die Nonne hatte den Rôshi vor längerer Zeit nur gefragt, ob ihre Schwester einmal über ein Wochenende bei ihr übernachten dürfe, was gestattet wurde. Daß sie von jenem Tage an dort fest wohnte, kam nun durch die unliebsame Einquartierung von Ital san heraus.

Der Sekretär berichtete es dem darüber sehr unwilligen Rôshi, die Nonne wurde zum ersten Mönch zitiert, sie wurde böse und revoltierte, aber es nutzte nichts, denn sie war im Unrecht. Immerhin dauerte es noch eine Woche, ehe der erste Mönch kam, um sich alles anzusehen. Und diese Woche wollte gelebt werden.

In meinem Tagebuch steht unter dem 6. 6. 67

»Ich gestehe es mir ununterbrochen. Es ist alles viel, viel schwerer als ich je für möglich gehalten hätte. Die totale Einsamkeit in dem mir feindlich gesinnten Haus, die durch die Umstände bedingte Schlaflosigkeit, die immer noch totale Unordnung – jeden Gegenstand muß ich mir mühselig vom Fußboden zusammensuchen – und das Klima. Dieses feucht-stickig heiße Klima. Gewiß, ich nehme gute Mittel ein, um zu existieren, aber es ist ein Dauerkampf mit dem Körper.

Ich »saß« heute in meinem provisorischen »Obdach« stundenlang meditierend und senkte die mich ununterbrochen beschäftigende Frage tief in mich hinein: »War es – trotz allem – der Wille Gottes, der mich hierher geführt hat?« Nach einer langen Zeit ging ich, ohne dessen bewußt zu werden, in Samadhi ein und innerhalb dieses Samadhi kam plötzlich, wie ein Schrei aus mir aufsteigend, die Antwort: »Ja!«

Das ist jetzt mein einziger Trost.

Es hatten sich nämlich weitere Widerstände gegen mich aufgetan, mit denen überhaupt nicht zu rechnen war und die mich zusätzlich zu allem vorher geschilderten fast zur Strecke gebracht hätten.

Der erste Mönch – die Leser meines vorigen Buches werden sich vielleicht daran erinnern, daß es im Zen-Buddhistischen Tempelkloster ein Sommer- und ein Wintersemester gibt und daß jeweilig ein anderer erster Mönch ernannt wird, dessen Anordnungen alles untersteht. Dieser jetzige erste Mönch nun spielte seine Macht aus und untersagte mir, beim *zazen* zusammen mit den Mönchen im *zendô* zu sitzen, ich hätte im *hondô zazen* zu üben. Und *sanzen* beim Rôshi sei ausgeschlossen. Das war nun der vollkommenste und entscheidende Schlag – denn einzig wegen dieser geheimen Zwiesprache mit dem Rôshi war ich noch einmal nach Japan gekommen.

Der *hondô* ist der große Andachtsraum im Tempel. Hier finden morgens von 4–5 Uhr die vom Rôshi geleiteten Andachten für die Mönche statt, außerdem die großen Feste und Feiern und die Laienanhänger des Rôshi, die an den allmonatlichen großen *zazen* teilnehmen wollen, dürfen hier abends von 6–9 »sitzen«.

Der *zendô* jedoch ist ausschließlich für das *zazen* der Mönche bestimmt, liegt abseits vom Haupttempel und gilt, mit einem Wort, für tabu.

Nun hatte ich vor vier Jahren, auf den ausdrücklichen Wunsch des Rôshi, hier als einziges weibliches Wesen regelmäßig mit den Mönchen beim *zazen* gesessen, was dem jetzigen ersten Mönch genau bekannt war. Der Höhepunkt seiner unverständlichen Order aber war, daß er mir auf meine bestürzte Frage, ob ich dann vom *hondô* aus zum *sanzen* würde gehen können, jedes weitere Wort mit einem »ausgeschlossen!« abschnitt.

Ebensogut hätte er mir mit einer Keule auf den Kopf schlagen können, denn so war die Wirkung seiner Worte, gegen die es keinen Widerspruch gab.

Das also war das Ergebnis meiner – im Vertrauen auf den Rôshi – gestarteten Weltreise!

Noch heute wundere ich mich beim Niederschreiben, daß ich als körperlich und seelisch Zusammengeschlagene durchgehalten habe, aber am Abend saß ich, mutterseelenallein, von 6–9 im dunklen *hondô* beim *zazen*.

Vorher hatte ich hin und her überlegt, aber ich sah ein, ich hatte keine Wahl – ich mußte zum Rôshi, so hart es mir war, ihn mit meinen Angelegenheiten zu belästigen. Aber nur er konnte jetzt helfen. Sein erster aufwartender Mönch, einer der sehr lieben Mönche, mit denen ich vor vier Jahren herzlich ausgekommen war, Nan san (früher Hô san), richtete es so ein, daß ich schon am nächsten Morgen um acht Uhr kommen durfte. Über diese Unterredung beginnt der Bericht in meinem Tagebuch mit den Worten:

»Der Rôshi war entsetzlich müde, sah elendiglich aus und es schnitt mir ins Herz, ihn so zu sehen. Zu mir aber war er sehr lieb – wahrscheinlich wußte er alles schon durch seinen Sekretär – und sagte sofort, daß ich von nun an im *zendô* zum *zazen* sitzen würde und daß ich noch am heutigen Abend zu ihm zum *sanzen* kommen dürfe. Als ich von ihm ging, war ich zum ersten Male wieder froh.«

Selbstverständlich hielt ich es für meine Pflicht den ersten Mönch über den Beschluß des Rôshi zu unterrichten und eilte zu ihm. Woraufhin er mir, noch bevor ich ausgeredet hatte, ein »No!« entgegendonnerte. Fassungslos darüber, daß der Mönch es wagen konnte, dem Wunsch des Rôshi zu trotzen, kehrte ich auf der Stelle zum Rôshi zurück und da er mich nun nicht mehr empfangen konnte, sagte ich Nan san Bescheid, der daraufhin sofort zum Rôshi hineinging. Als er zurückkam, blinzelte er mir vergnügt zu und verkündete: »Rôshi wird mit Shika san (der erste Mönch) sprechen.«

Nach einem bang verbrachten Tag, an dem ich aber wenigstens in die City gefahren war, um mich mit der ersten warmen Mahlzeit seit Moskau für das Kommende zu stärken, suchte ich um fünf Uhr nachmittags Sakamoto san auf und bat ihn, mit mir zum ersten Mönch zu gehen, um zu dolmetschen, weil mein Japanisch für Auseinandersetzungen absolut unzureichend war. Schließlich mußte ich ja nun wissen, was über mich beschlossen worden war.

Shika san (so wurde der erste Mönch genannt) war sehr ungnädig. »Sie können also im *zendô* mit den Mönchen beim *zazen* sitzen. *sanzen* beim Rôshi ist ausgeschlossen.«

»Aber der Rôshi hat es mir doch selbst gestattet« erwiderte ich bestürzt.

»Der Rôshi hat gar nichts zu bestimmen«, konterte er gereizt. »Als ich vor Jahren hier als Mönch um Aufnahme bat, da mußte ich vier Tage und Nächte, ohne Essen und Trinken, niedergebeugt vor den Eingangsstufen ausharren, ehe mir der Eintritt gestattet wurde.«

»Ich weiß«, sagte ich. »Das ist die Mönchs-Regel. Aber da ich bereits vor vier Jahren, wie Sie genau wissen, an jedem Rôshi-*sanzen* teilgenommen habe, so beweist dies, daß ich in die Gemeinschaft aufgenommen war. Niemals wäre ich von Deutschland nach Japan zurückgekommen, wenn ich nicht die Zusicherung für meine Zulassung hier vom Rôshi selbst bekommen hätte.« Ich zeigte ihm zwei Schriftstücke, die ich vorsorglich mitgenommen hatte. Er sah gar nicht hin.

»Was Ihnen der Rôshi schreibt, geht mich nichts an. Vielleicht gibt er Ihnen einmal ein Privat-*sanzen*. Zum *sanzen* mit den Mönchen kommen Sie nicht.«

Niedergeschmettert sah ich den Sekretär an, als der Mönch uns verlassen hatte.

»Ich bin fassungslos«, sagte ich. »Wie kann er sich erlauben, dem Wort des Rôshi entgegenzuhandeln? Wie kann er behaupten: Der Rôshi hat überhaupt nichts zu sagen?«

Die Erklärung, die er mir nun gab, war für mich so neu, so unbegreiflich, daß sie gleich einem Schock wirkte.

»Shika san hat recht«, sagte er.« Der Rôshi hat wirklich nichts zu sagen. Alle Gewalt über die Angelegenheiten des Tempels und der Mönche liegt in den Händen des jeweiligen ersten Mönches. Der Rôshi schwebt nur sozusagen über allem, er ist lediglich das geistige Prinzip, das Buddha-Sein.«

»Dann hat also die Nonne nicht Unrecht gehabt«, sagte ich erschüttert, »als sie, nachdem ich ihr höflich die Unmöglichkeit vorgestellt hatte, weiter so zu kampieren wie bisher und ihr zu verstehen gab, daß mir der Rôshi einen eigenen Raum zugesagt habe, mir höhnisch erwiderte: Der Rôshi hat überhaupt nichts zu sagen – was ich für eine unerhörte Anmaßung und Unverschämtheit gehalten hatte.«

»Das ist es auch«, sagte Sakamoto san und verabschiedete sich.

Um $^3/_4$ sechs kam ich mit meinen Kissen zum *zendô* und bekam meinen Platz angewiesen. Ich wußte, daß ich beobachtet würde, um wieder hinausgeworfen zu werden, falls an meinem Sitz – ich saß im *hanka* – etwas auszusetzen wäre. Davor war mir nun nicht bange, denn ich »saß« wie eine Kerze und besser als viele der jungen Mönche. Als nach $1^1/_2$ Stunden das Glöckchen des Rôshi zum *sanzen* rief, stürzten alle Mönche hinaus, um im Wandelgang, im Suwari hockend, zu warten, bis ein jeder von ihnen an die Reihe kam. Ich blieb als Einzige im leeren *zendô* zurück und meditierte weiter.

Nachdem dann nach und nach alle Mönche wieder zurückgekommen waren und ihren Sitz eingenommen hatten – die Zeit variierte, manchmal dauerte das *sanzen* nur eine gute halbe Stunde, manchmal mehr als 45 Minuten –, kam das Zeichen für eine Pause, während der wir alle viele Male mit schnellen Schritten außen um die *zendô*-Halle herumlaufen mußten, damit die Glieder wieder in Bewegung kamen. In anderen Tempeln wird langsamer, in wieder anderen wie im Zeitlupentempo gegangen; das sind Unterschiede, die nicht ins Gewicht fallen.

Sobald auf den Gong geschlagen wird, der neben einer der beiden großen, nach Osten und Westen gelegenen Eingangstore angebracht ist, eilt alles, so rasch wie möglich, in die Halle zurück, schwingt sich auf die über einen halben Meter hohe Sitzgalerie, die an beiden Längsseiten des *zendô* entlangführt und setzt sich zurecht. Alles muß in Sekundenschnelle geschehen, denn dann klingt das Glöckchen bereits zum Wiederbeginn des *zazen* und ein nicht rechtzeitiges Fertigsein wird sofort geahndet. Der für die *zendô*-Disziplin verantwortliche Mönch, der am Kopfende den ersten Platz auf der Sitzgalerie innehat, ist natürlich immer gleich fertig. Für den Letzten jedoch, der das Ende bildet, also für mich, sind es jedesmal aufregende Sekunden.

An diesem, meinem ersten *zazen* im *zendô* erlebte ich in der letzten Stunde etwas, was mir in den acht Monaten meines Aufenthaltes vor vier Jahren noch nie geschehen war: ich wurde geschlagen.

Hierzu muß erklärend etwas gesagt werden. Warum wird überhaupt geschlagen? *) Ein großer chinesischer Zen-Meister, in japanischer Lesart Rinzai genannt, der 867 starb, war der erste der diese, für alle seine Nachfolger zum Ritus gewordene Sitte – man darf wohl sagen, aus Liebe zu den ihm anvertrauten Mönchen – eingeführt hatte, damit sie, wenn sie während des *zazen* hinzudämmern begannen oder gar einschlummerten, hart geweckt und zu ihrer Aufgabe zurückgeführt werden sollten.

Strafe und Hilfe waren bei jedem Schlag als absolute Einheit gedacht und bis zum heutigen Tage werden sie von den Mönchen und Laien ohne Murren dankbar respektiert. Es ist also, mit einem Wort, ein Schlagen aus Güte, nicht aus Willkür.

Ich aber hatte weder »gedöst« noch war ich am einschlafen. Ich saß, im Gegenteil, vollbewußt und regungslos. Dennoch hielt der Mönch, der nur in der letzten Stunde, nachdem das *sanzen* beim Rôshi vorüber war, die Runde mit dem langen, vorn abgeplatteten Schlagstock machte und schon mehrere Mönche geschlagen hatte, plötzlich vor mir und verneigte sich. Tödlich erschrocken, denn ich wußte, was mich erwartete, verneigte ich mich ebenfalls tief vor dem vor mir Stehenden und verharrte in dieser Stellung. Es folgte, dem Ritual gemäß, zuerst auf jede Schulter je ein leichter Schlag. Dann trat er zurück, holte aus und schlug zu: Auf jede Schulter dreimal. Der letzte siebente Schlag sauste dann mit voller Wucht in die Rückenmitte. Darauf verneigte er sich wieder und ich richtete mich auf. Dabei muß ich ihn wohl so verständnislos angeschaut haben, daß er mit dem Stab auf den Fußboden wies, wo meine Strohsandalen standen. Die rechte hatte sich etwas verschoben...

---

*) Ital: a. a. O. S. 66/67 u. ff. S. 65/66.

Aus einem solchen Grund geschlagen zu werden, war unstatthaft und zeigte, daß die alte, ehrwürdige Ordnung jetzt anscheinend nach Willkür durchbrochen wurde. Es zeigte aber auch, daß mir, dem Eindringling, von Mönchsseite aus nun mit aller Härte begegnet werden sollte, wofür gleich beim ersten *zazen* der Beweis erbracht wurde.

Mit aller Energie mußte ich Tränen, die sich durch die Schmerzen unwillkürlich in die Augen drängen wollten, unterdrücken. Schließlich hatte ich der Hitze wegen, außer einem dünnen Halbkimono und weiten, schwarzseidenen Hosen nichts an – da gab es dann rote Striemen.

Was nun den kleinen Ordnungsfehler mit den Sandalen betrifft, so sieht der Ritus folgendes vor: Barfuß gehen ist Vorschrift. Nur im *zendô*, wo Steinfußboden ist, müssen die *zori* (jap.), aus Stroh geflochtene Sandalen, die nur eine Strohschnur für den großen Zeh haben, der die Sandale hält, getragen und blitzschnell, während man sich auf die über einen halben Meter hohe Sitzgalerie schwingt, abgestreift werden. Dabei dürfen die Füße weder den Steinboden noch das Holz der Sitzgalerie berühren, eine Technik, die geübt sein will. Hinzu kommt, daß man nicht seine eigenen Sandalen haben darf. Zwei Körbe, mit Sandalen gefüllt, stehen vor dem Eingang zum *zendô*, von denen sich jeder ein Paar nehmen muß; wenn die einzelnen Stücke zusammen passen und auch nicht zerrissen sind, dann ist es vorteilhaft. Schlimm ist es aber für jemand, dessen europäische Füße länger geraten sind als die durchweg winzigen japanischen. So hingen also bei mir die Fersen frei und ich konnte mich nur auf den Zehen vorwärts schieben, was außerordentlich hinderlich war. Vor vier Jahren durfte ich meine eigenen Sandalen ungehindert tragen. Jetzt war es anders. Aber nicht nur das.

Das *sanzen**), die Zwiesprache zwischen Meister und Schüler, war mir also, trotz der ausdrücklichen Zusage des Rôshi, verwehrt. Was sollte werden? Wozu war ich überhaupt hier?

Als ich um halb zehn mit schmerzendem Rücken nach Hause wanderte, beschloß ich, noch in der Nacht, an den Rôshi einen Brief zu schreiben. Jetzt verstand ich übrigens, warum Sakamoto san auf einer Taschenlampe bestanden hatte, denn ich mußte erst bergab

---

*) a. a. O. S. 67 u. 161.

und dann nach links mehrere nachtdunkle Gäßchen durchqueren, die natürlich nicht gepflastert waren und deren Wege sich in einem Zustand befanden, der jeder Beschreibung spottete. Allenthalben waren tiefe Löcher im erdigen Boden, Steine wie kleine Felsblöcke lagen umher und, da die Gäßchen kaum zwei Meter breit waren, mußte man sich Schritt für Schritt vorsichtig seinen Weg ertasten, der trotzdem gefährlich blieb. Wenn ich an dem offenen Friedhof zu meiner Rechten endlich vorbei war, atmete ich regelmäßig auf, denn dann hatte ich es bald geschafft. Mit der Zeit hatte ich es im Überwinden der zahllosen Weghindernisse zu einer gewissen Routine gebracht. Ich wußte, wo die großen Löcher und auch wo die Steine lagen. Daß ein Japaner jemals auf die »absurde« Idee kommen könnte, einen Stein aus der Mitte des Weges, mittels Hand oder Fuß, auch nur zur Seite hin zu befördern, das war natürlich undenkbar. Ich konnte mich also darauf verlassen, daß sie noch da lagen, wo sie sich irgendwann durch einen kleinen Erdrutsch niedergelassen hatten.

In der Nacht kauerte ich dann auf meiner Matratze und entwarf den Brief an den Rôshi, den ich auch gleich »ins Reine« schrieb. Der Entwurf in Englisch liegt noch als loses Blatt in meinem Tagebuch und deshalb kann ich ihn ungefähr wortgetreu übersetzen:

Mein hochverehrter Rôshi.

Bitte vergeben Sie, daß mein Schreiben leider einen unwürdigen Eindruck machen wird, aber ich muß das Papier auf den Knien halten, weil ich weder Tisch noch Stuhl habe.

Ich bin tieftraurig, daß ich Sie mit diesem Brief belästigen muß, aber ich bin von Zweifeln derart durcheinandergeschüttelt, wie nie zuvor in meinem Leben. Gestern früh hatten Sie zu mir gesagt: »Selbstverständlich kommen Sie zum *sanzen* zu mir.« Aber der erste Mönch sagte wieder »Nein!«.

Was soll ich davon halten, wenn das Wort eines heiligen Mannes, gleich Ihnen, der allein wissen kann, ob ich wert bin zu ihm zum *sanzen* zu kommen oder nicht, für seinen ersten Mönch nicht als legal gilt?

Zazen kann ich in meiner Heimat ebensogut üben wie in Japan. Aber die heilige Arbeit mit Rôshi M. ist einzigartig und wegen dieser einzigartigen Arbeit bin ich in den Tempel zurückgekehrt.

Sie wissen es. Wem in dieser Welt soll ich noch vertrauen, wenn nicht mehr Ihnen?

Der erste Mönch sagte außerdem: »Hier hat der Rôshi nichts zu sagen. Es mag sein, daß er Ihnen privat ein *sanzen* gewährt – aber keinesfalls zusammen mit den Mönchen.«

Daraufhin muß ich meinerseits fragen: *Warum durfte ich vor vier Jahren sanzen zusammen mit den Mönchen haben?*

Ich bin sicher, daß Sie, mein von mir so tief verehrter Rôshi, verstehen werden, daß ich nicht verstehen kann. Deshalb bittet Sie von ganzem Herzen um Ihre Hilfe Ihre tiefbekümmerte

Schwester Gerta.

Diesen Brief brachte ich am nächsten Morgen Nan san zur Weitergabe. Über den Verlauf dieses Tages steht in meinem Tagebuch nur die Notiz: »Am Zusammenbrechen.«

Eine Viertelstunde vor Beginn des *zazen* saß ich im *zendô;* die Mönche, die in diesem Semester in Klausur lebten, waren schon anwesend. Diejenigen, die den Wirtschaftsdienst hatten, kamen nach und nach, ihre dicke, zusammengefaltete Steppdecke, auf der sie dann »saßen«, auf dem Kopf tragend. So war es von nun an wieder jeden Tag.

Als ein Mönch draußen im Vorhof die herrliche, große Glocke (dabei ein Sutra rezitierend) zu schlagen begann, rückten wir uns, nachdem jeder im Sitzen ein wenig Schulterbewegung oder Kopfdrehen oder dergleichen gemacht hatte, zurecht; denn nun gab es für die nächsten 75 Minuten keine Möglichkeit mehr, die Stellung zu ändern.

Solange der *Jikihitsu* (Sonne in der Halle), der Vorsitzende im *zendô,* noch nicht erschienen ist, bleiben die großen Holztore an beiden Enden der rechteckigen, langgestreckten Halle geschlossen. Der Mönch, der zum *zazen* kommt, darf das Eingangstor links nur so weit auseinanderschieben, daß er gerade eintreten kann und muß es sofort wieder schließen. Dann erst verneigt er sich, geht zu seinem Platz, legt schnell seine Last ab und verneigt sich wieder.

Auf die Sekunde sechs Uhr fliegt das Eingangstor auf und der *Jikihitsu* schreitet mit seinem Begleitmönch schnell an der Front der rechts von ihm auf der Galerie sitzenden Mönche vorbei zu seinem Sitz am Kopfende der Reihe. Sein Begleiter schiebt nun auch das zweite Tor auf, das man passieren muß, um zum *sanzen* zu gehen und das, dem Eingangstor gegenüber, sich am entgegengesetzten Ende der Halle befindet. Von diesem Augenblick an bleiben die Tore bis zum Ende der Sitzung – bei jedem Wetter – geöffnet. Sobald der *Jikihitsu* das Weihrauchstäbchen entzündet und geklingelt hat, darf niemand mehr die Halle betreten oder verlassen.

Es ist merkwürdig, aber Tatsache, daß derjenige der fähig ist wirklich *zazen* zu üben, dabei alles vergißt. Ich würde es nicht sagen, wenn ich es nicht immer wieder an mir selber erfahren hätte, daß sogar das körperliche Elend nach wenigen Minuten nicht mehr existent ist. Meine nicht geringen Sorgen, alles was mich so tief bekümmerte, alles war wie weggewischt. Ich saß in vollkommener innerer Stille und kein Gedanke beschäftigte sich damit, was nun werden würde.

Als die Mönche nach anderthalb Stunden, dem Glöckchen des Rôshi folgend, das sie zum *sanzen* rief, wie zu einem Wettlauf aus der Halle stürzten, blieb ich selbstverständlich gehorsam zurück. Ich war so tief versunken, daß ich nicht merkte wie ein Mönch, der zurückgekehrt war, die Halle durchquerte und vor mir stehen blieb. Erst als er sich verneigte, blickte ich auf. Er wies mit der Hand zum Tor, durch das die Mönche vorher zum *sanzen* geeilt waren.

Es war so weit.

In der, meinem ersten *sanzen* folgenden Nacht lag ich lange wach, denn der Rôshi hatte etwas gefragt, was mich verwirrte.

Nachdem sein Silberglöckchen geläutet hatte und die Antwort vom ersten Mönch, der hinter der großen Glocke saß, die am Ende der Galerie stand, daß der Nächste im Kommen sei, zweimal geschlagen worden war, und ich nun nach vier Jahren zum ersten Male wieder die lange Galerie entlang schritt, die zum *sanzen*-Zimmer führte, befand ich mich, nach den zermürbenden, vorangegangenen Tagen, kaum in einer normalen Verfassung, sondern gleichsam wie in einem körperlich-geistigen Vakuum. Ich hätte auch – stellte ich später fest – ebensogut zu ihm hin schweben können, weil mir jedes Körpergefühl abhanden gekommen war. Den Mönch, der mir, eben vom Rôshi entlassen, im Vorzimmer begegnete, bemerkte ich nicht, wie im Trance ging ich, auf der Schwelle zum *sanzen*-Raum, zu Boden, die Arme weit vorgestreckt und die Handflächen, in der

Haltung des Empfangens nach oben gewendet, stand wieder auf, vollendete das ganze Zeremoniell und kauerte dann vor dem, erhöht auf einem großen Kissen thronenden Rôshi-Buddha im Lotossitz nieder.

Nach einer langen Stille holte der Rôshi Atem und senkte ihn, mit dem mir wohlbekannten Geräusch, tief in sich hinein. Dann erst sprach er – und ich erwachte augenblicklich aus meiner Trance, denn seine Worte versetzten mich in grenzenlose Verwirrung.

Der Rôshi fragte:

»Haben Sie Jôshu's ›Mu‹ ganz – in seiner Totalität – bewältigt und erkannt?«

Diese Frage war für mich deshalb so verwirrend, weil der Rôshi wußte, daß ich das »Mu«, bevor ich zu ihm kam, bei dem Meister O. in Tokyo gearbeitet hatte und daß über den Aufsehen erregenden Abschluß dieser Arbeit (Meister O.: »Sie haben die Buddhaeinheit!«) in der Zen-Fachliteratur berichtet worden war.

Antworten im *sanzen* müssen blitzschnell erfolgen. Glücklicherweise aber wurde ich mir auch blitzschnell darüber bewußt (worüber ich später sehr froh war), daß es im Urgrund, mit dem die Einheit vollzogen werden soll und um die es im Zen i m m e r geht, mögen die Fragen aussehen wie sie wollen, weder »Ja« noch »Nein« gibt.

Ich antwortete darum: »Ich weiß es nicht.« Worauf der Rôshi klingelte.

Also: das »Mu«.

ÄUSSERE UND INNERE VERÄNDERUNGEN IM TEMPEL

Ehe ich aber auf die lange Auseinandersetzung mit diesem Koan zum zweiten Male eingehe, möchte ich über einige äußere Geschehnisse berichten, die einerseits mich, andererseits aber die Situation unseres Tempels betreffen, wie sie sich mir, nach vierjähriger Abwesenheit, nunmehr offenbarte.

Der Erfolg, der meinem Brief an den Rôshi unmittelbar folgte, war, nach der mehrfachen Verkündigung, daß er »nichts zu sagen habe« doch recht überwältigend. Weniger für mich, als für die, die zu herrschen vorgaben. Der Anfang war also, daß ich am selben Abend, nachdem der Rôshi meinen Brief erhalten hatte, zum *sanzen* geholt wurde. Die zweite Überraschung erlebte ich am nächsten Morgen. Der erste Mönch erschien in unserem kleinen Tempel. Das war eine Einmaligkeit. Er begab sich, von der ebenso irritierten, wie devoten Nonne gefolgt, auf der Hühnerleiter in das obere Stockwerk zu mir, um sich ein Bild von meiner »Behausung« zu machen. Das Ergebnis war, daß ich sofort in den einzigen wohnlichen Raum, in dem die Nonne ihre junge Schwester untergebracht hatte, einziehen »mußte«, sozusagen »auf Befehl« – um das Gesicht zu wahren, und daß für meine auf dem Fußboden herumliegenden Sachen in den Wandschränken Platz gemacht werden mußte. »Sie werden einen Stuhl und einen kleinen Schreibtisch bekommen«, verkündete er weiter, »und um Ihre Garderobe aufzuhängen wird eine Stange angebracht werden.« Das war natürlich eine Order vom Rôshi, der aber weiter nicht erwähnt wurde.

Der Shika san war kein sehr angenehmer Mönch. Dennoch kam ich bis zum Semesterende, nachdem wir den Großkampf hinter uns hatten, ganz gut mit ihm aus. Selbstverständlich hatte ich nicht eine Sekunde lang etwa eine Siegermiene zur Schau getragen, sondern ich hatte ihn, betont feierlich, mit einem kleinen Geschenk aufgesucht, um ihm für sein Entgegenkommen zu danken, was er mit großer Genugtuung aufnahm. Sein »Gesicht« war gewahrt.

Die Schwester der Nonne aber, die ja nur deshalb »oben« untergebracht worden war, damit ihre Anwesenheit unbemerkt bleiben sollte, machte durch das Arrangement keinen schlechten Tausch. Sie konnte nun unten wohnen, was viel komfortabler und bequemer war.

Manches wurde erträglicher. Ich konnte meine Sachen einräumen und als auch die Kleiderstange angebracht war, lag nichts mehr herum. In Kauf nehmen mußte ich, daß das Zimmer dunkel war, weil es nur ein kleines Fenster hatte. Ich besorgte mir also eine Art Schreibtischlampe, die neben meinem Lager zu stehen kam. In die Fensternische wurde ein, von meinem alten Mönchs-Freund Katsu san aus zwei Brettern gezimmerter »Schreibtisch« hineingeschoben und einen Stuhl, über den ich nicht wenig staunte, bekam ich aus dem Magazin. Es war nämlich ein moderner Bürostuhl, den vermutlich ein Wohlmeinender dem Tempel irgendwann verehrt hatte und der seitdem gezwungen war, ein unnützes Dasein zu führen.

Das Wichtigste aber blieb, daß ich in diesem Raum gegen die nächtlichen Hundeorgien abgeschirmt war und zum ersten Mal wieder ein paar Stunden schlafen konnte. Ebenso war ich den mannigfachen Geräuschen, die aus den unteren Räumen heraufdrangen, nicht mehr so ausgeliefert wie zuvor.

In einem Tempel soll immer, außer zu der Zeit, wenn Andachten oder Feiern im *hondô* stattfinden, absolute Ruhe herrschen, weil jeder in seiner Zelle allein meditieren muß, sobald das gemeinsame *zazen* vorüber ist. Auch sprechen, soweit es sich nicht auf absolute Notwendigkeiten bezieht, ist verboten. Von diesem Verbot hielt die Nonne, die die Verwalterin des Myokanji war, nichts. Doch auf diese Zustände werde ich später zu sprechen kommen.

Sicherlich war der Rôshi überzeugt gewesen, daß dadurch, daß der Myokanji nicht nur fließendes Wasser, sondern auch einen modernen Waschraum mit einem schönen, großen Waschbecken und anschließendem Baderaum (der von außen geheizt werden mußte) besaß, das tägliche Leben für mich viel leichter als früher sein würde. Das traf natürlich zu. Andererseits aber hätte ich alle diese Vorteile, ohne mich auch nur eine Sekunde lang zu bedenken, hingegeben, wenn ich im Haupttempel in meinem alten Raum und der gleichen Primitivität wie die Mönche, wieder hätte leben dürfen. Aber damit war es für alle Zeit vorbei. Die Ausnahme, daß eine Frau mit den Mönchen zusammen im Tempel hatte leben dürfen, war einmalig gewesen. Ital san war unwiederholbar – das wurde mir dutzendmale versichert. Allerdings: Wäre der Gedächtnistempel für Madame M. nicht gebaut worden, dann hätte der Rôshi sich wohl noch einmal für mich durchgesetzt. Nun war kein Grund mehr vorhanden.

Ich muß gestehen, daß ich den Schock, nicht mehr in »meinem« Tempel zu Hause zu sein – obwohl der Myokanji zum Haupttempel gehörte – bis zum letzten Tage meines Aufenthaltes nicht überwunden habe. Aber da der Myokanji abseits lag, war er ohne Aufsicht und zu einer Privatvilla der für ihn eingesetzten Nonne geworden. In einer Tagebuchnotiz – einen Tag nach dem Besuch von Shika san – steht nur: »Das Leben im Hause unerträglich.«

Die Nonne rächte sich ohne Unterlaß dafür, daß ich vorhanden war, und ihr Leben beobachten konnte und zwar nicht nur durch persönliche Unfreundlichkeit, sondern auch durch gezielte Taten. In den ersten vierzehn Tagen war einfach alles zusammengekommen: kein Wohnraum, die Auseinandersetzungen mit dem ersten Mönch, kein *sanzen,* keine Nachtruhe, das schlimme Klima, keine Nahrung außer meinem Frühstück und die allgemeine grenzenlose Enttäuschung – der Zusammenbruch, der schließlich kam, war kein Wunder.

Die Nonne bekam vom Tempel das Geld für den Unterhalt der Insassen des Myokanji. Daß ich mein Frühstück selber bereiten durfte wie vor vier Jahren, war ihr bekannt. Die beiden anderen Reis-Mahlzeiten mußten, nach der Ordnung, gemeinsam eingenommen werden. Um es kurz zu machen: Sie gab mir nichts zu essen. Glücklicherweise hatten wir drei freie *zazen*-Tage und ich konnte in die Stadt fahren, um zu essen. Allerdings auch das nur mit letzter Anstrengung, weil ich keine Kraft mehr hatte. Aber was sollte geschehen, denn freie Tage gab es nur einmal im Monat? Ehe ich darüber einen Entschluß fassen konnte, hatte die Nonne, während der Rôshi drei Tage in Kyoto im Myoshinji weilte, eine neue Attacke gestartet, die »ins Schwarze« traf.

Unten, in einem der großen fünf Räume (außer dem Altarraum) hatte sie eine junge Nonne aus einer anderen Stadt, die durch einen monatelang zurückliegenden Autounfall eine schwere Kopfverletzung mit Gehirntrübung erlitten hatte, für eine Zeitlang aufnehmen müssen, damit sie weiter behandelt werden konnte. Das arme Ding litt an fürchterlichen Kopfschmerzen, stand unter schweren Narkotika und jammerte Tag und Nacht. Da sie aber nicht auf der Seite untergebracht war, wo die Privaträume der Nonne waren, so störte sie diese nicht, es sei denn, die Nonne befand sich in der Küche.

Am zweiten freien *zazen*-Tage hatte ich eine Einladung von dem Direktor der Universitätsklinik, Professor Dr. Imachi, einem guten, alten Bekannten zum Abendessen angenommen und der Nonne selbstverständlich Bescheid gesagt, daß ich etwas später nach Hause kommen würde.

Als ich gegen zehn Uhr zurückkam, mein Zimmer betrat und noch ein bis zwei Stunden *zazen* machen wollte, da dachte ich zuerst, daß ich, nach all den durchlittenen Qualen nun wirklich nicht mehr alle fünf Sinne beisammen haben könne, denn in meinem Zimmer stöhnte etwas. Ich schaute mich um. Niemand war da. Aber es stöhnte. Plötzlich kam mir ein Gedanke. Ich schob die Papierwand zu dem kleinen Andachtsraum, der keinen eigenen Eingang hatte und nur durch mein Zimmer zu erreichen war, auf und – siehe da: Die kleine, kranke Nonne war bei mir einquartiert worden.

Das war nun wirklich, einen Tag nachdem ich mein Zimmer bezogen hatte, ein gezielter Schlag. Er bedeutete, daß ich von nun an Tag und Nacht keine ruhige Minute mehr haben, daß ich keinen Schlaf und keine Möglichkeit zum *zazen* mehr finden würde.

»Kein Schlaf. Kein *zazen*. Erwäge ununterbrochen nach Hause zurückzukehren.« Das ist die Tagebuchnotiz am 14. Tag nach meiner Ankunft im Tempel. Was hinter diesen wenigen Worten an körperlicher Erschöpfung und seelischen Zusammenbrüchen verborgen blieb, das will ich nicht weiter ausführen.

Mir blieb nichts anderes übrig, als mich wieder an den Sekretär zu wenden. Zunächst bat ich darum, für mich die Erlaubnis zu erwirken, daß ich mir in der Küche vom Myokanji mein Essen selbst bereiten dürfe, da ich dort bei den Mahlzeiten ausgespart würde. Weiter berichtet mein Tagebuch darüber:

»Ich schilderte ihm die neuen Schwierigkeiten und vertrat die Ansicht, daß in einem Haus, in dem fast alle Zimmer leer standen, das meine doch nur aus einem unfreundlichen Grund – entgegen Rôshis Versprechen – doppelt besetzt wurde. Wenn ich weiter in solcher dauernden Bedrängnis leben müsse und der Rôshi keine Macht habe den Zustand zu ändern – wie mir die Nonne unzweideutig zu verstehen gegeben hatte –, dann würde ich es vorziehen, nach Deutschland zurückzukehren.

Wahrscheinlich hat S. dem Rôshi diesen Brief – denn er hatte gebeten, daß ich alles aufschreiben möge – heute früh gezeigt. Es geschah ein Wunder. Ohne daß ein Wort gesprochen wurde, verschwand die junge Kranke aus meinem Nebenraum und ist nun wieder dort, wo sie von Anfang an war. Ich bin wie erlöst.

Dem Rôshi ließ ich Rosen bringen.«

»Du kannst nicht zweimal in denselben Fluß steigen«, dieses Wort des großen Heraklit das sich, vom ersten Tage meines Hierseins an, erst zaghaft – und etwas unwillig zur Seite geschoben –, dann immer vernehmlicher und schließlich mit derart unüberhörbarer Heftigkeit in meinem Inneren gemeldet hatte, zwang mich endlich zur Stellungnahme. Ich mußte mich, wollte ich über mich und über den Fluß, in den ich zum zweiten Male gestiegen war, Klarheit erlangen, mit dem Wort innerlich auseinandersetzen, um den Fluß und mich – beide gewandelt – entweder so, wie wir jetzt waren, in eine einigermaßen annehmbare Harmonie zu bringen oder – auszusteigen.

Meine eigene Wandlung, den Tempel betreffend, war schnell zu umreißen: Ich kam nicht mehr als Neuling, sondern als Wissende. Wissend um den Tempel und um alles, was mit ihm zusammenhing, wissend um den Rôshi, wissend um Zen und sein Erleuchtungsziel, wissend um die eigene innere Gleichberechtigung.

Nichtwissend, wenigstens vorläufig, warum ich zum zweiten Male hier war. Wobei die Liebe zum Rôshi als emotionelle Kraft ausgeklammert werden mußte.

Gewiß, ich hatte mir sehnlichst gewünscht, wieder in der strengen Abgeschlossenheit und Disziplin des Klosters zu leben, um in diesem »Abseits von der Welt« mit den Aufgaben, die man mir geben würde, erneut in die letzte Wahrheit einzudringen. In diesem Bestreben wußte ich mich eins mit dem Rôshi. »Ich kehre in meine zweite Heimat zurück« hatte ich ihm geschrieben, und das war das beherrschende Gefühl geblieben solange – bis ich da war.

Was aber hatte sich hier derart verwandelt, daß mich dieses Fremdsein vom ersten Tage an auf Schritt und Tritt verfolgte? Die Atmosphäre war eine andere geworden!

Ich hatte im Voraus gewußt, daß mir Frau M. unendlich fehlen würde, daß aber ihr Scheiden eine derart eminent spürbare Veränderung innerhalb der Tempelgemeinschaft hinterlassen würde, das hatte ich in solchem Umfange doch nicht für möglich gehalten, und ich muß gestehen, daß mich dieses Phänomen bis zum heutigen Tage beschäftigt.

»Man nannte sie die Herrin des Tempels«, hatte ich vor vier Jahren geschrieben – und mit ihrem endgültigen Abschied war das »weibliche Prinzip«, das das Dasein mit Wärme, Heiterkeit und Freude erfüllt, aus seinen Hallen gewichen. Es herrschte eine frostige Atmosphäre, die sogar manchmal etwas von routinierter Gleichgültigkeit an sich hatte. Möglicherweise war von manchen der älteren Mönche die selbstverständliche Zugehörigkeit von Frau M. zum Tempel schon immer mit Mißfallen beobachtet worden, von Mönchen also, die das weibliche Geschlecht aus Tradition nur als das »dienende« anzuerkennen gewillt waren und die sie nur deshalb tolerierten, weil es für jeden von ihnen von großem Nutzen war. Hier hatte sich überhaupt in der ganzen Struktur etwas geändert, die sich, versteckt, auch gegen den Rôshi richtete.

Aber sogar der Rôshi selbst war verändert und nicht nur äußerlich durch den Bodhidharma-Bart. Er war müde geworden. Seine wunderbare, von innen strahlende Heiterkeit, die ihn so jung hatte erscheinen lassen, hatte er wohl beim Miterleben des entsetzlichen Leidens und Sterbens der einmaligen Frau und Freundin des Tempels, mit ihr zusammen zu Grabe getragen. Das Menschliche in ihm war gebrochen. Für alle diejenigen, die vermeinen, daß das unabdingbare Auslöschen der »Persönlichkeit« innerhalb der Zen-Praxis den Menschen nicht mehr »menschlich« sein läßt, mag an diesem erschütternden Beispiel klar werden, daß nichts verlorengeht, was zum wahren Wesen des Menschen gehört, auch nicht die Leidensfähigkeit. Es wird transzendiert, es wird allumfassend, und das wahre Wesen des Rôshi war: allumfassende Liebe. Das kann auf unserem Stern nicht gut gehen und der Rôshi ist dafür nicht das erste Beispiel. Ich habe während der Monate, in denen ich wieder in seiner Nähe weilte, unaufhörlich miterleben müssen wie Unverständnis – um mich milde auszudrücken – ihm immer neue Wunden geschlagen hat, und wie Egozentrik seine unbeschreibliche Güte, die dem anderen nie ein Arg zutraute, auf das Gewissenloseste auszunützen verstand.

Hinzu kamen nach dem Tode von Frau M. die Sorgen. Es war unfaßlich, aber Tatsache: Für den, solange sie lebte, von ihr so reich bedachten Tempel, war kein Vermächtnis vorhanden. Es war überhaupt kein Testament gefunden worden. Vielleicht war es irgendwie abhanden gekommen, denn sie hatte ja über ein halbes Jahr im Krankenhaus gelegen...

Wir alle hatten immer als selbstverständlich angenommen, daß nicht nur ihr herrlicher Besitz, nahe bei Kobe, eines Tages dem Tempel gehören würde, sondern daß weiterhin für seinen Unterhalt durch testamentarische Verfügung gesorgt sein würde. Daß von der sonst so umsichtigen Frau M. auch nicht eine Zeile, ihren Nachlaß betreffend, hinterlassen worden ist, erscheint unwahrscheinlich. Aber die Tatsache mußte, so unglaubhaft sie für alle Beteiligten auch blieb, akzeptiert und verarbeitet werden.

In meinen langen Gesprächen mit dem Sekretär des Rôshi über diesen, ich möchte fast sagen, schockierenden Fall, habe ich das Wesentliche erfahren können und nach allem, was ich früher von Frau M. selbst mitgeteilt bekommen hatte, konnte mich das Verhalten ihrer rechtlichen Erben kaum mehr überraschen.

Was mir diese beispielhafte Japanerin über ihr Leben selbst erzählt hatte, ist in Kürze folgendes: Sie hatte mir ihrem Mann, der einer der reichsten Schiffsreeder Japans war, in glücklicher, aber kinderloser Ehe gelebt. Aus letzterem Grund hatten sich beide zur Adoption von zwei Kindern entschlossen: Einem Knaben und einem Mädchen, beide noch in so jungem Alter, daß die Eltern wirklich Eltern für sie wurden. Frau M. muß eine wunderbare Mutter gewesen sein, die all ihre große Liebesfähigkeit ihren Kindern schenkte. Der Sohn erhielt eine Erziehung, die ihn auf sein künftiges Erbe vorbereitete und die Tochter wurde in allen berühmten japanischen Künsten ausgebildet. Sie wuchsen in einem reichen, herrlichen Haus als seine einstigen Erben auf.

Es geschah etwas, das, wäre es nicht Berechnung, sondern wahre Liebe gewesen, für die elterliche, jahrzehntelang zurückliegende Tat der Adoption die Krönung hätte sein müssen: Die beiden adoptierten Kinder heirateten einander. Damit blieb der künftige Besitz in einer Hand... Der Sitz des jungen Paares wurde Tokyo, wo der Sohn die Geschäfte leitete. Hauptsitz blieb Kobe, solange der Mann von Frau M. lebte. Als ich im Kloster beim Rôshi im Jahre 1963 war, mußte ihr Gatte vor etwa zwei Jahren gestorben sein. Sein Testament – laut Bericht – setzte seine Frau zur Universalerbin ein, den Sohn zum Leiter der Schiffahrtsgesellschaft. Die Vermutung der dem Hause Nahestehenden ging dahin, daß er seine Frau vor Rücksichtslosigkeiten des Sohnes hatte schützen wollen.

Der Sohn schaltete schnell: Er erklärte, sie seien doch eine Familie, wie könne die Mutter annehmen, daß ihr nicht alle finanzielle Freiheit zustehe, selbst wenn das Vermögen in einer Hand sei, nämlich in der, die damit zu disponieren habe. Frau M., die sich plötzlich von ungewohnter Liebe umgeben sah, gab nach.

Finanziell ging zuerst auch alles so weit gut. Aber die »Liebe« bestand fortan nur noch aus formellen Höflichkeitsakten seitens der Kinder. Einmal im Jahr fuhr Frau M. nach Tokyo, um ihr Enkelkind zu sehen und wohnte – im Hotel. Ich selbst habe den Besuch ihrer Tochter in Kobe erlebt (der keineswegs nur der Mutter galt). Sie wohnte ebenfalls im Hotel und hat Haus und Besitz, in dem sie aufgewachsen war, überhaupt nicht betreten. Ich weiß es, weil ich zu der Zeit ein paar Tage zur Erholung bei Frau M. wohnte, die ihre Tochter zweimal zum Mittagessen im Hotel sah. Was diese mütterliche, mit unvergleichlicher Herzenswärme ausgestattete Frau, die jeden, der ihr näher kommen durfte, in Beglückung versetzte, gelitten haben muß, das ist ein trauriges Kapitel. Sie verbarg ihren tiefen Kummer hinter ihrer Damenhaftigkeit, und der ihr angeborene Humor half als seelischer Schutz.

Ihr Mann war ihren Bestrebungen, den Zen-Buddhismus betreffend, nicht abhold, obwohl er selber, der Geschäftsmann großen Stils, ohne religiöse Neigung war. Er ließ sie gewähren. Nach seinem Tode, nun vollkommen einsam, konnte sie sich der Praxis des Zen ganz widmen und sich damit ihren Lebenswunsch erfüllen, ohne im geringsten dabei zur Sektiererin zu werden.

Sie wurde die große Mäzenin des Tempels und die ergebene Freundin des Rôshi, der in diesen Jahren, dank ihrer steten, selbstverständlichen Hilfestellung, in allen Nöten des Tempels ohne materielle Sorgen seinem schweren Amte vorstehen konnte. Eines dieser glücklichen Jahre durfte ich in seinem Tempel miterleben, und der, durch Ablösung vom Materiellen, jetzt nur seinem geistigen Werk gehörende und dadurch wie in unversehrter Jugend strahlende Rôshi schien die beispiellosen Anstrengungen, die auf ihm lasteten, fast mühelos zu bewältigen. Ich habe ausführlich darüber berichtet.

Wie der Sekretär mir weiter erzählte, waren anscheinend, schon bevor die Krankheit bei Frau M. ausbrach, ihre Bezüge von seiten des Sohnes insofern radikal eingeschränkt worden, als sie kein Verfügungsrecht mehr hatte, größere Summen aus der (Kobener) Firma für ihre wohltätigen Zwecke zu entnehmen. Er setzte diese vielfache Millionärin auf ein Tagesgeld von umgerechnet etwa 105 DM.

Während ihres monatelangen qualvollen Leidens kümmerten Ehepaar Sohn und Tochter sich nur insoweit um die Kranke, als sie sich erkundigten »wie lange es noch dauern könne«. Ungefähr eine Woche vor ihrem Tode kam der Sohn nach Kobe und verkaufte den herrlichen Privatbesitz seiner Mutter eiskalt hinter ihrem Rücken, um allen anderen Möglichkeiten vorzubeugen. »Das war, als sie es von dritter Seite erfuhr, der Todesstoß für sie«, sagte Sakamoto san. Das Adoptivkinder-Ehepaar war nun alleiniger Besitzer von einer der größten Schiffahrtsgesellschaften Japans. Was das heißt, das weiß die Welt.

Als der Sohn, nach Frau M.'s Tode von seiten ihrer Freunde darauf hingewiesen wurde, daß ihr heißester Wunsch die materielle Hilfe für den Tempel gewesen sei, soll er kurz erwidert haben, das sei hinausgeworfenes Geld. »So ist das moderne Japan«, schloß der Sekretär. Aber ich wollte mich nicht zufrieden geben und argumentierte, daß Frau M. ihren »Sohn« hätte kennen müssen und während ihres monatelangen Aufenthaltes im Hospital noch eine Verfügung hätte treffen können. Da sagte er etwas sehr Schönes: »Ihr Geist war nicht mehr an materielle Dinge gebunden.« Das war wahrhaft vornehm gedacht und sicherlich wiederholte er damit die Worte des Rôshi. Aber ein unverstandener Rest blieb, wie ich glaube, für alle.

Als ich mich erkundigte, ob eine Feier für sie im Tempel stattgefunden habe, verneinte er und erläuterte: »Eine Totenfeier kostet viel Geld. Jeder Mönch, der daran teilnimmt, erhält dreißig Mark (etwa 3000 Yen), das sind schon 900 Mark. Hinzu kommen die anderen vorgeschriebenen Unkosten, so daß eine derartige Feier, je nach Ausstattung 1500–2000 DM kostet. Die hatte der Sohn nicht übrig.«

Wie viele dieser einzigartigen Feiern hatte ich 1963 miterlebt, vor allem die für den verstorbenen Mann von Frau M., anläßlich der Wiederkehr seines Todestages. Solche Feiern waren natürlich mit die Basis für den Erhalt des Tempels, und, wie ich jetzt feststellen mußte, wird Frau M. bei vielen solcher Veranstaltungen, die von wohlhabenden Bekannten und Firmen im Tempel gefeiert wurden, mit die Triebkraft gewesen sein, denn jetzt hatten wir, in etwa sieben Monaten nur zwei derartige Veranstaltungen.

Die erste Folge dieser einschneidenden Veränderungen war, daß der Rôshi die ganze Last der materiellen Verpflichtungen nun wieder allein zu tragen hatte. Er mußte also, grob gesagt, viel mehr Geld heranschaffen als vorher – ohne daß irgend eine seiner vielen Aufgaben darüber vernachlässigt werden durfte. Er hatte also die 30 Mönche unseres Tempels und die vom Myoshinji in Kyoto zu erziehen und dort außerdem den großen Festen im Tempel vorzustehen. Hinzu kam, daß er die von ihm, mit Hilfe von Frau M. in Kyoto gegründete Zen-Universität als ihr Präsident und erster Lehrmeister zu leiten hatte. Daneben waren die unzähligen Vorlesungen, auch in den Vorstädten von Kyoto und Kobe, zu bewältigen, deren Zahl er, der Einkünfte wegen, steigern mußte. Um dieser Einkünfte willen hielt er nun auch Vorträge im Radio und im Fernsehen. Wie er es fertig brachte, dieses Arbeitspensum, bei höchstens drei Stunden nächtlicher Ruhe, zu bewältigen, das scheint mir nahezu ein mystisches Geheimnis zu sein. Er mußte überdies noch jedes Jahr ein neues Buch schreiben – wozu er die frühen Morgenstunden nach der Andacht, die von 4–5 Uhr dauerte, benützte, denn bis gegen acht Uhr war er vor Besuchern einigermaßen sicher. Daß dieser Mann, dem keine einzige Minute für ein Eigen-Dasein mehr vergönnt war, verändert sein mußte, das begriff ich, wehen Herzens, sehr bald. Wo sollte dieser erschöpfte Mann noch die Zeit für eine kurze Teestunde hernehmen? Selbst sein früher so selbstverständlich beglückendes Lächeln kostete ihn jetzt Anstrengung.

Und die Mönche? Auch in dieser Gemeinschaft hatte sich vieles, wie ich schon beim ersten Gang durch die vertrauten Stätten des Tempels instinktiv gespürt hatte, und nicht zum besten, geändert.

Das hatte sich vermutlich, nachdem der Tempel wieder arm war, langsam vollzogen; für mich aber, die ich ihn früher erlebt hatte, war der negative Eindruck derart bestürzend, daß ich in diesen so geliebten Hallen nun wirklich wie eine Fremde einherging.

Der Tag und Nacht für den Erhalt dieses Tempels und seiner Mönche über jedes menschliche Maß arbeitende Rôshi war leider zu selten gegenwärtig, weil er den Unterhalt für ihn herbeischaffen mußte. Dadurch hatte sich eine Lockerheit in der mönchischen Disziplin eingeschlichen, die Hand in Hand ging mit einer, wenngleich nur hauchdünn spürbaren Minderung des Respekts dem Rôshi gegenüber. Aussprüche wie: »Der Rôshi hat nichts zu sagen« in der brutalen und anmaßenden Weise vorgebracht wie jetzt, waren früher undenkbar gewesen. Mit am schmerzlichsten aber war für mich das Fehlen der mir liebsten Mönche, von denen nur noch Katsu san und Nan san vorhanden waren. Daß besonders junge Mönche, vielfach sogar auf den Wunsch des Rôshi, zu einem Tempel in einer anderen Stadt übersiedeln, das kommt öfter vor. Es kommt auch vor, daß der Rôshi besonders qualifizierte Mönche aus seiner Schule an einen höheren Posten in befreundete Tempel dirigiert. Aber ein Stamm, der bis zur Meisterschaft erzogen werden soll, der muß bleiben. Und zwei Mönche aus diesem Stamm, auf die ich mich ganz besonders gefreut hatte und die jeglichen Ausfällen gegen mich sofort entgegengetreten wären, sie fehlten. »Vielleicht sind sie nur ein paar Tage im Auftrage des Rôshi unterwegs«, beruhigte ich mich selbst; als ich sie aber beim *zazen* im *zendô* auch nicht entdeckte, ging ich zum Sekretär.

»Wo ist K. san?«, fragte ich ohne Umschweife. »Sie wissen, wie gut ich mit ihm stand, wir hatten Freundschaft geschlossen. Ich hoffe, er ist nur kurze Zeit abwesend? Und wo ist X. san?« Wegen des nun Folgenden verschweige ich den Mönchsnamen des Letztgenannten. X. san – dick und unendlich gutmütig – war viele Jahre im Kloster, gehörte zu den fortgeschrittenen Mönchen und war mir sehr zugetan. Die X. san betreffende Frage beantwortete Sakamoto san zuerst.

»Er gehört nicht mehr zum Tempel«, sagte er hart. »Sie wußten doch auch um seine Freundschaft mit Frau N., nicht wahr?« Allerdings wußte ich darum, denn X. san selbst hatte mich mit dieser jungen, geschiedenen, sehr reizvollen Japanerin bekannt gemacht. Sie hatte ein kleines Töchterchen und, nach ihrer Scheidung von dem ungetreuen Ehemann, hatte sie sich, sehr bewundernswert, aus eigener Kraft – denn in Japan werden keine Alimente gezahlt – ein neues Leben aufgebaut. Sie hatte Schneidern gelernt, beschäftigte auch zwei Angestellte und war in ihrem winzigen, aber durchaus genügenden und mit allem Notwendigen versehenem Häuschen schon ganz unabhängig.

Ich hatte an dieser Freundschaft nichts Unpassendes gefunden, zumal ich nie auf den Gedanken gekommen wäre, diese charmante und kluge Person mit dem recht ungeschlachten und, dank seines Watschelganges, zudem ein wenig lächerlich wirkenden Mönch in engere Beziehungen zu bringen.

»Sie lebten zusammen. Das ging jahrelang, bis irgendeiner der Laienanhänger den Rôshi eines Tages darauf aufmerksam machte. X. san war gerade erster Mönch« fuhr der Sekretär fort, »als der Rôshi, unerwartet von Kyoto heimkehrend, ihn mit Frau N. überraschte. Es gab eine furchtbare Auseinandersetzung und – was ich von diesem Mönch für undenkbar gehalten hätte – X. san revoltierte.«

Beschämendes geschah. Und zwar alles ganz kurz vor meinem Wiedereintreffen im Tempel. Frau N., die den Tempel nicht mehr betreten durfte, siedelte Hals über Kopf nach Okayama über. X. san hatte die Absicht ebendort in einen anderen Tempel einzutreten. In der Zwischenzeit ließ er seiner Wut über den Rôshi ungehinderten und wohl auch ungestraften Lauf, weil er, um in der Öffentlichkeit einen Skandal zu vermeiden, als erster Mönch nicht abgesetzt werden konnte. Ich zitiere den Sekretär:

»Er beschuldigte den Rôshi ein – Propaganda-Rôshi zu sein, der nur noch für seine publicity und seinen persönlichen Ruhm im Radio und Fernsehen sorge und seine Tempelpflichten darüber vernachlässige.«

Daß derartige Reden die pure Bosheit waren, wußte im Grunde jeder Mönch und jeder wußte auch, warum der Rôshi zu diesen lästigen Zugeständnissen gezwungen war: damit s i e sorgenlos ihrem heiligen Streben nachgehen konnten. Dennoch blieben solche, allzuoft wiederholten Aussprüche besonders in Zeiten, wo der Rôshi gezwungen war, tagelang fern zu bleiben, weil sein Lehramt in Kyoto ihn dazu zwang, nicht ganz wirkungslos.

Immerhin geschah dann etwas Unerhörtes, was dazu angetan war, den größten Teil der Mönche zur Besinnung zu bringen. Eines Tages kam X. san nicht von einem Ausgang zurück. Als er auch am nächsten Morgen nicht zurückgekehrt war, wurden Nachforschungen angestellt. Das Ergebnis war: X. san war auf einem von Kobe abgehenden Frachtdampfer nach Amerika gefahren. Das für die Reise notwendige Geld fehlte in der Wirtschaftskasse, die er, als erster Mönch, zu verwalten hatte. Es war einfach unfaßbar. Entgeistert sagte ich: »Aber er spricht doch überhaupt kein Wort Englisch.« »Nein«, antwortete der Sekretär. »Was will er dann in Amerika?« »Das weiß ich nicht.« Ein paar Tage später wußte ich es und konnte es ihm mitteilen. Doch darüber später. Jetzt brannte mir nur eine bange Frage auf dem Herzen. »Und wo ist K. san?«

Doch ehe ich die Antwort wiedergebe, möchte ich etwas über diesen Mönch sagen, der mir wahrhaft nahe stand und der in jeder Beziehung anders war, nicht nur als seine Mönchsbrüder sondern als alle Japaner, die ich kennen gelernt hatte überhaupt. Er hatte – aus meiner Sicht – alle Maße gesprengt. Um beim Äußeren zu beginnen: Er war der schönste japanische Mensch, der mir je begegnete, und dieses Besondere wurde verstärkt oder möglicherweise erst richtig lebendig durch ein Strahlen, das von ihm ausging. Und zu diesem Strahlen aus Naturanlage, möchte ich sagen, gehörte eine Wachheit des Geistes, die unter den 29 anderen Mönchen des Klosters ohne Beispiel war, so daß er wie ein Löwe unter zahmen Lämmern wirkte. Dazu kam ein Temperament ganz und gar unjapanischer Art, das zuweilen zwar über das Ziel hinausschießen konnte, aber, auf den Fehler aufmerksam gemacht, ihn auf der Stelle mit der gleichen Leidenschaftlichkeit die Dinge in Ordnung bringen ließ.

Diesen Mönch hielt ich als einzigen, dank seiner Kraft, seiner Hingerissenheit und Unbedingtheit, mit denen er dem großen Ziele lebte und sich ihm aufopferte, für fähig, dereinst einmal der Nachfolger des Rôshi zu werden.

Nur eine einzige Befürchtung wollte sich nicht ganz verdrängen lassen: Wenn diesen schönen, strahlenden, Lebensfreude verbreitenden Menschen einmal der Blitz der Liebe treffen sollte, würde dann seine geistige Leidenschaft die irdische zu zügeln imstande sein?

Mit kleineren Emotionen wurde er ohne weiteres durch strenges Üben fertig, wie er mir freimütig gestanden hatte. Und da er immerhin bereits 32 Jahre alt war und vor seinem Eintritt ins Kloster genügend Erfahrungen gesammelt hatte, so bereitete sich hier vielleicht wirklich der ganz seltene Fall vor, daß ein zwar von Leben sprühender, aber auf unwiderstehliche Weise vom Geist erfaßter Mensch fähig wurde, die nach außen drängenden Keimkräfte durch das Rad der Entsagung zu winden, zu reinigen und zu läutern, um sie endlich in das Reich des Einen schöpferischen Geist-Seins hinaufzuwandeln.

Auf ihn hatte ich mich, nach dem Rôshi, am meisten gefreut. Vier Jahre waren, im ununterbrochenen geistigen Einsatz, eine lange Zeit, die den schon weit Gereiften zu neuen inneren Erkenntnissen und geistigen Freuden wohl hätten führen können.

»Und wo ist K. san?«

Der Sekretär zögerte mit der Antwort, nachdem er mir die kaum glaubliche Geschichte von der »Flucht« eines in der Zucht des Rôshi seit vielen Jahren bewährten Mönches geschildert hatte. Er spürte wohl die Angst hinter meiner Frage und war außerdem selber nicht frei von Bedrücktheit als er endlich sagte: »K. san ist seit einiger Zeit beurlaubt.«

»Beurlaubt? Was soll das heißen?«

Es war das geschehen, was ich bei diesem inbrünstig das Eine suchenden Mönch im tiefsten Herzen befürchtet hatte. Er war in Liebe »gefallen« und, seinem Wesen entsprechend, so absolut, daß er die Konsequenzen ziehen mußte. Er hatte nichts verheimlicht, er war zum Rôshi gegangen und war von ihm »auf Zeit« dispensiert worden.

Das Problem aber war damit in keiner Weise gelöst, denn der »Mönch« K. san verlangte mit aller Intensität, dem Kloster weiter anzugehören. Genau gesagt: Er wollte das geliebte Mädchen heiraten, aber weiter im Tempel leben und der Schüler des Rôshi bleiben. Eine solche Situation war noch nicht dagewesen. Aber K. san, der jetzt bei seiner Mutter in Gifu lebte und sein Mönchsgewand nicht abgelegt hatte, gab nicht nach. Er wollte es durchsetzen. Immer wieder kam er zum Rôshi, der ihn auch empfing, aber die Unterredungen mußten erfolglos bleiben, weil der Rôshi verpflichtet war, K. san wegen seiner Bitten, weiter im *zendô* mit den Mönchen am *zazen* teilnehmen zu dürfen, an den ersten Mönch zu verweisen. Zur Zeit meines Gespräches mit dem Sekretär war der Stand der Dinge folgender: K. san war von dem ersten Mönch abgewiesen worden. Der Sekretär machte die wütende Antwort, die dieser Shika san auf die von K. san vorgetragene Bitte gab, so dramatisch und lautstark nach, wie sie sich zugetragen hatte.

»Im *zendô* hast du nichts mehr zu suchen. Wenn du am *zazen* teilnehmen willst – dann so wie die Laienanhänger im *hondô*. Aber in Zivilkleidung. In Mönchstracht darfst du den Tempel nicht mehr betreten.«

Solche Worte, die von der Not des anderen nicht das Geringste zu fühlen verrieten, schienen mir von blankem Haß diktiert zu sein, und Sakamoto san bestätigte traurig diese Vermutung. Langjährig verborgener, nie mit der Wurzel ausgerotteter Neid, jetzt konnte er seine häßlichen Blüten treiben. Dem von seiner Höhe Herabgefallenen, aber verzweifelnd Kämpfenden wurde nicht nur ein Fußtritt gegeben, er sollte auch vor aller Welt bloßgestellt werden . . .

Erschüttert ging ich in meine Klause zurück und setzte mich zum *zazen* nieder. Mein Herz war schwer von Trauer und Bedrängnis. Das Unglück war, daß im Tempel seit Jahren Verfehlungen nicht sofort geahndet, sondern untereinander vertuscht worden waren und daß der Rôshi von den Dingen, die gegen die Disziplin waren, nichts erfuhr. Vielleicht wäre alles aufzuhalten gewesen, wenn der Rôshi ständig im Tempel geblieben wäre. Das aber war nach Lage der Dinge nicht möglich und, besonders durch die nach dem Tode von Frau M. veränderte finanzielle Situation, gerieten die Dinge durch die erzwungene noch häufigere Abwesenheit des Rôshi ins Wanken. Aus dem daraus resultierenden schlechten Gewissen entstand Opposition. Die letzten Ereignisse lagen etwa ein bis zwei Monate vor meiner Rückkehr in den Tempel. Jetzt wußte ich, warum ich vom ersten Tage an wie eine Fremde durch die geliebten Stätten geschritten war – der Duft der Heiligkeit war aus ihnen gewichen. Unter der Oberfläche der äußeren Ordnung gärten Zweifel, erhitzten sie die Gemüter zur Stellungnahme für und wider die Vorkommnisse und verdrängten den Geist des Zen.

Es war nicht zum ersten Male, daß sich mir die Frage aufdrängte, ob es nicht gut sein würde, wenn die Mönche, in gewissen Abständen, verpflichtet wären, dem Rôshi mit letzter Aufrichtigkeit über ihre – nennen wir es – »menschliche Verfassung« Bericht zu erstatten. Ich meine jetzt nicht den obligatorischen Beichtgang wie in der katholischen Kirche, sondern die Möglichkeit einer Zwiesprache außerhalb des *sanzen,* die dem Mönch Erleichterung verschaffen und dem Rôshi jeweils die Richtung für die Aufgaben im *sanzen* weisen würde.

Das aber war gegen die überkommene Disziplin des Zen. Vor den Meistern der Vergangenheit gab es überhaupt keine Diskussion über dieses und jenes, es gab nur das, alles in sich selbst einende, die Gegensätze aufhebende Eine. Die alten Meister waren harte Männer, die streng mit ihren Schülern umgingen, weil sie nach ihrem eigenen, unsagbar dornigen und qualvollen Erleuchtungsweg wußten, wie einzig und allein der Kampf bestanden werden konnte. Und aus den überlieferten Berichten wissen wir, daß selbst damals unter hunderten von Mönchen nur einer, höchstens zwei von ihrem Meister als Träger der (kosmischen) Buddhawahrheit anerkannt wurden.

Was damals in Zeiten, wo die Zen-Tempel abseits und in heute unvorstellbarem Frieden ihre Stätte hatten, wo kein Laut, kein »Segen der Zivilisation« ihr *zazen* störte, wo sie durch körperliche Anstrengungen, zu denen oft wochen- und monatelange Fußmärsche auf unebensten Wegen mit nächtlichem Schlaf unter freiem Himmel gehörten, die Männer wie aus Stahl werden ließ und was damals im alten China und später in Japan schon so schwer zu erreichen war, daß ein Gelingen als »Ereignis« galt – wie sollte es unter den heutigen Umständen noch denkbar sein?

Der Zeit-Geist, dessen Name schon von vornherein seine Unbeständigkeit beweist, dieser Un-Geist war gegen den Geist, der die einfache, ungeteilte Wahrheit ist und sonst nichts. Wer abends oder nachts durch die lichterflammenden Städte der Menschen geht, wo Neonleuchten in allen Regenbogenfarben aus der Nacht einen künstlichen Tag manipulieren, der sieht keine Sterne mehr.

Vor diesem »tempogeladenen«, lautstarken, sich nicht nur vordrängenden, sondern alles überwuchernden Zeit-Geist ist keine Zurückgezogenheit mehr denkbar, die auch nur annähernd dem entsprechen könnte, was früher darunter verstanden wurde.

Abgesehen davon kann auch ein früher abgelegener Tempel in Japan heute kaum mehr abgelegen genannt werden und, falls er auch noch als Kulturdenkmal berühmt sein sollte und seine Gärten und Parkanlagen als sehenswert gepriesen werden, wird er zum täglichen Ziel von Reisebussen, die Fremde und Einheimische befördern und, in den Ferien zusätzlich, zum Ziel von Schulbussen.

Auch unser Tempel war einst, weit außerhalb der Stadt und hoch am Berg gelegen, eine Stätte des Friedens. Jetzt erreichte man, nach einem Fünfminutengang den steilen Berg abwärts, eine Hauptstraße, auf der der Verkehr brandete, und die kleinen Wohnhäuser hatten sich zu beiden Seiten, rechts und links die Gäßchen hinauf, bis an die große Tempeltreppe geschoben.

Was ist die unumgängliche Folge? Bei jedem Gang nach außen treffen die Mönche auf die Anwohner und, da die Männer zur Arbeit sind, auf die weiblichen.

Wird ein Mönch zu einem Ritual in eine Privatwohnung gebeten, so fährt er mit dem immer überfüllten Autobus, sieht, ob er will oder nicht, eine große Zahl anderer Menschen und kommt mit ihnen in körperliche Berührung. Der Zeitgeist ist gegen den G e i s t , und er arbeitet ohne Unterlaß an seiner totalen Verdrängung. Schon ist alles aus dem Gleichgewicht auf diesem Stern und was die Folge davon sein wird, das kann jeder an den einfachsten alltäglichen Vorgängen ablesen und sie dann ins Große übertragen. Wo kein Gleichgewicht mehr ist, schwankt alles und der totale Absturz, trotz künstlicher Krücken, wird unvermeidlich.

Auch in unserem Tempel war das Gleichgewicht gestört. Revoltierende Mönche hat es zu allen Zeiten gegeben, das ist selbstverständlich; aber sie revoltierten aus geistigen Gründen, mit denen sie sich so lange herumschlugen, bis sie zum Selbst erwachten. »Verführung« durch die Außenwelt kam kaum in Frage und wird auch nie erwähnt. Jetzt aber drängte sie sich an die Tempelinsassen auf Schritt und Tritt heran. Hatte ein Mönch die Mitte des Lebens überschritten, war die Gefahr nicht mehr so groß, vor allem nicht für solche Männer, die erst spät eingetreten waren, die das »Leben« kannten und es hinter sich lassen wollten.

Von einem religiösen Genie wie dem Rôshi, der ganz rein und sehr jung die Selbstverwirklichung erreichte und wahrhaft als ein Heiliger angesehen werden muß, ist nicht die Rede, sondern von den jungen Menschen, die den großen Versuch erst wagen wollen.

Von dreißig Mönchen bei uns waren höchstens drei über dreißig Jahre alt (mit Ausnahme von Katsu san, der wohl Anfang vierzig war), alle anderen waren zwischen fünfundzwanzig und fünfunddreißig Jahren. Und diese jungen Menschen waren ununterbrochen der unmittelbaren Berührung mit dem Außen ausgesetzt. Wer Besorgungen für das Kloster zu erledigen hatte, der brachte heimlich Zeitungen mit – um nur einen Punkt zu erwähnen, der Explosivstoff in sich trug, von allen anderen unvermeidlichen Begegnungen zu schweigen.

Um aus dem Lauten in die Stille des *zazen* zu gelangen, wieviel mußte von dem jungen Mönch erst ausgeschaltet werden, wovon bis zur Jahrhundertwende kein Mönch auch nur annähernd etwas gewußt hatte.

Wegen dieser unaufhörlichen Bedrohung drängte sich mir der Gedanke an eine Zwischenaussprache über die menschlichen Bedrängnisse der jungen Mönche – die früher überhaupt nicht zur Debatte standen – auf. Doch je mehr ich mich in diesen Gedanken vertiefte, desto klarer wurde mir, daß er unausführbar war. Nicht zum Rôshi konnte der Mönch mit seiner Verwirrung gehen, denn er war die Höhenluft, der reine Geist, der, selbst bei Befragung – ob unbotmäßig oder verzweifelt – nur durch Schweigen antworten würde.

Übrig also blieb wie von Alters her nur, daß sich der Zen-Mönch in Selbstzucht nahm. Damals hatte er gegen den inneren Feind anzugehen, eine Aufgabe schwerer als ein Mondschiff zu bauen, heutigen Tages aber gegen »alles«.

Eiserne Disziplin, so wie sie noch bis vor hundert Jahren geherrscht hatte und von der viele Kundige behaupteten, daß sie auch in den Zen-Klöstern nicht mehr durchführbar sei, weil die Mönche dann in minder strenge abwandern würden, wäre die einzige Konsequenz, die dem drohenden Lau-Werden für das große Werk Einhalt gebieten könnte.

Für mich selbst aber erhob sich die Frage: Warum hatte es mich, die ich gehofft hatte für lange Zeit, abseits von jeder Berührung mit dem Gewohnten und seinen Pflichten in mich selbst zu versinken, in das unbeschreibliche Glück des Samadhi wieder und wieder einzutauchen, erneut hierher – und damit mitten in diese Krise hineingezogen, die ich vom ersten Tage an, als ich noch nichts von ihr wußte, so übermächtig in meinem Inneren gespürt hatte, daß ich bisher, außer bei dem Empfang durch den Rôshi, noch keine Sekunde lang meines Hierseins froh werden konnte? Ganz abgesehen von den äußeren Erschwernissen, die aber auch mit der Krise zusammenhingen.

Die Frage dieses »Warum?« sollte sich für mich zu einem »Neben« Koan entwickeln, das mich nicht mehr losließ.

Am Morgen, nach der Unterredung mit seinem Sekretär, durfte ich kurz zum Rôshi, der von Kyoto zurück war. Erst dankte ich ihm für die Hilfe, die er mir hatte zuteil werden lassen und dann erlaubte ich mir das zu sagen, was mir das Herz so tief bedrückte: Daß ich K. san, der mir so nahe gestanden hatte, vermißt und durch Sakamoto san die Umstände seines Fernseins erfahren hätte. Ich sah den Schmerz in dem stillen Antlitz vor mir und sagte – und es war meine Überzeugung: »Er wird zurückkehren. Über diesen Punkt gibt es bei mir nicht die Spur eines Zweifels. Er hat ein heißes Herz und das ist mehr gefährdet als ein laues. Aber eben dieses heiße Herz in ihm wird nicht ruhen bis es ihn dahin zurückgeführt hat, wo es seine wahre Heimat weiß: Zum Einen im Zen. Und er liebt Sie, mein Rôshi, er liebt Sie über alles. ›Er ist mein Vater und meine Mutter. Er ist alles in Einem für mich und meine liebende Verehrung für ihn ist ohne Grenzen‹, diese Worte sagte er einst zu mir und sie waren die Wahrheit. Dieser Mönch ist so vom Zen ergriffen, daß es ihn nie mehr loslassen wird. Er kommt zurück.«

Die Überzeugung meines Herzens, die für seinen Mönch sprach und sich nicht, wie er es gewohnt war, in überheblichem Verurteilen seiner seelischen Erkrankung erging, schien den Rôshi zu freuen und zu erquicken, denn er lehnte meine Worte nicht ab, sondern sagte mit einem unendlich lieben Lächeln: »Vielleicht, wenn er hört, daß Ital san wieder hier ist, kommt er auch zurück ...«

Am Abend um sechs Uhr begann nach dreitägiger Pause, wieder das kleine *zazen*. *zazen* ist selbstverständlich jeden Tag. Das siebentägige, sogenannte »Kleine *zazen*« erfordert längeres »Sitzen« und intensiveres eigenes *zazen*. Man geht während dieses *zazen* zum Rôshi zum *sanzen*, was während der anderen Tage, an denen er oft abwesend sein muß, nicht immer möglich ist.

In meinem jetzigen ersten *sanzen* hatte der Rôshi überraschend gefragt:

»Haben Sie Jôshus ›Mu‹ ganz – in seiner Totalität bewältigt und erkannt?«

Heute fragte er. »Jôshu hat auf die Frage des Mönches nach der Buddhanatur eines Hündleins mit ›No‹ geantwortet. Was hat er mit diesem ›No‹ gemeint?«

»Nothing«, war meine Antwort.

»Ja«, sagte der Rôshi. »Dieses Nichts müssen Sie realisieren.«

Also wieder das »Mu«!

Folgsam ergab ich mich und saß in meiner, nunmehr wirklich still gewordenen Abgeschlossenheit. Ich senkte das hohe schöpferische Wort in stundenlangem *zazen* in mich hinein und zwar zuerst so, wie ich es vor vier Jahren ehe ich zum Rôshi kam bei dem, von mir immer sehr verehrten Meister O. bis zum Durchbruch in die kosmische Einheit geübt hatte.

Nach einiger Zeit sah ich meine, anfangs noch unsichere Ahnung, daß die Praxis mit dem »Mu« dieses Mal eine von der ersten verschiedene sein würde, bestätigt.

Alles war anders, denn alles vollzog sich auf einer anderen Ebene. Im Zen-Sinn ist diese Feststellung falsch, wie ich gleich hinzufügen muß, denn es gibt keine »andere Ebene«. Da ich mich aber nicht für Zen-Meister, sondern für Leser die das Zen-Verständnis suchen, dahingehend verständlich machen muß, daß etwas »Überwundenes« oder »Erreichtes« sich immer differenzierter und in noch tiefere Tiefen vorstoßend aufs Neue beweisen muß, so wird man den Ausdruck der (nichtvorhandenen) »anderen Ebene« verstehend in Kauf nehmen können, ohne dieser einen realen Wert beizumessen.

Eine der nächsten *sanzen*-Fragen des Rôshi wird den Unterschied von »damals« vielleicht deutlich machen können.

Der Rôshi: »How is your Buddha-nature? Wie ist Ihre Buddhanatur?«

»Damals« mußte die Buddha-Einheit erst errungen werden. Jetzt stellte der Rôshi eine Prüffrage, die blitzschnell beantwortet werden mußte. Wer mit seiner Antwort auf ihren realen Sinn hereinfiel, der hatte kein Zen.

An der »Art« meiner Antwort hatte der Rôshi nichts auszusetzen. Er nickte und klingelte.

Es war wohl dieser, von ihm akzeptierten Antwort zuzuschreiben, daß der Rôshi im Laufe der nächsten Monate überhaupt keine

Fragen mehr stellte, sondern lediglich selber einen kurzen Satz sagte, der verstanden und meditativ verwirklicht werden mußte. Am siebenten Tag des kleinen *zazen,* zum Beispiel, wiederholte er nach dem üblichen tiefen Schweigen noch einmal die Jôshu-Anekdote. Aber anstatt zu sagen: »Jôshu antwortete ›Mu‹«, sagte der Rôshi: »Jôshu said ›No‹« – und fügte mit überaus liebem und humorvollem Lächeln hinzu: »A very wonderful answer! Eine wunderbare Antwort.« Dann klingelte er.

Mit dieser »wundervollen« Antwort »Mu« oder »No« war ich also wieder auf Gedeih und Verderb verschmolzen. Nichts anderes war mehr auf der Welt als dieses Koan und ich. Ich war allein mit ihm, denn vom Rôshi kam im *sanzen* nicht die geringste Hilfe oder gar ein Hinweis über das »wie« der Praxis. Selbst bei dem – durch die geistigen Anstrengungen – mich bis zum körperlichen Zusammenbruch treibenden Koan der »Einen Hand« vor vier Jahren, gab es Zurechtweisungen oder Korrekturen, mit denen der Rôshi mich gewissermaßen im Griff behielt. Jetzt gab es nichts mehr dergleichen. Zuerst wartete ich von einem *sanzen* zum anderen, ob der Rôshi mir nicht wenigstens einen Faden zuwerfen würde, an dem ich die Richtung würde erkennen können. Es gab keinen Faden. Er fragte auch nichts (wie sonst immer im *sanzen*), deshalb konnte ich auch keine Antwort geben, auf die er hätte reagieren müssen.

Er ließ mich mit dem »Nichts« im Nichts. Dieser wunderbare, großartige Meister! Dankbarkeit überwältigt mich immer wieder, wenn ich an seine »Härte« denke, mit der er mich – vergleichsweise – ins offene Meer stieß: Schwimmen hast du gelernt. Nun rette dein Leben oder geh unter. Vergeude keine Zeit, nach einem Balken zu suchen. Es gibt keinen.

Die nächsten Monate wurden so fürchterlich, daß ich davor zurückschrecke, sie zu schildern, weil ich erstens wohl kaum die Fähigkeit der dafür gemäßen Aussage besitze und weil zweitens das geistige und körperliche Nacherleben (was sein muß, wenn der Leser nicht mit einer Oberflächenschilderung von »Ergebnissen« abgespeist werden soll) mich, wie schon bei mehreren Stellen meines Berichtes, so angreift, daß ich oft nur wenige Sätze zu Papier bringen kann. Aber ich muß es wagen, weil damals alles nur denkbar mögliche zusammenkam, um mich unmittelbar bis an den Rand der Katastrophe zu führen und zwar durch äußere Umstände, die mich, schließlich körperlich hilflos und krank, buchstäblich an *einen* Punkt festnageln, an dem ich verharren und aushalten mußte.

Daß dieses Zusammenwirken der Umstände, die den Menschen »fast« bis in die Vernichtung hineintreiben, ihm, wenn er sie durchsteht, zu seinem großen Heil geschehen sind, das allerdings weiß er erst post festum.

Solange er mitten im eigenen Chaos sitzt, ringt er mit jedem neuen Atemzug um das nackte Dasein.

Am gleichen Tage, als der Rôshi wieder nach Kyoto gefahren war, und ich abends vom *zazen* zurückkehrte, fand ich die kleine Nonne wieder bei mir einquartiert. Zermürbt von dem Schock und der schlaflosen Nacht, fragte ich am nächsten Morgen die Nonne É. san, was das zu bedeuten habe und erhielt die scharfe Antwort: »Sie bleibt da!« Als ich einwand, was der Rôshi gesagt habe, ließ sie mich nicht ausreden, sondern wiederholte, wie schon früher: »Hier hat der Rôshi überhaupt nichts zu sagen!«

Unter diesen Umständen war an Meditieren nicht zu denken und meine Verfassung war nicht zu beschreiben. Der Sekretär war nicht da und als ich ihn am nächsten Tage endlich erreichte, da war ich so fertig, daß ich allen Ernstes beschloß, entweder nach Hause zu fliegen, oder mir ein Zimmer zu mieten.

Sakamoto san war so empört, daß er sofort mit mir zum ersten Mönch ging, der jetzt (wohl wissend, daß alle Räume des Myokanji leer waren) voll auf unserer Seite war und die Nonne kommen ließ. Über dieses Gespräch weiß ich nichts. Aber – der Rôshi war überraschend zurückgekommen und beorderte die Nonne É. noch am Abend zu sich.

Sein Attendant, von Sakamoto san vorbereitet, saß nebenan und berichtete ihm später über die Unterredung folgendes: Der Rôshi sei sehr böse gewesen und habe, nachdem er die Nonne zurechtgewiesen, »befohlen«, daß Ital san, die eine Freundin von Frau M. gewesen sei (deren Gedächtnis der kleine Tempel geweiht war) und die streng *zazen* übe, in völliger Ruhe gelassen werde. Zum Schluß habe er noch hinzugefügt: »Der Myokanji ist von mir privat und von meinem Geld gebaut worden. Was in ihm geschieht, bestimme ich.«

Die kleine Nonne zog wieder nach unten.

DAS GROSSE ZAZEN

Am ersten Juli begann das »Große *zazen*«, das sieben Tage dauert. Die Tagesordnung war folgende:

4–5	Uhr	Andacht
8–10 1/2	Uhr	*zazen* im *zendô*
13–15 1/2	Uhr	*zazen* im *zendô*
18–21 1/2	Uhr	*zazen* im *zendô*

Im Tagebuch steht: »Ich kann nur beten, daß ich es aushalte und durchstehe.« Natürlich ist es für alle, ohne Ausnahme, eine enorme Anstrengung. Dennoch hatten die Mönche es leichter als ich. Nicht nur, weil sie jung waren, sondern sie konnten nach jedem *zazen* in einer halben Minute in ihrer Zelle sein und ruhen und ihre Mahlzeiten bekamen sie vorgesetzt. Diese Vorteile hatte ich früher auch gehabt. Jetzt mußte ich schon vor halb vier Uhr früh aufstehen, um mich anzukleiden und um dann in der tiefen Dunkelheit zum Tempel zu tappen, was zehn Minuten Zeit nahm, wenn das Wetter günstig war. Meine Mahlzeiten mußte ich mir selbst bereiten und zu jedem *zazen* den Weg hin und zurück dazu rechnen.

Im Tempel eilte der dazu beauftragte Mönch wenige Minuten vor vier, mit Taschenlampe und Glöckchen versehen, an den Zellen der schlafenden Mönche vorbei, um sie durch leises Anschlagen des Glöckchens zum Beginn der Andacht zu rufen. Im grauen Untergewand schliefen sie, hatten es nur zu gürten und das leichte, dunkelblaue Übergewand darüber zu werfen, am Brunnen sich etwas kaltes Wasser ins Gesicht zu reiben und – fertig waren sie. Was hatte ich dagegen alles zu tun!

Das Große *zazen* begann regelmäßig mit dem Sonnabendabend *zazen*. Am folgenden Morgen, dem ersten Tag, hockte ich schon vor dem Eingang zum *hondô,* noch ehe der diensthabende Mönch herumlief, um die Brüder zu wecken, was mir, als er an mir vorbeieilte, einen erstaunt-unfreundlichen Blick eintrug.

Dieser Sonntag, der erste Tag des Großen *zazen,* war deshalb besonders anstrengend, weil der Rôshi zusätzlich um sieben Uhr früh eine einstündige Vorlesung hielt, zu der die Laienanhänger kamen. Für mich hieß das, daß ich keine Ruhepause hatte, weil ich mich, um fünf Uhr zwanzig nach Hause kommend, umgehend ausziehen mußte, um im Waschraum die frühe Katzenwäsche durch gründliche Reinigung zu vervollkommnen, mich sorgfältig frisieren und der Würde des Tages entsprechend kleiden mußte, denn ich wußte, daß auf mir, der Zurückgekehrten, aller Augen ruhen würden. Diese Sonntagsvorlesung, das muß ich gestehen, war für mich in dem übermüdeten Zustand die allergrößte Pein, weil ich leider kein Wort von ihr verstand und ununterbrochen nur dagegen ankämpfen mußte, daß mir nicht, wie manchen Mönchen, der Kopf auf die Brust fiel... Anschließend an die Vorlesung gingen die Mönche und ich dann in den *zendô* zum *zazen* von 8 bis 10 ¹/₂, und kaum hatte ich meinen Sitz eingenommen, da verflog auch schon die Müdigkeit.

Während dieser sieben Tage gingen die Mönche bei jedem *zazen,* also täglich viermal, zum *sanzen.* Dies bedeutete für den Rôshi, daß er einhundertzwanzig mal in völliger Konzentriertheit für jeden Mönch die absolut richtige Weisung zu geben hatte. Ich begnügte mich mit zwei *sanzen* täglich und hatte dadurch, wenn die Mönche nach dem ersten Klingelzeichen des Rôshi den *zendô* verlassen hatten, eine besonders wunderbare Zeit der Stille.

»You must be oneness with the ›Mu-u-u‹. Sie müssen Eins-sein mit dem ›Mu-u-u‹« wiederholte der Rôshi, sobald ich vor ihm kniete und ließ das »Mu« lang und voll tönen. Dann klingelte er.

Wie oft habe ich, wenn wir still im Gang nebeneinander knieten und bei aller Konzentriertheit natürlich doch bemerkten, ob ein Mönch eine oder zwei Minuten länger im *sanzen*-Zimmer verweilte, die Mönche beneidet. Alle, ohne Ausnahme, blieben länger als ich. Das bedeutete, daß sie auf Fragen antworten mußten und daß selbst ihre ungenügendste Antwort zur Lichtspur werden konnte, dadurch daß sie einen heftigen Tadel hervorrief.

Für mich existierte nur: »You must be oneness with the ›Mu‹.«

Da gab es nichts Weiteres zu sagen oder zu fragen. Diese Einheit mußte vollzogen werden. Das war alles...

Tagebuch: 4. 7. 67

»Ich habe Fieber. Heute ist der vierte Tag des Großen *zazen* und, obwohl ich mich bis zum *zendô* geschleppt hatte, mußte ich umkehren, weil ich zu schwach war. Das Fieber ist natürlich nur durch das Klima hervorgerufen, das den erschöpften Körper umwirft. Die Regenzeit brach dieses Mal ungewöhnlich spät, erst vorgestern nachmittag, am 2. Juli aus. Ich kam, trotz Regenschirm, wie aus einem Schwimmbad, klatschnaß im *zendô* an und saß dann 3 1/2 Stunden im *zazen*. Am nächsten Morgen war kein Regen aber nasse, heiße Treibhausluft und mein Fieber stieg; trotzdem war ich im *zendô*. Würde ich, wie früher im Tempel wohnen, dann wäre kein Tropfen an mich gekommen.«

5. 7. 67

»Noch einmal bin ich gezwungen zu Hause zu bleiben; als ich versuchte mich fertig zu machen, mußte ich aufgeben, weil mir totelend wurde. Warum das alles? Ich rätsele an mir und dem Geschehen herum. Die äußere Erklärung ist: Ich bin klimakrank. Die Regenzeit mit ihrem schrecklichen Auf und Ab legt mich lahm. Aber die geistige Erklärung für mein Fehlen beim Großen *zazen*? Sie kann nur bedeuten, daß ich mich fern von Zwang und tödlicher Überanstrengung in der Stille selber finden soll.

Noch aber sagte ich dem Rôshi nichts darüber. Diese Gewißheit, die mir wurde, war so überwältigend, daß ich kein Wort sagen, sondern sie in aller Stille, innerhalb der Meditation sich selbst als immanent bezeugen lassen wollte.«

8. 7. 67

»Gestern war der letzte Tag des Großen *zazen*. Es ging mir gar nicht gut, das Wetter war entsetzlich. Alles dampfte. Man konnte nichts mehr sehen, die Welt war in weißen, nassen Dampf eingehüllt. Das Atmen war Qual und zum ersten Mal hatte sich eine Beklemmung wie ein stählernes Band um mein Herz gelegt. Aber ich war von früh an im Tempel beim *zazen*.

Der Rôshi sagte im *sanzen*: »Be Oneness with the Koan ›Mu‹.«

Nichts sonst, wie jedes Mal bisher. Der Buddha in ihm treibt mich tiefer und tiefer in die Ablösung hinein.

Die Erkenntnis, die mir wurde, muß immer mehr realisiert und zur totalen Wirklichkeit werden.

Wie tue ich das? Ich zerstöre mich selbst wissentlich und willentlich mit dem ›Mu‹.«

9. 7. 67

»Der Regen flutet. Die Umwelt ist verschwunden. Ein bleifarbener, nasser Vorhang verhüllt sie.

Trotzdem ist mein Inneres beschwingt. Es ist die Zerstörungsarbeit mit dem ›Mu‹, die mich – seit gestern – aus meinem depressiven ›Ertragen des jetzigen Zustandes‹ und dem Wunsche ihm zu entgehen, befreit. Ich zerstöre mich, mag kommen und daraus entstehen was will. Es ist ›Mu‹.

Auch erhielt ich die innere Weisung mehr und stärker zu arbeiten. Ich gehorche. Die Zeit der Umstellung und Anpassung mit ihren inneren Widerständen muß jetzt abgeschlossen sein. Ich zerstöre mich.

Und was ist das erste Ergebnis nach derart starkem Meditieren? Heitere Beschwingtheit. Es ist kaum zu fassen.«

Zwei Stunden später:

»Man muß einen Taifun erlebt haben, um sich von dem sintflutartigen Geschehen eine Vorstellung machen zu können. In unserem kleinen Nonnentempel haben wir die Fenster, die wir schon bei der Warnung ineinandergeschoben hatten, fest verriegelt und während die Nonne und ich dies in meinem, dem oberen Stockwerk, taten, war für Sekunden ein handbreiter Spalt offen. Das genügte für den Sturm, um uns mit den vom Himmel herabflutenden Wassern im Nu zu durchtränken und uns umzuwerfen. Nachdem wir alles wieder in Ordnung gebracht hatten, wir waren allein, standen wir noch lange am Fenster und schauten hinaus. Was da aus der Höhe auf uns herabstürzte, war, als ob sich ein kosmischer Ozean, dem die Ventile geöffnet waren, auf uns ergösse. Zu sehen waren nur bleigraue, sturmgepeitschte Wassermassen.

Ob unser kleines Kloster standhalten würde? Und was war mit unserem Haupttempel, der, den Sturmfluten preisgegeben, an den

Berg gelehnt von diesem verschüttet werden konnte? Sich zu ihm hindurch kämpfen zu wollen, wäre der sichere Tod gewesen.

Es war nichts zu machen. Man mußte sich ergeben. Menschenkräfte, und wären sie die von urweltlichen Riesen, waren hier machtlos.«

11. 7. 67

»Wir haben überlebt. Aber es ist grauenhaft, was sich an Katastrophen ereignet hat. Das Radio meldete, daß seit mehr als 30 Jahren Japan einen derartigen Taifun nicht mehr erlebt habe. Das ganze Gebiet von Osaka bis nach Hiroshima ist betroffen. Das Hauptzentrum aber war unsere Stadt. Kobe und Umgebung haben allein 354 Tote bis jetzt, die Verschütteten noch nicht gerechnet. Die Zerstörungen sind unvorstellbar. Das Stadtzentrum ist gesperrt. Ein Fliegerangriff bedeutet Vernichtung durch Feuer. Hier war es Vernichtung durch Wasser. Unsere schmalen Berggäßchen sind entweder in reißende Ströme oder in stinkenden Morast verwandelt und unpassierbar. Trotzdem habe ich mich – wie ist mir unklar – in Regenstiefeln und auf Umwegen zum Tempel hinauf durchgekämpft. Er steht. Gott sei es gedankt. Aber der Vorgarten ist ein Schlammeer, in dem man knietief versinkt. Rechts vom Haupttempel, wo eine hohe, breite Steintreppe von 32 Stufen zum Rôshi-Haus führt, bot sich ein Anblick, der unvergeßlich bleiben wird: Das Tor, das, wenn der Rôshi abwesend ist, geschlossen bleibt und auf der Höhe die Treppe abschließt, war eingestürzt. Die Treppe war verschwunden und über sie stürzte, vom Berg kommend ein reißender Strom herab, der alles unter sich begrub oder mit sich riß, was ihm im Wege war.

Der Rôshi war zum Glück in Kyoto und kommt erst morgen zurück, da auch die Züge nicht gingen. Die Mönche in Arbeitshosen und Schifferstiefeln, seit dem Beginn der Katastrophe unermüdlich auf den Beinen, sind total erschöpft.«

13. 7. 67

»Seit dem 10. früh gibt es kein Brot, die Mehlvorräte sind fortgeschwemmt, keine Milch – von anderem zu schweigen. Es gibt überhaupt nichts. Es ist schlimm.«

14. 7. 67

»Die Mönche haben überwältigende Arbeit geleistet. In dieser Katastrophe hat sich der Geist des Zen in ihnen bewährt, nämlich zu tun, was im Augenblick das Notwendigste ist. In Tag- und Nachtschichten haben sie sich abgewechselt, um die verheerendsten Verwüstungen zu beseitigen; im Vorhof sind rechts und links Schlammberge aufgeschichtet und Bretter gelegt worden, damit wir bis zum *zendô* vordringen können, da heute zum ersten Male wieder *zazen* stattfindet. Allerdings, wegen der Erschöpfung der Mönche, nur kurz, zwei Stunden. Trotzdem hatten wir *sanzen* beim Rôshi.

Heute nachmittag war endlich eine Polizeibelegschaft gekommen, um zu helfen, daß die Berggäßchen vom meterhohen Morast freigeschaufelt werden, denn – selbst wenn es Nahrungsmittel gäbe, könnte niemand bis zur Hauptstraße hinunter gelangen um einzukaufen.«

15. 7. 67

»Ich habe mich in meinen Wasserstiefeln durch Schlamm und immer noch von den Bergen herabströmende Wasser hinunter bis zur Hauptstraße gewagt, weil Leute, die näher dorthin wohnten, die Kunde verbreitet hatten, es gäbe wieder Nahrungsmittel.

Was die Augen hier erblickten war ebenso schauerlich wie imponierend. Schauerlich, weil sich hier der Schlamm zu Bergen getürmt hatte und das Wasser, da die Gullis überflutet und verstopft waren, immer noch hoch in den Straßen stand. Imponierend zu erleben, wie hier gearbeitet wurde. Traktoren schaufelten unermüdlich den Schlamm mit all dem Getier, hauptsächlich Schlangen, in sich hinein; über meterbreite Löcher im Asphalt und den Bürgersteigen waren Bretter gelegt und Polizisten standen an jedem Ende, um den Passanten hinüberzuhelfen. Der Verkehr für Autobusse und Taxis war gesperrt.

Da wir im Nonnentempel keinen Eisschrank hatten, so hatte ich, wegen der Hitze, nur für einen Tag Eßvorrat gehabt und nun seit vier Tagen nur von einer Tasse Kaffee morgens und einem Stück trockenen Knäckebrot dazu gelebt. Dieser kleine Knäckebrotvorrat war ein Geschenk aus Deutschland gewesen, das mich kurz vorher erreicht hatte. Trotz einer Schwachheit, die sich kaum beschreiben läßt, gelang es mir, mich Schritt für Schritt bis zu den am Ende der Hauptstraße gelegenen Geschäften durchzukämpfen und einzukaufen. Auf der linken Seite, zu der ich hinüber mußte, bot sich mir wieder ein Bild, das ich nie vergessen werde: An der Bordseite des schmalen Bürgersteigs waren provisorische Bettgestelle aufgestellt, in denen Kinder und Verwundete lagen. Die hinter den offenen Verkaufsbuden in Meeresrichtung gelegenen Wohnräume waren weggeschwemmt worden. Aber überall wurde gehämmert, gesägt und geschaufelt, um die leichten Bauwerke wieder in Stand zu setzen.

Wie oft ich auf dem schlimmen Heimweg einen Schwächeanfall überwinden mußte, weiß ich nicht mehr, ich wußte nur, daß ich ihn irgendwie schaffen mußte, denn eine andere Beförderungsmöglichkeit als meine zwei Beine gab es nicht. So landete ich erst einmal in einem der winzigen Kaffees, in dem die Klimaanlage glücklicherweise funktionierte.«

Über die Begegnung, die ich hier hatte, gibt mein Tagebuch nur Stichworte, aber sehr prägnante. Und da sie mir die Aufklärung für das rätselhafte Verschwinden von X. san brachte, sowie über einiges andere mehr, möchte ich sie nicht unterschlagen. Kaum war ich also, bei einem Eiskaffee etwas zu mir gekommen, als sich jemand an meinen Tisch setzte. Es war ein junger, etwa dreißigjähriger Amerikaner, den ich schon hin und wieder beim Abend-*zazen* gesehen hatte. Nach ein paar Phrasen über das Unglück, wobei er auf meine Frage, ob er den Mönchen im Tempel geholfen habe, lachend verneinte, der Weg sei »too bad« gewesen, kam er zur Sache. Er war genau unterrichtet, daß ich vor vier Jahren im Tempel gelebt und ein Buch darüber veröffentlich hatte – dessen Erfolg ihm die Mönche wohl etwas übertrieben geschildert haben mögen. Ich war ihm also interessant.

»Sie haben doch Schüler in Deutschland. Ich möchte gern wissen, auf welche Weise Sie ihnen etwas über Zen beibringen«, fragte er dreist und ohne Umschweife.

Vorsichtig, da mir sein Wesen, dem eine freche Überheblichkeit über das Gastland, den Tempel und allem, was damit zusammenhing, zur Gewohnheit geworden zu sein schien, gründlich mißfiel, fragte ich, sehr höflich, erst einmal zurück, wie es komme, daß er bei den Abend-*zazen* im *zendô* teilnehmen dürfe, was sonst nicht gestattet war. Darauf lachte er und sagte: »Das hat X. san ge-managed.«

Aha! X. san, der bis zu seiner Flucht vor vier Wochen erster Mönch gewesen war.

»Ich war sehr traurig X. san, mit dem ich sehr gut gestanden hatte, nicht mehr anzutreffen. Er fehlt mir«, sondierte ich.

»X. san ist mein bester Freund«, rief er daraufhin enthusiastisch.

»Leider sind die Vorkommnisse, warum er den Tempel verlassen hat, sehr unerfreulich«, meinte ich und wurde nun von ihm belehrt, daß das ganze Gerede über diesen »erleuchteten« Mönch Lug und Trug sei. Man habe diese Lügen mit Absicht über ihn verbreitet, um zu vertuschen, warum der hervorragende und beliebte Mönch den Tempel wirklich verlassen habe, nämlich weil er die herrschenden Zustände nicht mehr habe ertragen können.

»Aber was will er in Amerika? Er kann doch kein Wort Eng-lisch.«

»Ich habe ihm monatelang Unterricht gegeben«, lachte der smarte *zazen*-Teilnehmer zynisch. »Sobald er in den USA ankommt, wird er fleißig weiter lernen.«

»Und wovon wird er leben?«

»Das ist alles geregelt. Er wird bei meinen Eltern wohnen. Ganz sicher wird er drüben eine große Karriere machen.«

»Das wird nicht leicht sein«, meinte ich, »schließlich gibt es bei Ihnen ostasiatische Studios genug.«

»Dann gehen wir nach Mexiko und ziehen dort die Sache auf. Ich spreche Spanisch und liebe Mexiko.«

»Ach, Sie auch – –!«

»Ja, was glauben Sie, warum ich den Zauber hier michtmache?« Mir wurde übel. Er merkte sofort, daß er zu viel gesagt hatte und daß in mir keine Komplizin zu erobern war. So lenkte er das Ge-spräch in andere Bahnen und erzählte, daß er und seine Freundin, Miss O. durch den Taifun leider ihre kleine Sommerlaube, die sie sich in den Bergen gemietet hatten, um die nächsten Monate dort zu verbringen, verloren hatten. »Wir hatten einen Gemüsegarten ange-legt um auszuprobieren, was bei der Hitze und trockenem Boden gedeihen kann. Für Mexiko...« Er lachte.

Als ich mich verabschiedet hatte und durch den Morast zurückwatete, machte es mir nichts aus, daß ich von einer Schmutzkruste bedeckt war. Die kann man abwaschen, dachte ich . . .

Nun waren die Zusammenhänge für die sonst unbegreifliche Flucht von X. san nach den USA klar: Er war in einer kritischen Situation dem Amerikaner in die Fänge gelaufen, der eiskalt ein böses Spiel aufgezogen hatte, um sich, da er sonst keinen Beruf hatte, ein leichtes und sorgenfreies Dasein zu verschaffen. Man übte Zen um »zu wissen, wie man es macht«. Auf solche Weise, um die eigene Tasche zu füllen, entstanden in den USA Zen-Schulen! Und die Dritte im Bunde war also seine Geliebte, Miss O., eine Amerikanerin, deren Vater aus Polen ausgewandert und in der neuen Heimat wohl wenig vorangekommen war. Sie war Tänzerin und durch Empfehlung ihrer amerikanischen Lehrerin zu einem bedeutenden Kabuki-Meister in Tokyo gekommen, um bei ihm den japanischen Zeremoniell-Tanz zu studieren. So weit, wie es schien, auch mit recht gutem Erfolg und in der Absicht in den USA diese Kunst zu lehren. Aber nach einundeinhalb Jahren versagten ihre Knie plötzlich, sie mußte aussetzen und bekam von ihrem Kabuki-Meister eine Empfehlung an unseren Rôshi mit der Bitte, ihr während der unfreiwilligen Tanzpause Zutritt zu den allgemeinen *zazen* zu gewähren, was gestattet wurde, denn der Kabuki-Tanz gehört mit zu den Zen-Künsten. Mit ihr kam ihr Freund.

Sie selbst verdiente sich ihren Unterhalt durch Unterricht in der englischen Sprache. Und dafür, daß sie in der kleinen Pförtnerlaube am Eingang zum Myokanji hausen durfte, mußte sie im Haupttempel in der Küche mithelfen, wenn, was oft vorkam, das Gebäude, in dem hin und wieder öffentliche Vorträge des Rôshi stattfanden, für sehr große Gastlichkeiten vermietet wurde. Das waren willkommene Einnahmen, denn die Speisen und Getränke wurden vom Tempel geliefert und natürlich in der Tempelküche zubereitet, was für hundert und mehr Personen tagelange, vorbereitende Arbeit erforderte. Nach dem Mahl begann die Säuberung des Geschirrs, was sehr viele Hände stundenlang in Anspruch nahm.

Dem Sekretär des Rôshi teilte ich natürlich sofort mit, was ich erfahren hatte und als ich ihm den Plan des Triumvirats, eine Zen-Schule mit »Meister« X. san an der Spitze zu gründen, erläutert hatte, brach er in lautes Gelächter aus und meinte, daß dies eine sehr komische Sache werden müsse. Japaner reagieren eben immer anders als man denkt. Doch mein Hinweis, daß der Eingriff in die Tempelkasse, um seine Fahrt auf dem Frachter zu finanzieren, kaum dem Hirn von X. san entsprungen sein könne, sondern daß er damit dem »Rat« des Amerikaners, der hemmungslos sein Ziel verfolgte, gehorcht habe, leuchtete ihm ein.

Aber es geschah nichts. Der Mann kam, soweit es ihm paßte, weiter zum Abend-*zazen*. Das erschütterte mich mehr als alles andere vorher und nachher, weil sich darin ein Opportunismus offenbarte, den ich beschämend fand. Freilich lag auf der Hand, daß der Amerikaner – falls der erste Mönch ihm den Zutritt zum *sanzen* untersagt haben würde – sich gerächt und jedem in der Stadt, der es hätte hören wollen, Einzelheiten über das Leben mancher Mönche, wenn sie an freien Tagen das Kloster verlassen hatten, erzählt hätte. Das Material dafür hatte er sich verschafft, und das war sicher der Grund, weshalb er weiter geduldet werden mußte.

Der Dank des amerikanischen Herrn für die Gastfreundschaft und das Entgegenkommen des Tempels sah dann, zwei Monate nach dem Gespräch mit mir, folgendermaßen aus: Er entschwand. Ohne ein Wort des Abschieds für die Mönche, geschweige einem Dank für den Rôshi. Er war einfach weg.

Ich erfuhr es am frühen Morgen aus erster Hand von Miss O., als ich, aus dem Tempel kommend, sie, die von der Stadt heraufkam, auf dem Wege traf. Sie war die Nacht, wie schon oft, nicht in ihrem Pförtnerhäuschen gewesen, was aber, da sie nicht zum Nonnenkloster gehörte, niemand etwas anging. Sie war verweint und schien verstört. Auf meine erstaunte Frage, ob ihr etwas fehle, stieß sie hervor: »Mein Freund ist fort!« Sie war so durcheinander, daß sie weitere Einzelheiten preisgab, aus denen hervorging, daß dieser bemerkenswerte Liebhaber ihr erst in dem Augenblick, als sie beide sein Zimmer verließen, seine Schlüssel übergab, damit sie bei ihm noch einige Angelegenheiten in Ordnung bringen solle, zu denen er keine Zeit mehr hatte; er müßte nämlich sofort an Bord eines Frachters sein, wo er einen Job angenommen habe, um billig nach New-York zu kommen.

Diese eiskalt-raffinierte Art, mit der er sogar seine Geliebte behandelte, ließ rückschließen auf die Weise, durch die er X. san in die Hand bekommen hatte...«

»Auch gestern war nur kleines *zazen* und so wird es auch noch für die nächsten Tage bleiben, weil die Mönche, dank der körperlichen Arbeit, die täglich zu leisten ist, um nur die schlimmsten Übel zu beseitigen, und die noch für geraume Zeit so weitergehen wird, abends einfach vor Müdigkeit umfallen.

Der Weg zum Tempel ist für mich zu einer artistischen Leistung geworden. Ich muß mich auf langen Umwegen und über Abgründe, die mit schmalen Brettern – auch die sind Mangelware geworden – überbrückt sind, von einem Punkt zum anderen »retten«. Hier oben wird von der Stadt aus natürlich nichts getan, weil sie alle verfügbaren Männer, auch die freiwilligen, braucht, um die Stadt aus dem Chaos, in dem sie sich noch befindet, zu befreien und um die Höhen nach weiteren Vermißten abzusuchen, beziehungsweise um sie auszugraben. Und alles muß schnell gehen, denn jetzt ist die Hitze da, eine nasse Hitze wie noch nie vorher, und die Seuchengefahr wächst, wenn die Gegend nicht von den unzähligen Tierkadavern befreit wird.

Der Rôshi treibt mich weiter in das »Mu«, das Nicht-Sein hinein und angesichts der Naturkatastrophen, gegen die alle menschliche Intelligenz machtlos bleibt sowie der vielfältigen Erschütterungen, die mich seit meiner Ankunft hier heimgesucht haben, hat es das »Nichts« leichter, auch die letzten, schon morschen Barrieren zum Einsturz zu bringen.

In der Meditation »ging mir auf«, daß ich die Vernichtungsarbeit ausdehnen muß auf: Wunsch nach freundlichem Dasein, auf Wunsch nach Nicht-Dasein.

Der Rôshi gibt auf dieser Stufe des »Mu« (schon wieder muß ich das Wort »Stufe« gebrauchen, um mich verständlich zu machen) keinen Hinweis, keinen An-halte-punkt mehr. Meditiert der Sucher richtig, also ohne Rücksicht auf sein Menschsein und alles damit Zusammenhängende, dann steigen die Weisungen als blitzartige Erleuchtungen von selbst auf. Und ebenso blitzartig hat der Zen-Schüler zu reagieren. Nämlich, der Weisung zu folgen.

Der innere Vorgang, der sich plötzlich während des *zazen* vollzieht, ist unbeschreibbar, weil nichts dabei geschieht, was zu beschreiben wäre. Nur der Meditierende selbst »weiß«. Und an ihm liegt es zu folgen oder nicht.

Heute mittag kam überraschend der Sekretär und brachte mir Geschenke vom Rôshi. Eine schöne Packung englischen Tee und einen Umschlag mit 10 000 Yen, denn heute und morgen sind japanische Geschenktage. Als ich nicht begriff, warum der Rôshi mir Geld schickte, erklärte Sakamoto san das sei dafür, weil die Nonne mir kein Essen gäbe und ich, da ich zum Tempel gehöre, unbedingt die Mahlzeiten erhalten müsse.

»Ital san ist den Mönchen gleichgestellt«, hatte der Rôshi zu ihm gesagt und er weigerte sich den Umschlag wieder zurück zu nehmen. Das dürfe er nicht.

Als Sakamoto san gegangen war, schrieb ich einen Dankesbrief an den Rôshi und bat ihn, das Geld zurückzunehmen. Ich wüßte, wie hart er täglich für den Erhalt des Tempels zu arbeiten habe und möchte nicht, daß er durch mich belastet werde. Doch im Falle äußerster Dringlichkeit während meines Aufenthaltes hier, würde ich ihn bitten, mir zu helfen.

Als ich den Brief in der Wohnung des Rôshi abgab, traf ich den Sekretär und er flüsterte mir zu, daß der Rôshi beschlossen habe, einen kleinen Eisschrank zu bestellen, damit ich in der schlimmen Hitzezeit die Möglichkeit habe, ein paar Lebensmittel und Getränke kühl aufzubewahren. Das käme einer Erlösung gleich, flüsterte ich zurück.

In all seinen Sorgen und inmitten des unbeschreiblichen Chaos dachte das liebende Herz dieses Heiligen an einen Eisschrank für mich – es war unfaßlich.

Mit der gleichen Gewalt wie vor einer Woche der Taifun ist die Hitze über uns hereingebrochen. Eine nasse Hitze. Die Erde dampft und der Mensch, der auf ihr leben muß, wird zum hilflosen Wrack.«

Tagebuch 18. 7. 67

»Am Geburtstag des Rôshi hatte ich mich zu ihm geschleppt. Er hatte mir erlaubt, ihn zu besuchen und ich war eine Viertelstunde bei ihm, als er um 10 Uhr, sehr erschöpft, von Arima zurückkam, wohin er, sofort nach der Frühandacht, um fünf Uhr aufgebrochen war – es liegt etwa anderthalb Autostunden entfernt –, um reiche Gönner um Hilfe für die Wiederherstellungsarbeiten des Tempels zu bitten. Die dringlichste und – nach dem Voranschlag – ein Vermögen von umgerechnet mindestens DM 10 000 verschlingende Notwendigkeit war der Bau einer Mauer, die den Tempel an der gefährdetsten Stelle vor einem Bergrutsch abschützen sollte. Was in der Umgegend schon alles von den niederstürzenden Erdmassen verschüttet war, ließ sich schon kaum mehr nachrechnen, aber allenthalben wurde in den Zeitungen Alarm gegeben, daß der nächste Taifun, von nur mittlerer Stärke, das gesamte, betroffene Bergland ins Rutschen bringen würde. Es mußte also etwas geschehen und zwar sofort.

Ich überreichte dem übermüdeten Rôshi meine kleinen Geschenke, die ich für diesen Tag aus Deutschland mitgebracht hatte und wir aßen ein Eis zusammen. Danach ging er sofort in die große Halle, in der an bestimmten Tagen des Jahres ein öffentlicher Vortrag von ihm stattfindet. Er hatte eigentlich um zehn Uhr beginnen sollen, jetzt war es eine Viertelsunde später und dichtgedrängt warteten Hunderte auf das Erscheinen des Rôshi.

Sein Vortrag dauerte bis kurz vor halb zwölf und wenige Minuten später fuhr er mit dem Zug bereits nach Kyoto, wo er um zwei Uhr wieder eine Vorlesung hatte, nach der er vorgemerkte Besucher empfangen und von sechs bis sieben Uhr eine andere Vorlesung halten mußte. Um neun Uhr war dann Rückkehr nach Kobe, Ankunft zehn Uhr abends, wo der Sekretär auf ihn wartete, um mit ihm den gerade angekommenen Teil-Vordruck für sein neues Buch zu besprechen. Bis zu diesem Zeitpunkt war der Rôshi bereits achtzehn Stunden in ununterbrochener Tätigkeit. Und das alles in dieser tödlichen Glut.«

19. 7. 67

»Ich fürchte, ich halte es nicht aus. Die Temperatur übertrifft alles hier dagewesene. Ich bin kaum fähig, mich zu bewegen. Hinzu kommt, daß mein Zimmer durch seine Lage, die bei jeder anderen Temperatur als vorteilhaft zu bezeichnen wäre, jetzt schlimmer als ein Backofen ist. Selbst der geliehene Ventilator bringt keine Hilfe, denn die Luft, die er ausströmt oder bewegt, ist heiß. Die Unfähigkeit selbst zum Meditieren und *zazen,* weswegen ich doch hier bin, ist zum Verzweifeln. Ich ›sitze‹ deshalb jetzt fast ausschließlich am sehr frühen Morgen. Später habe ich keine Kraft. Zum Glück haben wir kein *zazen* im Tempel.

Zu aller Qual habe ich an Händen, Armen und Hals denselben

Ausschlag wie schon vor vier Jahren hier wieder bekommen. Woher ich diese Allergie habe, weiß ich nicht. Wieder sind es die winzigen weißen Pünktchen unter der Haut – mit heftigem Juckreiz.«

20. 7. 67

»Zu elend um zu schreiben. Im Zimmer 38, nachts 37 Grad. Und keine Möglichkeit eines erfrischenden Getränkes, da das Leitungswasser warm und der Eisschrank noch nicht da ist. Nur mit Schlafmittel nachts drei Stunden geschlafen. Danach konzentriert *zazen* geübt. Jetzt zu schwach. Was macht Klima aus einem Menschen!

Wegen des Ausschlags hatte mich der Rôshi zu seinem Arzt geschickt. Ich bekam Pillen und ein kleines Döschen Salbe.«

23. 7. 67 Sonntag, spät

»Zwei Tage nichts eingetragen. Nur mit verzweifelter Energie *zazen* geübt. Danach zu nichts mehr fähig.

Gestern abend kam der Sekretär und verkündete mir, daß der Rôshi beschlossen habe, ich solle ihn bei dem einmal im Jahre stattfindenden großen Bogen-Festival vertreten, weil er keine Zeit habe. »Also«, sagte er, »seien Sie morgen früh vor acht Uhr im Tempel. Der größte, momentan lebende Bogenmeister, der der Präsident des Festivals ist, wird Sie abholen. Ich komme mit, damit ich für Sie dolmetschen kann.« Ich bedankte mich für die Ehre und erkundigte mich wie ich gekleidet sein solle. »Europäisch. Elegant.«

Kurz nach acht Uhr fuhr der Wagen des berühmten Meisters vor und ich wurde ihm vorgestellt. Dann fuhren wir, der Wagen hatte glücklicherweise eine Klimaanlage, etwas über eine halbe Stunde bis zu dem Vorort, wo die Veranstaltung stattfand. Die Fahrt war eine Erholung, dafür waren dann die ersten Minuten nach dem Aussteigen, heraus aus der Kühle und hinein in die volle Glut, so umwerfend, daß ich zunächst wie gelähmt verharrte. Aber den Herren ging es nicht anders.

In Hufeisenform war vor der Festwiese ein riesiges überdachtes Zelt aufgebaut, in dessen Mitte die Tribüne für die Ehrengäste, rechts ein viele Meter langer Tisch für das Komitee, links ein für den Auftritt der Bogenschützen abgeschirmter Raum, Platz gefunden hatten.

Publikum war nicht zugelassen. Die sportbegeisterten Zuschauer standen weit ab, rechts und links hinter dem das Sportfeld abschließenden Zaun. Hinter dem Vorhang der Ehrentribüne saßen die aus allen Teilen des Landes von ihren Meistern für das Fest- und Prüfungsschießen ausgesuchten Bogenschützen.

Für mich war die Zeit bis zum Beginn ausgefüllt mit Verbeugungen; ich war die einzige Frau, die als Ehrengast zugelassen war, und das wurde jedem der Herren vom Komitee erklärt, die alle in feierlichen, schwarzen europäischen Anzügen steckten.

›Doitsu no Mumon Rôshi wa‹ verkündete Sakamoto san bei jeder neuen Vorstellung und benutzte mit Genuß diesen liebenswürdigen Spitznamen, den man mir gegeben hatte, als Einführung. Zu Deutsch: Deutschlands Mumon Rôshi.

Als ich mich endlich setzen durfte, wurde ich zu dem für den Rôshi vorbereiteten Ehrensitz neben dem Präsidenten geleitet. ›Der Lady-Rôshi-Sitz‹, flüsterte Sakamoto san.

Um halb zehn begann die Vorführung und die ersten zwei Stunden waren ein hinreißendes Erlebnis.«

24. 7. 67

»Gestern abend konnte ich nicht weiterschreiben. Zwar hatte mich der Präsident am späten Nachmittag wieder zum Tempel zurückgefahren, aber die Glut in meinem Zimmer lähmte mein Denkvermögen und brachte mich zur Verzweiflung. Deshalb versuche ich jetzt weiter einzutragen.

Der erste Bogenschütze, der das Fest eröffnete, war ein bedeutender Meister, wie mir der Präsident, der neben mir saß, erklärte. Sein Auftritt war von so imponierender Größe, daß ich vor Erregung zu zittern begann. Er war in Samurai-Tracht und sein Schreiten bis zu dem Platz, von dem aus er schießen würde, war bereits ein grandioser Auftritt. Dann »tanzte« er die Zeremonie, hob, nachdem er den Pfeil eingelegt hatte, in Zeitlupentempo den Bogen hoch über den Kopf, wobei sich das Spannen der Bogensehne zu vollziehen hatte und brachte ihn dann in die rechte Schußhöhe. In dieser Stellung verharrte er.

Ich hatte mich, als er die ersten Schritte tat, in Augenblicksschnelle innerlich entleert um Eins mit dem Schützen, dem Bogen, dem Pfeil und dem zu treffenden Ziel sein zu können. Die Buddhaeinheit war vollzogen bevor der Schuß sich löste. »Es« traf das Ziel.

Der Meister verneigte sich – nicht vor dem aufbrausenden Beifall –, sondern vor dem Geschehen. Dreimal traf er so ins Schwarze der 200 Meter entfernten Scheibe.

Niemals hätte ich diese einmalige Erfahrung, zu gleicher Zeit Schauender und Erlebender zu sein, haben können ohne die Kenntnis der berühmten Herrigel-Schrift: »Zen in der Kunst des Bogenschießens«.*) Erneut und jetzt durch das Erleben dieser unvergeßlichen Stunden gesteigert, wußte ich, was für ein unschätzbares Juwel wir in diesem erleuchteten, schmalen Büchlein besitzen.

Der Präsident neben mir hatte mich beobachtet, wohl um zu prüfen, ob ich so im Zen lebe, wie man ihm gesagt hatte.

›Wissen Sie, wohin der Schuß des Meisters ging?‹ fragte er.

›Ja‹, sagte ich. ›In mein Herz.‹ Er lächelte und sagte sehr schnell etwas zu Sakamoto san, der es mir dann übersetzte. ›Der Präsident läßt Ihnen sagen, Sie dürften das, was Sie gemacht haben, jetzt nicht zu oft wiederholen. Es sei zu anstrengend.‹

Jetzt kamen die Meisterschüler, einer nach dem anderen an die Reihe. Sie waren in den dunkelblauen, bodenlangen, enorm weiten, hosenrockartigen Anzügen alle gleich in feierliche Zeremoniell-Tracht gekleidet. Es waren viele großartige Leistungen, wobei es keineswegs auf die Treffer, sondern auf das, was *vor* dem Schuß geschah, ankam. Eine einzige Frau trat als Meisterschülerin des Präsidenten auf. Sie traf nicht – aber sie war herrlich. Ich lernte sie später bei einem kleinen Reisessen, das der Präsident für ein paar der Herren vom Komitee gab, kennen und erfuhr, daß sie Kurse für Studentinnen und Gymnasiastinnen leitete.

Der Präsident ließ einen Bogen kommen, nahm meine Hand, gab den Fingern die rechte Stellung und ließ mich den Bogen spannen. Wieder und wieder, wobei er fast jedesmal die Finger neu legte und aufmerksam neben mir stehen blieb. Es gelang natürlich nur ganz unvollkommen und auch das nur, weil er mich stützte, doch war ich während dieses Tuns völlig ohne die Absicht, auch nur eine Winzigkeit zu schaffen und deshalb – wie er meine Leerheit (über die er, wie mir Sakamoto san später vertraute, zu seiner Schülerin ein Wort sagte) hatte erspüren können, bleibt rätselhaft – schlug er

---

*) Eugen Herrigel: »Zen in der Kunst des Bogenschießens«, O. W. Barth Verlag, Weilheim/Obb., 14. Aufl. 1970.

vor, daß ich den nächsten Kursus, der im September beginnen würde, mitmachen sollte.

›Wenn mein Rôshi einverstanden ist, mit Freuden‹, sagte ich. Es
war ein unvergeßlicher Tag.

Heute kam der Sekretär mit den Leuten, die den kleinen Eisschrank brachten und sagte sehr energisch zu der Nonne: »Die
Hauptfächer sind für Ital san. Befehl vom Rôshi.« Man wußte
anscheinend Bescheid, wie die Sache ohne diesen Befehl auslaufen
würde. Dennoch war es mir sehr peinlich und ich sagte einlenkend:
»Wir werden uns arrangieren.«

An den Rôshi aber schrieb ich sofort einen Dankesbrief für das
geistige Erlebnis des Bogenschießen-Festes und für das körperliche
des Eisschrankes.«

25. 7. 67

»Sakamoto san, dem ich von einem nächtlichen Einkauf etwas Obst
mitbrachte – die Lebensmittelbuden sind bis Mitternacht geöffnet –
verkündete: ›Gestern abend sagte Rôshi: Ital san ist für mich wie
eine Tochter.‹ Solche Worte helfen mir durchzuhalten.«

29. 7. 67

»Die Hitze ist weiter gnadenlos und nachdem ich am 26. umgefallen war und ein paar Stunden bewußtlos auf dem Fußboden, knapp
vor der Hühnerleitertreppe gelegen hatte, fuhr ich zu dem Direktor
der Universitätsklinik Prof. Imachi, der mir, als einzig mögliche
Hilfe, Eiskissen verordnete. Ich kaufte also zwei von diesen seltsamen, etwa 30 mal 20 cm großen Dingern, deren mir unbekannter
Inhalt, wenn er lange genug im Eisschrank lag, zu Eis erstarrte. Was
für ein Segen, daß das Rôshi-Eisschrank-Geschenk jetzt auf dem
Küchenschränkchen stand! Nachts lag mir ein Eiskissen im Nacken
und wechselte auf's Herz. Natürlich wurde das Bett nach kurzer
Zeit naß und allzulange war das Eis auf dem Körper auch nicht
auszuhalten, aber es war eine Hilfe, die ich auf mein *zazen* am
Tage ausdehnte, indem ich ein, mit einem Handtuch umwickeltes
Eiskissen auf die im Lotossitz verschränkten Beine legte und bis an
den Leib schob. Augenblicklich mache ich mit Eiskissen Hilfe meine
Eintragungen.

Die Salbe gegen meinen, mich entsetzlich quälenden Ausschlag ist zu Ende und wirkt wenig. Ich begreife nicht, warum der Arzt, zu dem ich wieder gefahren war, mir nur solche Liliputmengen der Salbe, die übrigens in seinem Labor hergestellt wird, verschreibt, so daß ich mich fürchte, sie richtig aufzutragen, weil sie sonst in zwei Tagen zu Ende wäre. So verschmiere ich nur ein wenig davon, bevor ich mich zu Hause zum *zazen* niedersetze, um wenigstens in dieser Zeit einigermaßen frei zu sein. Aber die Qual ist zermürbend und ich könnte mir die Haut vom Leibe reißen.

Vorgestern am 27. 7. war im Tempel unser letztes *zazen* vor den Ferien mit *sanzen* beim Rôshi.

Der Rôshi sagte, nach dem tiefen Atem: ›Be Oneness with the koan‹ ›Mu.‹ ›Go in the deep *samadhi*.‹ (Sei eins mit dem Koan ›Mu‹. Geh' in tiefes *samadhi*.)«

31. 7. 67 Semester-Ende.

»Gestern war das offizielle Ende des Semesters mit großer Feier im *hondô*, bei der auch die Laienanhänger anwesend waren. Nach dem Geläut der großen Glocke im Vorhof begann die Aufstellung der Mönche, die in diesem Semester den Außendienst hatten, dann, unter dem Dröhnen der mit einer Holzkeule geschlagenen Bronzebecken, zu denen sich dumpfe Paukenschläge gesellten, zogen die *zendô*-Mönche ein und begaben sich an ihre Plätze.

Jetzt folgten bei sich steigernden Gong-Pauken- und Beckenschlägen, in herrlichen Gewändern, die Zen-Äbte aus der ganzen Gegend, die zu unserem Haupttempel gehört, meist uralte Herren, von denen aber noch keiner fehlte, der vor vier Jahren hier auf seinem Ehrensessel der Feier beigewohnt hatte.

Nun aber steigerte sich das Wirbeln der großen Trommel mit den, zu höchstem Fortissimo aufgepeitschten Becken- und Paukenschlägen zu einem ekstatischen, Herz und Sinne in Aufruhr versetzenden Höhepunkt: Der Rôshi erschien.

In diesem Augenblick der gewaltigsten Steigerung brach die Musik ab. Es ging wie ein Riß durch die Atmosphäre. Der absolute Null-Punkt trat ein.

So oft ich dieses Ereignis nun schon erlebt hatte, jedesmal wirkte dieser – symbolische – plötzliche Absturz ins Nichts gleich einem Schock.

Es folgte unter dem Rezitieren der Prajna-Paramita-Hridayam-Sutra der Mönche der Anbetungsakt des Rôshi, wobei er aus dem Stand dreißig Mal zu Boden ging. Ich zitterte um ihn, denn uns, die wir unbeweglich saßen, rann das Wasser bei einer Temperatur von 39 Grad in Strömen den Körper hinunter – aber für ihn gab es keine Gnade. Dabei hatte ich das ungute Gefühl, als ob gewisse Mönche kalt darauf achteten, ob er wohl durchhalten würde. Ob aber auch nur ein einziger der Mönche, unter den gegebenen Umständen, im Stande gewesen wäre eine derartige Leistung zu vollbringen, das möchte ich bezweifeln, obwohl der Älteste unter ihnen dreißig Jahre jünger war als der Rôshi, der jetzt die drei Stufen eines Schemels emporstieg und sich auf den Sitz eines uralten, aus China stammenden Hochsessels schwang, der stets für seine Vorlesungen herbeigetragen wurde, um eine, genau eine Stunde lang währende, Vorlesung zu halten.

Nach dem Ende der Feier war für alle Teilnehmer ein Essen vorbereitet worden. Jeder bekam ein rotes Lacktablett mit den in vielen, kleinen Schälchen zugerichteten Speisen, an denen ich allerdings nur nippte.

Das Semester war zu Ende. Die Tempelferien hatten begonnen.

Ich weiß nicht, ob ich traurig sein soll, daß jetzt eine so endlos lange Zeit ohne Tempel-*zazen* vor mir liegt. Aber vielleicht finde ich tiefer zum Sinn meines Hierseins, wenn ich im Meditieren ganz auf mich selbst gestellt bin.«

31. 7. 67, spät nachts

»Etwas Entsetzliches ist geschehen. K. san hat sich das Leben genommen!

Ich will, trotz einer, einem Erdbeben vergleichbaren Erschütterung von Geist und Körper, versuchen einzutragen, was sich zugetragen hat.

Heute, am ersten freien Tag, hatte ich Einkäufe in der City gemacht um für eine Woche versorgt zu sein und ungestört nur der Meditation leben zu können. Bei der Gelegenheit hatte ich einige Päckchen der sehr beliebten deutschen Zigaretten für den Sekretär gekauft und suchte ihn am späten Nachmittag in seiner Behausung auf (er wohnt natürlich nicht im Tempel), zumal der Bus gerade vor dem primitiven Appartement-Haus hält.

Er machte einen verstörten Eindruck und sagte: »K. san hat sich das Leben genommen.« Aber in seiner Erregung sprach er das K. wie Sch. aus, so daß ich zurück fragte: »Wer?« Und wieder versprach er sich, so daß ich fragte: »Wer ist das?« Da schrie er. »Ihr Freund! K. san!«

Jetzt schrie auch ich auf und warf mich mit dem Gesicht zur Wand. Sakamoto san überließ mich meinem Schluchzen so lange bis ich fähig war, eine Frage zu stammeln.

Ich will es ganz sachlich niederschreiben, weil ich sonst überhaupt nicht schreiben kann.

K. san hat sich gestern nachmittag, in seiner Mönchstracht, vor den Superexpreß geworfen und es ist nichts von ihm übriggeblieben.

Ein Zeitungsreporter brachte Sakamoto san um Mitternacht die Nachricht, der darauf zum Rôshi in sein Schlafgemach stürzte, um ihm die Schreckenskunde zu melden.

›Was sagte der Rôshi?‹ fragte ich.

›Dasselbe wie Sie. Er schwieg, wandte sich ab und schluchzte.‹ Das war in der Geschichte unseres Tempels noch nicht dagewesen: Der Rôshi schluchzte.

Sein bester, sein strahlender Mönch, sein liebster Sohn war dahin.

›Warum, Sakamoto san – – warum?‹

›Er hat keine Lösung für den Zwiespalt seines Herzens gefunden. Sein Geist soll in der letzten Zeit verwirrt gewesen sein. Ich bin den ganzen Tag zu allen Zeitungsredaktionen, auch in Osaka, unterwegs gewesen, damit nichts weiter über den Fall publiziert wird, der unserem Tempel sehr schaden könnte. Man hat es mir versprochen.‹

So ist das auf unserem Stern. Selbst in einem Zen-Kloster wird der Schmerz, kaum aufgetreten, schon durch die Frage nach den möglicherweise auftretenden Folgen des Unglücks, paralysiert.

Noch unfähig das Unfaßbare zu fassen, ging ich zum Tempel und bat Nan san zu fragen, ob der Rôshi mich empfangen würde. Ich wurde sofort vorgelassen. An der Seite saßen zwei Mönche, was sonst kaum vorkam, weil der Rôshi die Mönche in seinem Privatraum selten empfängt. Der Eine war Katsu san, der vor Jahren zusammen mit K. san ins Kloster eingetreten war.

Der Rôshi wandte den Kopf zur Seite, als ich ihm schluchzend kondolierte. Er saß stumm, gleichsam wie von Leid durchtränkt. Aber als ich sagte: ›Er hat Sie geliebt. Er war Ihr Sohn‹, da sah er mit tränenverdunkelten Augen zu mir hin und sagte:

›Ich weiß. Ich danke Ihnen für Ihre Liebe.‹

Im Auftrage des Rôshi fuhren noch in der Nacht Katsu san und drei andere Mönche nach Gifu – etwa drei Eilzugstunden von uns entfernt –, um am Hausaltar der Mutter des Verstorbenen, bei der er die letzten Monate gewohnt hatte, die Trauerzeremonie zu halten.

Ich kehrte in unseren Myokanji zurück. Die Nonne wollte meine Nachricht nicht glauben, sie nahm an, mein Japanisch spiele mir einen Streich. Erst als sie mein verweintes Gesicht sah, begriff sie, was geschehen war.«

2. 8. 67

»Sakamoto san sagte mir im Geheimen, daß der Rôshi gestern von Kyoto nach Gifu gefahren sei, um in K. san's Elternhaus für ihn am Altar zu beten. Niemand außer Sakamoto san darf es wissen und er vertraute es mir an. Es ist gegen das Reglement – der Rôshi steht über allem und private Stellungnahme existiert nicht mehr für ihn. Aber sein Herz hat ihn in seinem Leid nicht ruhen lassen. Der Sekretär sagte: ›Rôshi mußte nach Kyoto und sagte, wie nebenbei, zu mir: Ich werde in Gifu die Fahrt unterbrechen. Das ist echt Rôshi – es gibt nämlich keine Unterbrechung, sondern man muß in Kyoto umsteigen und noch zwei Stunden bis Gifu fahren . . .‹

Auch die für Mönche selbstverständliche Verbrennung konnte nicht vollzogen werden, weil das, was von dem einst so schönen Körper übrig war, nur noch in die Erde gesenkt werden konnte – ein paar Fetzen.

Ein Mann war von zu Hause weggegangen und zurück wurde ein Paket gebracht.

Im Tempel findet keine Trauerfeier statt. Aber das, was aus dem innersten Herzen des Rôshi für seinen Mönch in das kosmische Buddhaherz einmündet, ist mehr als tausend Trauerfeiern sein könnten.«

5. 8. 67

»Wegen der grauenhaften Hitze konnte ich die letzten Tage nichts eintragen. Ich liege auf Eiskissen und der Ventilator geht Tag und Nacht. Wie soll es weitergehen? Ich bin wie gelähmt und *zazen* fällt mir schwer. Auch nehme ich kaum Nahrung zu mir.

Der Rôshi ist in Kyoto geblieben, um hier den vielen Fragern zu entgehen. ›Er ist in tiefer Melancholie‹, sagte Sakamoto san, der mir auf seinen Wunsch ein paar Früchte brachte.

Er erzählte noch, daß – als einer der Mönche während einer K. san betreffenden Besprechung gesagt hatte: ›Eine unsinnige Dummheit, daß er sich ›deshalb‹ das Leben genommen hat‹, – der Rôshi aufgefahren sei und die Versammelten angeschrien habe: ›Un - sinnig seid Ihr!‹

Ja, so ist es. Sie verstehen nichts. Garnichts. Es ist hier wie überall: Das Mittelmaß ist unfähig, das Außerordentliche zu verstehen. Der Rôshi ist allein. K. san war allein.

Ich liege hier, körperlich niedergebrochen, doch wachen Geistes und meine Gedanken kreisen, seit der Katastrophe, nur um den einen Punkt: Wie konnte das geschehen? Hier stimmt etwas nicht. Und das habe ich am ersten Tage, als ich den Tempel wieder betrat, gespürt.

Aber – was – stimmt nicht?«

Mein Tagebuch, das vor mir liegt, sagt wieder das aus, was ich schon vorher, wegen des Fehlens von X. san und K. san im Tempel, niedergeschrieben hatte. Dem kann nichts hinzugefügt werden.

Aber um die Katastrophe zu vollenden, kam für K. san, abgesehen von der Tatsache, daß er trotz allem Zen-Mönch hatte bleiben wollen, noch Persönliches hinzu. Die nackten, äußeren Gegebenheiten waren folgende: Wer aus der Familie ausscheidet, um Mönch zu werden, verzichtet auf das Vermögen, das ihm zustehen würde, zu Gunsten seiner Geschwister – bis auf das Wenige, was ihm zur Bestreitung seines Mönchsdaseins nötig ist. Das ist, wie mir erklärt wurde, Gesetz und, soweit wir erfahren hatten, weigerten sich die Geschwister das, was sie hatten, wieder herauszugeben.

Dann: K. san hatte, nachdem er den Rôshi s. Z. hatte sprechen hören, sein Jurastudium abgebrochen, und war ihm als sein Schüler gefolgt und Mönch geworden. Dieser, inzwischen im 37. Lebensjahr stehende, hochbegabte Mann »konnte« also nichts. Womit sollte er für sich und seine künftige Frau den Lebensunterhalt verdienen?

Drittens kam hinzu, daß er, der in glühender Askese gelebt und sich nie eine Verfehlung hatte zuschulden kommen lassen – aber um alles wußte, was sich viele seiner Brüder (ungeahndet) geleistet hatten – nicht begriff, daß er, der offen bekannt hatte, was ihm widerfahren war, nun der Verfehmte sein sollte. Viertens: Der Rôshi, der ihn zwar immer wieder empfing, gab keine weltlichen Ratschläge. Er war ein geistiges Oberhaupt und K. san hätte wissen müssen, daß er vor seinen Rôshi nur mit einer Entscheidung treten durfte.

Seine Mutter war wohl eine schwache Frau, die dem Konflikt, mit dem ihr Sohn sich auseinanderzusetzen hatte, nicht gewachsen war. Und die Geliebte, um die es ging – oder gegangen war –, schien auch versagt zu haben.

So türmten die äußerlichen Schwierigkeiten sich zu einem Gebirge. Zu diesen Schwierigkeiten kam noch ein anderes Unheil, ein Unheil, um das nur ich wußte und die unmittelbar Beteiligten: der Amerikaner.

Erst beim trostlosen Meditieren über diese Tragödie fiel es mir wieder ein: Er, der Verführer von X. san, hatte auch von dem abwesenden K. san als von »seinem Freund« gesprochen, nachdem er sich 14 Tage vor der Katastrophe in dem kleinen Kaffee zu mir gesetzt hatte. Seinen zynischen Worten, daß gar nicht das Mädchen schuld sei – es sei Unsinn da von einer Bindung zu sprechen –, sondern die Zustände im Tempel seien die Ursache dafür, daß er ihn verlassen habe, hatte ich aus dem Grund kein Gewicht beigelegt, weil ich wußte, wie K. san sich darum bemühte, in einen Kompromiß mit dem Tempel zu kommen.

Jetzt war es mir klar: Der Verführer in Menschengestalt, war immer zur Stelle, um ein Objekt, das in Zweifel und Schwierigkeiten geraten war und um das es sich lohnte, ganz zu Fall zu bringen. (Hier war es ein geradezu klassischer Fall.) Natürlich sollte auch K. san, der glänzend Englisch sprach, in »die Freiheit« geführt werden, wie X. san vor ihm, um »glücklich zu werden« und um vor allem natürlich dem Verführer zum Glück zu verhelfen.

Man könnte fragen – christlich ausgedrückt –: Und wo blieb Gott?

Die Antwort kann nur lauten: K. san hatte die Einheit mit dem Urgrund, durch den Einbruch der sogenannten »Realitäten«, selbst in dichten Nebel gehüllt; es ist ein furchtbarer Irrtum anzunehmen, daß das In-sich-selbst-Seiende, also das Unbenennbare, Gestaltlose und nur in der plötzlichen Erleuchtung blitzhaft Erfahrbare, etwas »tun« müsse.

Der Mensch muß tun und ist dazu aufgerufen. Und seit Jahrtausenden wissen alle Gottsucher, daß sie um so gefährdeter sind, je herrlicher ihre Offenbarungen werden und je inniger sie sich dem Ewig-Wahren genähert haben. Es ist das eigene Göttliche Selbst, das den schwachen Punkt, und wenn er noch so gering ist, aufspürt und dem menschlichen Sucher – und damit sich selbst – die Versuchung schickt, die den gewissen Punkt bloßlegen soll.

Zum springenden Punkt wird dann, daß der Sucher, der mit seiner eigenen Schwäche konfrontiert wird, nun nicht etwa versucht, sie mit seinen bisherigen herrlichen Erfahrungen beschwichtigend zuzudecken, sondern daß er sich ans Werk macht, diese Schwäche, indem er sie in allen denkbaren Variationen geistig vor sich entstehen läßt – wie, das hat er gelernt – umzuwandeln versucht.

Tut er das – dann hilft ihm Gott. Das meint: Sein Göttliches Selbst arbeitet bei diesem geistigen Tun mit ihm zusammen.

K. san, der von allen stets heimlich Beneidete, aber von vielen, die sein begnadetes Wesen erkannten, Geliebte, hat es in diesem Leben nicht geschafft, sich aus dem Strudel der »Welt«, in den er immer tiefer hineingeraten war, wieder herauszuarbeiten. Aber er ist in ihm auch nicht untergegangen.

Es stimmt wohl, daß sein zermartertes Gehirn die Spannungen nicht mehr ausgehalten hat und daß Spuren von Störungen aufgetreten waren. Da kleidete er sich in das Gewand, das das seine war und das nun zu ihm gehören wird für immerdar. Den letzten Weg ging er als Zen-Mönch. Bewußt. Und – man möchte sagen: Erleuchtet.

Aber die anderen? Ich meine nicht die Familie, der sein inneres Außenseiterdasein nie verständlich gewesen war; ich meine die Zen-Familie, in der er so viele Jahre gelebt hatte, die Mönchsgemeinde und, so schwer es mir auch wird dies niederzuschreiben, ich meine auch den Rôshi.

K. san war ein erfahrener Mönch, der natürlich wußte, daß das geistige Oberhaupt nicht für weltliche Auseinandersetzungen zuständig war. Der Rôshi war der Lehr-Meister und durfte nichts anderes sein, wenn er nicht in Konflikt mit seiner Mönchsgemeinde kommen wollte. K. san aber suchte den Vater. Den Vater, der ihm den Rettungsring zuwerfen sollte. Der Rôshi jedoch war der »puer aeternus«, der schon als Jüngling die große Erleuchtung gewonnen hatte und der, selbst wenn in seinem damaligen Kloster an ihn, den jungen Mönch, eine Anfechtung herangetreten wäre, sie sofort in das »Eine« umgewandelt hätte. Erfahrung, »erlittene« weltliche Erfahrung hatte er nicht. Diese, in früheren Inkarnationen abgestreiften Auseinandersetzungen mit der »Welt« waren in seinem jetzigen Dasein für ihn, der im kosmischen Buddhasein beheimatet war, nicht mehr existent. Sollte man das einen Mangel nennen?

Ich wußte schon während meines ersten Aufenthaltes im Tempel sehr bald um dieses, sein So-sein. Doch viele mochten sich wegen seiner großen, inneren, weit nach außen strahlenden Heiterkeit darüber getäuscht haben.

Bei einem solchen Rôshi der Transzendenz fehlte im Tempel der weise Mittelsmann. Der erste Mönch sollte es sein. Aber er war es nicht. Und hier entsteht die quälende Frage: War dem Rôshi die Unzulänglichkeit dieses gewählten Mönches nicht bekannt? Das scheint mir kaum glaublich. War sie ihm aber bekannt – und ich bin außerdem überzeugt, das K. san dem Rôshi die gehässige Stellungnahme des ersten Mönches mitgeteilt hatte –, hätte er ihm dann nicht wenigstens die Wärme seines Herzens als Trost und – Hoffnung – schenken sollen?

Fragen über Fragen, die nie mehr beantwortet werden können.

Sicher sind nur zwei Ergebnisse:

K. san hatte sich, wie aus einem Abschiedsbrief an seinen Bruder hervorging, vom Rôshi verlassen gefühlt. Der Inhalt des Briefes wurde dem Sekretär von diesem Bruder mit Dank für sein früheres hilfreiches Verständnis übermittelt, der ihn wiederum an mich weitergab. »Verschweigen Sie das dem Rôshi«, beschwor ich ihn. »Sein Gram ist tief genug.« Er war der gleichen Ansicht.

Selbstverständlich fragte ich in diesem Zusammenhang, ob K. san denn keinen Brief für den Rôshi hinterlassen habe.

»Nein, das ist in Japan nicht üblich«, erklärte er, »es wäre gegen die Etikette. Er konnte nur etwas z. B. an die Familienmitglieder hinterlassen, die dann die Botschaft – als Dritte – ehrfürchtig überbringen konnten. Oder auch nicht.«

Wieder wurde mir bewußt, daß das, was uns Europäern als von Herz und Verstand diktiertem natürlichem Empfinden für selbstverständlich galt, in Japan sogar als unstatthaft empfunden werden konnte. Man denkt nicht gradeaus, man bewegt sich in Kurven. Nach dieser Belehrung durch Sakamoto san fragte ich mich wieder einmal betroffen: Wann verstehen wir uns eigentlich überhaupt?

K. san also hatte sich vom Rôshi verlassen gefühlt. Das war das eine Ergebnis.

Das andere Ergebnis war das Leid des Rôshi. Alles was er – im Geheimen – tat, war ungewöhnlich und ohne Beispiel: Er fuhr nach Gifu, um am Hausaltar der Familie die Trauerzeremonie zu vollziehen; zwei Tage später schickte er seinen Sekretär, mit den kostbarsten Weihrauchstäbchen für ein ganzes Jahr, ebenfalls nach

Gifu. Er zog sich tagelang zurück, um nicht von Fragern belästigt zu werden und in der weiteren Folge versagte er sich selbst strikt einige winzige Annehmlichkeiten. So war ihm, der keine Medikamente nahm, ab und zu für sein Herz ein Schluck Whisky zur Belebung verordnet worden. Er nahm keinen Tropfen mehr zu sich. Er gestattete auch keine Kritik an K. san und fuhr solche Mönche, die sich berufen fühlten, etwas zu sagen, hart an.

Nahm er eine Kollektivschuld des Unverständnisses auf sich? Versank er in Gram darüber, daß der »Rôshi« nicht hatte der Vater sein dürfen?

Er litt. Das wußten die wenigen, die ihn, den in der Buddhaeinheit Ruhenden, wenigstens in seinem täglichen Leben und seiner Wesenausstrahlung kennen durften.

Der Tod seines liebsten Mönches hinterließ eine Spur in ihm, deren Folgen nicht abzusehen waren, die sich aber bereits abzuzeichnen begannen . . .

Doch auch durch mein Inneres, das von dem Tage an, seitdem ich hier wieder eingetroffen war, von einem Schock in den anderen gejagt worden war, ging ein Riß, der immer tiefer und breiter geworden war. Sollte ich Brücken bauen? Das wäre Flucht in Selbsttäuschung und Bequemlichkeit gewesen.

Der Gedanke »warum bin ich noch einmal hierher gekommen« oder »warum mußte ich gerade zu dieser Zeit hierherkommen«?, den ich stets als untunlich abgewiesen hatte, jetzt bohrte er sich wie ein glühender Pfeil in mein ganzes Denken. Ich wies ihn nicht mehr ab. Ich stellte mich ihm.

Aus dem lebenslangen Bemühen immer in Gemeinschaft mit dem Tao zu gehen und den daraus herrührenden Erfahrungen, wußte ich, daß mir das Leben stets selbst die Antwort gab. Und seine nackte Antwort lautete, daß ich nicht hier wäre, wenn es nicht richtig wäre, hier zu sein.

Daran gab es also nichts mehr zu drehen und zu deuteln.

Tagebuch 11. 8. 67

»Früh war ich beim Rôshi, ich kam naß an, wie aus dem Wasser gezogen. Er war sehr lieb und schenkte mir sein am Vorabend erschienenes Buch und schrieb gleich eine Widmung hinein: To my dear Miss Gerta Ital. From Bhikkou – folgt sein Name.

Durch Nan san erfuhr ich, daß nach Mrs. M's Tod der Rôshi keinen Wagen mehr zur Verfügung hat und in dieser Glut öffentliche Verkehrsmittel, überfüllte Busse und Bahnen benutzen muß. Und sogar in den O-Bon Tagen, die dem Andenken der Verstorbenen geweiht sind, – über die ich früher ausführlich berichtet habe – muß der Rôshi ununterbrochen von einem Tempel zum anderen und von einem Ort zum anderen unterwegs sein. Obwohl ich mit dem Geld sehr knapp bin, machte ich einen Umschlag zurecht und gab ihn heimlich Nan san, dem aufwartenden Mönch des Rôshi, der immer mit ihm unterwegs ist, damit er ein Taxi bestellen kann, wenn der Rôshi erschöpft ist.

Es ist nicht zu fassen, daß sich keiner von den Laienanhängern des Rôshi dazu bereit findet, ihm wenigstens in solchen Tagen einen Wagen zu leihen.«

18. 8. 67

»Unsere Stadt und das eine halbe Schnellzugstunde von uns entfernte Osaka sind zu der seit Wochen heißesten Region der Erde erklärt worden, heißer als Singapur, Karachi, Bombey usw. In der Zeitung stand, daß seit 80 Jahren in Japan nicht eine derartige Hitze gewesen sein soll und – daß sie leider fortdauern wird.«

»Es ist wahrscheinlich, daß ich am 24. abreise, um in eine kühlere Gegend zu kommen. Der Rôshi hat durch Sakamoto san, den er auf den Mount Hiei – ein und einhalb Stunden über Kyoto – zu Dr. H. gesandt hat, veranlaßt, daß ich dorthin kommen kann. Es ist ein großer Tempel der Tendai-Sekte, deren Rôshi Dr. H. ist. Er liegt 1200 m hoch und es soll wirklich kühl dort oben sein. Trotzdem habe ich große Bedenken und weiß nicht warum.

Es ist tief in der Nacht und ich habe eben die Eiskissen erneuert, um ein Nebenergebnis meiner steten inneren »Mu« Auseinandersetzung aufzeichnen zu können. Es ist ja nicht allein das »Nichts« an sich, das pausenlos ins tiefste Innere hinabgesenkt werden muß. In meinem ununterbrochenen, in Abgeschiedenheit vollzogenem *zazen* erkannte ich auf die stets als »Neben-Koan« meditierte Frage: »Warum bin ich hier«, ganz plötzlich, daß ich auch aus einem sehr merkwürdig anmutenden Grund bis ans Ende der Welt habe reisen müssen, aus einem Grund auf den ich normalerweise nie gekommen wäre: Ich mußte mein Verhältnis zu der Nonne É. in Ordnung bringen.

Damals vor vier Jahren, als der Entschluß des Rôshi, daß er mich in den Tempel aufnehmen würde und ich zusammen mit den Mönchen dem Zen leben dürfe, wie eine geistige Bombe einschlug, hatte er gleichzeitig bestimmt, daß die Nonne É. nach dem Großen *zazen*, zu dem sie gekommen war, nicht in ihren Heimattempel zurückkehren, sondern ebenfalls hier bleiben sollte, damit ich nicht allein war.

Ich brachte ihr mein ganzes Herz entgegen. Sie aber wurde meine Feindin und ihre Intrigen, die darauf zielten mich aus dem Tempel zu entfernen, waren zermürbend für mich. Damals sagte der Sekretär, der viele Monate gebraucht hatte, ehe er sich zu mir bekannte: ›Sie ist ein böses Weib‹, und zu diesem Ausspruch steht er noch heute.

Aber: Warum hatte mich das Schicksal wieder – und nun ganz eng in unserem kleinen Nonnentempel zusammengeführt? Mir geschah nichts ohne Grund. Was aber war der Grund?

Plötzlich war alles sonnenklar: Wir hatten eine karmische Auseinandersetzung. Und dieses Karma mußte vernichtet werden. Und zwar von mir, weil ich die Wissende war.

Im *zazen,* also in der Meditation, war ich, bei stärkstem Einsatz, innerhalb von zwei Tagen »frei« und freudig entschlossen, keinen Hader mehr aufkommen zu lassen und allen Unfreundlichkeiten mit friedvollem Herzen zu begegnen.

Ich bin dankbar für die Erkenntnis, daß ich auch deshalb habe nach Japan kommen müssen, um eine, aus früheren Leben datierende Gegnerschaft zu beenden und sie aufzulösen in dem einen ›Großen Mu‹.

Nach diesem inneren Vollzug war alles ganz einfach. Ich brauchte nichts zu tun. ›Es‹ tat.

Die junge Schwester der Nonne hatte ein Wochenende am Meer verbracht. Als sie am Montag abend von ihrer Arbeit nach Hause kam, war ich zufällig unten in der Küche und fragte sie, ob es schön gewesen sei. Da zeigte sie mir, mit Tränen in den Augen, ihre nackten Arme: Sie hatte einen fürchterlichen Sonnenbrand. Mit dieser Pein hatte das arme Geschöpf den ganzen Tag im Büro gesessen. Ich eilte nach oben, holte aus meiner umfangreichen Apotheke alles Nötige, verarztete sie, während die Nonne zuschaute, gab ihr eine schmerzstillende Pille und ein Schlafmittel dazu und hieß sie sich hinlegen. Am anderen Abend, als sie heimkehrte, war sie gesund. Sie hatte tief geschlafen und die Schmerzen waren auf ein Minimum reduziert.

Daß ich half, war für mich das Selbstverständlichste von der Welt; nicht so selbstverständlich aber war es wohl für die Nonne gewesen. Die Atmosphäre begann sich zu entgiften und zwar gleichsam wie von selbst. Kleinigkeiten, daß ich hie und da behilflich sein konnte, ergaben sich ganz zwanglos und die bisher, bei jeder Begegnung spannungsgeladene Luft wich einem gleichmütigen Sicheinander-Dulden. Mehr ist es natürlich nicht, aber mehr ist auch nicht nötig. Gegen mein Hiersein war nichts zu machen, das hatte sie eingesehen, sie mußte auch längst eingesehen haben, daß ich mich völlig abseits hielt, ihre Kreise nicht störte und nur dem *zazen* lebte. Die gröbsten Schikanen unterließ sie seitdem und das war schon viel. Da ich von meiner Seite entschlossen bin das, was ich erkannt habe, zu verwirklichen, so sollte eigentlich nichts Unerfreuliches mehr geschehen können. Ich bin nun einmal Optimistin.«

22. 8. 67

»Heute hat das *zazen* für Laienanhänger und für junge Menschen begonnen, was nur während der Ferien stattfinden kann. Das ist der Grund, weshalb ich meine kleine Erholungsreise in kühlere Höhenluft erst auf den 24. gelegt habe. Um des Rôshi willen. Die meisten Laienanhänger wissen, daß ich wieder im Tempel bin und würden natürlich fragen, warum ich fehle. Nach den letzten traurigen Vorkommnissen möchte ich dem Rôshi solche Fragen ersparen. Aber ich mache nur heute und morgen mit. Am 24. früh fahre ich ab.

Bei uns sind zwölf junge Mädchen untergebracht. Bei mir oben in den leeren Räumen zehn.

Das Erste, was ihnen von der Nonne befohlen wurde, war: saubermachen. Es ist eine harte Arbeit, vor allem wenn man es wie diese jungen Mädchen nicht gewohnt ist, mit Wasser und Seife bis in die letzten Ritzen des Tempels vorzudringen. Zunächst war großes Gelächter dabei, als sie aber in der Hitze im Garten zu jäten und zu arbeiten hatten, wurde nach den ersten Tagen die Fröhlichkeit matter und seltener. Wenn diese Kinder, die zwischen 14 und 17 Jahre alt waren, dann zum *zazen* in den Tempel mußten, da waren sie meiner Meinung nach, gar nicht mehr fähig auch nur für fünf Minuten erfolgreich im *zazen* verweilen zu können. Noch dazu in dem überfüllten, kochend heißen *hondô*. In den *zendô* kam natürlich kein Fremder. Aber zum *sanzen* durften an diesen Tagen einige fortgeschrittene Laienanhänger des Rôshi kommen.«

23. 8. 67 spät.

»Am zweiten Abend erweiterte der Rôshi im *sanzen* das Koan. Er sagte:

Be Oneness with the whole world.	Sei Eins mit der ganzen Welt.
Be Oneness with everything.	Sei Eins mit jedem Ding.
Be Oneness with the Koan ›Mu‹.	Sei Eins mit dem Koan ›Mu‹.

Wenn ich nun ein paar Tage in frischer Luft sein werde, hoffe ich besser meditieren zu können. Bei dem momentanen Betrieb in unserem Myokanji ist das unmöglich.

Sakamoto san hat mir genau aufgeschrieben, wie und zu welchen Zeiten ich zu fahren habe. Auf Japanisch, damit die Leute es, wenn

nötig, lesen können. Der Rôshi soll gelacht haben: ›Ital san ent-
flieht.‹«

27. 8. 67
»Ich bin schon wieder da. Seit gestern nachmittag dem 26. Es war
fürchterlich. Zum Glück habe ich Zeit alles einzutragen, weil die
junge Schar noch herumschwirrt und deshalb an meditieren nicht zu
denken ist.«

Ich war so voller Freude und Hoffnung auf Kühle und Stille in
der Einsamkeit des 1200 Meter hohen Tempels, vor allem auch deshalb, weil ich hoffte, daß sich dort oben mein Ausschlag bessern und
die Qual des unaufhörlichen Juckens sich vermindern würde, nachdem der Arzt des Rôshi gesagt hatte, daß an eine Besserung nicht
zu denken sei, solange die Hitze andauere.

Der Sekretär hatte mich darauf aufmerksam gemacht, daß es dort
oben natürlich keine Geschäfte gebe, man also nichts einkaufen
könne und daß man kein europäisches Frühstück, sondern nur zwei
japanische Mahlzeiten bekomme. Also hatte ich eingekauft: Nescafé,
Butter, Marmelade, Käse, deutsches Knäckebrot hatte ich noch. Ich
war also ziemlich beladen, denn einen Koffer mit Kleidung hatte
ich natürlich auch. Ich war so elend, daß ich schon gar nicht mehr an
den Bergsturz in meiner Kasse dachte, sondern entschlossen war
dort oben 10–14 Tage zu bleiben, um wenigstens so weit zu mir zu
kommen, daß ich die nächste Zeit würde besser überstehen können.
Neunundzwanzig Mark in einem Tempel mit nur zwei Mahlzeiten
am Tag fand ich recht ansehnlich bezahlt. Aber ich hatte keine
Wahl. Ich fuhr also nach Kyoto. Der Bus, der zu den Tempeln auf
dem Mount Hiei führte, ging vom Bahnhof ab. Die irrsinnig heiße
Fahrt im geschlossenen Wagen, in einer ununterbrochen steilen Steigerung auf einer in Serpentinen aufwärts führenden, neuen, asphal-
tierten Straße hätte in erträglicher Temperatur sicher wunderschön
sein können. Aber fast alle Reisenden hatten, wie ich, die Augen geschlossen. In etwa 1000 Meter Höhe kamen wir an einem herrlich
gelegenen Luxushotel mit großem Schwimmbecken vorbei, in dem
sich fröhliche Menschen tummelten und ich dachte: Hier würde es
wahrscheinlich richtig sein für mich. Nicht der Menschen, aber des
Komforts wegen. Zwanzig Minuten später war ich angelangt und

war ziemlich, aber nicht unbedingt angenehm überrascht. Hier war ein Plateau, das sich anscheinend sehr weit ausdehnte, mit einem Betrieb der an einen gesitteten Rummelplatz erinnerte. Ratlos stand ich neben meinem Gepäck, während die Sonne Feuergarben auf diesen schattenlosen Platz warf und hielt nach dem Mönch Ausschau, der mich hier abholen sollte. Unablässig strömten Menschenmassen zu einem rechts von hier gelegenen, sehr schönen und großen Tempel und ich wunderte mich, warum seine Glocke ununterbrochen angeschlagen wurde. Später erfuhr ich, daß gegen Entgelt jedermann läuten durfte, was etwas ernüchternd wirkte. Natürlich mußte auch Eintritt bezahlt werden, ehe man den Vorhof betreten durfte. Zum Glück war er nicht meine Wohnstätte, obgleich er zur Tendai-Sekte gehörte.

Als ich einsehen mußte, daß niemand mich holen kam, schleppte ich mich mit meinem Gepäck zu den Buden, die Obst und japanische Süßigkeiten feil hielten und fragte eine der Budenfrauen, indem ich ihr das von Sakamoto san auf Japanisch Geschriebene vorhielt, wohin ich mich zu wenden habe. Als sie meinte, das sei mindestens eine halbe Stunde Weg, verließ mich die Fassung und ich fragte, wann der nächste Autobus zurückginge. Sie schüttelte den Kopf und wies mir den Weg, wo der Eingang zu dem Tempelgelände war, zu dem ich anscheinend hin mußte. Mein Gepäck ließ ich auf einer Bank bei den Buden stehen. Mir war alles egal, wenn es gestohlen wurde, brauchte ich es nicht mehr zu tragen. Am Eingang war wieder ein Pförtner, der sogar einen ziemlich hohen Eintrittobolus verlangte. Jetzt riß mir die Geduld, ich machte ihm klar, daß ich hier angemeldeter Gast sei und daß mir Abholung zugesagt worden sei, worauf er lange Telefongespräche zu führen begann. Nach ihrer Beendigung ließ er mich in sein Pförtnerbüdchen ein, wo wenigstens Schatten war. Dann dauerte es noch einmal eine halbe Stunde, bis ein Auto mit zwei Mönchen vorfuhr, die nun endlich mich und mein noch vorhandenes Gepäck verfrachteten.

Nach einer schnellen Fahrt von zehn Minuten hielten wir auf einem weiten Platz vor einem niedrigen, sich aber nach beiden Seiten weitausdehnenden Gebäude. Das war kein Tempel. Das war ein Gästehaus der Tempelgemeinschaft mit richtigem Hotelempfang. Englisch verstand kein Mensch. Hier waren Japaner unter sich und ich sah Komplikationen voraus. Zunächst aber hatte ich nur das eine Bedürfnis, mich hinzulegen. So ließ ich mich auf endlosen Gängen zu meinem Zimmer führen. Das war nun sehr hübsch und ich schöpfte Hoffnung. Natürlich hatte es keine »Einrichtung«, das einzige Möbelstück in einer Ecke war ein Kleiderständer, so wie man ihn früher in den alten Wiener Kaffees hatte. Immerhin konnte man etwas aufhängen. Der Charme des Zimmers bestand aus seiner kleinen Veranda, die eins mit dem Zimmer war und auf der wahrhaftig ein kleiner Tisch und zwei Korbsesselchen standen. Die Aussicht auf eine tiefe Gebirgsschlucht und die bewaldeten Höhen versprach sehr schön zu sein. Jetzt war alles in weißen Dampf gehüllt.

Die bedienende Japanerin, eine nette, ältere Frau, holte aus der Wandkammer die Futons für das Lager und da viele vorhanden waren, so schichtete sie sie übereinander. Mit ihr besprach ich mein Programm und bat sie, mir die Mahlzeiten auf mein Zimmer zu bringen, denn im Eßraum, wo die Gäste an langen Tischen, dicht an dicht nebeneinander saßen, wollte ich, als einzige Fremde, nicht die Aufmerksamkeit auf mich lenken. Außerdem bat ich sie, mir morgens und nachmittags heißes Wasser für meinen Kaffee zu bringen. Sie versprach alles und hielt auch Wort. Die Japaner haben prächtige große Kannen, in denen Wasser stundenlang kochend heiß – andererseits Eiswasser ebensolange kalt bleibt. Dann gab ich ihr meine Visitenkarte und bat sie, die Karte dem Rôshi Dr. H. zu überbringen. Gleich darauf kam ein Herr vom Empfang und erklärte, daß Dr. H. noch nicht in seinem Tempel sei. Man habe jedoch die Nachricht telefonisch durchgegeben.

Meine Absicht war, und das war auch der Wunsch des Rôshi, dem obersten Priester der berühmten Tendai-Sekte, an einem der nächsten Tage einen Höflichkeitsbesuch zu machen. Aber plötzlich rauschten Gewänder und der Tendai-Rôshi stand auf meiner Veranda. Den Höflichkeitsbesuch machte er! »Ich freue mich, daß Sie gekommen sind. Ich weiß schon viel über Sie.« Nachdem ich meiner Überraschung Ausdruck gegeben und den vor Freundlichkeit strahlenden Priester gebührend begrüßt hatte, nahmen wir auf der Veranda Platz. Ich hatte die große Freude, daß Rôshi Dr. H. fast zwei Stunden bei mir blieb und wir eine ungemein anregende Unterhaltung hatten. Es zeigte sich, daß er durch Sakamoto san, der ihn meinetwegen aufgesucht hatte, wirklich recht gut über mich

Bescheid wußte, daher konnten wir uns verständigen, ohne daß erst meine geistige Vorgeschichte besprochen werden mußte. Eins allerdings wußte er nicht und war deshalb hocherfreut, als ich ihm von meiner Zeit in Tokyo vor vier Jahren bei Meister O. erzählte.

»Er ist mein Freund«, rief er begeistert. »Wir haben zusammen bei demselben Meister studiert. Er ist ein großartiger Zen-Mann. Ich freue mich, daß Sie bei ihm das Mu-Satori erreicht haben. Haben Sie ihn wiedergesehen?« Ich erklärte ihm, daß ich Meister O. vor meiner Rückkehr nach Deutschland besuchen und ihm von unserer Begegnung berichten würde.

Nachdem wir einen so direkten Kontakt hatten, erzählte Dr. H. in lebendiger und, wie soll ich sagen – in einer Gesundheit und Freude ausstrahlenden Weise (die sein Wesen war) – erstaunliche Dinge über sich selbst. Er sei, sagte er, nach dem viele Jahre währenden geistigen Ringen, als er hier der Rôshi wurde, ein kranker Mann gewesen. Da habe er den Entschluß gefaßt, seinen Körper so zu stählen wie es die alten Meister getan hätten und begonnen, auf den Bergeshöhen zu wandern.

»Zuerst war ich nach einer Stunde erschöpft. Aber schon nach einem Jahr konnte ich mehrere Stunden durchhalten und war gesund geworden. Jetzt wandere ich seit mehr als zwanzig Jahren täglich mindestens acht Stunden und es geht mir großartig.« Er sah mir mit vergnügtem Lachen in die Augen.

»Das sieht man«, sagte ich, denn mein Gegenüber war ein Kraft und Gesundheit ausstrahlender Mann. »Aber wie können Sie dann Ihren vielfältigen Pflichten als Rôshi nachkommen, wenn Sie täglich acht bis neun Stunden unterwegs sind?« Er lachte herzlich: »Ich wandere nachts.«

»Nachts?« Sprachlos starrte ich ihn an. »Gehen Sie auf der Autostraße?«

»Natürlich nicht.«

Ich kannte die »Wege« in den tieferen Gebirgslagen, die nicht Wege zu nennen waren, weil sie mit Geröll übersät das Weiterschreiten schon nach wenigen Minuten zur unerträglichen Pein machten. Aber das war nicht alles. Ein Schritt vom Wege und man konnte schon bei Tage im Abgrund landen.

»Verzeihen Sie, Rôshi, aber ich verstehe immer noch nicht. Sie können doch in stockdunkler Nacht überhaupt nichts sehen.«

»Ich trage, genau wie die alten Meister es taten, eine Laterne«, erklärte er heiter und streckte den Arm von sich, als halte er sie.

Also keine Taschenlampe, sondern eine Laterne mit einer Kerze. Es war phantastisch.

»Sie sagten, daß Sie noch keinen Tag zu wandern versäumt hätten, aber, verehrter Rôshi, im Winter, in der eisigen Kälte hier oben und wenn die Wege verschneit sind – – dann – –?«

»Auch dann«, versicherte er fröhlich. »Sehen Sie mich an. Ich bin 66 Jahre alt, bin heute nacht acht Stunden gewandert, habe anschließend die Andacht gehalten, dann gefrühstückt und anschließend in der Lernhalle die Mönche unterrichtet.«

»Und wann ruhen Sie?«

»Mittags. Ich habe gerade drei und eine halbe Stunde fest geschlafen.«

»Das Wandern ist also Ihr privates Steckenpferd, wenn ich so sagen darf, das geholfen hat aus einem Kranken einen von Kraft und Gesundheit strahlenden Mann zu machen. Aber wenn ich zum Beispiel an meinen Rôshi denke, der nie auch nur eine einzige private Stunde für sich hat, dann könnte man versucht sein anzunehmen, daß Ihr Zen etwas dabei zu kurz kommt – oder?«

»Keineswegs«, sagte er. »Ich bin nie außerhalb von Zen. Und im Vollbesitz aller meiner Kräfte kann ich für meine Mönche mehr leisten als in jenen Jahren als schwächlicher Mann von Vierzig.«

»Vergeben Sie mir bitte, aber ich weiß so gut wie nichts über Tendai«, gestand ich ihm freimütig, »und ich wäre sehr glücklich, wenn ich mehr darüber erfahren könnte. Sie gehören doch zum Zen?«

»Man könnte auch sagen: Zen gehört zu uns«, erwiderte er.

»Wie meinen Sie das?«

»Sehr einfach. Tendai schließt alles in sich, alle Sekten: Soto Sekt., Jodo Sekt., Nembutsu Sekt., Rinzai-Zen Sekt., Shinto...«

»Wie?« rief ich erstaunt. »Shinto auch?«

Mein Erstaunen war gerechtfertigt, weil der Shintoismus (Kami no michi = Weg der Götter) die Urreligion der Japaner war, in deren Mittelpunkt die Sonnengöttin Amaterasu, die Ahnmutter der japanischen Kaiser, stand. Mit Buddhismus hatte der Shintoismus nichts zu tun und war nach seinem Eindringen in Japan jahrhundertelang an die zweite Stelle gedrängt worden. Er konnte sich jedoch immer im Volke halten und wurde schließlich, etwa um 1870, zur Staatsreligion erhoben, deren oberster Priester der Kaiser (Tenno = Himmelskönig) war. 1945 wurde diese Religion von den Amerikanern verboten.

Man kann zu dieser Religion stehen wie man will. Aber wenn man Karma in Betracht zieht, das für alle ostasiatischen Völker den Grundbegriff ihres Daseins bildet, dann hat die Annahme, die von Urzeiten her dem Kaiser das Stigma der göttlichen Berufung verlieh, ihre absolute Berechtigung. Auch wird niemand leugnen können, daß der Shintoismus, von jenen Urzeiten an, mitbestimmend war für die japanische Kultur.

Aber eine Religion verbieten?

Das hat vor rund 2300 Jahren der Welteneroberer Alexander der Große für seiner nicht würdig und vor allem für – unklug gehalten.

Die »Kultur« unseres Jahrhunderts aber gefällt sich darin, den besiegten Gegner auch noch zu demütigen und das willentlich zu zertreten, was von je sein Wesen bestimmt und den Staat erst zum Staat gemacht hatte: Seine Religion, seine Ethik, seine Vaterlandsliebe.

Nun, der Shintoismus besteht weiter, wenngleich nicht als Staatsreligion und seine herrlichen Tempel mit dem berühmten roten Shinto-Tor gehören mit zum Schönsten, was auf unserem Stern noch zu finden ist.

Doch zurück zu meinem Gespräch. »Shinto auch?« hatte ich deshalb so erstaunt gefragt, weil die von Dr. H. vorhergenannten Sekten alle zum Buddhismus gehörten, nicht so aber der Shintoismus.

»Ja«, sagte er fest. »Unser Gründer, Dengyo Daishi, (geb: 767) wollte, als er aus China zurückkam, wo er bei großen Meistern studiert hatte, alle Sekten, also auch die Shinto-Religion in das Eine-Universale-Sein hineinnehmen.« Und aus überzeugtem Herzen fügte er hinzu: »Ebenso wie Shinto hätte er auch Christentum, Judentum und den Islam in sein System mithineingenommen, wenn er diese Religionen gekannt hätte. Für ihn waren alle großen Religionen die Offenbarungen des Dharma-Kaya (des Weisheits- oder Gesetzeskörpers) also des ›Einen.‹«

Ich war überwältigt. Was waren das für weltüberlegene Gestalten, diese chinesischen Zen-Meister der Tang- und Sung-Zeit und ihre japanischen Schüler, die aus der gewonnenen Einheit mit dem Absoluten (Dharma-Kaya) selber universalen Geistes geworden waren.

»Ja«, sagte ich. »Das ist Zen. Außer dem Einen ist nichts, und in ihm ist alles vereinigt.« Ich sah Dr. H. fragend an.

»Warum ist es eigentlich nötig die Dinge noch zu spezialisieren, wenn doch im Zen alles enthalten ist?«

»Ja. Aber Sie haben ›nur‹ Zen.«

Jetzt war ich sprachlos. Dieses »nur« ließ mich verstummen.

Er legte zwei Broschüren auf den Tisch. »Sie sind nicht sehr vollständig. Aber etwas, vor allem über unseren Gründer, können Sie doch daraus entnehmen«, sagte er. Ich bedankte mich und bat ihn, seinen Namen hineinzuschreiben, was er gern tat. Inzwischen war ich entschlossen, dieses »nur« zu ergründen, und fragte ihn einfach, was er unter dem Wörtchen »nur« verstünde.

»Sehen Sie«, sagte er, »Sie haben nur Zen«, er wiederholte diesen, mich schockierenden Satz mit liebenswürdiger Selbstverständlichkeit. »Aber bei uns können Sie alles studieren, alle Besonderheiten der vorhin genannten Sekten, dazu die Abteilungen: ›Vollkommene Lehre‹, ›Zen Meditation‹, ›Lehre der Gebote‹.« (Er sagte: commandments).

»Ich kann mir vorstellen«, meinte ich, »daß es z. B. für einen Anhänger der eben genannten Sekten, überaus anziehend sein muß, hier die Lehre der verwandten Sekten zu studieren, die aber, soweit ich über Nembutsu, Jodo und Soto orientiert bin, sowieso ausnahmslos dem einen Ziel der ›Vereinigung mit dem Urgrund‹ zustreben.«

»Ja?« Er sah mich gespannt an.

»Wenn nun Tendai das Dach ist, unter dem sich diese verschiedenen buddhistischen Systeme mit ihrem jeweils eigenen Erlösungsweg treffen, dann ist das, europäisch gedacht: Synkretismus.«

»Wir halten es für mehr«, sagte er ernst.

»Ich würde gern dieses ›mehr‹ von Ihnen über Tendai erfahren. Glauben Sie, daß dies sich während meines Aufenthaltes hier ermöglichen lassen wird?« Er nickte strahlend. Dann sagte er:

»Wollen Sie morgen an einem *zazen* in der ältesten und berühmtesten Halle des Enryakuji, dem Kompon-Chudô, teilnehmen?«

»Gern«, sagte ich.

»Gut. Ich schicke Ihnen um viertel nach vier meinen Wagen.«
Rôshi Dr. H. war ein aus dem innersten Herzen Freundlichkeit und
Toleranz ausstrahlender Mann und ich hatte eine Riesenfreude über
seinen Besuch. Trotzdem sank ich, nachdem er mich verlassen hatte,
trostlos auf mein Lager. Warum hatte ich nur zugesagt das *zazen*
mitzumachen? Natürlich, weil ich angenommen hatte, daß es ein
Abend-*zazen* sein würde. In keinem Zen-Tempel ist um diese Zeit
zazen. Die Andacht ist von 4–5 Uhr früh und auch beim Großen
zazen ist das erste »Sitzen« dann erst von 8–10$^{1/2}$ Uhr. Schließlich
war ich hierher gekommen um auszuruhen. Aber es ging schon wieder los. Der Wagen um $^{1/4}$ nach vier bedeutete für mich, spätestens
eine halbe Stunde vorher aufzustehen. Es war doch zum verzweifeln. Mein Traum vom Ausschlafen zerrann in nichts. Und außerdem stellte ich fest, daß die Temperatur hier oben in den Bergen
noch unerträglicher war als unten. Meine einzige Hoffnung war,
daß heute vielleicht ein Ausnahme-Glut-Tag war, denn es war doch
kaum denkbar, daß alle gesagt hatten, ich müsse etwas Warmes zum
Anziehen mitnehmen, wenn sie von der Kühle hier nicht überzeugt
gewesen wären.

Die Bedienerin kam und meldete, daß das Bad jetzt für Damen
frei sei. Da ich nicht wußte, wo es war, geleitete sie mich die endlosen Gänge entlang, bis wir wieder zur Haupthalle kamen und
dann weiter zum nächsten Trakt, von wo aus es dann in die Tiefe
ging und sie mich verließ. Es war ein großer Vorraum ohne Kabi-
nen, wo man seinen Kimono ließ, dann ging es direkt in den dampf-
enden Baderaum. Hier befand sich ein etwa zehn Meter langes
Becken mit derart heißem Wasser, daß der ganze Raum in weißen
Dampf gehüllt war, und in ihm tummelten sich so viele nackte
Japanerinnen, daß kaum noch Platz vorhanden zu sein schien. Das
Hineinlugen hatte mir genügt. Ich wanderte wieder ab.

»Zu voll«, sagte ich zu der Bedienerin, die in meinem Zimmer
hantierte. »Später«, tröstete sie mich. Es entging mir also nicht. Ich
mußte in das kochende Wasser, wenn ich nicht mein Gesicht verlieren wollte.

Richtig! Nach einer Stunde kam sie und verkündete das Bad sei
leer. Leer war es zwar nicht, denn ein Dutzend weiblicher Wesen
war immer noch vorhanden. Aber was half's, ich mußte in die
Hölle. Die Duschen unter denen man sich vorher waschen muß,

konnte ich temperieren. Aber dann! Ich wußte, daß alle Augen, wenn auch unter verdeckten Lidern, auf mir ruhten und steckte todesmutig einen Fuß in die Fluten. Ich hatte ihn wieder im Trocknen, bevor ich auch nur einen Gedanken hätte fassen können: krebsrot und schmerzend.

Jetzt kamen von allen Seiten ermunternde Zurufe. Ich raffte meinen Sprachschatz zusammen, rief: »Amari atsui desu!« (Mir ist es zu heiß) und – entwich.

»Und wenn ich für alle Ewigkeit sämtliche Gesichter, die ich habe, verliere«, dachte ich entschlossen, »dieser Raum sieht mich nicht wieder.«

Ich habe es früher beschrieben: Was die Japaner an Hitzegraden im Bad vertragen, ist für uns unfaßlich. Vielleicht haben sie eine andere Haut oder ihre Konstitution hat sich seit Generationen an diese kochend heißen Bäder gewöhnt; ich jedenfalls wollte weder Verbrennungen noch einen Herzschlag als Erinnerung an diese »Erholungstage« davontragen.

Als ich in mein Zimmer zurückkehrte, stand auf dem Verandatischchen ein Tablett mit der Abendmahlzeit. Lauter hübsch angerichtete, japanische Kleinigkeiten. Vorsichtig kostete ich. Dann machte ich mir ein Knäckebrot mit Käse.

Von diesem glühend heißen, anstrengenden Tag völlig erschöpft, überdachte ich auf meinem Lager die Situation. Als ich endlich in diesen Raum gelangt war, hatte ich nicht die Kraft gehabt, mich um irgend etwas zu kümmern. Einzig auf der Matte zu liegen, begehrte ich. Jetzt stellte ich fest, daß dieses hübsche Zimmer erstens keine Waschgelegenheit und zweitens keine Tür hatte. Als ich mir der Sache mit der Tür bewußt wurde, sprang ich von meinem Lager auf. Das konnte ja doch wohl nicht möglich sein. Es war möglich. Das Zimmer, auf der linken Seite des Flurs gelegen, hatte als einziges einen schmalen Zugang von dort – sechs Schritte lang – an dessen Ende man rechts auf meine Veranda und damit in mein Zimmer einbog.

Selbst wenn man alle Gedanken an unlautere Möglichkeiten in diesem sehr besetzten Haus ausschaltete, so blieb immer noch die Wahrscheinlichkeit, daß man den offenen, schmalen Gang für den Zugang zur Toilette halten konnte – und dann war man bei mir. Sie lag nämlich nebenan.

Als die Dienerin abräumen kam, fragte ich sie. Nein, es gab keine Möglichkeit den Zugang zu meinem Zimmer irgendwie abzusichern. Nur die Veranda hatte die üblichen zusammenschiebbaren Türen, zum Gebirge hin. Ich lag also gewissermaßen preisgegeben.

Und wo war der Waschraum? Jetzt führte sie mich ziemlich weit in die der Halle entgegengesetzte Richtung, bis sie mir das entsprechende Etablissement zeigte, wo sieben Waschbecken nebeneinander gereiht waren. Ich gewann den Eindruck von »Jugendherberge«. Wo war ich hingeraten?

Aber der Gedanke, daß für mich um halb vier Uhr früh wieder die Nacht zu Ende sein würde, ließ mich alle Gedanken an das Elend eines verfehlten Unternehmens beiseite schieben. Ich konnte einfach nicht mehr, denn sogar zum Unglücklichsein braucht man Kraft.

Noch taumelig vor Müdigkeit stieg ich am anderen Morgen in die große Limousine von Rôshi H., die um 4 1/4 pünktlich angefahren kam. Glücklicherweise hatte ich meine Tempeltracht bei mir und so war ich für das *zazen* zünftig und bequem angezogen. Die Gebirgsfahrt dauerte 25 Minuten. Ich hatte keine Ahnung von den Entfernungen der verschiedenen Tempel voneinander gehabt, geschweige davon, daß das gesamte Bergmassiv, Mount Hiei genannt, eine Tempelstadt der Tendai-Sekte mit mehr als 130 Gebäuden war, die alle zum Haupttempel, dem Enryakuji, gehörten.

Als der Wagen vor dem Kompon-Chudô hielt, standen zwei Mönche, die mich erwartet hatten, vor dem Eingang und begrüßten mich ebenso ehrerbietig wie ich sie. Eintreten konnte ich noch nicht und das war recht angenehm, denn so hatte ich Muße den Fleck, auf dem ich mich befand und den der Wagen wieder verlassen hatte, eingehend zu betrachten. Meine Müdigkeit schwand. Das, was ich sah, ergriff mein Herz.

Ein hoch im Gebirge in totaler Einsamkeit gelegenes, genau viereckiges Plateau von der Ausdehnung eines kleinen Platzes, wie etwa vor einer mittelalterlichen Kathedrale, eingeschlossen von dichten Wäldern, an dessen Endfront die in rot und gold schimmernde Halle stand, die von dem Gründer der Sekte, Saicho (Dengyo Daichi war sein posthumer Titel) im Jahre 788 gebaut worden war. Etwa um 1650 wurde sie originalgetreu erneuert und gilt als »Nationalschatz«. Drei Messing-Laternen in der Halle stammen noch aus der Zeit, als sie für Saicho geleuchtet hatten und es heißt, daß sie bis zum heutigen Tage nie gelöscht worden sind.

Die Einsamkeit hier war vollkommen. Zwölfhundert Jahre lang, also bis vor ungefähr 50 Jahren, muß sie total gewesen sein, und die Atmosphäre war unverlierbar von dem reinen Geist der Gott-Sucher und Empfänger geprägt. Wer in früheren Jahrhunderten hier als Mönch nach Befreiung und Einheit gesucht hatte – von außen konnte ihn nichts in seiner Andacht stören. Er hatte sich wirklich nur mit sich selbst auseinanderzusetzen. Was waren das für Zeiten! Jetzt schleudert die Technik Geschosse, die das menschliche Hirn erdachte, in die Gegend hinauf, die wir früher als »Himmel« bezeichnet hatten, während die Erde – als geistiges Wesen gedacht – am verdorren ist.

Die alten Zen-Meister Chinas trugen das Universum in ihrem Herzen – ohne daß sie einen Schritt tun oder die Augenlider heben mußten.

Der Mönch winkte mir. Er hatte die schweren Tore geöffnet, ließ mich eintreten, führte mich zu der ersten Reihe vor dem Altar und wies mich auf den ersten Platz. Dieser *chudô* war etwa 15 Meter lang, seine Tiefe aber hatte beträchtlich weniger Umfang – er war ein sehr langes Rechteck und dementsprechend gab es nur wenige Reihen für die Mönche oder wie heute für die Laien. Schmale Kissen für das *zazen* lagen auf dem Boden. Ich bat den Mönch um ein weiteres Kissen, da wir in unserem Tempel nie flach saßen. Als ich es zurecht gelegt hatte, ging ich wieder hinaus. Allmählich sollte es nun Zeit für den Beginn des *zazen* sein. Aber noch war ich allein. Auf einmal sah ich einen Waldweg herauf, eine Prozession herannahen. Männer und Frauen kamen langsam und sichtlich erschöpft auf den *chudô* zu. Es war jetzt fünf Uhr und sie mußten einige Stunden Fußmarsch hinter sich haben.

Als sie meiner ansichtig wurden und ich ihr Erstaunen bemerkte, ging ich schnell in die Halle zurück und setzte mich zurecht. Ein Mönch wies ihnen gleich darauf ihre Plätze an und zeigte ihnen, wie sie richtig zu sitzen hatten. Dann ging der erste Mönch, der mich begrüßt hatte, zum Altar, verneigte sich und hielt eine Ansprache über die Art und Weise des richtigen »Sitzens« und über den Sinn des *zazen*. Dann war Stille. Aber die 40 Minuten, die das *zazen* dauern sollte, waren für die meisten zu viel. Sie rutschten auf ihren

Sitzen hin und her und wurden von einem, die Reihen entlanggehenden Mönche immer wieder zurecht gerückt, in gerade Haltung gebracht oder hinausgeleitet, wenn sie gar nicht durchhalten konnten. Ich war hier anscheinend das Paradestück – *zazen*, so wie ich es in dieser ehrwürdigen Halle erhofft hatte, war es leider nicht. Es war, etwas respektlos formuliert, eine Lehrstunde für Anfänger. Zum Schluß, als eine kleine Glocke das Ende des *zazen* anzeigte, gab der erste Mönch den sich verstohlen die Knie reibenden Anwesenden noch einige Lehren mit auf den Rückweg und auf einmal nannte er den Namen meines Tempels, wahrscheinlich erklärte er die Anwesenheit der Fremden und in welchem Tempel sie lebte.

Draußen formierte sich die Prozession und wenige Minuten später war ich wieder allein.

Die Sonne warf jetzt ihre ersten Strahlen über die Berggipfel, traf zuerst die Halle, deren Rot und Gold wie in feuriger Lohe aufleuchtete, ließ die dunklen Wipfel der Bäume licht aufschimmern und vergoldete schließlich den ganz stillen, der Gottheit geweihten Platz, zu überirdischer Schönheit.

Auch die Mönche waren verschwunden. Ich war allein. Die Zeit stand still. So wie in diesen verzauberten Minuten muß es auch vor fast 1200 Jahren gewesen sein. Nichts hatte sich geändert. Dieses Wissen aber war kein persönliches mehr, sondern ein Allbewußtsein – wenngleich auf den Ort begrenzt. Denn: Plötzlich war ich hinübergeglitten in die Einheit mit dem *chudô*, dem Berg, den Wäldern, dem Platz, auf dem ich mich befand. Hatte auch ich mich nicht verändert?

Als die schwere Limousine plötzlich aus dem Dunkel auftauchte, schrak ich zusammen. Und war dann doch erfreut, daß sie mich holen kam. Der Mönch sprang heraus und öffnete den Schlag. Ich stieg ein. Aus der Sekunde Ewigkeit war ich zurückgekehrt in das, was menschlich meßbar war ...

Als der Wagen gegen sieben Uhr vor dem Gästehaus hielt, staunten die Frühaufsteher-Gäste, die die jetzt noch angenehme Sonne genießen wollten, über die fremde Person, welche dem Privatwagen des Herrn über die Tempelstadt entstieg.

Die Halle, deren Front zum Gebirge aus einem einzigen Fenster bestand, war jetzt menschenleer und ich nahm deshalb die nicht wiederkehrende Gelegenheit wahr, die jetzt von Nebel und Dämpfen freie Aussicht zu bewundern. Es war wirklich ein einzig schöner Anblick: rechts und links sah man das bewaldete Gebirge und tief unten, die Mitte bildend, leuchtete die Stadt Kyoto in der Morgensonne.

»Ist es nicht wundervoll?« fragte eine Stimme hinter mir, zwei Japanerinnen verbeugten sich, als ich herumfuhr und die Ältere bat, ob sie mich im Laufe des Tages einmal aufsuchen dürfe.

Natürlich, die Herren Mönche vom Empfang hatten geplaudert. Ich hätte es mir denken können – gestern der Aufsehen erregende Besuch des Rôshi, heute die Vorfahrt in seiner Limousine; es war einleuchtend, daß man nachfragte, wer diese Fremde sei. Später brachte mir die Bedienerin noch mehrere Visitenkarten, alle mit denselben Wünschen.

Erst aber machte ich mir mein Frühstück, die Bedienerin hatte das japanische Frühstück erst gar nicht gebracht, sondern mir die willkommene Kanne mit kochendem Wasser serviert. Es war friedlich, der Blick war herrlich und ich überlegte gerade, daß es wohl das Beste sein würde, jetzt einen Spaziergang zu machen ehe die Hitze unerträglich werden würde – als mir die gefüllte Kaffeetasse beinahe aus der Hand gefallen wäre; vor Schreck, denn: Direkt an mir vorbei, so daß ich sie bei ausgestrecktem Arm hätte berühren können, spazierten Leute, Japaner. Natürlich hatte ich bemerkt gehabt, daß ein schmaler Weg, kaum einen halben Meter breit, vor meiner Veranda entlang ging, hatte aber angenommen, er sei zum Schutz wegen der gleich dahinter steil abfallenden Schlucht angelegt. Ich war hier also zur Besichtigung preisgegeben, nichts konnte ich tun, ohne dabei beobachtet zu werden, abgesehen davon, daß jetzt von zwei Seiten aus freier Eintritt zu mir war. Stille, Einsamkeit, Ruhe und kühle Luft hatte ich mir ersehnt, gefunden hatte ich das Gegenteil von allem – wenn man von den köstlichen Minuten am Kompon-Chudô absehen will.

Vielleicht stimmte es wirklich, was man mir hier versicherte, daß eine derartig lähmende und stete Hitze, die sich in diesem Bergmassiv, ohne jeden Luftzug, staute, noch nicht erlebt worden sei. Aber das nutzte mir wenig. Als ich auf meinem Spaziergang bis zum Vorhof des Haupttempels, dem Enryakuji, gekommen war, hatte ich nicht mehr die Kraft mich der Besucherschar anzuschließen, um ihn zu besichtigen. Hier umzufallen, wäre ganz gewiß nicht das Richtige. Aber mir war so. Plötzlich kam mir eine Idee: Der Autobus! Ich würde zu dem schönen Hotel 200 Meter tiefer fahren und mich dort etwas erholen.

Es war tatsächlich ein Genuß in der vollklimatisierten Halle, in einem der komfortablen Klubsessel ruhend, langsam zu mir zu kommen. Hier, dachte ich, hier würde ich mich wahrscheinlich wirklich etwas erholen und mir damit die Möglichkeit schaffen, nach Kobe zurückgekehrt, besser durchhalten zu können. An die Kosten dachte ich schon garnicht mehr; aber ich wurde vor jedem Leichtsinn bewahrt, denn das Hotel war ausgebucht bis Mitte Oktober. Der Traum war aus. Nun wollte ich wenigstens gut essen, denn daß ich so schwach war, kam schließlich mit von der lediglich Knäckebroternährung. Auch das war nichts. Europäische Mahlzeiten gab es nur, nach Anmeldung, für Hausgäste. Ein Eiskaffee wurde mir gewährt.

Eine Stunde hatte ich noch zu waren, ehe der nächste Bus von Kyoto herauf kam. Ich verbrachte sie eisern in der kühlen Halle. Als ich endlich, nachdem ich den kochenden Bus verlassen hatte, sehr langsam den Heimweg antrat, hatte ich nur noch einen einzigen Wunsch: mich hinzulegen. Schließlich hatte ich seit vorgestern knapp vier Stunden geschlafen.

Den ohrenbetäubenden Lärm hörte ich schon, als ich vom Empfang kommend, den ersten Flur betrat. Jazzmusik, so laut, als ob sie die ganze Insel beglücken wollte. Je näher ich kam, um so fürchterlicher wurde sie. Noch jetzt, wo ich dies niederschreibe, spüre ich im Herzen den Schreck, der mich taumeln machte. Sechs junge Leute, Studenten, hatten ein sehr großes Zimmer neben mir bezogen. Es wurde eine Tortur. Ohropax in den Ohren blieb wirkungslos und im Empfang zuckte man die Achseln. Abends um sieben Uhr war Pause, denn man war beim Essen.

Dann aber ging es die ganze Nacht durch. Und zwar jetzt auch über mir. Der Lärm, das Kreischen, die auf höchste Lautstärke eingestellte Musik, das Stampfen auf der dünnen Holzdecke, es war nicht zu beschreiben. Und das alles in einem Tempel-Gästehaus!

Gerädert ging ich um 11 Uhr abends zum Empfang, zeigte auf die Uhr und bat, daß man jetzt für Ruhe sorgen möge. Aber meine ganze Energie, mein berechtigter Zorn nutzten mir gar nichts. Die Achseln wurden weiter gezuckt: Es seien Universitätsferien und die Studenten wollten sich amüsieren. Mein Hinweis, daß sie das aber schließlich nicht auf Kosten der zahlenden, Erholung suchenden Gäste tun dürften, wurde einfach nicht verstanden. Von den Mönchen, die für die Nacht gewechselt hatten, sprach kein Einziger Englisch.

Um ein Uhr früh begann ich meinen Koffer zu packen und alles für die Abreise fertig zu machen. Um fünf Uhr früh schwieg der Betrieb über mir, um neun Uhr rief ich Kobe an. Die Nonne war am Apparat.

»Kaerimasu« (Ich komme zurück), rief ich, und nach einer Glutreise von vier Stunden lag ich am späten Nachmittag, mit Eiskissen im Nacken und auf dem Herzen, wieder in meinem 38 Grad heißen Zimmer.

Die jungen Mädchen waren noch im Haus, denn heute war der letzte Tag des Laien-*zazen*. Als sie nach neun Uhr von ihrem »Sitzen« im Tempel zurückkamen, klopften sie schüchtern bei mir und fragten, ob ich nicht ein paar Photos von mir von früher mitgebracht hätte. Sie würden sie so schrecklich gern sehen. Zu ihrem Jubel hatte ich tatsächlich einige bei mir und diese Kinder hätten sie am liebsten gar nicht mehr hergegeben. Dann baten sie, ob ich etwas Zeit für sie hätte, sie hätten so viele Fragen.

»Morgen vormittag, ehe Ihr abreist, dürft Ihr alle kommen«, sagte ich. »Jetzt bin ich zu müde von der Reise«.

In Wahrheit ging es mir schlecht. Ich hatte so etwas wie einen Herzkollaps und bereits versucht, den Direktor der Universitätsklinik, dessen Privatnummer ich hatte, zu erreichen. Er war aber zu einer Operation nach Okayama gerufen worden und wurde erst am nächsten Tage zurückerwartet.«

28. 8. abends. Oriental-Hotel

»Wie ich hierher gekommen bin, schreibe ich später, sonst vergesse ich die so wesentliche Unterhaltung mit den jungen Japanerinnen.

Heute früh saßen sechs junge Mädchen, von denen die Älteste siebzehn und die Jüngste vierzehn Jahre alt waren, auf der Matte meines Zimmers um mich herum. Alle »freuten sich schrecklich« wieder nach Hause zu kommen. Meine Frage, die auf den geistigen Erfolg der sieben Zen-Tage-Woche zielte: ›Und wie fühlt Ihr Euch?‹ bekam die verblüffende Antwort: ›Wir sind alle totmüde und fast verhungert. Von Zen haben wir nichts verstanden. Deshalb wollten wir Sie so sehr bitten, uns zu erklären, was eigentlich der Sinn dieses *zazen* ist.‹

Dieselbe Frage war schon vor vier Jahren an mich gerichtet worden. Damals waren Oberschüler, in dem gleichen Alter wie die jungen Mädchen, von ihren Eltern in unser berühmtes Tempel-Kloster geschickt worden, um 14 Ferientage sinnvoll zu verbringen. Damals war mir so ein junger Bursch auf der Tempeltreppe nachgelaufen und hatte mir, mit dicken Tränen in den Augen, gestanden, daß sie alle so unglücklich wären. Die Mönche ließen sie vom frühen Morgen an die härteste Arbeit tun, aber geistige Unterweisung, wie sie gehofft hatten, bekämen sie nicht. Am liebsten hätte ich ihn in die Arme genommen, so leid tat er mir – und so sehr verstand ich seine Not. Ich half ihm, so gut das in einem kurzen Gespräch möglich war. Eins aber war mir klar: Von diesen jungen Menschen würde vorläufig keiner mehr seine Ferien in einem Zen-Tempel verbringen.

Und nun dasselbe mit diesen intelligenten, wissensdurstigen Mädchen, die beglückenderweise einen Teil ihrer Ferien einer religiösen Unterweisung hatten widmen wollen. Ich war erschüttert.

Vorsichtig begann ich ihnen zu erklären, daß der Geist des Zen alles in sich vereine: Geistiges Streben und körperliches Tun.

›Aber wir haben so arbeiten müssen, wie noch nie in unserem Leben‹, rief die Eine, ›und wenn wir dann zum *zazen* geführt wurden, haben wir vor Müdigkeit und Muskelschmerzen überhaupt kaum sitzen können.‹

Ich war außer mir. Diese gleichgültige und bequeme Weise die jungen Menschen alle Arbeit machen zu lassen, nur um sich selbst zu entlasten, fand ich sträflich. Aber ich mußte vorsichtig sein, Kritik üben durfte ich für mich, doch nicht vor diesen Kindern, die übrigens selber klug genug waren, um das, was ihnen an dieser Tagung alles mißfallen oder gefehlt hatte, selber festzustellen. Sie hatten ein Ventil gebraucht und ich war gerade zur rechten Zeit von meinem verfehlten Ausflug zurückgekommen, um dafür da zu sein.

›Habt Ihr denn nun etwas für Euer künftiges Leben mit nach Hause nehmen können?‹ fragte ich ablenkend.

›Wir freuen uns mächtig, uns endlich satt essen zu dürfen und auszuschlafen‹, kicherten sie im Verein. Ich lachte mit ihnen.

›Das verstehe ich. Und sonst nichts?‹

›Können Sie uns nicht erklären, was – für uns – sinnvoll sein würde?‹

›Ja, ich glaube, das kann ich. Ich sagte Euch, daß Zen nicht nur im Meditieren die Wahrheit sucht, sondern gleichzeitig auch im täglichen Leben. Meiner Ansicht nach ist für Euch vorläufig Meditation nicht so wichtig wie die Lösung der Frage: Wie lebe ich das tägliche Leben? Meint Ihr nicht auch?‹ Begeisterte Zustimmung.

›Ich will Euch das, was ich meine, an ein paar ganz einfachen Beispielen erklären. Also: Ihr alle geht noch zur Schule, nicht wahr? Und wahrscheinlich gibt es da den einen oder den anderen Lehrer, den Ihr entweder langweilig findet, oder den Ihr aus einem anderen Grunde nicht mögt. Was ist die Folge? Ihr laßt ihn das fühlen – begegnet ihm unfreundlich oder tut ihm einen Tort nach dem anderen an. Stimmt's?‹ Vergnügtes Nicken.

›Seht Ihr! Und hier beginnt nun das, was unter Selbstzucht und unter Achtsamkeit, nach der Lehre des Buddha, zu verstehen ist.

Gegen einen netten Spaß wird niemand etwas haben. Aber gegen eine Unfreundlichkeit des Herzens ist sehr viel zu sagen. Darum müßt Ihr Euch selber prüfen, ehe Ihr den besagten Lehrer zu ärgern beginnt. Und dieser kleine Augenblick des Nachdenkens wird Euch erkennen lassen, daß Freundlichkeit besser ist als das Gegenteil. Solcher Erkenntnis soll man dann folgen. Wenn Ihr wirklich die Kraft aufbringt, Euch zu beherrschen, dann kommt Ihr innerlich nicht nur selber ein großes Stück weiter, sondern Eure Anstrengungen werden noch etwas anderes bewirken: Der oder die früher von Euch Gequälte, werden mit der Zeit aufleben und Ihr werdet einen Menschen, der privat vielleicht ein schweres Leben hat, glücklich machen.

Ein anderes Beispiel: Es ist für Euch ganz selbstverständlich, daß Eure Mutter die Letzte ist, die schlafen geht und die Erste, die in aller Frühe aufsteht, um Euch zu wecken, für Euch das Frühstück zu bereiten und womöglich alles, was Ihr braucht, für Euch zurecht zu legen.

Ihr aber seid vielleicht morgens schlecht gelaunt, mürrisch, gebt keine Antwort, wenn die Mutter etwas fragt, und stürmt, wenn Ihr alles habt, ohne weiteren Gruß aus dem Haus. Nun? Kommt das vor?‹

Betretenes Nicken.

›Wenn Ihr Euch nun selbst dazu erziehen würdet, der Mutter, die Ihr doch liebt, morgens ein freundliches Gesicht zu zeigen, nicht ungeduldig zu sein, wenn sie etwas fragt, und ›danke‹ zu sagen, wenn sie Euch das Frühstück vorsetzt – dann würdet Ihr ihr damit den ganzen Vormittag vergolden.

Weiter, wenn Ihr versuchen würdet, die unzähligen kleinen Fehler, die jeder Mensch hat, bei Euch herauszufinden und dann darauf zu achten, daß Ihr Euch von einem nach dem andern, nach und nach, befreit – – seht Ihr, das wäre der Beginn eines Lebens in Zen.

Sich selbst erziehen, das ist in hohem Sinn, geistiges Tun. Habt Ihr ungefähr verstanden, was ich meine?‹ Die Augen meiner andächtigen Zuhörerinnen leuchteten.

›Das ist eigentlich ganz einfach‹, sagte die Jüngste. Ich lachte. ›Einfach ist es, nur – man muß es tun.‹

›Jetzt nickt Ihr alle. Und ich bin überzeugt, daß Ihr in den nächsten Tagen sehr bestrebt sein werdet, auf Euch aufzupassen. Aber ebenso überzeugt bin ich, daß es Euch nach einer Weile lästig werden wird und – daß alle Eure guten Vorsätze im Winde davonflattern werden.‹

›Oh – haben Sie so eine schlechte Meinung von uns?‹

›Nein. Ich weiß nur, daß es menschlich ist zu vergessen. Der Buddha hat es sogar von seinen Jüngern gewußt. Darum hat er ihnen ›Achtsamkeit‹ anempfohlen. Achtsamkeit üben im Denken und Tun, das ist der grundlegende Beginn der Selbstschulung. Nicht nur im Zen, sondern in jeder Religion.‹

›Ist es unrecht, wenn wir vergnügt oder ausgelassen sind?‹ Ich lachte so herzlich, daß sie alle ganz glücklich mitlachten.

›Das wäre ja eine traurige Welt, in der man nicht vergnügt sein darf. Natürlich dürft Ihr alles.‹

›Auch tanzen?‹

›Auch tanzen. Achtsamkeit üben fordert nicht vom Menschen, daß er ein stupides Muckerdasein führen soll.‹

›Ach, hoffentlich werden wir immer an alles denken, was Sie uns gesagt haben.‹

›Wißt Ihr was? Schreibt Euch in Euren schönsten kalligraphischen Zeichen einen Spruch und hängt ihn dahin, wo Ihr ihn immer vor Augen haben könnt. Wollt Ihr?‹ Ein vielstimmiges Ja war die Antwort, dem gleich darauf die Frage folgte: ›Und was sollen wir schreiben?‹ Notizbücher und Federhalter wurden gezückt und sechs dunkle Augenpaare ruhten vertrauensvoll auf mir. Eine Minute lang war ich still und leer. Dann sagte ich:

›Schreibt: Ich möchte so leben, daß ich immer Achtung vor mir haben kann.‹

Einen Augenblick lang sahen sie mich sprachlos an, dann schrieben sie und dann fiel mir die jüngste und temperamentvollste um den Hals, so daß ich beinahe von meinem Kissen gekippt wäre und rief: ›Danke! Das ist wundervoll.‹ Die Älteste aber sagte:

›Ich glaube, wir alle hatten Angst, daß Sie uns einen geistlichen Spruch oder so ein Koan geben würden. Das hier ist vielleicht schwerer aber auch tausendmal schöner als alles. Ich glaube, es wird der Leitsatz für unser ganzes Leben werden.‹

Die Kinder verneigten sich bis zur Erde und bedankten sich. Ich aber fragte: ›Habt Ihr Hunger?‹ ›Ja!‹

Noch am Bahnhof hatte ich mir gestern ein großes Kuchenbrot mit Rosinen gekauft. Das schnitt ich in Scheiben, schmierte dick Butter drauf und die jungen Mädchen aßen wie verhungerte Löwinnen. Es war ein großer Spaß.«

29.8. Oriental Hotel

»Seit gestern nachmittag bin ich also in diesem, mir wohlbekannten, herrlichen Hotel, dem besten der Stadt, das in seiner Art vollkommen ist. Nach meinem Anruf war der Professor selbst zu mir in den Myokanji gekommen. Als er mein Zimmer betrat, sagte er nur: ›Um Himmels willen, so hatte ich mir das nicht vorgestellt. In diesem Glutofen könnte ich nicht zehn Minuten lang existieren. Sie müssen hier raus.‹

›Kann ich in Ihrer Klinik ein klimatisiertes Zimmer bekommen‹, bat ich. Er schüttelte den Kopf: ›Sie kennen doch unseren Betrieb. Nur unsere Arbeitsräume und die Operationsräume haben Klimaanlagen. Außerdem ist das japanische Essen nichts für Sie.‹ Er gab mir eine Spritze.

›Ich habe eine Idee‹, sagte er dann. ›Wie wäre es, wenn Sie für einige Zeit ins ›Oriental‹ übersiedelten? Viel teurer als bei uns wird das auch nicht sein.‹ Er betrachtete den Ausschlag an meinen Armen und die blutigen Striemen, die ich mir beim verzweifelten nächtlichen Kratzen zugezogen hatte.

›Auch den werden Sie nicht mehr spüren, sobald Sie im Kühlen sind. Ich kenne den Direktor, soll ich ihn anrufen?‹

Ich bekam ein Zimmer, weil alle Fremden, die nicht gerade in Geschäften hier sein mußten, geflohen waren und zwei Stunden, nachdem der Professor mich verlassen hatte, lag ich in einem wunderbar kühlen, elegant ausgestatteten Zimmer im Bett.

Die Wohltat war unbeschreiblich. Aber es war gut, daß ich gleich die Unterredung mit den Kindern eingetragen hatte, denn ich bin zu nichts mehr fähig. Ich habe vierzehn Stunden wie tot geschlafen und bekomme die Mahlzeiten auf's Zimmer – aber ich kann nicht denken und meditieren ist ausgeschlossen.«

30. 8. 67

»Nach dem ausgezeichneten Frühstück im Bett, geht es mir etwas besser. Der Zimmerkellner hatte mir die in englischer Sprache erscheinende Zeitung mitgebracht, in der ich lesen konnte, daß unsere Region noch immer die heißeste der Erde sei und daß keine Aussicht auf Abnehmen der Hitze vorhanden wäre.

Daraufhin war mein Entschluß sehr schnell gefaßt. Da ich das Ende der Hitzeheimsuchung, die Japan betroffen hatte, doch nicht in diesem schönen, aber sehr teuren Hotel abwarten konnte, so würde es besser sein, bald zu gehen. Vielleicht hätte ich alle finanziellen Bedenken beiseite geschoben und wäre doch noch ein wenig länger hier geblieben, wenn mich nicht ein anderer Grund in meine Brutzelle zurückgetrieben hätte. Nämlich: Ich war nicht fähig, hier zu meditieren. Ich machte – auch am nächsten Tag die seltsame Feststellung, daß ich hier gleichsam wie in einer wohligen Lethargie dahindöste. Dieser Zustand, eine sehr verständliche Reaktion auf alles Vorangegangene, konnte noch sehr lange dauern, das aber durfte ich mir nicht leisten – um meiner Aufgabe willen.«

1. 9. 67 Myokanji

»Die Glut in meinem Zimmer ist genau so fürchterlich wie vorher, aber – ich habe heute abend, mit Eiskissen im Schoß, zwei Stunden im *zazen* gesessen.

Am Nachmittag war ich zu dem Arzt gefahren, der bisher meinen Ausschlag behandelt hatte, weil er, nach drei Tagen Ruhe im kühlen Hotel, jetzt schlimmer als seit Monaten wieder ausgebrochen war.

Als er meine Arme betrachtete, schüttelte er den Kopf und sagte: ›Ich kann Ihnen nicht mehr helfen. Sie müssen zu einem Hautspezialisten. Ich werde mit ihm telefonieren. Er wohnt in der Nähe.‹ Eine halbe Stunde später saß ich bei dem Spezialarzt, der nun endlich die Katze aus dem Sack ließ.

›Sie haben die japanische Sonnenkrankheit‹, sagte er. ›Die japanische Sonne bewirkt bei sehr vielen Menschen diese sehr unangenehmen, mit quälendem Jucken auftretenden Hautausschläge. Bei uns werden meistens kleine Kinder, deren Haut noch sehr zart ist, davon befallen. Später sind sie dann immun. Diese eigentümliche Wirkung der Strahlen eignet nur der japanischen Sonne. Worauf sie beruht, ist noch nicht erforscht. Sie werden die Krankheit nicht los werden, bevor es kühl wird. Ich kann Ihnen nur Mittel verschreiben, die für ein paar Stunden Linderung geben.‹

Nach dieser Auskunft und der Gewißheit, daß mir von Arztseite nicht zu helfen war und die 40 Grad Hitze fortdauern würde, kam mir eine Idee und kaum im Tempel angelangt, führte ich sie aus. Ich füllte eine Schüssel mit Wasser, tat Eisbrocken aus dem Eisschrank hinein, holte meine aus Deutschland mitgebrachten Mullbinden hervor, ließ sie sich mit dem Eiswasser volltränken und ohne sie auszuwringen, umwickelte ich meine Arme mit ihnen. Natürlich tropfte ich, aber bei der Hitze trocknete meine Umgebung im Nu.«

3. 9. 67

»Die kalten, nassen Binden sind ein voller Erfolg. Vor allem auch für die Nacht. Natürlich sind sie nach zwei Stunden trocken, dann muß ich sie abwickeln; die Schüssel mit Wasser steht neben meinem Lager und ich erneuere alles. Der Ausschlag geht zurück, aber sobald die kranken Arme von einem Sonnenstrahl getroffen werden, ist alles wieder da.

Daß es mir dadurch nun vergönnt ist, wenigstens nachts und in aller Frühe, beim stundenlangen *zazen* eine kleine Erleichterung (nachts unentwegt 38 Grad) zu verspüren, ist ein Geschenk. Am Tage, etwa ab zehn Uhr, liege ich wie gelähmt.

Auch unser Haupttempel ist wie ausgestorben. Nur ein paar Mönche haben Ferien-Wach-Dienst.«

Natürlich hatte mich der Sekretär des Rôshi, gleich nach meiner Rückkehr vom Mount Hiei, befragt, warum ich es dort nicht ausgehalten habe. Als ich ihm alles erklärt und auch aus meiner Empörung über die Zustände in einem Tempel-Gästehaus kein Hehl gemacht hatte, sagte er ernst und traurig:

›Japan ist nicht mehr Japan! Sie wissen doch, was sich an unseren Universitäten abspielt. Die Mönche da oben haben einfach Angst, daß die Studenten ihnen das ganze Haus zertrümmern, wenn sie ihnen etwas verbieten.‹

Er hatte recht. Aber ich sah auch wie recht ich hatte, daß ich dort unverzüglich meine Zelte abgebrochen hatte.«

›Japan ist nicht mehr Japan!‹ Dieses Wissen um das unaufhaltsame Ende der ehrwürdigen, aus Religion und Zucht gewachsenen Vergangenheit ihres Volkes zugunsten einer roh nurmehr das »Außen« anstrebenden »Entwicklung«, es hat die besten Männer des Landes gezeichnet. Selbst verhältnismäßig noch junge Männer sind gealtert, aber sie versuchen unter Einsatz eines (unter den gegebenen Umständen) Opferdaseins, im Sinne des Zen, wenigstens in ihrem Umkreis zu retten, was zu retten ist.

Wenn es irgendwo in unserer Welt ›Ehrfurcht vor dem Lehrer‹ gegeben hat, dann war dies in Japan der Fall.

Es ist vorbei und die verzweifelte Frage der Wissenden lautet: Wohin steuert dieser Stern, der keine geistige Mitte mehr hat? Sie ist ja nicht allein in Japan verloren gegangen.

Die Antwort ist nicht schwer und jedermann kennt sie: Wo keine Mitte ist, da ist kein Gleichgewicht. Wer kein Gleichgewicht hat, der muß fallen, mag er sich noch so gut im Balancieren geübt haben.

Die wenigen hier und anderswo, und zwar nicht nur die Meister, wissen um das unaufhaltsam sich vorbereitende Schicksal, das diesem Stern bevorsteht. Aber sie schweigen. Nicht aus Furcht vor der sicheren Verhöhnung, sondern um ihr stilles, geistiges Rettungswerk nicht zu gefährden. Aber wie schwer wird es ihnen gemacht! Und wie selten ist es geworden, daß einer der letzten Großen sich einen Nachfolger hat erziehen können, der mit Recht den Ehrennamen »Rôshi« führen darf. Muß aber ein amtierender Rôshi aus Altersgründen abtreten und er hat nicht den ihm würdigen Nachfolger gefunden, dann – wird er eben durch einen anderen ersetzt.

Der Zeit-Geist unserer Epoche ist, wir wissen es, gegen den Geist.

Wer die Wahrheit sucht, der kann sie nur in der Stille finden. Wo aber gibt es noch Stille? Unser Stern ist zu einem einzigen Laut-Sprecher geworden. Kein Heiligtum, kein Tempel kann sich mehr dagegen abschirmen. Und wenn sich ein paar Meister mit ihren Schülern am Nordpol in einen Iglu zurückzuziehen versuchen würden, die Menschen würden es für einen Sport halten, sie aufzusuchen.

Sowohl in China, wie später in Japan, befolgten die alten Meister grundsätzlich das Gebot der Zurückgezogenheit. Sie lebten mit ihren Mönchen in von Städten und Siedlungen weit entfernten Bergeinsamkeiten. Für die Zurückgezogenheit der Sucher, die sich der Zen-Meditation hingeben wollten, gab es dafür drei Möglichkeiten: Entweder das Dasein auf einem weit abgelegenen, unbewohnten Berg, in einer weit von menschlichen Siedlungen entfernten Einsiedelei oder in einem abgelegenen Kloster, das selbst für Laienanhänger schwer zu erreichen war.

Saicho (Dengyo Daishi 767–822) folgte diesen Vorschriften, als er, aus China zurückgekehrt, auf dem Berg Hiei die ersten Tempelanlagen gründete. Die Abgeschiedenheit von der Welt war absolut, und in jener frühen Morgenstunde, die ich auf dem Mount Hiei am Kompon Chudô hatte verbringen dürfen, konnte ich noch einen Hauch dieser unwiederbringlich vergangenen Hoch-Zeit verspüren.

Sogar auf dem höchsten Gipfel des Mount Hiei steht noch ein Tempel der Tendai-Sekte – man konnte ihn von dem 1200 Meter hoch gelegenen Gästehaus mit dem Fernglas gut erkennen. Aber auch seine Einsamkeit war dahin. Er bildete die Endstation der überfüllten Autobusse.

Auch des in unvergleichlicher Lage hoch über dem Biwasee gelegenen Ishiyama-Zen-Tempels – jetzt ein beliebtes Ausflugsziel – gedenke ich in Wehmut.

Man begreift traurigen Herzens, daß die Meister dem Ansturm der Massen, dem Dröhnen der unzähligen Geräusch-Störungselemente, die ihnen die Basis für das rechte Wirken entzogen haben, entweder Tribut zahlen oder aber zu extrem harten Erziehungsmitteln, die heute denkbar unpopulär (auch unter den Mönchen) geworden sind, greifen müssen.

Doch selbstverständlich gibt es auch heute noch Willige, die um des hohen Zieles willen bereit sind, alles auf sich zu nehmen und alles zu ertragen, was von ihnen gefordert wird. Sind sie in der Überzahl, dann können sie die Schwächeren mit sich reißen.

Das Grundübel aber ist und bleibt, daß die Tempel sich selbst erhalten müssen. Wenn man bedenkt, daß in Deutschland die Kirchen beider christlicher Konfessionen jährlich ungezählte Millionen durch die Kirchensteuer Überschuß haben und dann überlegt, was auf den Tempeln in Japan lastet, dann versteht man, daß sie gezwungen waren, zur Selbsthilfe zu greifen, und damit dem Beispiel des Staates zu folgen, der überall im Lande für aus den frühen Jahrhunderten stammende und zu »Nationalschätzen« erklärte Tempel mit ihren herrlichen Parkanlagen Eintrittsgeld verlangt.

Solch ein Beispiel der Selbsthilfe stellt das Gästehaus auf dem Mount Hiei dar, das für ähnlich entlegene Tempelstätten (die heute »dank« Autostraßen, nicht mehr entlegen sind) zum Vorbild geworden ist. Wenn sie weiterbestehen wollen, dann bleibt ihnen keine Wahl.

Unser, an den architektonisch berühmten Bauten gemessen kleiner und ohne riesige Parkanlagen für die Masse glücklicherweise uninteressanter Tempel hat also keine Möglichkeit sich durch populäre Maßnahmen zu erhalten. Das ist sein Glück und seine Tragik.

Dennoch birgt er einen einzigartigen »Schatz«: seinen Rôshi. Und dieser, von allen großen Zen-Meistern unbestritten als ein Heiliger anerkannter muß, um Tempel und Mönche zu erhalten, nicht nur in allen Bezirken des Landes Vorträge halten, sondern er ist gezwungen auch im Rundfunk und Fernsehen regelmäßig zu sprechen.

Meister und Mönche haben sich mit den »Störungen« durch den Zeitgeist auseinanderzusetzen. Wenn den Suchern nun die äußeren Grundbedingungen für ihre innere Arbeit zwangsläufig entzogen worden sind – an etwas aber kann nie und nimmer gerüttelt werden: Die Vorschriften für Zucht und Moral und ihre Einhaltung sind unabdingbar. Wo dennoch Wünsche und Leidenschaften, die unter den Begriff Begierde fallen, vorherrschen oder zeitweise auftreten (weil nur unterdrückt und nicht mit der Wurzel ausgerottet), da ist der Weg zur Erleuchtung noch versperrt.

Abgesehen jedoch von der Moral sind große Hindernisse, die vielfach besonders von westlichen Zen-»Interessenten«, übersehen werden, eigene Meinungen; seien sie nun religiöser, allgemein weltanschaulicher oder (besonders aktuell) politischer Art. Wer auf seinem »Standpunkt« besteht, oder seine Ansicht »verficht«, der will recht haben. Und Recht-haben-wollen ist eine Gier wie jede andere auch. Im Absoluten aber gibt es weder Recht noch Unrecht.

Man hat sich seine Barrieren selbst gebaut und man muß sie auch selbst wieder niederreißen. Nach und nach und mit viel Geduld, aber radikal. Und das ist erst der Beginn des Großen Weges.

Was unter günstigen Bedingungen schon eine Aufgabe für geistige Giganten gewesen ist, heute erfordert sie für ihre Bewältigung ein Übermenschliches an innerer Kraft, um der Zersetzung der Atmosphäre, in der wir alle zu leben und zu leiden verurteilt sind, nicht zu erliegen. Wobei das Heimtückische ist, daß man die Verseuchung auf lange Zeit überhaupt nicht bemerkt, weil man sie ja gewissermaßen mit der Luft eingeatmet hat. Hier kann den Menschen nur ununterbrochene Achtsamkeit retten.

Die Mönche des Zen haben es schwer. Und Liebe und Verehrung gebührt ihnen selbst dann, wenn sie kleinen Fehlern zeitweilig unterliegen. (Für die es nämlich früher keine Voraussetzung gab.) Eines Tages, wenn sie geduldig weitermachen, werden sie sie überwunden haben und dann werden sowohl Fehler wie Nicht-Fehler (dank einsichtiger Bekämpfung) unwichtig geworden sein.

Ein Koan von einem Meister zu bekommen und es zu üben, erhält erst dann seinen Sinn, wenn der Sucher vorher durch die Katharsis der Enteignung aller der Wünsche, Leidenschaften, Begierden und Meinungen gegangen ist, die zu seiner irdischen »Persönlichkeit« gehören.

Nach meinen eigenen, ein Leben lang währenden, leidvollen Erfahrungen möchte ich sagen, daß das berühmte »Erkenne Dich selbst«, nämlich: Erkenne, wer Du in Wahrheit seit aller Ewigkeit bist, in unseren Zeiten eine Ergänzung benötigt, die lauten könnte: Erkenne vor allem, was Dich hindert, Dich selbst zu erkennen.

Nur auf ein leer gewordenes Blatt (die tabula rasa) kann der Himmel seine Zeichen setzen. Ist ein Mensch wirklich dahin gelangt, sich all seiner Hindernisse, ohne Restbestände zu entledigen, dann gibt es keine Barrieren mehr für ihn. Für ein zum Nichts »Gewordenes« bestehen weder Halt noch Grenzen. In diesem fast unvorstellbarem Falle wird dann jedes Koan nur zu einer Bestätigung, weil es in der Leerheit des Suchers keine Existenz findet und sich auflöst.

Freilich, wo gibt es den Mönch, der, jung in ein Zen-Kloster eintretend, schon durch diese harte Selbstschulung gegangen ist? Aber er hat ein Leben lang der Meditation vor sich und – vorausgesetzt, daß er durchhält – wird ihm der tägliche Kontakt mit seinem Meister helfen, sich nach und nach von seinen Irrtümern zu befreien.

Der westliche Mensch aber sollte von gelegentlichen Aufenthalten in Ostasien keine Wunder erwarten. Die Wunder kann er immer nur an sich selbst vollbringen. Seine eigene Buddhanatur (das »Pünktchen« des Meisters Eckhart) wird ihm durch eine ständige seelische Unruhe anzeigen, wann es so weit ist, daß die Rückkehr zur Einheit *von ihm selbst* gefordert wird.

Er ist es also immer selbst, ob er es weiß oder nicht, der aufruft und der mahnt, sich auf die Suche nach Anregungen zu begeben, um zu erfahren, was dieser unaufhörliche innere Drang zu bedeuten hat und wie andere vor ihm dieses Sehnen bewältigt haben.

Er ist es selbst. Und weil er es selbst ist, der sich dieses innere Zeichen gibt, so muß etwas gesagt werden, was garnicht ernst und nicht eindringlich genug betont werden kann: Dieser innere Weckruf, der ein wahrhaftes Wunder ist, ist dennoch nichts Besonderes oder gar eine Auszeichnung, denn einmal in irgend einer Inkarnation trifft er jeden Menschen. Dann nämlich, wenn er durch zahllose Leben als Genießender, als Leidender – aber immer als Lernender – hindurchgegangen ist, plötzlich die Schalheit einer nur nach außen gerichteten Existenz erkennt und nach dem Sinn des Daseins zu fragen beginnt. Dann dauert es vermutlich noch lange, bis er die Kraft aufbringt, derart »unrealistisches« Denken nicht mehr beiseite zu schieben. Kaum aber fähig geworden, die Umwelt mit erwachenden Augen zu betrachten – da setzt auch schon die Kritik an ihr ein. Und hier lauert die Gefahr.

Erkennen, wo wir uns befinden und wie die Menschen beschaffen sind, die diesen Stern bevölkern, das soll und muß sein. Und je eindringlicher und umfassender diese Erkenntnis ist, um so wertvoller. Nur darf derjenige, der unsere Welt mit erwachenden Augen betrachtet, nie vergessen, daß er selber sie, in unzähligen Inkarnationen, mitgeschaffen hat. Ihr »Sosein« ist also, im Zusammenwirken mit allen Menschen, zu gleichen Teilen sein Verdienst und seine Schuld.

Darum möge er sich hüten, in seinem Herzen Urteil zuzulassen.

Mit dem Herzen ist das »Pünktchen«, ist das Innerste des Inneren, die ewige Buddhanatur, gemeint.

Daß er klaren Auges sieht, was um ihn herum geschieht, und daß er unterscheiden kann, was – menschlich gesehen, recht und unrecht ist – ist selbstverständlich. Nur ist für seinen eigenen Weg unabdingbar geworden, daß er in seinem »Herzen« um die jüngeren und älteren Geschwister weiß. Die Älteren sind die Vorbilder, die Jüngeren sind die Bedauernswerten, die noch durch viele Lebensalter zu wandern haben, um gute und schlechte Erfahrungen zu sammeln. Wunderbarerweise hat es die Weisheit so eingerichtet, daß sie es nicht wissen, ebensowenig wie es die Erwachenden – vor ihrem Erwachen – gewußt haben.

Wenn also alle Wesen, die jemals auf diesem Stern gelernt haben, mitschuldig an seinem jetzigen Sosein sind, dann müssen wir alle unsere eigene Schuld, die sowohl zu seinem Fortschritt wie auch zu seinem Verderben beigetragen hat, anerkennen.

Das ist ein erschütternder innerer Vollzug. Wer sich die durch nichts zu beeinflussende Kraft erarbeitet hat, diesen Vollzug in sich selbst zu bewirken, der gewinnt nicht nur »Selbst-Erkennen«, sondern dieses Erkennen wird ihn dann auch vor die Frage stellen, wie er von nun an das Wissen um sein Mitwirken am Ganzen, zum Heil unseres Sterns, Gestalt annehmen lassen will.

Alle großen Einweihungen vor unserer Zeit, von denen wir Kunde haben, brachten dem religiösen Sucher, nachdem er durch schwere Prüfungen und Mutproben geführt worden war, das Wissen um das ungebrochene Sein.

Die ägyptischen Hohenpriester bewirkten, daß der Einzuweihende für eine Zeitlang von seinem leiblichen Körper getrennt wurde, um seine eigene Ewigkeit und die aller Wesen zu erfahren.

Aus den Berichten von großen indischen Yogis, die dieselben Erfahrungen gemacht haben, wissen wir, daß der sogenannte Astralkörper, der sich bei derartigen Vorgängen vom Leibkörper löst, sich nie ganz von ihm trennt. Durch ein sich endlos dehnendes, sogenanntes Ätherband bleiben sie verbunden. Allerdings muß der Ätherleib rechtzeitig in seinen irdischen Körper zurück um zu verhüten, daß das Band reißt. Geschähe das, dann wäre der irdische Mensch tot. Es geschieht aber eigentlich nie, weil die Rückkehr ein unwillkürlicher Zwang ist.

Die Einzuweihenden haben also erfahren, daß ihr Dasein, Leben genannt, ohne Riß ist und daß das, was die Menschen »Tod« nennen, nicht im negativen Sinne existiert, sondern als ein Übergang zu begreifen ist.

Was sie aber – soweit dies aus Überlieferungen zu erkennen war – nicht erfahren haben, und ich habe das auch in keiner Schrift von ostasiatischen Meistern gefunden, ist die Erkenntnis, die mir nach unablässigen *zazen* bei fast versagendem Körper in meinem von Hitze kochenden Tempelzimmer wurde: Das Wissen, daß wir alle, die wir waren, sind und sein werden, mitschuldig sind an dem So-Sein unseres Sterns. Wir haben ihn geschaffen und wir werden ihn weiter gestalten zu seinem Heil oder zu seinem Verderb. Unfaßbar Herrliches entstand und unfaßbar Entsetzliches ist – das Herrliche fast übertrumpfend im Wettlauf um die Macht – mitentstanden. Und zu allem was ist, hat jeder von uns seinen Baustein dazugetragen.

In jenen Stunden des wachen Entrücktseins habe ich erfahren, was das ostasiatische Koan: »Jenseits von Gut und Böse sein«, sowohl im Ursinn, wie auch im Sinne für uns Menschen bedeutet.

Ich gebe das Erfahrene weiter. Möge jeder, der mit seinem Leben einen Baustein spendet, den rechten wählen.

Mit Bedacht hatte ich die außerordentlichen geistigen Erlebnisse, die sich schon während der ersten Monate, eigentlich vom Tage meiner Ankunft an, ereignet hatten, nur skizzenhaft vermerkt.

Meine Absicht war, zuerst die anfänglichen Widerstände gegen mich, sowie den für ein Zen-Kloster ungewöhnlichen Gang der Ereignisse zu schildern, um diesem Zusammentreffen von, sich in ununterbrochener Folge ablösenden Ungewöhnlichkeiten die Bedeutung zukommen zu lassen die, im Zusammenhang mit der geistigen Arbeit, mein endliches Auseinanderbrechen bewirkt hatte.

Auseinanderbrechen, nicht »Zusammenbrechen«. Zusammengebrochen war ich bis in die letzte Zeit meines Aufenthaltes oft genug. Aber das waren körperliche Ereignisse.

Mit dem Auseinanderbrechen meine ich den Vorgang meiner absoluten Befreiung.

Der Gedanke: Warum bin ich noch einmal hierher gekommen, oder: Warum mußte ich gerade zu dieser Zeit hierher kommen, sollte sich als das vom Himmel aufgegebene große Koan erweisen, das, zusammen mit dem »Mu«, seiner Auflösung harrte.

Es hat sich aufgelöst. Eins im anderen. Beide in mir.

Wenn ich nun versuche, niederzuschreiben, wie sich das Wunderbare vollzogen hat, so weiß ich im Vorhinein, daß es Stückwerk bleiben muß. Trotzdem wage ich es, weil ich einen großen Helfer zur Seite habe, der wenigstens das Wesentliche und Ausdrückbare festgehalten hat: mein Tagebuch. Und wo es eine Lücke aufweist, weil die Kraft zum niederschreiben fehlte, da hilft das Kalenderbüchlein mit seinen mit fliegender Hand eingetragenen Stichworten.

»Sie müssen die Einheit mit dem ›Mu‹ r e a l i s i e r e n «, hatte der Rôshi gesagt.

Wenn ich also Eins sein soll mit dem »Nichts«, dann muß ich selber zum Nichts werden. Diese kleine Erleuchtung während der Meditation half mir weiter.

Wie segensreich erwies sich jetzt meine innere Vernichtungsarbeit, die ich noch in Deutschland, vor meiner Abreise nach Japan, als Vorbereitung für alles mir Bevorstehende durchgeführt hatte.

Nach den ersten Wochen der Ratlosigkeit, in denen ich das »Mu« mit dem Atem in die Tiefe gesenkt hatte, so wie die Überlieferung es vorschreibt, begann ich, wenn ich so sagen darf, Boden unter den Füßen zu fühlen. Geistigen Boden. Ich ging ans Werk, das »Nichts« zu »realisieren«.

Man muß das recht verstehen. Dieser Vorgang war nicht etwas, was in Wochen oder Monaten der hingebendsten und härtesten Arbeit zu erreichen war. Ich habe ein Leben nie aussetzender geistiger Arbeit dazu benötigt – ohne mich je mit irgend einer meiner überwältigenden Erfahrungen zu begnügen. (Und wer will wissen, wie viele geistige Arbeit und – Rückfälle – in früheren Inkarnationen vorangegangen waren?) Ich habe also weder nach »Erfolgen« nachgelassen noch in Zeiten der entsetzlichsten Not und Dürre aufgegeben. Man muß alles gleicherweise hinnehmen, die Herrlichkeit und die Qual – ohne irgend etwas zu überschätzen. Im Laufe der Zeit bin ich dabei, ohne meine Vitalität einzubüßen (sie hat sich nur gewandelt), fast unmerklich immer weniger und weniger geworden, so daß nach den großen Durchbrüchen im Satori, die die Leser meines früheren Buches kennen, wirklich wie bei einem Kartenhaus nur ein Fingertupf nötig war, um mein eigenes »Nichts« zu vollenden.

Dieses »Nichts«, dieses wunderbare Koan »Mu«, ist also nicht etwas, was mit noch so verfeinerten Sinnen erfaß- oder erlebbar wäre, sondern man muß es selber *werden*.

Dann kann man, christlich ausgedrückt, »durch das Nadelöhr« gehen. Allerdings würde Zen nie den Unterschied zwischen reich und arm gestatten. Ist der Besitzende – und möge ihm die halbe Welt gehören – ein weiser Verwalter seines Vermögens, dann steht es ihm zu Recht zu. Er darf nur nicht an irgend etwas hängen, damit er in Freiheit besitzen kann. Und das ist keine leichte Aufgabe.

Der Arme hingegen – also der nicht Begüterte, besteht im allgemeinen aus Wünschen und aus der Gier nach mehr und mehr. Das:

Geh du weg und laß mich 'ran ... hat sich von den frühesten Zeiten an bis zum heutigen Tage nicht geändert. Dennoch würde einem Zen-Meister nie einfallen seinem Schüler zu gestatten (innerhalb seiner Arbeit der Ablösung) Unterschiede zu machen. Dualismus wird nicht geduldet und muß vom Schüler so lange ausgerottet werden, bis er im All-Einen »erkannt« hat. Das »Gegenüber« hat im Bewußtsein der Zen-Meister keinen Platz. Es gibt nur das »Eine« und: Im Einen ist alles enthalten.

Aus diesem Wissen, das lebendige Erfahrung sein mußte, war die Lehre vom Nichts, also des Nicht-Differenzierten, entstanden. Wo nichts Differenziertes mehr ist – also auch nicht die Gegenüberstellung von Gott und Mensch, wo überhaupt nichts Unterscheidbares mehr existierte – was blieb denn dann noch? Das »Nichts«. Und durch dieses Nichts mußte der Sucher hindurch, um zum All-Einen zu gelangen

Die Barrieren, die den Weg dahin versperrten, die mußte er selber abbauen. In sich. Denn sie bestehen nur in seinem eigenen Wesen.

Das sekundenlange Eindringen in das Unbeschreibbare, wie es mir bei meinem ersten längeren Aufenthalt im Zen-Kloster und nach einer das Letzte abfordernden Meditationsarbeit vergönnt war, hatte ich in meinem ersten Buch zu schildern, besser gesagt, zu umschreiben versucht.

Man wird fragen – und man hat es immer wieder gefragt –, wenn dieses Unaussagbare erlebt worden ist, wozu dann erneut dieses Martyrium?

Das habe ich mich auch gefragt, und diese Frage wurde zu meinem Neben-Koan.

Es hat sich sehr bald beantwortet, viel schneller als ich je für möglich gehalten hätte.

Wie der eigentlich unerklärbare Weg zur Einswerdung mit den beiden berühmtesten und schwersten Koans, des »Mu« und des »Ton der einen Hand« verlaufen kann, hatte ich in meinem ersten Buch zu beschreiben versucht. Die Betonung »verlaufen *kann*« ist wichtig, weil es kein Schema gibt und weil jeder Sucher anders reagieren wird.

Was ich damals aber nicht geahnt hatte und was mir bei meinem jetzigen zweiten Aufenthalt im Zen-Kloster offenbar wurde, war die Tatsache, daß die Praxis des »Mu« mit dem beseligenden Satori-Abschluß, nicht beendet war. Sie fand ihre Fortsetzung in der Transzendierung des »Nichts« auf eine geistige Ebene, in der es jetzt von dem Meditierenden in totaler Einsamkeit bewältigt werden mußte.

Die Barrieren des irdischen »Mu« waren überwunden worden, jetzt ging es darum, sich in unbeschreiblicher Verlassenheit durch das transzendente »Nichts« hindurchzukämpfen – solange – bis der Himmel aufbrach – aufbrechen *mußte:* bis das »Nichts« im All-Einen verschwand.

Dieser Vorgang ist ein Mysterium. Es hat sich auf unerklärbare Weise vollzogen und den Sucher aus der tiefsten Qual in die vollkommenste Seligkeit genommen, die dann (anders als bei den früheren blitzartigen Vereinigungen) sich durch Wochen hindurch fast täglich, als langanhaltendes Ereignis wieder und wieder bestätigte.

Mehr möchte ich jetzt darüber nicht sagen.

Die äußeren Ereignisse, mit Hinweisen auf die inneren Geschehnisse, habe ich bis zum Anfang des September 1967 geschildert. Nunmehr kann ich, da die Situation, in und mit der ich zu leben hatte, klar geworden war, die Hinweise so ergänzen wie sie mein Tagebuch, schon sechs Wochen nach meiner Ankunft im Tempel, mit einer fast erschreckenden Deutlichkeit umreißt.

3. 7. 67

»Alles ist verändert, nichts ist mehr so wie es war. Und auch ich habe mich in diesen vier Jahren verändert – gewandelt. Wahrscheinlich habe ich um die Welt herum reisen müssen, um dies deutlich, sozusagen auf Schritt und Tritt, zu erkennen – damit ich Klarheit über mich selbst gewinnen konnte.

Was also ist mit mir vor sich gegangen? Diese, an erster Stelle wichtige Frage meditiere ich jetzt unaufhörlich durch. Und zwar so, damit keine Täuschung entstehen kann, indem ich vorsorglich mit dem ›Mu‹ jeden Widerstand in mir gegen alles, was geschah, gegen alles, was ist, und gegen alles, was noch während meines Aufenthaltes hier geschehen wird, vernichte.«

Es war ein fruchtbares Beginnen und die Energie und Härte, mit der ich es durchführte, verhalfen zu sehr schnellem Ergebnis, das in wenigen Tagen zu erzielen allerdings nur durch ein lebenslanges geistiges Training möglich gewesen war.

Die Sätze, die hart, ja fast brutal anmutend in meinem Tagebuch nun folgen, lauten:

»Die nackte Tatsache ist, daß ich bereits heute den Tempel und Japan verlassen könnte ohne eine Träne zu vergießen und ohne zurückzuschauen. Was ist geschehen?«

Wenige Tage später, als ich mich fieberkrank nur zum Haupt-*zazen* schleppen konnte, heißt es:

»Ich habe Zeit zum stillen Meditieren. Unaufhörlich lege ich mir die Frage vor: Warum trieb es mich hierher?«

Lange, mich unermüdlich erforschend, hatte ich im *zazen* gesessen – als es plötzlich geschah: Einen Augenblick lang hatte ich ein Gefühl, als ob ich auseinandergerissen würde – und dann befand ich mich, es ist nicht anders ausdrückbar, in einem »Zustand« der Erkenntnis. Nicht etwa in einer »Schau«. Vielmehr befand ich mich, gleichsam wie in einem Vakuum, in absoluter Leerheit. Und in dieser Nichtheit wurde mir die Erkenntnis. Oder war ich die Erkenntnis selbst?

»Exakt« über das »Wie« einer solchen Erfahrung etwas auszusagen, muß ein hilfloses Unterfangen bleiben. Es sei denn man schildert das, was einem widerfuhr, mit ekstatischen oder hymnischen Worten, wie wir es aus den Niederschriften unserer mittelalterlichen Heiligen und Mystiker kennen.

Ich hatte mir aber, wie schon vorher bei meinem ersten Bericht, vorgenommen, nur das zu sagen, was tatsächlich geschah. Nichts, was mein (nachträgliches) Empfinden daraus machte.

Die Erleuchtung, die mir wurde, war folgende: Ich erkannte oder wußte, denn Erkennen war gleich Wissen, daß mein »Suchen« jetzt nur noch an einem einzigen Ort sinnvoll war: In meinem eigenen Inneren.

Hier, in der unmittelbaren Nähe des geliebten, großen Rôshi erkannte ich, daß entweder *in mir* die ganze »Wahrheit« beschlossen war oder sonst nirgends in der Welt.

Theoretisch weiß das natürlich jeder ernste Zen-Buddhist. Aber es als Wirklichkeit zu erfahren – das ist eine Offenbarung.«

»Nun ist das eingetreten, was in seiner Tiefe nur von einem Zen-Meister verstanden werden kann und was mir in einem neuen nächtlichen Samadhi-Zustand als ›Wissen‹ eingemeißelt wurde: Die Weltreise war deshalb nötig, um hier in meinem Tempel zu erkennen, daß sie nicht nötig gewesen war . . .

Was für ein Paradoxon! Aber ich verstand: Schon lange vor dem Antritt meiner Reise war das eingetreten, was ich jedoch, da ich immer auf der Hut vor aus Ich-Wahn entstehendem Irrtum war, beharrlich zurückgewiesen hatte: die innere Ablösung von meiner Bindung an den Tempel.

Sie war da. Aber ich wollte sie nicht wahrhaben. Und außerdem blieb immer noch die mißtrauische Frage offen: War dieser, beinahe unfaßliche innere Abstand nicht gerade das Zeichen dafür, daß es hohe Zeit war erneut zum Rôshi zurückzukehren?

Es war die angeborene Gründlichkeit, die nicht zuließ, daß auch nur der Schatten eines Zweifels – vor allem in bezug auf die inneren Erfahrungen – in irgend einem Bewußtseinswinkel versteckt – zurückbleiben könnten. Auch der Schatten mußte getilgt sein.«

Dieses Schattenvertilgen, diesen Zweifel an der eigenen Erkenntnis, bezahlte ich mit einer Höllenfahrt, mit einem körperlichen Zusammengeschlagenwerden ohne Gleichen. Und man wird sich erinnern, daß ich, als ich gerade angekommen, die Tempeltreppe zum ersten Male wieder emporstieg, bar jeder Regung geblieben war. Damit war eigentlich alles vorweggenommen und was dann unaufhörlich auf mich zukam, das habe ich geschildert: Die Widerstände gegen mich, die Kämpfe um den bescheidensten Wohnraum, die inneren Vorgänge im Tempel und – nach dem großen Taifun – das in Japan noch nicht dagewesene feuchtnasse Hitzeklima, das sich über Monate erstreckte.

Jetzt gerade las ich in einer deutschen Zeitung, daß die Arbeiter nach Hause gehen durften, als in einem Maschinen-Werkraum 38 Grad Hitze waren. Ich hatte monatelang nachts 38 Grad in meinem Raum, von der Tagestemperatur zu schweigen. Und leider habe ich nie gut Hitze ertragen, schon als Kind nicht.

Aber Bodhidharma hatte gesagt: »Die unvergleichliche Lehre des Buddha kann nur nach einer langen und harten Zucht, durch Erduldung dessen, was am schwersten zu erdulden ist und durch Übung dessen, was am schwersten zu üben ist, verstanden werden ...«

Ja, dachte ich, großer Bodhidharma, für mich ist wohl dieser kaum mehr überschreitbare Punkt des Ertragbaren erreicht. Andere mögen stärker sein. Aber ich habe nur noch den einen Wunsch: Ich möchte nicht in Japan sterben. Und soviel Kraft möchte ich behalten, um noch rechtzeitig heimkehren zu können.

Noch einmal 7. 7. 67 Tagebuch

»Trotzdem: Diesen ›Umweg‹, der noch einmal ›Alles oder Nichts‹ forderte, auf daß in mir die Erkenntnis um das eigene Wesen endlich radikal aufbrechen konnte, gleichsam wie eine überreif gewordene Frucht, ich bejahe ihn absolut. Dafür war kein Opfer zu groß. Ich sollte wissen, daß ich die letzten Bindungen fallen lassen mußte, nein, daß sie gefallen waren. Und wo sonst auf der Welt hatte ich noch Bindungen gehabt, als hier?

Voller Gleichmut gehe ich, trotz schweren körperlichen Elendseins zum *zazen* und ohne jede Erregung zum *sanzen* mit dem Rôshi. Weiß er um mein Geheimnis, wenn der Buddhageist ihn immer wieder nur das Eine sagen läßt: ›Du mußt Eins sein mit dem Nichtsein?‹ Er treibt mich tiefer und tiefer in die Ablösung hinein. Die Erkenntnis, die mir wurde, muß immer mehr realisiert und zur totalen Wirklichkeit werden.

Wie tue ich das? Ich fahre fort mich wissentlich und willentlich zu zerstören. ›Mu!‹«

Schon zwei Tage nach dieser Eintragung folgten die erschütternden äußeren Ereignisse, die mir für mich selbst nur wenig Zeit ließen: Die Zerstörungen durch den Taifun mit seinen Folgen und anschließend der freiwillige Tod von K. san. Bis zum 3. September hatte ich alles Geschehen, mit seinen Rückwirkungen auf mich, geschildert.

Jetzt beginne ich wieder mit den Tagebucheintragungen ab 4. 9.:

Tagebuch 4. Sept. 67

»Wenn ich es wagen darf in meinem gegenwärtigen miserablen körperlichen Zustand von Glück zu sprechen – ich bin glücklich. Die Reste von seelischen Mängeln, die sich anscheinend nur hier in besonderen Situationen offenbaren konnten, wurden von mir erkannt. Erkennen und unaufhörliche geistige Arbeit im *zazen*, diese Mängel mit der Wurzel zu zerstören, waren Eins.

Und dann geschah etwas Unerhörtes. Ich erhielt auf geistigem Wege, also im Samadhi, die – von mir nicht erbetene und nicht herausgeforderte – Erlaubnis heimzukehren. Es war ein einziger Satz der in der lautlosen Stille wie ein Blitz herniederfuhr. Er lautete:

›Deine Aufgabe hier ist beendet.‹

Wie benommen von einem Glücksschock saß ich viele Stunden regungslos im *zazen* und war nichts anderes als: Glück. Jetzt, es ist spät in der Nacht und die Eiskissen auf den Knien sind warm geworden, mühe ich mich, zu diesem mich erschütternden Satz, ein paar eigene Worte auf's Papier zu bringen. Aber ich muß es aufgeben. In dieser kargen, göttlichen Feststellung: ›Deine Aufgabe hier ist beendet‹ war ja auch mein ganzes bisheriges ›Ihm‹ zugewandtes Leben miteingeschlossen. Ich war frei. ›Er‹ oder ›Es‹ hatte mich nach der Zucht vieler Jahrzehnte (und wie vieler Inkarnationen?) freigesprochen.

Ich bin zu arm an Worten und zu erfüllt von überirdischer Glückseligkeit, um dem etwas hinzuzusetzen.«

12. 9. 67

»Es ist kaum zu fassen: Nach dem gestrigen Tag voll grauenhafter Hitze und einer total schlaflosen Nacht hat mein Zimmer heute, spät abends, nur noch 20 Grad. Es ist Taifun, Nr: 22, der auf uns zugerast kommt und Sturmwind vorausschickt. Bei uns ist alles verrammelt, nur mein Fenster ist noch halb offen. Ich genieße die Kühle dankbaren Herzens.«

13. 9. 67

»Taifun 22 bog, plötzlich die Richtung ändernd, ab und schonte uns.«

17. 9. 67

»Mein Zustand ist ein Sein voller Glück. Dabei kann ich über das Wesen meiner Meditation fast nichts mehr aussagen. Es ist mehr so, als ob ›Es‹ meditiert und angibt, wovon ›Es‹ mich noch befreit sehen will und mit welchen Kräften ›Es‹ in mir zu wirken wünscht.

Es ist nun wirklich so, daß ein Tag voller Mißhelligkeiten und Beschwerden sein mag – im Herzen ist ›Jeder Tag ein guter Tag‹. Und nicht nur im Herzen. Alles ist leicht, auch wenn es schwer ist. Ich bin voller strahlender Heiterkeit und bei notwendigen Besorgungen gehe ich durch die dampfende Gegend als schwebe ich.

Es ist ähnlich dem Stadium, in dem sich verliebte Menschen befinden. Allerdings nur ›ähnlich‹, denn da ist ein gewaltiger Unterschied. Der Erwachte ist an nichts mehr verhaftet und stets bei kristallklarem Bewußtsein und seine Beschwingtheit ist das Ergebnis seiner Transzendierung. Die Kabbala sagt: ›Die Lichter sind umgestellt.‹«

19. 9. 67

»Wenn das Herz vollkommen rein geworden ist, befreit von allen Wünschen, Begierden und Verhaftungen, wenn auch die Gefühle und Empfindungen aufgehört haben, Ich-bezogen zu sein, dann ist das Herz frei, abgelöst und leer. Erst dann kann die Transzendierung, die self-identification erfolgen und damit die Vereinigung mit dem Formlos-Einen und mit dem Einen mit Form. Das bedeutet: Der Mensch ist eins geworden mit seinem Ursprung, mit Gott, und zugleich, da Gott alles ist, was ist, mit dem Universum und allen erschaffenen Wesen. Eins in einem affektlosen, harmonischen All-Lieben.

Und das ist der Garten Eden.«

Dieser letzte Satz »Und das ist der Garten Eden« läßt mir keine Ruhe. Ist es wirklich der Garten Eden, wenngleich der symbolische?

Wenn ich mich an die biblische Geschichte halte, dann kann es sich nur um ein geläutertes Eden handeln, denn das von Moses geschilderte Paradies, von dem wir schon in der Schule gelernt haben, das war kein Paradies und wird nie eines sein; denn in ihm hat sich etwas Teuflisches zugetragen.

Das Wort ›Paradies‹ oder ›Garten Eden‹ schließt in sich den Begriff absoluter Reinheit, und wo absolute Reinheit herrscht, da gibt es keine Falschheit.

Wo also kommt die dritte Person, die Schlange her? Denn in dem Augenblick, wo sie als Versuchung auftritt, auftreten kann, ist kein Paradies mehr vorhanden.

Eva, ihrerseits als paradiesisches Wesen, befindet sich, als der Angriff erfolgt, im Zustand absoluter Reinheit, der Un-schuld an sich. Darum ist sie unfähig sich Un-reinheit überhaupt vorstellen zu können und gibt (um im biblischen Bilde zu verbleiben), an ihren Gefährten weiter, was sie von der dritten Macht erfährt, die sie, da sie im ›Paradiese‹ weilt, als von Gott kommend annehmen muß – weil eine andere Annahme der ›Reinheit‹ schlechthin unmöglich ist.

Nun hätte ja Adam den dargebotenen ›Apfel‹ ausschlagen können. Leider ist er nicht auf die Idee gekommen.

Die Folgen dieses Versagens kennen wir. Adam also hat versagt, denn das Essen des ›Apfels‹ verlangte eine Tat – und zu der war Eva nun wirklich nicht fähig.

Daß diese ganze biblische Geschichte eine symbolische ist, das weiß ich auch; jedoch weiß ich leider nicht, wie sie von der jüdischen Geheimlehre ausgelegt wird.

Es geht jedoch nicht um das, was Geheimlehre und Schriftausleger daraus machen, sondern um das, was da schlicht schwarz auf weiß zu lesen ist und was die Kinder im Religionsunterricht gläubig als ›heilig‹ lernen. So etwas haftet nämlich für das ganze Leben.

Damit ist Mose, falls er wirklich diese allegorische Geschichte erdacht haben sollte, zweierlei gelungen: Er hat erstens den Begriff eines uranfänglichen Eden zunichte gemacht. Denn die Frage, die sich sofort aufdrängt, ist doch die: Wo war Gott? Hat er das Unheil nicht bemerkt? Oder kam die unheimliche Versuchung mit seinem Willen? Wenn ja, dann konnte sie nicht im Paradiese stattfinden, weil es dann eben keines gewesen wäre.

Und zweitens: Er hat es fertig gebracht die Frau, also das weibliche Prinzip, innerhalb der jüdisch-christlichen Religion für alle Zeit zu diffamieren.

›Eva, die Verführerin‹, dieses Schlagwort aus dem Paradiese, haftet der Frau bis zum heutigen Tage an und es wird sich auch in Zukunft kaum etwas daran ändern.

Adam hingegen sonnt sich, seit Mose, im Glanze dessen, ›der nichts dafür kann‹.

Meine Formulierung ›Und das ist der Garten Eden‹, spontan aus kindlichen Erinnerungstiefen aufgetaucht, ist im Sinne des Zen so falsch, wie nur etwas falsch sein kann: Von den Veden bis zum Zen-Buddhismus heute ist nur der oder das ›Eine‹ existent, ob in sich selbst Nicht-seiend-Seiend, oder ob in die ›zehntausend Dinge‹ (chin.) fließend aufgelöst; in Ihm gibt es keine Differenzierungen, geschweige solche mit ›Wertungen‹.

Nun könnte die verständliche Frage (die einer der alten Meister mit Sicherheit entrüstet zurückgewiesen hätte, falls sie einer seiner Mönche gestellt hätte), lauten: Wo aber befindet sich denn der Mensch, der die Attribute des Wahns hinter sich gelassen hat?

Antwort: In seinem eigenen So-Sein. Und, wie ich vorher sagte: Er ist eins geworden mit seinem Ursprung, mit Gott. Und dadurch zugleich eins mit allem Seienden.

Das klingt sehr karg und nüchtern. In Wirklichkeit ist es Alles, ist es die Fülle. Aber wie soll man diesen Zustand, ohne ihn durch Differenzierung zu entwerten, beschreiben? Solch ein Versuch muß scheitern, weil jedes Wort ›darüber‹ schon von der ›absoluten Wahrheit‹ weltenweit entfernt ist.

Im Geiste höre ich eine mir sehr liebe, und seit Jahrzehnten Vertraute, prachtvolle und tiefgläubige Frau sagen:

»Das mag so sein. Aber ich will es nicht! Ich ersehne ein Paradies, ich will, wenn ich meinen irdischen Körper verlasse, meine Lieben treffen, ich will vor Göttlichen Wesen anbetend knien.«

Dazu kann man nur sagen: Ja, warum eigentlich nicht? Es gibt im Reiche Gottes nichts, was es nicht gibt. Was ›vorstellbar‹ ist, das ist auch vorhanden, weil etwas Nicht-Vorhandenes eben nicht vorstellbar ist.

Wo also noch Bindungen sind, da können sie gar nicht aufgelöst werden, weil das ›Leben‹ nicht aus willkürlichen Sprüngen besteht, denn das wäre Chaos.

Auch ich, zum Beispiel, bestehe darauf, daß die metaphysischen Erfahrungen, die mir zu teil wurden, und die ich im Anfang geschildert habe, wirklich waren. Wenigstens so wirklich, wie ich selber bin oder – nicht bin. Eine ›Wirklichkeit‹, die im Zen-Sinn natürlich nur ›Schein‹ sein kann.

Der Rôshi sagte zu mir im *sanzen:* ›Du bist nicht, ich bin nicht, der Raum, in dem wir uns befinden, ist nicht. Nichts ist. Das mußt Du verwirklichen.‹

Wer also wirklich zum Nichts im Nichts entwerden konnte, der erkennt in dieser Eins-Werdung das Untrennbar Ganze.

Plotin, der Unvergleichliche, Große, von mir so sehr Bewunderte und Geliebte, der alles erreicht hat, was überhaupt erreichbar ist und der unseren Breiten angehört hat, hat seine göttliche Bahn etappenweise zurückgelegt, wenn ich so sagen darf. Er ist von Herrlichkeit zu Herrlichkeit geschritten und hat seine Erfahrungen in hinreißenden, glühenden, unwiederholbaren Worten geschildert. Sein einmaliger Weg führte ihn durch die Fülle alles Möglichen hindurch bis zur Vereinigung mit dem Nous (dem Einen mit Form, aus dem alles Seiende hervorgeht). Aber auch hier macht er nicht halt. Er erkennt sich und den Nous noch als ›zwei‹, bricht durch ihn hindurch und verschmilzt mit dem ›Abgrund‹, dem Ureinen. Und da das Ureine, wie er sagt, jenseits jeder Beschreibung ist, so ist auch die Seligkeit der Vereinigung jenseits jeder Beschreibung.

Plotin, als von seinen Schülern vergötterter Lehrer, wendet sich vorzüglich an die, die schon von sich aus in der Bewegung auf das Ureine hin sind – um sie weiter zu führen zum Ziel, zum Urquell des Seins. Nie geht es ihm um Theorie, sondern immer um den Weg des Auserwählten zum Ewigen hin.

Das göttliche Wunder Plotin hat also bei keiner Herrlichkeit haltgemacht, nicht ehe er das Ziel (das auch das Ziel des Zen ist) erreicht hatte, bis er Schauender und Geschauter in Einem war.

Nur ein einziges Mal ist in der religiösen Literatur der Erfahrungsweg durch alle Himmel hindurch geschildert worden: eben von dem großen Lehrer und Philosophen Plotin. Seine Erfahrungen können der Trost und die Zuversicht für alle die Sucher sein, denen die vermeintliche ›Leere‹ des Zen zu nackt, zu hart, zu unbedingt erscheint.

In Wirklichkeit lehnt Zen natürlich nichts irgendwie oder irgendwo Seiendes ab. Aber die großen Lehrer Ostasiens, einschließlich des geschichtlichen Buddha, sahen die Gefahren, die ihren Schülern aus einem genießenden Verweilen in irgend einem Seligkeitszustand drohten. Denn aus solchem, wenn auch glückseligen Verharren mußten sie – und wenn auch erst nach tausend oder mehr oder weniger Jahren – wieder heraus, um – aufs Neue leidvoll – den Weg fortzusetzen.

Wozu, sagten sie und lehrten den Weg durch das Nichts hindurch zum Einen.

Plotins Erfahrungsweg war anders, er führte ihn von Herrlichkeit zu Herrlichkeit bis er endlich im Gott-Abgrund der Nichtheit seine beseligende Auflösung fand.

Wer aber unter uns wäre fähig, die unvorstellbare Kraft aufzubringen in keiner Götterwelt zu verweilen und nie, innerhalb von Glanz, Entzücken und Erhabenheit, sich zum ›himmlischen Ausruhen‹ verleiten zu lassen?

Um diese menschliche Unfähigkeit wußten die indischen Lehrer und darum wählten sie für ihre Schüler den Weg der Nicht-heit.

Auch Plotin hat einen Lehrer gehabt: Ammonius Saccas. Er lebte und lehrte in stiller Zurückgezogenheit in der Nähe von Alexandria. Man weiß nichts von ihm, außer daß Plotin sein Schüler war, der elf Jahre bei ihm blieb, solange bis Ammonius' irdisches Leben endete. Mehr von ihm zu wissen, ist auch nicht nötig. Aber wer an Plotin denkt, der denkt (ohne es zu wissen) gleichzeitig an diesen, nur dem Einen dienenden, großen Lehrer. In Verehrung.

In jüngster Zeit haben wir von dem berühmten, verstorbenen Schweizer Psychologen C. G. Jung in seinem, von mir im Anfang des Berichtes schon erwähnten Buche: »Erinnerungen, Träume, Gedanken« eine hervorragende Beschreibung von ›Zwischenstationen‹ eines vom leiblichen Körpers abgelösten Menschen bekommen. Seine sehr genaue Darstellung von außerirdischen Erlebnissen, die er, während eines schweren Krankheitszustandes, hatte, möchte ich um derer willen, die Trost suchen und die Stützen brauchen, in diesem Zusammenhang nicht unerwähnt lassen. Schließlich kamen sie von einem Manne, der sein Leben lang als Arzt geforscht hatte und der Phänomene, die ihm gegen Ende seines Forscherdaseins selbst begegnet sind, ganz gewiß nur im hohen Bewußtsein seiner Verantwortung weitergegeben hat.

So schreibt C. G. Jung zu dem Kapitel »Visionen«:

»Es schien mir, als befände ich mich hoch oben im Weltraum. Weit unter mir sah ich die Erdkugel in herrlich blaues Licht getaucht.« (Er sah also geistig das, was die Astronauten später auf technisch errechnetem Wege mit irdischen Augen erblickten.)

»Später habe ich mich erkundigt, wie hoch im Raum man sich befinden müsse, um einen Blick von solcher Weite zu haben. Es sind etwa 1500 km! Der Anblick der Erde aus dieser Höhe war das Herrlichste und Zauberhafteste, was ich je erlebt hatte.

Nach einer Weile des Schauens wandte ich mich um ... Etwas Neues trat in mein Gesichtsfeld. In geringer Entfernung erblickte ich im Raume einen gewaltigen dunklen Steinklotz, wie ein Meteorit... Im Weltall schwebte der Stein, und ich selber schwebte im Weltall... Ein Eingang führte in eine kleine Vorhalle. Rechts saß auf einer Steinbank ein schwarzer Inder im Lotossitz... So erwartete er mich – schweigend...

Als ich mich den Stufen zum Eingang in den Felsen näherte, geschah mir etwas Seltsames: Ich hatte das Gefühl, als ob alles bisherige von mir abgestreift würde. Alles, was ich meinte, was ich wünschte oder dachte, die ganze Phantasmagorie irdischen Daseins fiel von mir ab, oder wurde mir geraubt – ein äußerst schmerzlicher Prozeß. Aber etwas blieb; denn es war, als ob ich alles, was um mich geschehen war, nun bei mir hätte... ich bestand sozusagen daraus. Ich bestand aus meiner Geschichte und hatte durchaus das Gefühl, das sei nun Ich. ›Ich bin dieses Bündel von Vollbrachtem und Gewesenem.‹ – Dieses Erlebnis brachte mir das Gefühl äußerster Armut, aber zugleich großer Befriedigung... Alles schien vergangen, es blieb ein fait accompli, ohne irgendwelche Rückbeziehung auf das Frühere. Es gab kein Bedauern mehr, daß etwas weggefallen oder fortgenommen war. Im Gegenteil: ich hatte alles, was ich war, und ich hatte nur das.

Noch etwas anderes beschäftigte mich: ich hatte, während ich mich dem Tempel näherte, die Gewißheit, daß ich in einen erhellten Raum kommen und alle diejenigen Menschen antreffen würde, zu denen ich in Wirklichkeit gehöre. Dort würde ich – auch das war Gewißheit – endlich verstehen, in was für einen geschichtlichen Zusammenhang ich oder mein Leben gehörten. Ich würde wissen, was vor mir war, warum ich geworden bin und wohin mein Leben weiterfließen würde. Mein gelebtes Leben war mir oft wie eine Geschichte vorgekommen, die keinen Anfang und kein Ende hat. Ich hatte das Gefühl, eine geschichtliche Perikope zu sein, ein Ausschnitt, zu dem der vorausgehende und nachfolgende Text fehlte. Wie mit der Schere schien mein Leben aus einer langen Kette herausgeschnitten und viele Fragen waren unbeantwortet geblieben. Warum ist es so verlaufen? Warum habe ich diese Voraussetzungen mitgebracht? Was habe ich damit gemacht? Was wird daraus erfolgen? Auf all das würde ich – dessen war ich sicher – eine Antwort erhalten, sobald ich in den Steintempel eingetreten war. Dort würde ich erkennen, warum alles so und nicht anders gewesen war. Ich würde dort zu den Menschen kommen, welche die Antwort auf meine Frage nach dem Vorher und Nachher wissen.« (Bestätigung des ostasiatischen Grundwissens von Karma und Reinkarnation.)

»Während ich noch über diese Dinge nachdachte, geschah etwas, das meine Aufmerksamkeit in Anspruch nahm: Von unten, von Europa her, stieg ein Bild herauf. Es war mein Arzt... Nachdem er wie ein Bild aus der Tiefe zu mir herangeschwebt war und vor mir stand, fand eine stumme Gedankenübermittlung zwischen uns statt. Mein Arzt war nämlich von der Erde delegiert, um mir eine Botschaft zu bringen: Es würde dagegen protestiert, daß ich im Begriff sei wegzugehen. Ich dürfe die Erde nicht verlassen und müsse zurückkehren. Im Augenblick, als ich das vernommen hatte, hörte die Vision auf.

Ich war zutiefst enttäuscht; denn jetzt schien alles umsonst. Der schmerzliche Prozeß der ›Entblätterung‹ war vergebens gewesen, und ich durfte nicht in den Tempel, nicht zu den Menschen, die zu mir gehörten.«

Einige Seiten später:

»In jenen Wochen lebte ich in einem seltsamen Rhythmus. Am Tage war ich meist deprimiert. Ich fühlte mich elend und schwach und wagte mich kaum zu rühren. Voll Betrübnis dachte ich: Jetzt muß ich wieder in diese graue Welt hinein. – Gegen Abend schlief ich ein, und mein Schlaf dauerte etwa bis gegen Mitternacht. Dann kam ich zu mir und war vielleicht eine Stunde lang wach, aber in einem ganz veränderten Zustand. Ich befand mich wie in einer Ekstase oder in einem Zustand größter Seligkeit. Ich fühlte mich, als ob ich im Raume schwebte, als ob ich im Schoß des Weltalls geborgen wäre – in einer ungeheuren Leere, aber erfüllt von höchstmöglichem Glücksgefühl. – Das ist die ewige Seligkeit, das kann man garnicht beschreiben, es ist viel zu wunderbar! dachte ich...

Von der Schönheit und der Intensität des Gefühls während der Visionen kann man sich keine Vorstellung machen. Sie waren das Ungeheuerste, was ich je erlebt habe. Und dann dieser Kontrast, der Tag! Da war ich gequält und mit den Nerven vollständig herunter. Alles irritierte mich. Alles war zu materiell, zu grob und zu schwerfällig, räumlich und geistig beschränkt, zu unerkennbarem Zwecke künstlich eingeengt, und besaß doch etwas wie eine hypnotische

Kraft, an sich glauben zu machen, wie wenn es die Wirklichkeit selber wäre, während man doch ihre Nichtigkeit deutlich erkannt hatte. Im Grunde genommen bin ich seither, trotz revalorisierten Weltglaubens, nie mehr ganz vom Eindruck losgekommen, daß das ›Leben‹ ein Existenzausschnitt sei, welcher sich in einem hierfür bereitgestellten dreidimensionalen Weltsystem abspielt...

Ich hätte nie gedacht, daß man so etwas erleben könnte, daß eine immerwährende Seligkeit überhaupt möglich sei. Die Visionen und Erlebnisse waren vollkommen real; nichts war anempfunden, sondern alles war von letzter Objektivität.

Man scheut sich vor dem Ausdruck ›ewig‹, aber ich kann das Erleben nur als Seligkeit eines nicht-zeitlichen Zustandes umschreiben, in welchem Gegenwart, Vergangenheit und Zukunft eines sind... Ein unbeschreibliches Ganzes, in das man mit verwoben ist; und doch nimmt man es mit völliger Objektivität wahr.«

Solche Dinge denkt man sich nicht aus, das weiß jeder, der Ähnliches an sich selbst erfahren hat und dem diese Erfahrungen wirklicher und unverrückbarer im Bewußtsein haften als alles, was ihm sein Dasein hier sonst zugemutet haben mochte.

So ist es auch mit den sechs Wahrtraum-Erlebnissen, die mir gegeben wurden, und die ich beschrieben habe. Natürlich waren sie anderer Art als die des tödlich kranken Psychologen. Sie nahmen immer stärker, immer großartiger meine geistigen Entwicklungsphasen voraus, während Jung, schon kaum mehr dem Körper verhaftet, dorthin gelangte, wohin zu gelangen seine Zeit noch nicht ganz vollendet war. Von dem Zeitpunkt an aber wußte er wahrscheinlich, was ihm bevorstand, und daß er sich zur gegebenen Zeit in jenem, im Weltall schwebenden Tempel, in einer, von der irdischen Enge befreiten Glückseligkeit und in der Gesellschaft geistesverwandter Persönlichkeiten wiederfinden würde.

Suum cuique, möchte man nicht nur sagen, sondern es wird auch so sein, daß jedem Menschen das, was seinem Wesen und seiner Entwicklung angemessen ist, post mortem widerfahren wird.

Solches Geschehen, in unendlichen Abwandlungen hat der Buddhismus nie geleugnet, wie ich schon früher ausdrücklich hervorhob. Auch der Erhabene (Buddha) nicht, der um seine unzähligen Inkarnationen wußte. Weil er die vollkommene Einheit mit dem Urgrund alles Seins erreicht hatte, lehrte er, als ewig Erleuchteter, seine Jünger das Loslassen aller Stützen, auf daß sie schneller das Ziel ihres Suchens erreichen möchten.

Zen aber in seiner herrlichen Unbedingtheit läßt überhaupt keinen Kompromiß zu: »Alles was ist, ist Nichts.«

»Wenn Du selber Nichts bist, wie könnte dann eine Erscheinung etwas anderes als Nichts sein?« So höre ich den Rôshi antworten – falls ich ihm jemals eine derartige Frage gestellt hätte.

Wenn man also seines eigenen Nicht-Seins stets eingedenk bleibt, dann gelangt man – was immer auch geschehen mag – z u r W e r t u n g d e r N i c h t w e r t u n g. Man könnte es auch umgekehrt sagen. Dann wäre es genau so richtig.

Ein Zen-Meister würde also einen Mönch, der es wagen würde ihm ähnliche Erlebnisse mitzuteilen, wie die von C. G. Jung glaubhaft geschilderten, hart anfahren und ihm versichern, daß er noch nach einem Weltzeitalter nicht zur ursprünglichen Wahrheit vordringen könnte, wenn er seine Zeit damit vertrödeln würde an derartiges Zeug (wenn es ihm geschehen sollte) auch nur einen Gedanken zu verschwenden.

»Töte den Buddha, wenn er dir begegnet«, dieses berühmte Wort, das vor allem christlich erzogenen Gläubigen schwer eingeht, ist keine Blasphemie, sondern es ist letzte Konsequenz: Eine Begegnung und sei sie mit dem Urbuddha selbst (christlich ausgedrückt, mit dem ersten Prinzip, mit Gott) bleibt immer noch Gegenüberstellung, bleibt Dualismus.

Nun erscheint einem Menschen der Buddha nicht so ohne weiteres. Der Zen-Mönch, dem das geschieht, muß schon sehr weit in seiner Entwicklung fortgeschritten sein, um solcher Begegnung gewürdigt zu werden. Wie – wenn er dieser Begegnung nun wirklich gewürdigt wurde – – »tötet« er dann den Buddha?

Er »tötet« das göttliche Gegenüber dadurch, daß er es selbst wird.

Mit anderen Worten: Sein hohes Erlebnis hat ihm zwar gezeigt, daß sein unermüdliches Üben erfolgreich gewesen ist, es hat ihm aber gleichzeitig offenbart, wo sein »noch nicht« von ihm überwunden werden muß.

Es ist herrlich und das Herz möchte einem zerspringen vor Glück, daß der Buddha, der Herr des Zen, diesen Weg gewiesen hat, der ohne Aufenthalt zu ihm führt, das heißt zum Ur-Einen, zum Ur-Buddha-Sein, mit dem er Eins ist.

Der Zen-Meister, der zum Buddha Gewordene, weiß vom Augenblick seiner Einswerdung an nicht nur um das Eine, sondern ebenso um das Eine in den »Zehntausend Dingen«. Und er allein ist von da an fähig und berufen, allen hohen Wesenheiten, seien sie Buddhas, Bodhisattwas, Meister oder Heilige, Verehrung zu erweisen. Er allein, als Rôshi eines Tempel-Klosters vollzieht in der Morgenfrühe den Anbetungsakt vor dem Altar, während die Mönche, Sutras rezitierend und zu beiden Seiten des Altars kniend, die Augen nicht zu ihm erheben dürfen. Für sie gilt das »Mu«. Der Erwachte aber lächelt in tiefem Frieden dem All zu, so wie es ist oder – wie es erscheint.

Zurück zum Tagebuch:

24. 9. 67
»Heute war im Tempel die große, alljährliche Zeremonie für die verstorbenen Familienmitglieder. Sie vollzog sich genau so, wie ich sie in meinem ersten Buch beschrieben habe. Der Rôshi war überwältigend. Nach der Feier gab es ein einfaches Essen für etwa 400 Personen.

Am Abend sprach ich noch den Sekretär, der mir folgende überraschende Neuigkeit berichtete: Der Rôshi der Tendai-Sekte, Dr. H. (mit dem ich auf dem Berg Hiei die schöne Unterhaltung gehabt hatte) habe unserem Rôshi mitgeteilt, daß er es begrüßen würde, wenn ich im Februar die Studienreise mitmachen würde.

Was für eine Studienreise?

Sakamoto san teilte mir unter dem Siegel der Verschwiegenheit mit, daß diese beiden großen Rôshis beschlossen hätten, mit einigen hochentwickelten Zen-Meistern und ihren besten Schülern eine Schiffsreise nach Singapur und Indien, mit Aufenthalten in Hongkong, Bangkok und Formosa zu machen. Das Programm sah vor, daß unser Rôshi am Vormittag über Zen und Rôshi Dr. H. am Nachmittag über ›Makashikan‹, den ›Geist des Tendai‹, sprechen würden. Unser Rôshi habe die Idee meiner Teilnahme ausgezeichnet gefunden. Falls es am Geld läge, daß ich nicht mitkommen könne, dann sollte ich mir keine Sorgen machen. Er würde es mir geben.

›Im Kloster darf noch niemand von dem Vorhaben wissen, ehe

die Reise losgeht, damit sie nicht publik wird‹, sagte Sakamoto san. ›Es sind nur ausgesuchte Männer zugelassen. Sie werden die einzige Frau sein.‹

Ich bin ganz verstört und muß Zeit haben, um das Rechte zu ergründen.

Selbstverständlich habe ich kein Geld mehr für diese Extrareise. Aber wenn sie noch in diesem Jahr stattfinden würde, dann hätte ich keine Bedenken die Güte des Rôshi in Anspruch zu nehmen. Jedoch erst im Februar? Das würde bedeuten, daß ich den ganzen harten Winter im eiskalten, ungeheizten Tempel verbringen müßte. Ob es stürmt oder zu den Fenstern, die stets offen sein müssen, hereinschneit, ob es null Grad oder zwanzig Grad unter Null sind, man hat reglos, stundenlang im *zazen* zu verharren. Und eine Aufwärmmöglichkeit danach gibt es nicht, außer dem Kohlenbecken für die Hände das im Besuchszimmer des ersten Mönches steht.

Anscheinend kommt niemand auf die Idee, daß ich das vielleicht nicht überstehen könnte. Weil mein Geist immer wach und lebendig bleibt und ich mir äußerlich nie etwas anmerken lasse, so ahnt wohl kein Mensch, wie elend mein Zustand nun schon seit Monaten ist, und daß ich körperlich nur noch ein Wrack bin.«

25. 9. 67

»Vorläufig lasse ich alle Gedanken für oder wider die Studienreise ruhen. Es ist noch lange Zeit bis zur Entscheidung.«

1. 10. 67

»Es ist geradezu komisch, daß mir bei 23 Grad im Zimmer kalt ist. Das macht der enorme Temperatursturz.«

2. 10. 67

»Ich erfahre es immer wieder mit großer Beseligung: Die Einheit kann nur im Nichts vollzogen werden.«

4. 10. 67

»Gestern war eine wunderbare Zeremonie im Tempel, die Einweihung des Wintersemesters.

Nach der Einleitung durch mächtige Gong- und Paukenschläge betraten den *hondô* zuerst die zum Teil uralten, ehrwürdigen Zen-

Priester (deren Tempel dem unseren unterstehen), angetan mit ihren herrlichen Festgewändern. Nach ihnen unsere Mönche, allerdings nur fünfzehn, weil die anderen noch in den Ferien sind, und alle stellten sich auf der linken Seite vom Altar auf. Ich stand ganz allein rechts.

Als Pauken, Gongschläge und Trommeln sich zu überwältigender Großartigkeit steigerten – erschien der Rôshi. Nachdem er in seinen roten, fließenden Gewändern, herrlich anzuschauen, in der Mitte des *hondô* angelangt war, brach, gleichsam wie mit einem ekstatischen Schrei, das Dröhnen der Instrumente ab. Innerhalb eines einzigen Augenblicks gelangten wir aus der Fülle in die Leere ...

Es wurde eine großartige, in ihrer Stille fast beklemmende Feier. Der Rôshi stand allein in der Mitte des *hondô* vor dem nach hinten geöffneten Altar und hob anbetend die Hände. Dann ging er mit großer Feierlichkeit zu Boden und lag langausgestreckt, die Schalen der Hände empfangsbereit nach oben geöffnet, vor dem Altar. Dann schnellte er empor, stand und ging wieder zu Boden. Dreimal.

Die atemberaubende Stille im *hondô* war die der mystischen Versunkenheit der Anwesenden in den – lautlos angerufenen – Buddhageist. Man muß sie erlebt haben, beschreiben kann man sie nicht.

In dieser Stille schritt der Rôshi zum Altar, vollzog einen symbolischen Opferritus, ging nach jeder einzelnen Handlung einige Schritte rückwärts und jedesmal wie vorher zu Boden.

Nach Beendigung der Opferhandlung blieb er in der Mitte des Raumes unbeweglich stehen. Und dann durchbrach er die herzbeklemmende Stille mit der beispiellosen Wucht einer Anrufung, die den *hondô* erbeben ließ:

›Möge der Buddhageist in diesem Tempel immer segensvoll anwesend sein!‹

Nach einer kleinen Pause begannen Priester und Mönche dann eine Gebetssutra zu rezitieren, während der Rôshi ununterbrochen vor dem Altar zu Boden ging. Nicht etwa kniend, sondern so wie von Anfang an – total. Sein Kopf berührte den schmalen Teppich, der in der Mitte des *hondô* ausgebreitet war, die Arme lagen weit ausgestreckt auf der Matte und die Hände breiteten ihre Schalen geöffnet nach oben.

Ich zitterte für den Rôshi, denn schon für einen jungen Mönch wäre es rein körperlich eine erstaunliche Leistung gewesen, wie vielmehr aber für diesen überanstrengten, sehr zarten und nun doch schon vom Alter gezeichneten Priester. Aber ohne die geringste Schwankung gehorchte sein Körper dem Geist.

Nach diesem großen Anbetungsakt begann unter Rezitationen der feierliche, große, figurenreiche Rundgang durch den *hondô*. Die ehrwürdigen Priester folgten dem Rôshi, ihrem Rang entsprechend, einer hinter dem anderen, denen sich die Mönche anschlossen. Das dauerte etwa zwanzig Minuten lang. Dann, als Priester und Mönche wieder wie am Anfang der Zeremonie in drei Reihen bewegungslos standen, schritt der Rôshi zum Altar, entzündete in einem großen Becken den Weihrauch, ging ein paar Schritte rückwärts und kniete nieder, während nun Priester und Mönche einzeln zum Altar gingen und je ein paar Weihrauchkörnchen in das Becken warfen, aus dem zarte Rauchfahnen zur Decke stiegen. Zuletzt ich. Damit war die Feier zu Ende.«

5. 10. 67

»Mir ist ein Stein vom Herzen gefallen. Die Studienreise findet nicht statt. Das Charterschiff sollte von England kommen. Da sich die Kosten aber durch die Sperrung des Suezkanals mehr als verdoppeln würden, wurde alles abgesagt. Warum ein englisches Schiff gechartert worden war, weiß ich nicht. Gleichviel, mir ist eine schwere Entscheidung – von außen – abgenommen worden.«

6. 10. 67

»Es ist wundervoll. Ich kann dieses innere Glück, das ein totales ist, nicht mit Worten beschreiben: Die Einheit mit dem Ewig-Seienden. Seit Wochen gehe ich damit herum, weiß es und wage trotzdem nicht – ins Menschliche zurückkehrend – das Einzigartige als evident, als absolute Wahrheit zu betrachten.

Es ist seltsam, daß die Gewißheit eintrat, als der Rôshi (seinem Sekretär gegenüber) den Wunsch geäußert hatte, daß ich noch bis nach dem wichtigsten Großen *zazen* im Dezember bleiben möge.

Dieses achttägige Große *zazen* geht ununterbrochen Tag und Nacht; Schlaf ist nicht gestattet, abgesehen von kleinen Ruhepausen, um den Körper zu strecken und von den Pausen für die Mahlzeiten. Vor vier Jahren sagte mir der Sekretär, daß die Mönche, die diese Session mitmachten, vorher ein Schriftstück unterschreiben mußten, daß sie – falls sie während dieses *zazens* sterben sollten – weder den Rôshi noch die Tempelgemeinschaft (durch ihre Angehörigen) dafür verantwortlich machen würden.

Man stelle sich vor, daß im *zendô*, sobald das *zazen* beginnt, die sich gegenüberliegenden Tore in der bitteren Winterkälte weit geöffnet bleiben müssen und ebenso die Fensterfront, an der die Mönche sitzen. ›An den Nasenspitzen hängen Eiszapfen‹, sagte Sakamoto san. Viermal im Laufe eines Tages müssen die Mönche zum Rôshi, der also täglich 120 *sanzen* geben muß, um ihm über ihre Meditationsarbeit zu berichten. Es darf also auf gar keinen Fall ein Dösen oder gar Einschlafen beim *zazen* geben. Wie die Schläge hageln, wenn der die Aufsicht habende Mönch bei seinem Rundgang Übermüdete erwischt, das kann man sich vorstellen.

Daß aber kein einziger der Mönche sich vor dieser beispiellos harten Bewährungsprobe drückt, das spricht für den Geist des Zen, wie er in seinen wenigen Hochburgen noch herrscht. Mögen den Teilnehmern im Verlaufe eines Jahres auch Fehler aus menschlich-allzumenschlichen Gründen unterlaufen sein, in diesen Tagen und Nächten des sich selbst Aufgebens, des Erduldens aller Qualen um des Höchsten Willen, lösen sich alle Irrtümer und aller Wahn im Nichts und kristallklar leuchtet der Geist.

Wäre ich zwanzig oder nur zehn Jahre jünger, dann hätte mich nichts abgehalten, diese Session mitzumachen, soweit kenne ich mich. Aber in jenen Jahren waren mir andere, nicht minder hohe Aufgaben zugefallen, und so war alles richtig, wie es war und nichts ist zu bedauern.

Obwohl mir wegen meines körperlichen Zustandes der Verstand sagte, daß der Gedanke, dieses *zazen* mitzumachen, Wahnsinn sei (ich wiege noch knapp 45 Kilo, also 20 Pfund zu wenig, und Herz und Kreislauf haben dem Klima Tribut zahlen müssen), habe ich gestern abend noch einmal lange über den Wunsch des Rôshi meditiert und besonders stark heute morgen. Das Ergebnis war eine innere Sensation. Ich brauche nicht mehr hierzubleiben. Ich bin von nun an Eins mit dem Ewig-Seienden, ungetrennt von Ihm, wo immer ich mich befinde – und Er oder Es denkt, fühlt, lenkt mich in mir selbst direkt.

Jetzt muß der Rôshi alles erfahren, und noch heute werde ich den Brief an ihn aufsetzen.«

Das englische Original des Briefes lag als loses Blatt in meinem Tagebuch und ich werde versuchen es für meine Leser wort- und sinngetreu ins Deutsche zu übertragen:

Mein tief verehrter Rôshi:

Obwohl ich bekümmert bin, mit diesem Schreiben Ihre kostbare Zeit für mich in Anspruch zu nehmen, fühle ich mich verpflichtet, Ihnen einiges mitzuteilen.

In jedem *sanzen*, zu dem zu kommen mir Ihre Güte erlaubt hatte, trieben Sie mich mehr und mehr in das »Nichts« hinein. »Be Oneness with the ›Mu‹!«

Um diese Einheit zu erreichen, begann ich erneut mit einer Selbstreinigung. Ich zerstörte mich und jede aufsteigende Regung mit dem »Mu« bis zur vollkommenen Erschöpfung.

Doch eines Tages, während der Meditation, begann sich alles zu verwandeln. Nicht ich tat es. »Es« bewirkte die Wandlung. Es wurde mir einfach unmöglich das »Mu« zu realisieren. Das Eine verdrängte es – und später verschmolz es mit ihm. Das Eine war das Nichts und das Nichts war das Eine.

Ich »saß« weiter und weiter. Und eines Tages geschah es: Plötzlich, mit einem heißen Erschrecken, zusammen mit dem Gefühl unsäglicher Beseligung *wußte* ich: Ich bin Eins mit dem Einen und – ich bin frei.

Einige Wochen lang prüfte ich mich und dieses Ereignis sehr hart, um nicht einer Täuschung zu erliegen. Jedoch das glückselige Bewußtsein meiner Befreiung blieb und vertiefte sich. Aber nicht nur während der Meditation. Diese Freiheit ist vollkommen.

Ich bin sicher, daß Sie, mein verehrter Rôshi, verstehen werden, wenn ich wahrheitsgemäß bekenne: Sogar von unserem Tempel und von meinem heilig-verehrten Rôshi bin ich frei.

Es ist Tatsache: Nachdem ich Sie und Japan vor vier Jahren verlassen mußte, bin ich Ihnen unentwegt verhaftet geblieben. Vier Jahre lang lebte ich einzig in dem Gedanken, wie ich es würde bewerkstelligen können, noch einmal zu Ihnen zurückzukehren. Ich besuchte weder Theater, noch Konzerte oder Kino. Ich sparte jeden Pfennig und als ich die Einnahme für mein Buch erhielt, tat ich alles zusammen und startete die Reise zu Ihnen.

Und nun bin ich frei. Verschmolzen mit dem Nichtseiend-Seienden. Jede Bindung, sei sie an einen Ort oder an eine Person, ist aufgehoben, denn ich *weiß:* Wo immer ich auch sein mag, ich bin in Einheit mit dem Einen.

Dieses Glück verdanke ich einzig Ihnen, mein Rôshi, und mein Herz ist voll von Dankbarkeit und heiliger Liebe zu Ihnen. Es weiß, daß wir niemals getrennt sein werden, in Ewigkeit nicht.

Das ist alles.

Ihre glückliche – ergebene und dankbare

Schwester und Schülerin

Gerta

Tagebuch 7. 10. 67

»Dieser Brief! Ich mußte ihn schreiben und habe ihn in der Frühe Nan san, dem aufwartenden Mönch des Rôshi, gebracht. Aber mein Herz schlägt wild, wenn ich daran denke, wie der Rôshi ihn aufnehmen mag.«

9. 10. 67

»Eben ist Sakamoto san gegangen. Er hatte mir Früchte als Geschenk vom Rôshi gebracht. Ich fragte ihn: ›Hat der Rôshi meinen Brief gelesen?‹

›Ja‹, sagte der Sekretär. ›Ich war zugegen als er ihn las.‹ Rôshi sagte: ›Ital san ist nicht mein Gast und nicht meine Schülerin. Sie ist meine Schwester in Buddha. Deshalb, was ich besitze, gehört ihr und was sie besitzt ist mein.

Sagen Sie ihr, daß sie, wenn sie Geld braucht, von mir alles haben kann, denn es gehört ihr wie mir!‹«

Hierzu etwas zu sagen, wäre unstatthaft. Man kann sich nur verneigen.

Tagebuch 10. 10. 67

»Die Einheit kann nur im Nichts vollzogen werden.«

11. 10. 67

»Alles ist Eins: Das eigene Leiden, die Feindseligkeiten, die Mißverständnisse, die himmlische Befreiung und – das Erkennen der

Zusammenhänge. Eins. Und in dieser Einheit sind auch unsere Feinde miteinbeschlossen. Denn sie sind unsere besten Lehrer.«

Später
»Jetzt erst begreife ich, was ich bisher schwer verstehen konnte: daß, ein Mönch, der Satori erlangte, als erste Reaktion von seinem Meister gesagt hat: ›Seine Erleuchtung ist nicht weit her.‹

D. T. Suzuki gibt keinen Kommentar in seinen Berichten zu diesem uns undankbar und unfreundlich anmutenden Satz, der allerdings, wie alle ähnlichen, erst aus dem Chinesischen ins Japanische, vom Japanischen ins Englische und vom Englischen schließlich ins Deutsche übertragen worden ist. Da kann man glücklich sein, wenn wenigstens der Sinn noch erhalten geblieben ist.

Aus meinen eigenen Erfahrungen kann ich endlich solchen Aussprüchen, die für uns befremdend wirken müssen, eine Aufhellung zuteil werden lassen.

Ob jener Mönch diesen Ausspruch nun genau so getan hat, wie er da steht, oder nicht – sein Sinn ist ganz bestimmt keine Herabsetzung des Meisters, sondern – Erkenntnis. Und diese Erkenntnis lautet: Er (der Meister) hat ›Es‹, ich habe ›Es‹ und es gibt kein lebendes Wesen, das ›Es‹ nicht haben kann. Wozu also irgend ein Aufheben von etwas machen, was die einzige Wirklichkeit ist?

Ebenso verhält es sich, wenn ein Mönch, der von seinem Meister einen Schlag erhält (und kurz vorher Satori hatte), zurückschlägt.

Solch ein Mönch schlägt nicht aus Zorn oder aus Beleidigtsein, sondern weil er, im Übermaß der Freude, sich im Augenblick nicht anders zu helfen weiß. Sicherlich hat sein Antlitz dabei so gestrahlt, daß sein Meister Bescheid wußte.

Die Kluft zwischen Beiden war aufgehoben. Fortan wandelten sie in Einheit, wie verschieden auch ihre Wege sein mochten.

Vor vier Jahren war ich, als ich den Tempel verließ und heimfuhr, in Schmerz und Tränen aufgelöst. Jetzt werde ich in Freuden gehen.«

12. 10. 67
»Das berühmte japanische Oktoberwetter hat eingesetzt. Es ist tagsüber schön und nachts kalt. Da noch ein paar Tage Ferien sind,

könnte ich wieder nach Nara oder Kyoto oder ans Meer fahren. Aber alles ist mir unwesentlich, gleichgültig. ›Die Lichter sind umgestellt.‹«

14. 10. 67

»Heute nachmittag um sechs Uhr war die stille Feier für den Wiederbeginn des *zazen* und damit der Arbeit für das Wintersemester. In meinem ersten Buch habe ich sie genau beschrieben, doch war sie leider in manchem anders als vor vier Jahren. Anordnung und Ablauf der Feier waren natürlich die gleichen, aber damals war der *hondô* dunkel und nur die Laterne, die vor dem in der Ecke kauernden Rôshi auf dem Boden stand, warf ihre zuckenden Strahlen in die nächste Umgebung und gab dem Geschehen seine geheimnisvolle Weihe.

Diesmal war der *hondô* hell erleuchtet und nahm der brennenden Laterne ihre Wirkung. Die Mystik war entschwunden.

Damals war ich tief ergriffen. Heute blieb ich kühl. Warum war alles anders, fragte ich mich enttäuscht.

Die Lösung des Rätsels war nicht schwer. Der jetzige erste Mönch, dem die Anordnung unterstand, hatte nicht das Empfinden dafür.

Damals aber war Gan san, der noble und tief veranlagte, erster Mönch und ich danke ihm die hohe Erinnerung an ein einmaliges Erlebnis. Er ist jetzt im Myoshinji in Kyoto und hat einen verantwortungsvollen Posten unter unserem Rôshi.

Morgen, Sonntag um zehn Uhr, ist die Eröffnungsfeier für die Vortragsreihe des Rôshi, und nachmittags ist der Beginn des Großen Zazen. Von 5–10 Uhr.

Es ist mir wie ein Schock in die Glieder gefahren: Seit heute habe ich rasende Schmerzen im linken Fußgelenk, die bis hinauf zum Knie ausstrahlen. Und das zum Beginn des Großen Zazen! Es ist klar, daß sich das seit Monaten durchgeführte, tägliche, stundenlange *zazen,* wobei ich den linken Fuß, auf dem rechten Oberschenkel ruhend, bis an den Leib hinaufziehe, das Gelenk entzündet hat, denn, das Gelenk ist dabei umgebogen.«

15. 10. 67

»Wie ich diesen entsetzlich anstrengenden Tag, bei unerträglichen Schmerzen durchgehalten habe, weiß ich nicht. Selbst die kleinen

Pausen während des fünfstündigen *zazen* mit dem Laufen rings um den *zendô* waren qualvoll, weil ich nicht laufen, sondern nur unter Schmerzen hinken konnte. Zu den Morgenandachten um 4 Uhr früh kann ich nicht gehen, wenn ich *zazen* von 8–10^1/$_2$, von 1–3^1/$_2$ und von 5–9 ^{1}/$_2$ durchzuhalten versuchen will.«

16. 10. 67

»Meinen Fuß habe ich bandagiert und vor jedem *zazen* starke schmerzstillende Tabletten eingenommen – aber es ist trotzdem eine Qual. Zwischen dem zweiten und dritten *zazen* war ich den Berg hinunter zu dem Sekretär gehinkt und hatte ihn gebeten, den Rôshi zu fragen, ob er mir erlauben würde im *zendô* eigene Sandalen zu tragen, weil ich nun überhaupt nicht mehr in die des Tempels hineinkomme. Er sah es sofort ein und brachte mir wenig später die Erlaubnis. ›Aber bitte sagen Sie es auch dem ersten Mönch‹, bat ich, Kummer gewohnt. ›Ist schon geschehen‹, lachte er. ›Er weiß Bescheid.‹

Beruhigt trug ich zum Abend-*zazen* meine eigenen Sandalen. Ich erwähnte schon, daß der *zendô* Steinfußboden hat, den man nicht mit nackten Füßen betreten darf. Sofort zeigten einige Mönche, als ich die Sitzkissen auf dem Podest arrangierte, auf die Sandalen, weil sie annahmen, ich mache einen Fehler. Aber als ich auf mein bandagiertes Bein zeigte und erklärte, daß ich die Erlaubnis habe, lachten sie zufrieden.

Als nach 75 Minuten das Rôshi-Glöckchen zum *sanzen* rief und alle Mönche, so als ob der Teufel hinter ihnen her wäre, zum *zendô* hinaus ins Freie und dann den langen Steingang entlang stürzten, ehe sie sich in zwei Reihen hintereinander auf der schmalen Holzterrasse zum schweigenden Warten niedersetzten, hinkte ich ganz langsam, aber dennoch so schnell ich nur konnte, hinterher. Den ganzen Steingang entlang lagen vereinzelte Strohsandalen, die die Mönche bei ihrem Wettrennen verloren hatten. Ehe man die Holzterrasse jedoch betrat, mußte man seine Sandalen auf der Steintreppe, die zu ihr führte, zurücklassen. Holz durfte nur mit nackten Füßen betreten werden. Natürlich war ich dann die Letzte, die nach etwa 40 Minuten zum *sanzen* kam.

Als ich vor ihm kniete, fragte der Rôshi nach meiner Buddhanatur. Ich antwortete ähnlich dem, was ich ihm geschrieben hatte.

Er atmete tief, sagte ›Ja‹, lächelte mir zu und klingelte.

Dieses *sanzen* war von einer, das tiefste Innere erregenden Weihe. Sie strahlte aus dem Rôshi, sie war in mir, sie füllte den kleinen Raum. Denn: D i e s e s *s a n z e n* w a r d a s E n d e d e s ›M u‹.«

Natürlich war ich auch die Letzte, die den *zendô* wieder betrat, da ich die Letzte beim *sanzen* gewesen war. Alle Mönche saßen auf ihren Plätzen. Aber das war selbstverständlich, denn jeder mußte, sobald sein *sanzen* beendet war, in den *zendô* zurückkehren. Kaum war ich also zum Tor eingetreten, als ich wie vom Donner gerührt beinahe umgefallen wäre, denn ein fürchterliches Gebrüll erscholl vom Platz des Jikihitsu (Sonne in der Halle). Niemals würde man einem Japaner die Kraft eines brüllenden Riesen zutrauen. Aber dieser Jikihitsu war feist und dick und außerdem von jeher der verbissendste Gegner meiner Anwesenheit im Tempel gewesen. Als ich entsetzt und halb ohnmächtig vor Schrecken zu ihm aufsah, zeigte er, weiter brüllend, auf meine Sandalen. Als ich einen Schritt zum Tor zurückmachte – da ich annahm, daß er mein Verweilen nicht gestattete – brüllte er mit gebieterischer Gebärde: Auf Ihren Platz! Und ich hinkte ›Spitzruten‹ an zwei Reihen Mönchen vorbei bis zum Ende der Halle.

Noch immer zitternd ging ich nach Schluß des *zazens* zum ersten Mönch, in diesem Semester ein nicht unguter Bekannter von früher, und radebrechte auf Japanisch was vorgefallen war. Er lachte und sagte: ›Tragen Sie ruhig Ihre Sandalen. Ich sage es dem Jikihitsu noch einmal.‹

Der jeweils erste Mönch nimmt nicht am *zazen* teil, weil er andere Pflichten hat.

Es ist lange nach Mitternacht und ich bin plötzlich sehr müde, aber ich muß doch noch eintragen, wie es sich wieder einmal gezeigt hat, daß mir die Erlaubnis des Rôshi zunächst nichts genützt hat. Wie mag es morgen sein?

Immerhin als ich meinem Fuß vorhin nach der fürchterlichen Anstrengung ein nächtliches heißes Bad gönnte, habe ich auf einmal hell auflachen müssen.

So schauerlich auch der Schock war, den mir die ›Sonne in der Halle‹ bereitet hatte – bewirkt wurde ein echtes Zen-Erlebnis.

Ich kam aus dem bedeutungsvollen und erschütternden *sanzen* mit dem Rôshi in einer dementsprechenden geistigen Verfassung zurück. Jeder Mönch übrigens, der aus dem *sanzen* kommt, geht den Weg zurück zum *zendô* mit gesenktem Blick, gefalteten Händen und gemessenen Schrittes. Ein *sanzen* bei einem hocherleuchteten Rôshi ist eben ein Erlebnis, selbst dann, wenn sich nichts Bedeutendes ereignet.

Ich befand mich also in einer glückseligen Versunkenheit – und der Jikihitsu riß mich mit seinem unmenschlichen Gebrüll so brutal aus der geistigen Region in die Wirklichkeit zurück, daß ich jetzt noch schaudere, wenn ich an den Schock denke, der mich fast umgeworfen hätte.

Selbstverständlich hatte es nicht in seiner Absicht gelegen, mir das zu vermitteln, was ich nachträglich (unabhängig von ihm) als Erlebnis bezeichnen mußte: Das unaufhörliche und unabänderliche Ineinanderwirken von reinem Geist und dem, was wir die ›Wirklichkeit‹ nennen. In diesem Falle folgte es sich tatsächlich Schlag auf Schlag.«

17. 10. 67

»Nachdem ich das Früh- Mittag- und Abend-*zazen* unter Schmerzzen durchgestanden hatte und vom *sanzen* als Letzte in den *zendô* zurückkehren wollte, fehlten meine Sandalen auf der Steintreppe. Verzweifelt suchte ich. Aber sie waren weg. Wer mir das angetan hatte, ahnte ich. Zum *zendô* konnte ich nun nicht, also ging ich zum ersten Mönch, der neben dem *hondô* seinen Raum hat. Er wollte mir nicht glauben und kam sofort mit. Ich zeigte ihm die Stelle, wo die Sandalen gestanden hatten und er suchte die Umgebung ab. Nichts.

›Es tut mir leid, aber da ich nicht den Steinweg gehen kann, so müssen Sie bitte meine Straßenschuhe und die Taschenlampe, die unter der Bank vor dem *zendô* deponiert sind, holen, damit ich nach Hause gehen kann.‹ Er tat es, und ich begab mich zum Sekretär.

Ich war außer mir und machte kein Hehl daraus. Die Szene gestern und die Infamie heute – ich hatte endlich genug.

›Es ist nur einer, höchstens sind es zwei unter den Mönchen, die einen so orthodoxen Standpunkt einnehmen und nicht billigen, daß Sie als Frau und Gast des Rôshi zum Tempel gehören und ihnen gleichgestellt sind. Alle anderen sind Ihnen doch zugetan, das wissen Sie ja auch‹, sagte er bedrückt.

›Aber das, was heute geschah, ist nicht nur böse, es ist dumm und kindisch und der Geist des Zen hat damit wohl kaum etwas zu tun.‹

›Haben Sie Geduld, der erste Mönch muß das in Ordnung bringen.‹

›Geduld habe ich vom ersten Tage meines Hierseins an haben müssen. Lieber Sakamoto san‹, ich holte tief Luft ›bitte verstehen Sie, daß ich jetzt wirklich alles für die Heimreise vorbereiten werde.‹«

18. 10. 67

»Meine Sandalen sind wieder da. Ein Mönch hatte sie in der Morgenfrühe gebracht. Sie waren in den stockdunklen Vorgarten geschleudert worden. Zum Früh-*zazen* ging ich aber nicht. Erst wollte ich sicher sein, daß ich ohne Angst im *zendô* bleiben durfte.

Es hatte Krach gegeben, wie mir Sakamoto san anvertraute. Der Rôshi hatte den Jikihitsu kommen lassen und es stellte sich heraus, daß er nicht gewußt hatte, daß ich die Erlaubnis hatte, eigene Sandalen zu tragen. Der erste Mönch hatte einfach vergessen, es ihm mitzuteilen.

Der Rôshi soll außerdem sehr unmißverständlich gesagt haben, er wünsche, daß ich, die ich ›streng und vorbildlich‹ *zazen* übe, fortan in Ruhe gelassen werde. Er ordnete auch an, daß ich nicht mehr geschlagen werden darf. Nun brauche ich also wohl wirklich keine Angst mehr zu haben.

zazen war deshalb ganz wunderbar. In der Pause, als ich nicht um den *zendô* herumlaufen konnte, sondern auf dem schmalen Bänkchen im Freien das linke Bein ausgestreckt hochlagerte, kamen viele Mönche schnell zu mir und zeigten mit pantomimisch ihre Anteilnahme. Schweigen ist während des *zazen* Pflicht. Ganz besonders lieb zeigte sich Katsu san. Es hat mich sehr gefreut.

Heute hielt der Rôshi nur um vier Uhr früh *sanzen* für die Mönche. Dann fuhr er nach Kyoto.«

20. 10. 67

»Da ich seit dem Wiederbeginn des Semesters und des *zazen* auf die nassen Armbandagen verzichten muß, ist die Hitzekrankheit wieder ausgebrochen und quält mich wie toll. Und die Schmerzen im linken Bein werden immer schlimmer. Wenn das Große *zazen* vorbei ist, werde ich zum Arzt fahren, vielleicht kann er mir wenigstens für die Schmerzen, die das *zazen* so sehr erschweren, etwas verordnen.«

21. 10. 67

»Gestern war wieder *sanzen* beim Rôshi.

Als ich nach dem durch meine Behinderung jetzt etwas schwierigen Zeremoniell endlich vor ihm kniete, war lange Stille. Jedesmal empfinde ich von neuem, daß diese Stille von besonderer Art ist – wenn man so sagen darf. Eine Stille der Entrücktheit.

Endlich atmete der Rôshi den großen Atem, der ihn tönend ganz durchdrang. Und wieder war Stille.

Plötzlich durchbrach er sie, indem er blitzschnell seine Frage in den Raum und in mich schleuderte:

›Wie leben Sie Ihre Buddhanatur?‹

Und wie fast immer war ich sekundenlang sprachlos, gleichsam wie von einem elektrischen Schlag getroffen. Aber dann schoß meine Antwort, ohne daß ich sie bedachte, denn zum Nachdenken ist keine Zeit, so vehement aus mir heraus, daß ich selbst darüber erschrak.

›Ich tue alles, was zu tun nötig ist.‹

Der Rôshi lächelte, atmete tief und klingelte.

Heute war ich ein wenig bange, was er fragen würde, denn ich wußte wohl, daß jetzt immer nur Prüfungsfragen, die Weite des Satori betreffend, auf mich niederprasseln würden.

Und richtig. Nach der Stille und dem großen Atem fragte er, mit hintergründig – ironischem Ausdruck in den Augen – auf meine gestrige Antwort hinzielend:

›Was, meinen Sie, ist nötig?‹

Ich konnte mir nicht helfen, beinahe hätte ich gelacht, als ich, fast trotzig, ausrief:

›In diesem Augenblick mein *sanzen*!‹

Der Rôshi, den Bruchteil einer Sekunde lang verblüfft, lachte schallend auf, sagte: ›Ja‹ – und klingelte.

Was ein ›Ja‹ vom Rôshi im *sanzen* bedeutet das habe ich an anderer Stelle bereits erwähnt. Es ist für Meister und Mönch immer ein kleines Ereignis und wem sein geistiges In-sich-Forschen mit solcher Zustimmung belohnt wird, der geht beglückt von dannen.

Noch seltener ist es, wenn der Rôshi lacht. Auch vor vier Jahren durfte ich es erleben, als das Koan von dem ›Ton der einen Hand‹ sich nach martervollem, monatelangen Meditieren in einem großen Satori selbst aufgelöst hatte.

Auch heute kehrte ich, wie damals, beschwingt von Freude und Glück in den *zendô* zurück. Ich hatte das letzte *sanzen* des siebentägigen Großen *zazen* gehabt und es war wirklich ein wenig so wie seine Krönung. Um zehn Uhr abends war das Ende des ›Sitzens‹ und zwei Mönche eilten durch den *zendô* und verteilten Tee und Kuchen. Nach einem hastigen Schluck trugen wir todmüde unsere Kissen hinaus.

Morgen ist Sonntag. Aber ausschlafen gibt es nicht, denn um sieben Uhr beginnt die Vorlesung des Rôshi für Mönche und Laien, und es wird erwartet, daß ich anwesend bin, obwohl ich leider nichts verstehe.«

22. 10. 67

»Die Tage sind noch warm. Die Abende, Nächte und Morgen sind eisig. Im Radio wurde angesagt, daß derartige Kälte bisher nur im Dezember geherrscht hätte.

Während der Vorlesung im *hondô* habe ich gezittert vor Kälte. Die Mönche tragen jetzt ihre Winterkleidung aus schwerem Tuch. Der Zuschnitt ist aber unverändert.

Ich hatte das Bedürfnis privat zum Rôshi zu gehen und ihm für die gütigen Worte, die er mir hatte sagen lassen, auch persönlich zu danken. Nan san meldete mich und ich wurde sofort vorgelassen, aber nicht in sein liebes, kleines Kabinett, sondern in das große Empfangszimmer nebenan, in dem ich vor vier Jahren, unmittelbar bei ihm, monatelang hatte wohnen dürfen.

Natürlich war er nicht allein. Aber die drei Männer, die da in angemessener Entfernung vor ihm saßen, kannte ich gut als seine treuesten Laienanhänger, die ihm auch Dienste erwiesen, sobald er es brauchte. Wohlhabend waren sie (leider) nicht. Der Rôshi aber saß im Suwari (auf den Fersen hockend) und vor ihm lagen in Reihen auf dem Boden ausgebreitet viereckige, schön gearbeitete, weiße oder goldene feste Pappen, die er mit den herrlichsten Schriftzeichen schon fertig beschrieben hatte. Er grüßte mich auf mein zu Boden gehen herzlich zurück, ließ mir Tee und Kuchen bringen und arbeitete weiter, nachdem er mir gesagt hatte, daß mehr als 1500

Bestellungen für die Tempel in ganz Japan und für seine Laienanhänger, vorlägen.

›Professor Imachi (der Direktor der Universitätsklinik) hat mich auch sehr gebeten, bei Ihnen zu vermitteln, daß er für sein Privatzimmer in der Klinik ein größeres Spruchzeichen von Ihrer Hand bekommen dürfe‹, sagte ich.

›Da muß er mindestens dreiviertel Jahr lang warten‹, antwortete der Rôshi. ›Ich werde es ihm ausrichten. Darf er dann einmal daran erinnern?‹ Der Rôshi nickte lächelnd.

Ich sah ihn zum ersten Mal bei dieser Arbeit und war fasziniert. Wir vier saßen (ich natürlich im Lotossitz, die anderen im Suwari) reglos und schweigend und sahen zu, wie in ununterbrochener Folge ein Bild nach dem anderen entstand und zum Trocknen niedergelegt wurde. Neben dem Rôshi lag das Material zum Anreiben der Tusche und in der Hand hielt er einen sehr dicken Pinsel. Noch nie hatte ich derartiges, was ich nun erlebte, gesehen und was ich sah, schien mir unfaßbar.

Erst sah der Rôshi still auf die vor ihm liegende weiße oder goldene Pappe, dann setzte er den Pinsel mit seiner ganzen Breite auf und schrieb das komplizierte chinesische Zeichen in einem Zug, dabei von drei Zentimeter Breite in schmalere Kombinationen übergehend, bis das Zeichen vollendet vor ihm lag. Es war in jeder Beziehung vollendet, denn ein Verbessern gab es nicht. Makellos lag jedes Werk vor seinen und vor unseren Augen.

Mit demselben klobigen Pinsel schrieb er dann die feinen Schriftzeichen an die linke Seite des Symbolzeichens, die entweder seine Erklärung bildeten oder auch eine Frage – zum Überdenken des Zeichens. Unten links und oben rechts folgten die roten Stempel.

An diesem Vormittag waren es fünf verschiedene Schriftzeichen, von denen ich schon einige besaß, die er mit unfehlbarer Sicherheit und Eleganz (bis jetzt schon über hundert an der Zahl) auf das Papier zauberte. Diese Unfehlbarkeit grenzte wirklich an Zauberei. Ich habe die Schriftzeichen unzähliger berühmter Meister aus verschiedenen Jahrhunderten gesehen – die von unserem Rôshi waren in ihrer Wucht und Zartheit wohl mit die Schönsten. Und das sage ich nicht, weil ich den Rôshi liebe.

Als er eine kleine Pause einlegte, um neue Tusche anzureiben, erlaubte ich mir, auf ein, wie mir schien, besonders unerhörtes Zeichen hinzuweisen und zu fragen: ›Was ist seine Bedeutung?‹ Er lachte, nahm die Pappe, reichte sie mir und sagte: ›Mu!‹

Längst wußte ich, daß die Meister ihrem eigenen Wesen gemäß die Zeichen etwas verschieden schreiben, und gerade das berühmte ›Mu‹ existiert in vielen Variationen und ich besaß das herrliche Zeichen, das mir der Meister O. geschenkt hatte.

Aber dieses ›Mu‹, das ich jetzt in der Hand hielt und behalten durfte, war ohne Beispiel, durch seinen breiten, harten Vernichtungsstrich quer durch alle Dinge.

Der Rôshi rührte seinen Pinsel in der frischen Tusche, warf mir einen Blick zu, starrte – während er tief atmete – auf die vor ihm liegende Pappe und – setzte an.

Wir beugten uns, wie unter einem Zwang nach vorn, und ich mußte mich zusammennehmen, um meine Erregung zu beherrschen.

Mit einem einzigen grandiosen Schwung vollzog der Pinsel, als sei er ein selbständiges Wesen, in Augenblicksschnelle einen drei Zentimeter breiten, fast das ganze Papier einnehmenden Kreis in makelloser Rundung.

Eine Sekunde lang betrachtete der Rôshi sein Werk, dann schrieb er kleine Zeichen an den Rand, stempelte, hielt das fertige Werk hoch, in Richtung zu mir, und fragte mich: ›Was ist das?‹

Meine Antwort kam augenblicklich und mit großem Jubel.

›Ja‹, sagte er befriedigt, nahm nochmals den Pinsel und schrieb etwas an den unteren Rand. Dann reichte er mir das Wunder-Werk.

›That's yours‹, ›Es gehört Ihnen‹, sagte er und hauchzart unterstrichen Blick, Ton und Gebärde die Bedeutung seiner Worte. Als ich erst das Bild und dann wieder ihn voll entzückter Freude ansah, nickte er noch einmal und sagte: ›Und ich glaube, Sie wissen es‹. Dann erhob er sich und ging in sein nebenanliegendes Zimmer.

Die drei Männer, die sich zusammen mit mir ebenfalls erhoben hatten, waren sprachlos. Einer von ihnen studierte die unteren englischen Worte und übersetzte sie den anderen. ›Wissen Sie denn auch was das bedeutet?‹ Natürlich hatten sie nichts verstanden, weil der Rôshi englisch mit mir sprach. Ich verbarg die Kostbarkeit in meinem Kimono. ›Verzeihen Sie bitte‹, antwortete ich leise, ›aber ich möchte jetzt gar nichts sagen.‹

Unter den ewigen Kreis hatte der Rôshi geschrieben:

To Miss Ital from Mumon

In Wirklichkeit wußten nur der Rôshi und ich um die wahre Bedeutung seines kostbaren Geschenkes. Es war – in Zeichen übersetzt – das Ergebnis eines lebenslangen Ringens um und mit dem Höchsten. Erst gab er mir das ›Nichts‹ (Mu) und dann schrieb er aus seinem unfehlbaren Herzen, das den Pinsel führte, das Zeichen für das ›Eine‹, den Urgrund.

Die große Erfahrung ist ihre ewige Verschmolzenheit, die sich aber nur dem zum Nichts Gewordenen, im Erwachen zur eigenen Wahrheit, offenbaren kann.«

23. 10. 67

»Da wir zwei freie Tage haben, bin ich nach Osaka zur Lufthansa gefahren, um den bereits zu Hause bezahlten Rückflug mit dem Chef-Manager zu besprechen. Dieses Mal wollte ich über Amerika zurück, hatte aber die Entscheidung darüber davon abhängig gemacht, ob sehr liebe Bekannte meiner Freunde in Honolulu ihre Einladung, sie auf meinem Heimweg zu besuchen, aufrecht erhalten würden. Und nun war auf meine Anfrage hin die ganz reizende Antwort gekommen, daß sie mich mit Freuden erwarteten. Allerdings war die Einladung zeitlich limitiert, weil meine Bekannten Mitte Dezember für ein paar Wochen nach Australien wollten. Ich wurde also in der zweiten Hälfte November erwartet und damit war ich alles inneren Hin und Her, meine Abreise betreffend, auf das Freundlichste enthoben. Also: Honolulu – und wenn ich mich dort hoffentlich etwas erholt haben werde, dann fliege ich für drei Tage nach San Franzisko, wo mir die Lufthansa ein Hotelzimmer besorgt und dann nach – Mexiko-City. Ich hatte mich schon am Beginn meiner Reise für diese Rücktour entschlossen, weil ich die berühmten Ausgrabungsstätten der Azteken-Bauten in Theotihuacan, in der Nähe von Mexiko-City, sowie die der Olmeken und Tolteken kennen lernen wollte. Für Mexiko-City hatte ich 10 Tage vorgesehen, um dann in den tiefen Süden nach Yukatan-Merida zu fliegen, denn in der Nähe von Merida lagen Chichen-Itza und Uxmal – mit den herrlichsten Ausgrabungen aus der Maya-Zeit. Dieses Vorhaben würde ich nur bewältigen können, das wußte ich vorher, wenn ich mich erst in Honolulu dafür etwas erholt haben würde. Deshalb hatte ich die ganze Reise davon abhängig gemacht. Als ich im Schnellzug zurückfuhr, sezierte ich mein Inneres, das ich schon während des ganzen Nachmittags in Osaka kontrolliert hatte, noch einmal gründlich. Aber es blieb dabei: Weder Trauer noch irgendein Regen des Schmerzes über meinen bevorstehenden Abschied von Japan waren zu entdecken. Wenn ich an meine fast in Verzweiflung getätigten Vorbereitungen für die Heimkehr vor vier Jahren zurückdenke, dann ist es kaum zu fassen. Hier bewies es sich auch im Falle der äußeren Entscheidung unwiderleglich: Ich war wirklich vollkommen abgelöst und frei.

›Deine Aufgabe hier ist beendet‹ – dieses göttliche Wort bestätigt sich Tag für Tag, auch in den alltäglichsten Dingen.«

24. 10. 67

»Heute früh wurde ich zum ersten Mönch gerufen. Ein hoher buddhistischer Abt aus China war gekommen und besuchte unseren Tempel. Als er von meiner Anwesenheit erfahren hatte, wollte er mich gern kennen lernen. Er war ein großer, starker Mann mit einem von Gesundheit und Herzensfröhlichkeit strahlendem Gesicht. Sein Kloster war in Hongkong beheimatet und er selbst führte, wie seine Visitenkarte zeigte, ein Unzahl von hohen und höchsten Titeln. Er entführte mich zu einem mitten in einem mir unbekannten Stadtteil gelegenen herrlichen chinesischen Tempel, von dessen Existenz ich keine Ahnung gehabt hatte und machte mich mit dessen oberstem Priester bekannt.

Doch zuerst staunte ich über das Wunder, hier gänzlich unerwartet eine Tempelanlage mit den berühmten Torhütern rechts und links vor der Eingangsfassade zu sehen, wie ich sie nur aus Bildern kannte. Glasureinlagen in den herrlichsten Farben, grün, gelb und rot vorherrschend, machten das Ganze zu einer Augenweide. Es war ein Jammer, daß der chinesische Abt, obwohl in Hongkong lebend, Englisch nur so stammeln konnte wie ich etwa Japanisch: So war es leider nicht möglich, durch ihn Näheres über die Bedeutung der Bildwerke zu erfahren. Aber da ich durch die einmalig-großartige Abhandlung von Erwin Rousselle ›Vom Sinn der Buddhistischen Bildwerke in China‹ *) einigermaßen Bescheid wußte, war es zu verschmerzen. Immerhin, der Unterschied mit den japanischen buddhistischen Tempeln war auffallend. Von den Zen-Buddhistischen zu

*) Gentner Verlag, Darmstadt.

schweigen. Es war eine andere, eine an Farben, Bildwerken und Symbolen überreiche Schönheit, die wohl zunächst das ganze Pantheon der Göttlichen Vielfalt demonstrieren sollte – bis der Gläubige im Inneren des Tempels (symbolisch) durch die Reihe der Buddhas und Bodhisattwas der Vorzeit bis zum Allerheiligsten hin geführt wurde, dem Raum in dem nichts mehr vorhanden war. Ein Gang, nach buddhistischer Weltauffassung, durch Jahrmillionen des Seins. Beinahe hätte ich geschrieben: der Entwicklung. Aber was wissen wir schon über ›Entwicklung?‹ Die paar tausend Jahre, die wir geschichtlich verfolgen können, was können sie schon aussagen über längst versunkene, hohe Kulturen, die auf diesem Stern – von dem wir in lächerlicher Überheblichkeit annehmen, daß er es noch zu keiner Zeit so weit gebracht hatte, wie gerade jetzt – geblüht hatten und die vielleicht irgendwann durch ein bestürzendes Erd-Umwälzungsereignis aus tiefer Verborgenheit wiederentdeckt werden?

Im Kabinett des Meisters wurden für uns herrliche alte buddhistisch-chinesische Texte, von Mönchen halb gesprochen, halb gesungen, auf Schallplatten gespielt, die – so fremd sie waren – keineswegs unvertraut anmuteten. Daß ich von diesem Tempel keine Ahnung gehabt hatte, obwohl sein Meister unseren Rôshi gut kannte! Er wurde nicht erwähnt – auch nicht in den Fremdenführern.

Der liebenswürdige Hongkong-Abt überhäufte mich mit Geschenken. Ein winzig kleiner Bronze-Buddha entzückte mich, dazu vermachte er mir eine gelbe Mönchsrobe und eine kleine Plakette, von der er wünschte, daß ich sie an meinem Anzug tragen solle, weil sie die Zugehörigkeit zu seinem Orden bewies. Eine große Ehre. Es war ein eingerahmtes Svastika-Zeichen. Nicht auszudenken dieses, für den Osten heilige Zeichen, in Deutschland zu tragen! Aber davon ahnte der Gute nichts.

Inzwischen war auch Miss O. hier eingetroffen, was eine Erleichterung war, weil sie nun einen der beiden Chinesen übernehmen konnte. Dann fuhren wir zum Essen. In einem überaus exklusiven chinesischen Klub war ein Zimmer für uns reserviert. Die Chinesen verstehen zu leben. Es war herrlich. An diese aus jahrhundertelanger, hochentwickelter Kultur der Speisezubereitung reicht nichts heran, was man in europäischen (auch japanischen) chinesischen

Restaurants vorgesetzt bekommt. Allerdings, wer ist schon Gast von zwei hohen, geistlichen, chinesischen Würdenträgern? Das Essen dauerte stundenlang, doch ohne daß ein Gefühl der Fülle, der Übersättigung eintrat. Und es muß ein Vermögen gekostet haben.

Erstaunlicherweise wußte der Abt des chinesischen Tempels genau darüber Bescheid, daß ich zum zweiten Male im Zen-Tempel lebte, er wußte sogar, daß ich vorher bei einem Meister in Tokyo *zazen* geübt hatte. Woher – das bekam ich nicht heraus. (Chinesen wissen eben immer alles.)

Dieser zweite, freie *zazen*-Tag war für mich zu einem sehr schönen, erfüllten geworden. Ich schreibe schon seit Stunden, nachdem die Geistlichen mich zu meinem Tempel zurückgefahren hatten, um das Wesentliche zu behalten.«

27. 10. 67

»Taifun! Heute früh sieben Uhr bei eisiger Kälte: Rôshi-Vorlesung. Mittags fuhr ich, weil die Schmerzen im linken Fuß durch die dauernde Überanstrengung unerträglich geworden waren, ins Hospital. Ergebnis: Der Fuß muß für einige Wochen ruhig gelagert werden. Soviel hatte ich allerdings selber gewußt. Außerdem meinte der Arzt, daß es absolute Verrücktheit sei, wenn ich Fuß und Bein weiter derart strapazieren würde. Ich praktizierte diese ›Verrücktheit‹ weiter und saß um fünf Uhr im *zendô* beim *zazen*. Inzwischen raste der Taifun mit ununterbrochenen Sturzfluten vom Himmel, begleitet von fürchterlichen Windstürmen immer schrecklicher. Das *zazen* im eiskalten, winddurchpeitschten *zendô* war hart. Aber ich hielt trotz Frieren und Schmerzen gut durch, dachte an Bodhidharma, der im Schnee sitzend meditiert hatte. Nachträglich kam mir der Gedanke, ob nicht auch er wie die Tibeter die Kunst besessen haben könnte, nackend im Eis sitzend, selbst Wärme zu erzeugen, worüber die bewundernswerte verstorbene Alexandra David Neel in ihren Tibetberichten erzählt hatte.

Seit gestern haben wir wieder *zazen*. *Sanzen* beim Rôshi war heute beglückend. Er gibt mir täglich eine andere, sofort im *sanzen* zu bewältigende Aufgabe, die alle nur die Auswirkungen des ›Mu‹ betreffen.«

28. 10. 67

»Anruf aus Osaka. Der liebenswürdige Lufthansa-Chef teilte mir
mit, daß er von Lufthansa Mexiko-City ein Telex erhalten habe, daß
ein Privatzimmer, billig und gut, für mich reserviert sei. Ich bin
überaus erleichtert und dankbar für die großartige Hilfe der Lufthansa. Die Zeichen sagen: Mein Vorhaben und der Zeitpunkt dafür
sind richtig.

Heute *zazen* ohne *sanzen*. Sturm und Regen. Ich kam schon
durchweicht im *zendô* an.«

1. 11. 67

»Wenn wir nur abends *zazen* haben, dann bin ich vorher manchmal
auf einen Sprung bei dem Sekretär, der mir – man kann schon
sagen – zu einer ›Audienz‹ bei dem Rôshi des Nansen-ji in Kyoto
verholfen hat, die am 4. November, einen Tag bevor in allen Zen-
Tempeln ein neues Sesshin beginnt, stattfinden soll. Er konnte das,
weil er im Nansen-ji, wo sein Vater einen Posten hatte und seine
Mutter die Teezeremonien leitete, geboren und aufgewachsen, also
dort zu Hause war. Für den Rôshi, der damals noch Mönch war, ist
er zeitlebens der kleine ›Tempelsohn‹ geblieben, der immer Zutritt
zu ihm hat. Auf diese Weise erhielt ich also die Erlaubnis zu dem
Besuch.

Heute hatte Sakamoto san, den ich natürlich über meine bevorstehende Abreise informiert hatte, eine besondere Überraschung. Er
überreichte mir ein umfangreiches Paket, das ich öffnen mußte: Eine
große, runde schwarzlackierte Dose mit Deckel – für kleine Kuchen.
Der Deckel war kunstvoll mit Blumen verziert, die aus verschieden
farbigen, geschnittenen Steinen zusammengesetzt, seine reizende
Krönung bildeten. Obenauf lag seine Visitenkarte, auf die er die
folgenden Worte geschrieben hatte:

> To G. Ital lady Rôshi.
> This is the memorial
> ›Japan‹ of our friendliness.
> I. Sakamoto.

Nun muß ich mein Herz doch sehr zusammennehmen.«

»Der Besuch bei dem Nansen-ji Rôshi hat mich tief bewegt. Der warme Herbsttag war wie in Gold getaucht, seine unbeschreibliche Klarheit und Durchsichtigkeit war gleich dem inneren Erlebnis, das mir zu teil werden sollte.

Der Schnellzug hatte mich in einer Stunde nach Kyoto gebracht. Dann fuhr ich fast dreiviertel Stunde lang mit der Straßenbahn durch das Gewimmel der Vorstädte und an so vielen mauerbegrenzten Tempelparks vorbei, daß ich wiederholt annahm am Ziel zu sein; aber stets winkte die Schaffnerin, der ich einen Zettel von Sakamoto san gezeigt hatte, ab. Er hatte mir einen Plan gezeichnet, dem ich folgte, nachdem ich endlich ausgestiegen war. Trotzdem mußte ich einige Male fragen, aber typischerweise, selbst in einem genau schräg gegenüber liegenden Gartenrestaurant, wußten die Inhaber nicht, daß sie einem der berühmtesten Tempel Japans gegenüber ihre Gaststätte hatten.

Shibayama Rôshi's in einem blühenden Garten liegendes, entzückendes, kleines Haus befand sich nicht innerhalb des Tempelgeländes, sondern daneben. Als ich läutete, öffnete mir sein aufwartender Mönch. Er wußte Bescheid, bat mich zu warten und holte die Sekretärin des Rôshi. Ich wußte, daß Miss K. nicht nur seine Schülerin, sondern auch seine Dolmetscherin war, die ihn sogar auf seinen Reisen begleitete, denn der Rôshi sprach ausschließlich Japanisch. Sie war bildhübsch und sehr liebenswürdig, meinte aber, ich sei etwas zu früh. Ob ich den Tempel schon besichtigt habe. Als ich verneinte, bat sie mich dies doch erst zu tun und in einer dreiviertel Stunde wiederzukommen.

Der Eingang zum Tempel war nur etwa hundert Schritte entfernt und nachdem ich meinen Eintritt bezahlt hatte, war ich wieder einmal in einem der herrlichen, sich stundenweit dehnenden Parks, in den Tempel von atemberaubender Schönheit hineingesetzt worden waren. Natürlich war er voll von Menschen. Ganze Schulklassen mit auf verschiedene Lautstärken eingestellten Transistoren saßen auf den Terrassen umher und waren mit Zeichen- und Malaufgaben beschäftigt.

Ursprünglich hatte Kaiser Kamayama 1264 hier seinen Palast gebaut. Als er später ein Zen-Studierender wurde, schenkte er seinem Meister Kokushi diesen Palast für einen Zen-Tempel. Dreimal wurde er durch Feuer zerstört und immer wieder originalgetreu aufgebaut. Das Hauptgebäude in diesem Gelände, das zu der Zeit als Kyoto noch Hauptstadt war, als einer der Kaiserpaläste erbaut war, gilt als Nationalschatz und kam 1611 bereits zum Nansen-ji.

Er ist zur Besichtigung freigegeben und man wandelt auf vorgeschriebenen Wegen an seinen edlen, keinerlei Gegenstände enthaltenen Gemächern vorbei, deren Schiebetüren mit kostbaren Malereien aus früheren Jahrhunderten geschmückt waren. Der Buddha auf dem Altar des Hauptraums ist Kwannon (chin: Kuan Yin), seine weibliche Entsprechung.

Das sehr berühmte Gemälde ›Wassertrinkender Tiger‹ von Kano Tanyu fand ich in einem Gebäude hinter der Haupthalle, auch auf einer Schiebetür. Hier erfuhr ich auch, daß sich noch zwölf andere Tempel innerhalb des Parkes befanden, was auf die Ausdehnung des Geländes schließen läßt, denn man müßte wandern, um sie zu finden.

Das Zen-Kloster für die Mönche befindet sich abseits und unauffindbar für die Besucher. In dem ganzen Gelände, das übrigens erst nach dem zweiten Weltkrieg für Besucher geöffnet werden mußte, war nicht ein einziger Mönch zu erblicken. Sie kamen also in keinen Kontakt mit der Außenwelt.

Alles hier ist grandios und herrlich. Für mich allerdings bleibt der Kinkaku-ji (der Goldene Tempel) unerreicht. Er ist nicht großartig. Seine Schlichtheit und sein göttliches Ebenmaß, die sich in dem vor ihm liegenden Teich widerspiegeln, sind von einer so absoluten Schönheit, daß sie den dafür empfänglichen Beschauer in sprachloses Entzücken versetzen.

Zum Nansen-ji muß noch etwas Bedeutungsvolles gesagt werden. Er gehört (wie unser Tempel) der berühmten und strengen Zen-Rinzai-Sekte an, ist deren Haupttempel und sein jeweiliger Abt mußte in jeder Periode, ehe er diese Würde erlangte, als der beste Rinzai-Zen-Meister anerkannt worden sein. Mit anderen Worten: Alle Rinzai-Zen-Tempel waren ihm gewissermaßen untertan, womit aber in keiner Weise ein Herrschaftsanspruch verbunden war. Er war einfach primus inter pares – aber eben: Primus.

In der Rangordnung kam dann unser Tempel, wie mir Sakamoto san versicherte, was auch aus der Hochachtung, die er allenthalben genoß, zweifelsfrei hervorging.

Diesem großen und strengen Nansen-ji-Rôshi hatte ich nun die Ehre einen Besuch abstatten zu dürfen. Vorgesehen waren dreißig Minuten. Es wurden weit über zwei Stunden.

Ich war auf die Minute pünktlich und wurde nun von dem öffnenden Mönch sofort in das Vorgemach eingelassen, wo ich die Schuhe ablegte, währenddessen erschien Miss K. und führte mich in das Besuchszimmer. Es war selbstverständlich, bis auf einen länglichen Tisch mit vier Stühlen in der Mitte, leer. Vom Vorzimmer aus führte ein Gang am Besuchszimmer vorbei zu den anderen Räumen. Das ganz im japanischen Stil innen und außen gehaltene Haus war nicht nur schön und gepflegt, es strahlte Ruhe und Vornehmheit aus. Als wenige Minuten nachdem wir Platz genommen hatten, der Rôshi erschien, sprang ich auf und ehrte ihn, zu Boden gehend, mit dem ihm zukommenden Gruß, den er mit einem erstaunten ›Oh‹ entgegennahm. Während ich ihm für seine Erlaubnis, ihn besuchen zu dürfen dankte, servierte der Mönch Tee und Kuchen.

Der Rôshi war ein schlanker Mann mit einem zeitlos wirkenden Antlitz und einem, wie es schien, sehr durchtrainierten Körper. Er war ein aufmerksamer Zuhörer und Miss K. eine hervorragende, unermüdliche und erfahrene Dolmetscherin. Das Stichwort für die folgende unerwartet sich ergebene Unterhaltung war die Bemerkung des Rôshi, daß er seit ganz kurzem sein Amt als Abt des Nansen-ji niedergelegt und seinem Nachfolger übertragen habe. Miss K. erläuterte, daß der Nachfolger noch verhältnismäßig jung, Anfang vierzig, jedoch hervorragend für die Erziehung der Mönche geeignet sei. Er selbst blieb Schüler des Rôshi, der ihn überwachte. Shibayama Rôshi hatte sein 70. Lebensjahr vollendet und konnte sich nun großen Aufgaben widmen, zu denen er bislang kaum Zeit gefunden hatte.

›Den Nachfolger heranzubilden, ist für alle Zen-Äbte das große Problem‹, seufzte Miss K. ›Für manche scheint es heutzutage unlösbar geworden zu sein.‹

›Dieses Problem ist auch für meinen Rôshi, wie Sie sicher wissen, akut, aber so wie die Dinge jetzt liegen, scheint es leider noch für lange Zeit unlösbar zu bleiben‹, sagte ich.

Es ergab sich, daß der Nansen-ji-Rôshi sehr genau über alles orientiert war, auch über einen eingerissenen Schlendrian unserer

Mönche, wenn man einen sehr strengen Maßstab anlegte. Ich fragte ihn und nahm auf den Amerikaner Bezug, der den erfahrenen Mönch X. san zur Flucht aus dem Kloster nach Amerika überredet und der auch auf den begabtesten Mönch K. san, der sich das Leben genommen hatte, vergiftend eingewirkt hatte, ob er in seinem Kloster auch gelegentlich Ausländer aus dem Westen aufnehmen würde. Die Antwort war ein entschiedenes:

›Das ist ausgeschlossen! Hier gibt es keine Ausnahmen. Die Disziplin im Nansen-ji ist die härteste in ganz Japan. Von morgens vier Uhr bis spät abends haben die Mönche körperlich und geistig auf dem Posten zu sein. Außerdem wäre kein Platz im Kloster – und selbst wenn ein Mönch ausscheiden sollte, dann liegen aus den Zen-Klöstern Japans so viele Gesuche um Aufnahme vor, daß sie in Jahrzehnten nicht berücksichtigt werden können.‹

Ich dachte an einen hochbegabten Zen-Schüler von mir in Deutschland und wagte die Frage: ›Und wenn ein sehr ernsthafter Aspirant zwar außerhalb des Klosters wohnen, aber gewissenhaft am *zazen* teilnehmen würde?‹ Die Ablehnung war noch strenger.

›Nur am *zazen* teilnehmen, das gibt es bei uns nicht. Hier muß von Tagesanbruch an jegliche Mönchsarbeit, auch die körperliche mitgemacht werden. Auch wird ausschließlich Japanisch gesprochen. Im Nansen-ji wird der gleiche unbedingte Einsatz verlangt wie er in früheren Jahrhunderten selbstverständlich war. Es ist Tatsache, daß selbst japanische Zen-Mönche den Anforderungen hier nicht gewachsen sind. Die müssen ausscheiden.‹

Ich verneigte mich bewundernd und sagte, voll der Betrübnis, die mich seit Monaten erfüllte: ›So ist es bei uns leider nicht, was ich um so weniger begreife, als Mumon Rôshi ein hoher Erleuchteter ist.‹

Jetzt fiel das Wort, das ich schon einmal gehört hatte und zwar vom Rôshi der Tendai Sekte, Dr. H.:

›Mumon Rôshi is the teacher above all.‹ (Mumon Rôshi ist vor allem der Lehrer.) Allerdings, unser Rôshi war der Präsident der Zen-Universität in Kyoto und als solcher hochberühmt. Sollte dieses Lehramt seinem eigentlichen, sanften Wesen mehr entsprechen als die Härte, die einem Klostervorsteher eignen mußte? Nach allem, was ich während meiner beiden, langen Aufenthalte in seinem Tempel erlebt hatte, war ich davon überzeugt. Ich wagte einen Vorstoß.

›Vielleicht bin ich ›päpstlicher als der Papst‹, wie man bei uns zu sagen pflegt. Tatsache aber ist, daß es Dinge gibt, die mich schon vor vier Jahren, als ich noch direkt im Tempel lebte, sehr beunruhigt hatten und die mich jetzt noch viel mehr quälen.‹

Ohne Einzelheiten zu erwähnen, gab ich meinem Nicht-Begreifen darüber Ausdruck, daß dem Rôshi alles verheimlicht wurde, was an Disziplinlosigkeit innerhalb des Klosters vorkam.

›Wir wissen über die Vorgänge genau Bescheid‹, übersetzte Miss K. die Antwort des Nansen-ji-Rôshi. ›Vielleicht wäre alles anders, wenn Ihr Rôshi nicht derart mit Ämtern überbürdet wäre, so daß er leider zu häufig abwesend sein muß. Im Grunde kommen aber derartige Klagen aus fast allen Zen-Klöstern, auch dann, wenn ihre Äbte immer anwesend sind, und es wird voraussichtlich noch schlimmer werden.

Wir im Nansen-ji sind unnachgiebig. Doch wenn alle Klöster so streng wären, dann würden sie vermutlich leer stehen, das wissen wir. Das allgemeine Aufbegehren, bei dem das Warum und Wohin ungeklärt bleiben, verbreitet sich wie eine Epidemie.‹

›Ich habe noch eine Frage – wenn Sie erlauben?‹ Der Rôshi nickte. ›Nachdem unser Rôshi den kleinen Gedächtnistempel für Mrs. M., der durchreisenden Nonnen dienen sollte, gebaut hatte, mußte auch ich dort wohnen. Die Nonne Ê kun war als Verwalterin eingesetzt und führte seitdem ein von niemandem kontrolliertes Privatleben.‹ Als Miss K. soweit übersetzt hatte und den Namen der Nonne nannte, lächelten sowohl der Rôshi wie sie ironisch, denn sie war ihnen wohlbekannt, was ich bereits durch Sakamoto san wußte.

›Eines Tages kamen ein paar Männer und arbeiteten am Dach. Sie errichteten eine Hochantenne – und ein großer Fernsehapparat wurde in dem Gartenzimmer der Nonne aufgestellt. Und dann saßen sie, ihre Schwester und wer sonst noch im Myokanji untergebracht war, allabendlich vor der Scheibe und ihr Gelächter drang bis in mein abgelegenes Zimmer im ersten Stock hinauf. Ich fragte mich, ob ich mich überhaupt noch in einem Zen-Tempel befand und fragte den Sekretär des Rôshi darüber, ob und seit wann derartiges in einem Zen-Tempel erlaubt sei. Er wußte von nichts. Niemand hatte etwas gewußt. Die Nonne erklärte, daß der Apparat ein Geschenk sei. Es geschah – nichts! Den Tempelbewohnerinnen blieb ihre Abendunterhaltung erhalten. Es hat mich erschüttert. Aber – vielleicht bin ich zu streng?‹

›Sie sind keineswegs zu streng‹, antwortete der Rôshi, ›und Sie haben durchaus recht, wenn Sie die Disziplin, wie sie noch bis vor dem zweiten Weltkrieg selbstverständlich war, vermissen. Bei uns im Nansen-ji ist sie lebendig und wem sie zu hart erscheint, der muß, wie ich schon sagte, unser Kloster verlassen. Vielleicht wird es einmal dahin kommen, daß die Zen-Meister sich gezwungen sehen werden, bei Neuaufnahmen noch härter zu sieben wie bisher und nur mit einem kleinen Stamm von Mönchen zu arbeiten, die sich durch nichts von ihrem großen Ziel ablenken lassen. Das wäre möglicherweise ein Weg.

So wie es jetzt ist, muß der Zen-Abt, der eine Mönchsgemeinde führt, ein Mann von eiserner Energie sein, dessen Wort gefürchtet wird. Das aber ist Rôshi M. nicht. Er ist zu gut. Sein Herz ist zu weich. Und heutzutage ist es leider so, daß Güte rücksichtslos ausgenutzt wird.‹

Anschließend an dieses Thema erzählte mir der Rôshi eine Begebenheit aus seiner eigenen Mönchszeit, die mich stumm machte.

Als ich mich von ihm verabschiedete, gab er mir zwei kleine von ihm verfaßte Bücher, die im Privatdruck erschienen waren und schrieb seinen Namen hinein. Es fiel schwer diesen Mann, der eine der letzten großen Säulen des Zen war, zu verlassen.

Miss K. geleitet mich und zeigte mir den zum Kloster gehörenden Gemüsegarten, in dem alle Mönche während der Sonnenglut an der Arbeit waren. Sie zeigte auf einen Mönch, der sich in nichts von den anderen unterschied und sagte:

›Das ist der neue Abt. Sie sehen, es gibt keine Ausnahme.‹«

Die Begebenheit, die dem Nansen-Rôshi während seiner eigenen Schulungszeit als Mönch im Nansen-ji unter seinem Rôshi Bukai widerfuhr, offenbart die ganze Tiefe und Hingabe an das Eine, die es zu leben gilt, gleich einem Leuchtfeuer in der Dunkelheit. Ich gebe sie so weiter wie ich sie empfangen habe.

Der Rôshi sprach:

»In der Nähe des Klosters war Bukai Rôshi's Privathaus, das er, um Geld für den Tempel einzunehmen, für einige Zeit vermietet hatte. Es lag natürlich im Tempelpark und hatte die Gestalt eines Miniatur-Tempels. Als das Haus frei wurde, gab mir mein Meister, Bukai Rôshi, den Auftrag hinzugehen und dort sauber zu machen.

Der Anblick, der sich mir dann in seinem Hause bot, war gleich einem Schock, denn seine Bewohner hatten es in einem entsetzlichen Zustand zurückgelassen; aber irgendwie schaffte ich es die Zimmer wieder in Ordnung zu bringen. Als ich aber zu der Toilette kam, da war es einfach fürchterlich.« (Die Toiletten in Japan sind in den Fußboden eingelassen und Wasserspülung gab es bis vor ganz kurzer Zeit überhaupt nicht.) Der Rôshi fuhr fort: »Zu dem ekelerregenden Anblick den dieser, bis in die letzte Ecke verschmutzte Raum bot, kam noch hinzu, daß wir einen glühendheißen Augusttag hatten, der den aufsteigenden Geruch so ins Unerträgliche steigerte, daß ich zurückschrak. Unwillkürlich muß meine Gebärde dabei das Widerstreben verraten haben, mit derart Widerlichem in Berührung zu kommen.

Ich war nicht gewahr geworden, daß Bukai Rôshi, mein Lehrer, hinter mich getreten war. Wortlos stieß er mich zur Seite, raffte seine Kleider hoch, nahm mir das feuchte Tuch aus der Hand, trat barfuß in den Raum und begann die Toilette zu säubern.

Sekundenlang stand ich entgeistert. Aber im nächsten Augenblick sprang ich zu ihm, nahm das Tuch, begann zu schrubben und – verlor buchstäblich mein Ich-Bewußtsein.

Eine kleine Weile blickte der Rôshi zu mir hinunter, dann sagte er ruhig: ›Du bist also, gestört durch den Gegensatz von Schmutz und Reinheit, noch unfähig mit diesem nassen Tuch in deiner Hand *Eins* zu sein. Schämst du dich nicht deines ganzen bisherigen Übens?‹«

Der Nansen-Rôshi endete seine Erzählung mit den Worten: »Nie in meinem Leben kann ich vergessen wie zerknirscht ich über diese Worte meines Lehrers und Meisters gewesen bin.«

Es geht also darum alle Hemmungen, mögen sie sein wie sie wollen, zu überwinden, um mit jeder Situation Eins sein zu können. Im Glück glücklich, in der Trauer traurig, und wenn wir meditieren – die Meditation selbst werden. Mit jedem Augenblick und mit jedem Ort, wo immer wir uns befinden mögen, *Eins* zu sein: darin besteht die wahre Disziplin.

Das ist keine leichte Aufgabe.

Aber im Zen sind wir verpflichtet – unserem Glauben und unserem Gelöbnis gemäß – unaufhörlich mit dieser Disziplin fortzufahren. Tag und Nacht.

»Es ist eisig kalt im *zendô* und ich trage unter meinem Klosterdreß viele Wollsachen übereinander, aber bei offenen Toren und offenem Fenster im Rücken habe ich das Gefühl, daß alles nutzlos ist. Und trotzdem: Sobald ich in das *zazen* richtig hineingekommen bin, friere ich nicht mehr.

Leider war gestern und heute kein *sanzen*. Der Rôshi ist nicht im Tempel. Er soll erst in der Nacht zurückkommen. Morgen ist Vorlesung.

Gestern und heute hatte ich in meinem kalten Zimmer verzweifelt stundenlang meditiert. Ohne selber Stellung zu nehmen, habe ich alle akuten Fragen, mein Hierbleiben oder Heimkehren, ihr Für und Wider, in mich hineingesenkt. Und warum das, wo mir doch schon seit langem die himmlische Antwort zuteil geworden war? Um des Rôshi willen. Mein Herz tat mir weh, ihn in diesem Jahr, in dem er so viel hatte leiden müssen, zu verlassen.

Man ist jenseits von sich selbst bei solchem Tun – man muß es sein, wenn eine erleuchtende Antwort möglich werden soll.

In ein solches Neutrum, in das Nichts, das man selber ist, senkt man seine Frage, deren Beantwortung zu akzeptieren, möge sie ausfallen wie immer, man unter allen Umständen bereit sein muß.

Nachdem ich diese, das menschliche Empfinden quälende Frage in das Nichts gesenkt hatte – selbstverständlich ohne dabei über sie nachzudenken –, verharrte ich in vollkommener Stille und Leerheit. (Als heute alles ›vorbei‹ war, stellte ich fest, daß das Verharren in der Leerheit mindestens zwei Stunden gedauert hatte.)

Ich verlor das Körperbewußtsein. Wie, wenn ich es beschreiben soll, vollzieht sich das? Da der Denkapparat ausgeschaltet ist, muß etwas anderes im reglosen Menschen diesen Vorgang registrieren. Ich möchte sagen: Es ist das störungsfrei gewordene Bewußtsein, das um sich selbst weiß.

Die Dichte und Schwere des Körpergehäuses haben sich aufgelöst und das bedeutet an sich schon einen Zustand erhöhter Glückseligkeit.

Beachtet das Bewußtsein sie jedoch nicht (also widersteht es dem Wunsch, diese Glückseligkeit gewissermaßen zu ›genießen‹), dann tritt eine Stille ein. Wenn man etwas Unausdrückbares dennoch ausdrücken will, dann könnte man vielleicht sagen: Die Stille tritt in eine Überstille ein. Aber das ist nur ein gestammeltes Wort für etwas, wofür es keine Worte gibt.

Und in diesem (meinen) Zustand der eigenen Stille, innerhalb der großen Überstille, – geschah etwas, das man wohl am Zutreffendsten mit einer Explosion bezeichnen kann: Ich war plötzlich in meinem eigenen Ur-Zustand. Im Ganzen. In Einheit.

Jetzt versagt die Sprache.

Zum bewußten Bewußtsein zurückkehrend stürzten mir die Tränen wie kleine Bäche über die Wangen, an meinem Leib war kein trockener Faden. Es war als ob mein ganzer Körper weinte. Vor Seligkeit.«

7. 11. 67

»Die Glückseligkeit dauert an. Und sie ist unvergleichlich stärker als alle vorangegangenen, womit ich die Satori vor vier Jahren miteinbeziehe – weil sie die absolute Befreiung von mir selbst bedeutet und damit gleichzeitig die von allen Dingen.

Ich ringe darum, es verständlich auszudrücken. Jetzt, in das ›reale‹ Dasein zurückgekehrt, bin ich endgültig nicht mehr dieselbe wie vor dem gestrigen Erlebnis, obwohl es sich längst vorbereitet hatte.

In der gesamten Zen-Literatur habe ich kein Wort, keine Erklärung für das ›Wie‹ gefunden, nämlich ›wie‹ sich die Veränderung bei dem Erlebenden anzeigt. Es gibt zwei Gründe dafür. Erstens: Es *soll* nichts darüber gesagt werden. Zweitens: Es *kann* nichts gesagt werden. Das große Erlebnis entzieht sich dem Ausdrückbaren. Wenn man aber nach einem Ersatz für das Nicht-Ausdrückbare sucht, stellt man fest, daß alles Benennbare an der Wahrheit vorbeigeht.

Man kann auch keine diesbezüglichen Fragen beantworten. Der Fragende wird immer unbefriedigt bleiben, solange, bis er selbst die große Erfahrung gemacht hat und dann – ebenfalls schweigen.

Aber etwas kann ich vielleicht doch über ein Teilergebnis aussagen: Ich bin leichter geworden. Das meint: Ich habe keine Vergangenheit mehr. Das, was ich gelebt habe, ist schwerelos geworden, gleichsam wie ein Filmband, auf das man hinschauen kann – oder nicht. Es betrifft mich nicht mehr.

Jetzt erst weiß ich, daß dies die absolute Befreiung ist.

Selbst wenn ein Mensch an sein gelebtes Leben überhaupt nicht irgendwelche Gedanken verschwendet, er trägt es trotzdem mit sich herum. Und erst, wenn er die große Befreiung erreicht hat, *weiß* er, welche Bürde er Tag und Nacht mit sich herumgeschleppt hat.

Darum sage ich: Ich bin leichter geworden.«

Tagebuch: Honolulu, den 22. 11. 67

»Es ist unwirklich wie ein Traum, daß ich hier, hoch am Berg, auf der Terrasse des Hauses meiner Gastfreunde sitzend, den einzigartigen Blick auf Honolulu, den stillen Ozean und auf das Wahrzeichen der Insel, den malerisch in die Landschaft hineingebetteten Diamond-Berg – gleichsam wie ein Göttergeschenk – genießen darf. Nach der Kälte in Japan bin ich in dieser so unendlich wohltuenden, ausgeglichenen Temperatur, die Hawai eignet, und genieße mit einem Herzen voller Dankbarkeit jede Stunde. Alles ist auch leicht durch die wunderbar natürliche Gastfreundschaft von Ilse und Werner L. Ich habe das ungezwungene Gefühl eines ganz selbstverständlichen zu Hause.

Nach den vielen Monaten der körperlichen Martern und der geistigen Exerzitien, die genügt hätten, aus einem starken Mann ein Wrack zu machen, war ich nur noch der Schatten meines Schattens.

Und nun dieses sich Fallenlassen-können ohne Arg in dem schönen Haus auf der Höhe, mit Schwimmen im Ozean und Baden in Schönheit – es war gleichsam so, als ob ich hundert Vitaminspritzen bekommen hätte, die mir zum körperlichen Da-sein zurückhelfen sollten.

Sie haben mir geholfen und nur dadurch war ich fähig, das Wunder Mexiko, ohne Abstriche machen zu müssen, erleben zu können.

Es gibt heilbringende Zäsuren im Leben, winzige im Vergleich zum Ganzen, und ohne sie wäre ein fühlender Mensch wahrscheinlich längst zerbrochen. Mit ihrer Hilfe aber kann er sich immer wieder neu aufrichten. Und stets spielen Mit-Menschen dabei eine Rolle, die am rechten Ort die rechten Verbündeten des Schicksals sind.

Freilich, man muß selber »arm« sein, um den Reichtum der Welt und in ihr den des Mensch-seins (auch im Dunkel der Verworrenheit) spüren zu können.«

Honolulu, Nov. 67

»Die Eintragungen der letzten vierzehn Tage in Japan, die außer dem *zazen* ausgefüllt waren mit dem großen Packen der Pakete, die nach Hause geschickt werden mußten, und den Koffern, die ins Flugzeug sollten, blieben spärlich. Deshalb trage ich das Wesentliche jetzt nach.

Nach dem ›Erlebnis‹ vom 6./7. Nov., das ich genau eingetragen hatte, war dann alles – bis zum Abschied – leicht, ohne Gewicht.

Noch am 7. war ich privat beim Rôshi, sagte ihm alles und bat ihn um seine Erlaubnis für meine Heimkehr. Am Abend war *zazen* – wieder ohne *sanzen*. Der Rôshi mußte übermüdet sein, denn auch an den nächsten *zazen*-Abenden, als er geklingelt hatte und wir alle in der freien Galerie bei eisiger Kälte auf das eigene *sanzen* warteten, kamen nur fünf Mönche zu dieser Zwiesprache, wir anderen alle wurden in den *zendô* zurückgeschickt. Jedesmal war es für mich gleich einem Schock, weil ich mich um den Rôshi sorgte. Nur das Alleräußerste an Entkräftung konnte die Ursache dafür sein, daß er sich nicht fähig fühlte, sein Buddhaamt auszuüben. Ich selbst verließ den *zendô* in den letzten Tagen, ehe die letzte *zazen*-Stunde begann, weil der Jikihitsu (die Sonne in der Halle) seit dem Beginn des Großen *zazen* der Schläger war, der in der Schlußstunde umging. Obwohl ich selbst für ihn tabu war, hielt ich die Brutalität mit der er, ohne Unterlaß, auf die Mönche einschlug, nicht aus. Innerhalb von zehn Tagen hat er sechs der schweren, langen Stäbe auf ihnen zerschlagen. Das hatte es in unserem Kloster noch nicht gegeben. Er mußte dann auch das Amt sehr bald abgeben. Möglicherweise war er der Ansicht, daß die Winterkleidung die Schläge nicht so durchließ, ich jedenfalls zog es vor, zu Hause weiter zu meditieren.

Natürlich teilte ich meine Sorgen über den Rôshi dem Sekretär mit und er sagte, daß der Rôshi sich entschlossen habe, ab nächstem Semester seine Ämter in Kyoto niederzulegen und nur noch der Erziehung seiner Mönche in unserem Tempel zu leben. ›Dann wird ein anderes, ein hartes aber vollerfülltes Leben für die Mönche beginnen. Manche werden dann vermutlich gehen, aber die, die mitmachen, werden Großes erleben. Und mit das Wichtigste: Fremde werden den Tempel nicht mehr betreten dürfen.‹

›Hat der Rôshi schon niedergelegt?‹ fragte ich etwas mißtrauisch.

›Das ist es ja – die Studenten an der Universität bestürmen ihn mit Bitten, ihr Lehrer zu bleiben . . .‹

Man kann nur hoffen, daß nicht die Güte des Rôshi, sondern die zwingende Notwendigkeit die Entscheidung treffen wird. Und die zwingende Notwendigkeit ist: die Erziehung des Nachfolgers.

Die hinreißende, aber auch unerbittliche Kraft des großen Zen-Lehrers, die erleuchtete und darum unfehlbare Buddhaweisheit unseres Rôshi – wie waren sie vereinbar mit dem menschlichen ›zu gut‹, ›zu weich‹? Man sollte es bei einem Rôshi des Zen nicht für möglich halten, aber bei unserem Rôshi war es evident.

Ich war leider nicht dabei, aber Sakamoto san war zugegen, wenn der Rôshi in die Gefängnisse ging und zu den Gefangenen sprach. Er erzählte mir selbst erschüttert, daß der Rôshi oft nicht weitersprechen konnte, daß ihm immer wieder die Stimme versagte – vor mitleidender Erschütterung.

Er war der Trost der Leprakranken, die abgeschlossen von der Welt auf einer kleinen, zu Japan gehörenden Insel lebten. Alle zwei Jahre fuhr er, den Schiffsladeraum gefüllt mit Büchern und persönlichen Gaben, zu ihnen und viele Stunden, ehe sein Schiff anlegte, standen sie schon, dicht gedrängt, am kleinen Hafen, um ihn zu begrüßen. Sie streckten ihm die verstümmelten Hände entgegen und er ergriff sie. Die, die keine Hände mehr hatten, warfen sich ihm an die Brust und er umarmte sie. Die Elendsten und Verstümmeltsten begrüßte er am zärtlichsten – frei von dem Gedanken an Ansteckung, nicht abgeschreckt von Häßlichem, weil es für den im Buddhageist Lebenden nichts Häßliches, sondern in jeglicher Gestalt nur das Eine gibt.

Er wohnte bei ihnen, hielt täglich zwei Ansprachen und empfing jeden, der ihn sprechen wollte. Vielleicht hatte er unter diesen Unglücklichen, mit denen er litt und die er liebte, seine besten Schüler. Ganz sicher aber war in den Tagen, in denen er ihr Leben teilte, dieses kleine, mit dem entsetzlichsten Elend beladene Eiland ein Ort der Liebe. Nicht der der ›Barmherzigkeit‹, sondern einfach der alles erfüllenden und sich verströmenden Liebe eines Heiligen – aber auch ein Ort der zu ihm zurückströmenden Liebe dieser vom Schicksal Geschlagenen, die, durch den Segen des unter ihnen weilenden Gottes-Mannes hindurchleuchtend, die Alliebe des Ewigen erkennen konnten.

Er ist ein Heiliger. Und wie kann ein Heiliger Arglist, Verschlagenheit und Heuchelei – im ergebenen Gewand – vermuten?

Er kann es nicht, denn sein Wesen ist Reinheit. Wird er aber doch damit konfrontiert, dann trifft es sein Herz mit tödlichem Schmerz und – er verhüllt sein Antlitz.

Vielleicht wird mancher, wenn er diese Zeilen liest, dies nicht fassen können. Aber ich weiß um den Rôshi und wahrscheinlich mehr als die Meisten seiner Mönche. Er sagte von mir: ›Sie ist meine Schwester in Buddha.‹ Das bedeutet eine geistige Einheit und ein geistiges Sich-Erkennen.

Der vollkommen Erlèuchtete ist Eins mit allem Seienden. *Das ist die Zen-Essenz.*

Der Rôshi ist es so vollkommen, daß – sobald Schuld an ihn herantritt – er sogleich Mitschuldiger ist. Nicht aus Gefühl oder aus Mitleid. Sondern aus dem unabänderlichen ›So ist es‹.

Niemand kann eins sein mit der All-Liebe, ohne zugleich eins zu sein mit dem, was sich ihr entgegenstellt.

›Wenn du weinst, weint das Universum.‹ – ›Wenn du in Freude bist, leuchtet das Universum in Freude.‹

Das ist eine so hohe Meta-Physik, daß sie mit rationalem Denken nicht zu erfassen ist, denn zugleich ist der Zen-Erfahrung erster und letzter Schluß: Im Ureinen existieren keine Gegensätze.

In diesem gegensatzlosen Ur-Einen aufzugehen – und wenn auch nur für Sekunden – das ist die Sehnsucht des Zen-Suchers und zu dieser Erfüllung treibt ihn sein Meister.

Wie ist dann, im Falle des Hoch-Erleuchteten, das oben erwähnte ›Schuldig mit dem Schuldigen‹ zu verstehen, wenn er doch im gegensatzlosen Einen beheimatet ist?

Es ist die Rückkehr ins Differenzierte. Der Geist ist erleuchtet, aber die Füße gehen auf der Erde. Und dieses Auf-der-Erde-Gehen ist (nach der Erleuchtung) immer in Einheit mit dem Ur-Buddha-Sein. Ein harter Schlag ist ebenso real wie eine Offenbarung.

Der Schlag wird gefühlt, gleichgültig ob er körperlich oder seelisch trifft. Er wird angenommen. Das ist das wunderbar-geheimnisvolle Da-Sein im Einen auf Erden.

Ich leide – ohne zu leiden. Ich bin erfreut – ohne mich zu freuen. Ich werde ins Herz getroffen – und bleibe unversehrt.

Das alles ist gestammelt, um zu versuchen aus eigenem Erleben das Wesen des großen Rôshi zu erklären, von dem gesagt wird, er sei ›zu gut‹.«

Am vorletzten Tag vor meiner Abreise war ich am Vormittag bei ihm. Er überreichte mir zwei herrlich-schöne Bilder, die er für mich geschrieben hatte. Das Eine war das Zeichen für »Glück«. An den Rand hatte er in chinesischen Zeichen geschrieben: »So tief und weit wie der unendliche Ozean.« Das andere war das Zeichen für »Langes Leben«. An diesen Rand hatte er geschrieben: »Wie der Himalaya.« Beides kann man auf hier und auf jenseits von hier deuten.

Nachdem ich mich bedankt hatte, holte ich aus meinem Kimonoärmel den Stab aus rotlackiertem Holz hervor, den nur ein Rôshi tragen darf, und den ich ganz unfeierlich, ohne Worte, gewissermaßen nebenbei und im Vorbeigehen erhalten hatte und fragte: »Darf ich den Stab wirklich behalten? Gehört er zu mir?«

Jetzt lachte der Rôshi so fröhlich wie ich es lange, lange nicht mehr von ihm erlebt hatte und sagte: »Natürlich gehört er Ihnen.«

Dann lud er mich ein am Abend mit ihm zu essen. Wir saßen in seinem kleinen Kabinett und es gab die einzige Abwechslung der Mönchsspeisekarte: Japanische Makkaroni.

Außer meinem Dank war nicht mehr viel zu sagen. Worte, nichts als Worte: Wer will sie hören, wenn das Schlagen des geistigen Herzens den kleinen Raum mit dem Gedröhn wie von tausend Glocken erfüllt?

Er gab mir sein Bild und einige kleine Geschenke, die jetzt neben mir liegen.

Trotz der Trauer der unausgesprochenen Frage, ob wir uns je auf Erden wiedersehen werden, blieb alles leicht. Ich kann nichts anderes sagen, denn es ist die Wahrheit. Die Stunde des Abschieds von dem liebsten und verehrtesten Wesen auf Erden war der Beweis für meine Umwandlung. Ich war wirklich frei. Kein Schmerz, keine Träne. Aber ein tiefes Wissen um das Wesen von Nicht-Schmerz.

Vor vier Jahren war ich von dem Leid des Abschieds gebrochen. Jetzt saß ich heiter im Superexpreß nach Tokyo und betrachtete die vorüberfliegende, wohlbekannte Landschaft. Ich dachte nicht zurück. Ich war ganz gegenwärtig.

In Tokyo war tiefer Winter. Ich hatte meinem verehrten ersten Meister Rôshi O. geschrieben, daß ich meinen Aufenthalt in Tokyo danach einrichten würde, wie er Zeit für meinen Besuch haben würde. Er hatte mir telegrafisch geantwortet und zur angegebenen Zeit fuhr ich in den entlegenen Vorort zu ihm.

Es war schön, bei ihm zu sein. Ich erzählte ihm, was mit mir vor sich gegangen war. Er nickte strahlend und seine Augen leuchteten, als er sagte: »Ich habe es sofort gesehen. Ich bin glücklich mit Ihnen.«

Als wir Tee getrunken hatten, bat ich ihn, mit mir noch einmal in seinen *dôjô* zu gehen. Erfreut begleitete er mich und obwohl der *dôjô* leer war, machte ich die vorschriftsmäßigen Verbeugungen, als ob es zum *zazen* ginge. Nicht allein um den Meister zu ehren, sondern weil es mir Bedürfnis war, auch hier dankbar zu sein.

Als wir am Altar angelangt waren, zeigte er auf den Eckplatz und sagte: »Dort haben sie gesessen.«

Dann knieten wir nieder.

Eigentlich ist alles gesagt, was mir zu sagen möglich war. Ich hatte nie die Absicht gehabt eine »Geschichte« des Zen zu schreiben. Das hat Daisetz T. Suzuki und haben in der Folge mit aller Gründlichkeit Jesuitenpater getan. Man braucht bei ihnen nur nachzuschlagen. Allerdings Dr. D. T. Suzuki, als wahrem japanischen Zen-Meister und Gelehrten, ist es kaum möglich gewesen, dem westlichen Menschen, der immer alles »genau« wissen will, eine Deutung der tiefen Geheimnisse des Zen zu geben, wie sie sich für einen Zen-Meister ganz einfach und real aus den Reaktionen, Handlungen und Antworten der großen, alten Meister herauskristallisieren lassen. Bei Suzuki, dessen unbeschreiblich liebenswerter und bescheidener Persönlichkeit ich in großer Dankbarkeit gedenke, verstehe ich diese Zurückhaltung immer mehr. Denn es war keine eigentliche Zurückhaltung, es war das Wissen des Erleuchteten, daß mit »Erklärungen« dem noch Unwissenden nicht geholfen werden kann. Wie recht er hatte, das weiß ich jetzt erst, nachdem ich erlebt habe, daß es mir beim Wiederlesen seiner Schriften sowie der von noch lebenden japanischen Meistern oft wie Schuppen von den Augen fiel, daß ich plötzlich wußte, was der Sinn der mir früher unbegreiflichen Aussprüche war, und daß sich damit das bewahrheitete, was immer gesagt worden war: Wer *ein* großes Koan gelöst hat, hat alle gelöst. Ich darf daran erinnern, was Zen-Meister O. zu mir gesagt hatte, als das Koan »Mu« sich in einem überwältigenden Satori selbst aufgelöst hatte: »Eigentlich ist damit alles entschieden.«

Allerdings war nur soweit alles entschieden, als es keine Pause im stetiger und tiefer Eindringen in die Wahrheit geben durfte. Suzuki wußte aus jahrhundertelanger Tradition und Eigenerfahrung, daß man die Wahrheit nicht auf einem Tablett servieren kann und darf – man kann nur Wegweiser sein. »Gott schickt die Nüsse, aber er bricht sie nicht auf«, sagt Goethe. Ist aber nach einem langen Wege die Hauptnuß geöffnet worden, dann liegen alle Lösungen offen vor dem, der sich so lange um das große Geheimnis gemüht hat und dann – interessieren sie ihn nicht mehr. Das kann ich aus eigener Erfahrung versichern und ich verstehe die Reaktionen von Schülern der großen, alten Meister, die ich früher für unverständlich und grob-undankbar gehalten hatte. »Warum noch ›darüber‹ sprechen, wo doch alles sonnenklar ist?« So war meine eigene Reaktion und es muß die aller gewesen sein.

Freilich ereignet sie sich eigentlich nur zwischen Meister und Schüler oder zwischen denen, die die gleiche Erfahrung haben. Zwischen ihnen ist kein Wort mehr nötig. Und nur innerhalb dieses »unter sich« sollten all die paradoxen Aussprüche verstanden werden.

»Suzuki hat zuviel enthüllt«, habe ich oft in Japan gehört. Mit solcher Kritik tut man dem verstorbenen großen Gelehrten Unrecht. Zwar waren seine Bücher für den Westen eine Art Offenbarung, weil sie religiös völliges Neu-Land aufzeigten. Aber Suzuki wußte genau, daß es für den westlichen Menschen vorläufig noch ein Rätselland bleiben mußte, weil es eine Denk-Umstellung von ihm erforderte, die nicht von heute auf morgen zu leisten war.

Weder ein Paradies wurde »vom Vater im Himmel« versprochen, noch Belohnung für gute Taten oder eifriges Bemühen. Absichtslos, selbst absichtslos auf Gott hin, oder auf die in Ihm, dem Einen, zu vollziehende Vereinigung muß der Zen-Weg gegangen werden.

In dem Weg, der über das eigene Nichts zum All-Nichts führen sollte, sehen die meisten Menschen heute noch die absolute Negation alles Seienden. Das wollen sie nicht. Für sie, meinen sie, wäre solches Denken die reine Verzweiflung. Diese Anschauung ist zu verstehen. Aber sie ist falsch. Warum sie falsch ist und ewig falsch sein muß, das kann vielleicht aus meinen beiden Buch-Berichten hervorgehen, in denen ich versucht habe, den Weg der Praxis im Zen zu schildern und nicht den des spekulativen Denkens »über« Zen, und zwar nach Möglichkeit für jedermann verständlich –, ohne den angesichts des hohen Zieles unwürdigen Versuch, einem an sich nüchtern-klaren, im persönlichen Vollzug jedoch geheimnisumwitterten Vorgang noch ein Geheimnis hinzuzufügen.

Daß ich dabei bis an die Grenze des Sagbaren gekommen bin, das wird hoffentlich auch deshalb verstanden werden, weil bis dahin nichts verschwiegen oder bemäntelnd-umschrieben worden ist. An das Unsagbare jedoch mit einem menschlich-beschreibenden Wort herantreten zu wollen, das würde bedeuten — es nicht erfahren zu haben.

Daß »Es« aber erfahrbar ist und daß diese erleuchtende Erfahrung den Erfahrenden total umwandelt, das habe ich hoffentlich bewiesen.

Als »Ich« ist er zu einem Nichts geworden, was eine vollkommene Armut bedeutet. In dem selben Augenblick aber, wo dieses geistige Phänomen vollzogen ist, tritt ein anderes Phänomen ein: Das des Erfüllt- und Ergriffenseins von dem Einen, das von dem Augenblick an sich selbst in dem zum Nichts Gewordenen bewirkt. Der Mensch ist, um es ganz deutlich zu sagen, von nun an das Werkzeug des »Himmels«. »Es« wirkt aus ihm. Was diesem Menschen als Aufgabe geschickt wird, das nimmt er an und er weiß, daß das Große »Es« in ihm sowohl der Schickende wie der Annehmende zugleich ist. Die »Auslese« trifft »Es«.

»Es« bedient sich dabei jeglicher (auch der allermenschlichsten) Erfahrungen seines »Gefäßes«. »Es« verwendet das Gelernte, auf welchem Gebiet es auch sei. Alles gehört »Ihm« und wird von Ihm eingesetzt. Daraus ergibt sich für den, der es erfährt, etwas Erschütternd-Beglückendes: Nichts von dem, was er hingegeben, ist verloren gegangen. Es ist lediglich in das Ganze übergegangen, das es von nun an verwendet. Es gehört ihm also und gehört ihm nicht. Es wird für ihn (zum Einsatz) verwaltet.

Man könnte sagen: Dann ist ja eigentlich kein Verlust entstanden. »Eigentlich« gewiß nicht. Persönlich jedoch hat die Umwandlung alles verändert. Damit das Gesagte ganz real verstanden werden kann, will ich es an einem Beispiel erklären.

Angenommen der Umgewandelte war sein Leben lang der Musik ergeben und hat keines der großen Konzerte versäumt. Zuerst wird er es wahrscheinlich gar nicht bemerken, daß er das Bedürfnis nicht mehr hat, Veranstaltungen zu besuchen, die er früher nie versäumt hätte, solange bis er an irgend einem, vielleicht sogar geringfügigem Ereignis erschrocken feststellt, daß er alles, was einmal zu seinem Leben gehört und es mitgebildet hat, nicht mehr benötigt.

Und dieses »nicht mehr an irgend etwas Verhaftetsein« ist ein Ergebnis, das durch keinen Versuch mehr zurückverwandelt werden kann. Es ist zugleich vollkommene Armut und – vollkommene Freiheit. Freiheit in »Portionen« ist keine Freiheit. Das gehört zur großen Erfahrung.

Allerdings für den Erfahrenden ist dieses »Nicht mehr« kein Mangel, der zu bedauern wäre. Es ist lediglich eine Feststellung des Umgewandelten.

Nach dem Erscheinen meines ersten Buches habe ich hunderte erschütternde Briefe erhalten und sie kommen weiter bis auf den heutigen Tag. Von allen diesen Zuschriften, die mich beglückten, will ich nur einen Brief erwähnen, der erst vor wenigen Tagen eintraf – und zwar deshalb, weil er als einziger negativ war. Er kam aus der Schweiz. Die Schreiberin meinte nach freundlicher Anerkennung, daß ihrer Ansicht nach hinter meinem ganzen Tun ein grenzenloser Egoismus verborgen sei. Gut, ich hätte alles erreicht. Aber nur für mich. Wo bliebe der Nutzen für das Ganze?

Leider konnte ich der Dame die Unzahl von Briefen, die an sich schon den »Nutzen« bewiesen hätten, nicht vorzeigen. Und ihr auseinanderzusetzen, wie ausnahmslos ich dem »Ganzen« zur Verfügung stand, das war mir der Fall nicht wert. Aber ich mußte ihr sagen, daß sie mein Buch nicht richtig gelesen hatte, wenn sie zu dieser Einstellung hatte kommen können.

Ich hatte klar ausgedrückt und wiederhole es, daß der Zen-Mönch, der nach Erleuchtung strebt, sich verpflichtet (es ist das Bodhisattwa-Gelöbnis) nicht eher in die eigene Seligkeit einzugehen, bevor alle Wesen erlöst sind. Und zwar in allen Weltzeitaltern. Ich zweifle, daß die Schreiberin fähig ist, sich das Ausmaß eines solchen Gelöbnisses überhaupt vorzustellen. Weil es das Vorstellbare übersteigt.

Wann aber ist ein Wesen fähig zur Erlösung beizutragen? Erst dann – und das muß ganz hart und unmißverständlich gesagt werden –, wenn es sich selber als Wunsch- und Persönlichkeitswesen ausgelöscht hat. Und das ist ein langer, langer Weg voll unsäglicher Mühen, Opfer und Entsagungen. Dieses sich mühen, sich opfern und entsagen betrifft allerdings immer nur die eigene Person. Wen sollte es sonst betreffen?

Ehe die ersten Barrieren fallen können (die »Barrieren«, die der Meister Ekai – 1143–1260 – in seinem Kommentar zu Jyoshu's »Mu« – 778–897 – erwähnt), muß der Mensch sich selbst von allen Übeln befreit haben – muß er zur tabula rasa geworden sein. Und nach den ersten müssen noch viele, viele weitere fallen, ehe es so weit ist, daß im selbst-los Freigewordenen das Ewige zu wirken beginnt. Wenn einem solchen Menschen dann ein Suchender gegenüber sitzt, dann »überdenkt« er nicht mehr den Fall mit dem Wunsch, daß der Frager so oder so nach dem eigenen (wenngleich hohen) Ermessen zur Förderung gelangen möge, sondern das »Große Es« bedient sich seiner und gibt die Anweisung. Der aber, durch dessen Mund sie kommt, ist ein Neutrum, ist nichts als das Werkzeug für den Willen, dem er den seinen aufgeopfert hat. Und dann geschieht das Wunderbare – ihm wird geglaubt. Welcher sozialen Klasse der Sucher auch angehören mag, der ihm »geschickt« wird, er vertraut. Denn er weiß, daß die Wahrheit – ohne Selbstzweck – zu ihm spricht. Wieso kann er das wissen, wird man fragen.

Die Antwort ist: Weil sein Inneres ja sagt, weil sein eigener göttlicher Funke plötzlich zur Flamme wird und weil weder die höchste Intelligenz noch die bescheidenste Unwissenheit sich dem von der Wahrheit Durchstrahlten entziehen kann.

Für so einen zum Werkzeug Gewordenen eignet sich kein Massenbetrieb (der nebenbei auch noch recht gute Einnahmen verspricht, in manchen Fällen sie sogar fordert); denn wahrhaft geholfen kann immer nur dem Einzelnen werden, wie auch der seit Jahrtausenden bekannte »Ruf« immer nur an den einzelnen ergeht.

Dieser einzelne verfolgt mit dem, was er erfahren, keine Zwecke mehr; denn etwas »Zweck-Dienliches« – selbst auf höchstem Niveau – ist nie ganz rein. Der Erleuchtete darf demnach durch nichts mehr gefesselt sein, auch nicht durch konfessionelle Bindungen. Wo Bindungen sind, ist nicht Freiheit und wo Nicht-Freiheit ist, entstehen »Zwecke«. Hierzu einige Aussprüche berühmter, alter Meister:

»Die Autorität von Zen besteht in Nicht-Zweiheit« (Hisamatsu).

»Während der zwölf Einteilungen des Tages keine Abhängigkeit von Irgendetwas« (Huang-Po, 850).

Lin-Chi (jap: Rinzai, der Stifter der nach ihm benannten Sekte † 867) beschreibt den Erwachten ebenfalls als den »Tao-Mann der

Nicht-Abhängigkeit« (Tao-Mann: Der den Weg des Himmels Gehende). Und in einer sehr ernsten Feststellung erklärt er:

>»Begegnest Du dem Buddha – töte den Buddha.
Begegnest Du einem Patriarchen – töte den Patriarchen.
Begegnest Du einem Arhat – töte den Arhat.
Begegnest Du Vater oder Mutter – töte Vater oder Mutter.
Begegnest Du Verwandten – töte die Verwandten.
So bist Du frei, unabhängig, ungebunden.
Dein Wesen ist Durchdrungensein und Freiheit.«

Solche und ähnliche Aussprüche betonen immer wieder, daß der »wahre Zen-Mensch« (nach der Erleuchtung) abgelöst ist sogar von Buddhas und Patriarchen« (Hisamatsu).

Das grundsätzliche Ziel des Zen ist also das Erreichen der Freiheit von jeglichem Verhaftetsein.

Hisamatsu Rôshi fügt hinzu: »Wenn wir an etwas nicht sehr Wichtiges gebunden sind, dann können wir dessen leicht gewahr werden. Sind wir jedoch an etwas Wichtiges und Ehrenhaftes verhaftet, so neigen wir dazu, blind dafür zu sein und verfehlen dadurch, unsere ›Bindung‹ (an es) wahrzunehmen.«

Auch die Bindung an eine bestimmte Konfession, oder eine ihrer Glieder, ist im Zen-Sinn Unfreiheit, sobald Verpflichtungen (auch »ehrenhafter« Art) daraus entstehen.

Nun könnte gefragt werden – und die Fragen wurden gestellt –: Wie verhält sich die Forderung von Lin-Chi, die bis zum heutigen Tage im Zen-Buddhismus als die rechte Lehre des geschichtlichen Buddha und aller vorzeitlichen Buddhas angesehen wird, zu den von ihm aufgestellten Forderungen des Achtfachen Pfades? Die Antwort lautet: Die Erfüllung dieser Bedingungen ist die unerläßliche Vorstufe für den eigentlichen Weg. Man darf also nicht das Ende mit dem Anfang verwechseln.

Das »Töten« der Patriarchen usw. meint nichts anderes als das Ausrotten jeglicher »Störung«. Also auch die Störung des zur Erleuchtung Gelangten – durch ihre Lehren. Wer nämlich dank ihrer Zucht und ihrer Lehren, durch unsägliches Mühen und nie nachlassende Mühen endlich die Einheit erreicht hat, der wirft die Lehrbücher fort. Er braucht sie nicht mehr. Er braucht nichts mehr.

Aber solange ihre Jünger die vollkommene und sich immer mehr vertiefende Erleuchtung noch nicht erreicht haben, solange werden die Meister nicht müde, ihnen jegliches »Haften« – und sei es am Buddha selbst – als Barriere auf ihrem Weg zur Selbstverwirklichung vorzuhalten.

Daß sie mit ihren unnachsichtlichen Forderungen immer nur bei wenigen, schon weit forgeschrittenen Schülern Erfolg haben, versteht sich von selbst.

Haben sie es aber erreicht, dann ist die Freiheit absolut und auch die Ablösung von ihrem Vorbild, Lehrer und Meister ist vollzogen – ohne daß etwas (vom Jünger) vollzogen wurde. Die Ablösung kommt wie der Blitz vom Himmel – sie ist einfach da. Darum spricht man auch von der »blitzhaften« Erleuchtung. Wann kommt dieser Blitz? Wenn der Sucher sich selbst befreit hat, wenn nirgendwo mehr eine Barriere – und sei sie so dünn wie ein Hauch – den Blitz hindert; wenn Erleuchtung und Erleuchteter Eins sind.

Daß ich durch meinen eigenen Erfahrungsweg diesen Vollzug der »Ablösung«, habe schildern können, war wohl der tiefe Sinn des ganzen persönlichen Befreiungsweges. Die Theorie des Zen war genug verkündet worden, ich habe versucht seine Praxis zu schildern. Wenn es mir gelungen sein sollte, den Beweis dafür zu erbringen, daß der »Weg zur Erleuchtung« gangbar ist und nicht nur »Illusion« oder ein von ferne leuchtender Wunschtraum, dann bin ich dankerfüllt für dieses gelebte Leben mit all seinen Schlägen, Härten und Beglückungen, das, wie ich jetzt erkenne, nur diesem, von der ewigen Weisheit vorgezeichneten Ziel gedient hatte. »Dienend« gebe ich es weiter, als bescheidenes Glied in einer anfangslosen Kette, der neue Glieder folgen werden und müssen.

Wer die wunderbare Geschichte aus dem alten China »Der Ochs und sein Hirte« kennt, der wird den Ausklang des Weges sofort verstehen.

Ins »Leben« zurückgekehrt, unterscheidet sich der »Erwachte« durch nichts von seiner Umgebung. Kein »Heiligenschein«, nicht der leiseste Duft von »Weihrauch« umgeben ihn. Das ist das Zeichen, woran er von Seinesgleichen erkannt und von den Anderen nicht erkannt wird.

Wie es die jeweilige Situation ergibt, kann er sich, ohne sich von geistiger Höhe »herabzulassen«, mit seinen Mitmenschen über die profansten Dinge unterhalten, weil er unterschiedslos Eins ist mit dem, was an ihn herantritt. Dennoch eignen ihm Würde und Distanz, aber vergleichsweise nur so, wie eine Blume Duft ausströmt, was von Jedermann akzeptiert wird, weil sie das Wesen ausdrücken und nicht etwas zur Schau Getragenes. Das »Nichts Heiliges« des Bodhidharma ist ein Kriterium.

Freilich, der Weg bis dahin ist weit. Und mit ein bißchen *zazen* ist es nicht getan. Aber gangbar ist er ausnahmslos für jeden Menschen. Ausnahmslos.

Seitdem es auf diesem Stern denkende Wesen gibt, ist die Kette derer, die gesucht und gefunden haben, nicht abgerissen und die Zahl der Namenlosen unter ihnen ist Legion.

Wo immer und unter welchen Bedingungen Gott gesucht wurde, ob in der Steinzeit oder im vom Westen noch unentdeckten Amerika, ob im Kult der »Großen Mutter« oder im Einswerden mit Osiris oder später in den sogenannten Weltreligionen – Er wurde gefunden. Auf diesem kleinen Stern gab es lange, bevor der Gottheit oder ihren Attributen, den Göttern, Tempel errichtet wurden, keinen Fleck, auf dem nicht angebetet wurde. Wo immer der Mensch seinen Fuß hinsetzen mag – er geht auf geheiligtem Boden.

Das ist der überwältigende Beweis dafür, daß dem Menschen seit Urzeiten der Gott-Funke eingeboren ist und daß er ihn zu allen Zeiten, seiner Art gemäß, hat verwirklichen können. Er ist in Wahrheit unsterblich.

Diesen uns allen eingeborenen Gott-Funken in uns zu wecken, ihn stark und womöglich zur Flamme werden zu lassen, das ist Sein Wunsch und unsere Aufgabe.

Die immer wieder gestellte Frage: Wie macht man das?, kann dahingehend beantwortet werden, daß jeder Beginn grundsätzlich mit einer sachlichen (also keinesfalls gefühlsbetonten) Prüfung der Situation, in der der Sucher sich befindet, anzufangen hat.

Mag diese Situation nun gut oder schlecht, befriedigend oder unbefriedigend sein, die erste Aufgabe wäre: Sie anzunehmen. Das mag möglicherweise auch die erste große Hürde sein, die zu nehmen ist. Geburt, Elternhaus, Umgebung und Beruf sind Karma, also Früchte aus früheren Inkarnationen. Wenn wir uns erst einmal bewußt werden, daß wir da, wo wir stehen, richtig stehen und daß es (unserem Karma entsprechend) keinen besseren Platz in der

Welt geben kann – auch wenn er uns nicht gefällt –, dann ist der nächste Schritt – er muß es sein – die Bejahung dieses Karmas. Und mit seiner Annahme, die bedingungslos sein muß und nicht etwa mit dem Gedanken: ›Wenn ich mich dazu überwinde, dann müßte es doch besser werden‹, wäre das erste und zugegeben schwere Hindernis genommen, weil es ein hohes Maß von Überwindung und Einsicht erfordert.

Dr. D. T. Suzuki, der ernste, nüchtern-unbestechliche Zen-Lehrer, bestätigt in seinem Werk »The Essence of Buddhism«, daß menschliches Leid unserem Karma entspringt und daß wir alle vom Augenblick unserer Geburt an die schwere Bürde des Karma aus vergangenen Leben zu tragen haben, eine Tatsache, die mithin einen Teil unserer Existenz bildet.

Suzuki und nicht Indien, das für diese Erkenntnis berühmt ist, führe ich deshalb als Kompetenz an, weil er, ein Mensch unserer Tage, nicht nur der berühmte Zen-Mann, sondern gleicherweise ein Welt-Mann und -Kenner war, der aus Kenntnis und höchster Verantwortung sprach. Da die karmischen Bindungen von den großen Zen-Meistern sonst fast nie erwähnt werden, weil sich keiner mit derartigen Anfängerfragen abgab, so scheint es mir wichtig, daß Dr. Suzuki anläßlich seiner Vorträge vor dem japanischen Kaiserhaus im Palast zu Tokyo ausführlich darüber gesprochen hat.

Haben wir also erstens: erkannt, und zweitens: angenommen, dann ist der nächste Schritt die Auseinandersetzung mit unserer schicksalsbedingten Umgebung. Mag sie freundlich oder bitterböse sein, alle »Mitwirkenden« sind hier zum Ausgleich angetreten und alle haben voneinander zu lernen.

Leider gibt es besonders häufig gerade zwischen Eltern und Kindern oder zwischen Geschwistern ein so fürchterliches Karma, daß sie zunächst überhaupt nicht gewillt oder fähig sind, den notwendigen Ausgleich herbeizuführen.

Diesen Menschen muß nachdrücklichst gesagt werden, daß die Verbindung zu Gott, die sie wünschen und ersehnen, solange für sie blockiert bleiben wird, wie sie nicht fähig sind, die Hindernisse, die ihnen ihr Karma als bitteres, tägliches Brot aufgetischt hat, wegzuräumen.

An sich ist alles ganz einfach. Man muß es nur tun und – Geduld haben mit sich selbst.

zazen, täglich geübt, ist die große Hilfe. Das »Wie« dieser Praxis brauche ich jetzt nicht noch einmal zu schildern. Das erste Ziel wäre, innere Ruhe zu erlangen, die bei gewissenhaftem *zazen* das nur auf Stille und Leere bedacht sein soll, nach einer Übungszeit, die bei dem einen länger, bei dem anderen kürzer dauert, auch eintritt. Hand in Hand damit muß die Bekämpfung der unguten Gedanken über Personen, mit denen wir im Reizzustand leben, praktiziert werden. Tatsache ist, daß die unguten Gedanken im Anfang der Bemühungen meist heftiger und öfter auftreten als vorher, denn Alteingewurzeltes wehrt sich und will nicht weichen. Dieses »heftiger und öfter« ist aber paradoxerweise kein schlechtes sondern ein gutes Zeichen. Es ist der erste (wenngleich negative) Beweis dafür, daß im Inneren des Menschen etwas in Bewegung gekommen ist.

Wie begegnet man nun den negativen, unsere Reizperson betreffenden Gedanken? Nicht dadurch, daß man sie zu »unterdrükken« versucht, sondern dadurch, daß man in demselben Augenblick, in dem man ihrer bewußt wird, zum Beispiel sagt: »Möge es ihm (oder ihr) wohlergehen.« Und zwar ohne, daß man sich etwas darunter vorstellt.

Die unguten Gedanken kommen routinemäßig, genau so routinemäßig sollte die Entgegnung sein.

Bleibt man über Monate hinweg konsequent, dann wird man eines Tages feststellen, daß die unguten Gedanken seltener auftreten, und noch etwas später wird man, erst mit heißem Erschrecken und dann mit einem unbeschreiblichen Glücksgefühl, feststellen, daß der ganze Fall, der so lange als ein immerwährender Tropfen Galle unser Dasein getrübt hatte, uns nicht mehr interessiert, daß wir ihm mit Gelassenheit, ja mit Gleichmut begegnen.

Wir haben ein Stückchen Karma beseitigt. Ich zweifle, ob der Mensch es in seinem ganzen Umfang ermessen kann, was das für ihn bedeutet. Fest steht aber, daß er nun an die nächste Aufgabe herangehen kann.

Ausdrücklich aber muß darauf aufmerksam gemacht werden, daß weder während der Übungen noch nachher äußere sentimental-bedingte, liebevolle Affekthandlungen der Reizperson gegenüber getätigt werden dürfen. Die wären nämlich äußerst störend, weil sie wieder menschlichem Wünschen und Wollen entspringen und Gegenwirkungen hervorrufen. Die geistige Übung ist wirkungsvoller als hunderttausend gute Taten. Warum? Weil jede äußere Tat eine Gegenwirkung hervorruft und weil nur das geistige »Tun« karmalösend und darum karma-frei ist.

Wer also danach verlangt, sich der Gottheit zu nähern, muß als Erstes damit beginnen, sich von dem zu befreien, was sich als Karma-Belastung durch sein Leben zieht und was von ihm als Karma erkannt worden ist.

Auf die Frage: »Warum tut denn mein Gegner nichts, der ist doch genau so schuldig, warum muß ich alles tun?« lautet die Antwort: »Tun« (also geistig für die Umwandlung sorgen) muß immer der Wissende, nämlich der, dem die Gnade des Erkennens zu teil geworden ist.

Dabei geschieht, abgesehen von der eigenen Ablösung, das Wunder, daß er den Gegner miterlöst, denn da, wo weder Haß noch Vergeltungssucht oder Erinnerung an erlittenes (angenommenes) Unrecht mehr vorhanden sind, erlöscht auch für den Gegner ein Teil des gegenseitigen Karmas.

Ich sagte: »angenommenes« Unrecht. Das soll heißen, daß es unsere Annahme ist (solange wir noch nicht die Wahrheit des Karma erkannt haben), daß uns zu Unrecht Unrecht geschieht. Das aber ist Verblendung.

Wäre das auch nur bei einem einzigen Menschen der Fall, dann lebten wir nicht in einer göttlichen Welt, sondern in einem grauenhaften Willkür-Chaos.

Daß dies aber nicht zutrifft, beweisen nicht nur die Gottsucher und -finder aller Zeiten, sondern die Gesamt-Menschheit, die trotz allem Elend auf diesem Stern ausharrt, weiter arbeitet und fragt und sucht. Wäre nämlich nicht jedem Menschen, der zur Welt kommt, ein Fünkchen dieser ewigen Wahrheit, die unverlierbar ist, durch welche Höllenwege der Einzelne zu gehen sich selbst auch verdammen mag, als Mitgift eingeboren, dann wäre dieser Stern längst leer und ausgestorben. Einzig der unsichtbare, alles und alle verbindende Gott-Funke läßt Seine Kinder inmitten der Verzweiflung, die zugleich eine Art der Läuterung ist, bestehen.

Der Mensch kann also in der oben geschilderten Weise sich weitgehend selbst erziehen. Er darf nur nicht nachlassen. War er fähig, die gröbste Karmabelastung aus seiner Umgebung (oder was er sonst als sein schlimmstes Hindernis betrachtet) in seinem Herzen zum Erlöschen zu bringen, dann ist er soweit, sich nunmehr selbst vorzunehmen, die eigenen Schwächen zu erkennen und die gröbsten nach und nach, eine nach der anderen entweder auszulöschen oder sie in ihr positives Gegenteil zu verwandeln.

Für alle diese »Vorarbeiten« braucht der Mensch nicht unbedingt einen Meister. Ist er treu und hart mit sich, dann bewirkt der Gott-Funke in seinem Vehikel eine gewisse Genialität, die es befähigt, die ihn störenden Mängel nicht nur aufzuspüren, sondern sie auch in der rechten Weise zum Erlöschen zu bringen.

Sich selbst also für den Weg zu Gott zu erziehen, das ist die Aufgabe und jeder Schritt auf diesem Wege ist ein gelebtes Leben wert. Jeder kann sich selbst erziehen. Ich habe es auch getan.

Jetzt höre ich die beiden Worte, die ich oft zu hören bekomme: »Ja – Sie!«

Zu diesem »Ja – Sie!« möchte ich endgültig etwas sagen, was hoffentlich mit einem falschen Nimbus aufräumen wird.

Das Wunder meines Lebens, das Kämpfen, Nicht-Nachlassen, das immer wieder Aufstehen nach Zusammenbrüchen, trotz eines zarten und schwachen Körpers, die unzweifelhaften »Begnadungen« aus der Göttlichen Sphäre – dies alles zusammen ist nur dadurch zu erklären, daß ich als »Wesen« älter bin, daß ich mehr Inkarnationen durchlebt habe, in denen ich gefehlt, gelitten, gesucht und – gefunden habe, als die meisten meiner Mitmenschen. Inkarnationen, in denen auch die ewigen, geistigen Bande geknüpft worden waren, die sich in dem jetzigen Dasein noch einmal manifestiert hatten.

Was ich in meinen beiden Berichten über meine Erfahrungen habe weitergeben dürfen, sollte nicht als etwas Besonderes, für andere Menschen Unerreichbares betrachtet werden, sondern als die logische Folge von immer wieder neuem Leiden und Sterben und schließlichem (geistig) Darüber-Hinaus-Wachsen.

Jeder kann es. Jeder wird es erreichen, wenn seine Zeit gekommen ist. Niemand, der sich dazu bereit fühlt, braucht in ein Kloster zu gehen. Das Leben, in das er gestellt wurde, mit all seinen Tücken, Schwierigkeiten und auch Freuden ist – recht verstanden – das große Koan, das ihm von seinem Karma (und das Karma ist seine eigene Erfahrungssumme) zur Bewältigung aufgegeben wurde.

Zen, im tiefsten und letzten Sinne verstanden, ist – das Leben selbst.

Die alten und die neuen Zen-Meister haben nie aufgehört, dies als die einzige Wahrheit, die es zu leben gilt, zu lehren. Damit es recht verstanden wird, will ich eine kleine Begebenheit wiedergeben, die sich im alten China zugetragen hat und von dem großen Meister Nansen (748–834), von dem der Nansen-ji in Kyoto Tradition und Namen herleitet, berichtet wird.

Nansen arbeitete zusammen mit seinen Mönchen im Feld, ohne sich äußerlich in irgend einer Form von ihnen zu unterscheiden. Da kam ein reisender Mönch des Wegs, hielt just vor dem Mönch, der ihm am nächsten war und stellte ahnungslos, daß er den Meister selbst vor sich hatte, eine Frage. Frage und Antwort lauteten nun:

Mönch: »Wo geht der Weg zum Nansen-Kloster?«

Meister (die Sichel, mit der er gerade arbeitete, hochhaltend): »Für die habe ich dreißig Stück gutes Geld bezahlt.«

Mönch: »Ich habe nicht nach den Kosten für Ihr Werkzeug, sondern nach dem Weg gefragt, der zu Nansen führt.«

Meister: »Sie schneidet ausgezeichnet.«

Was bedeutet nun dieses Gespräch, das in die Geschichte des Zen eingegangen ist?

Der reisende Mönch stellt einem anderen Mönch eine ganz natürliche Frage, die von seinesgleichen auch natürlich beantwortet worden wäre. Sein Geschick hatte ihn aber den Meister selbst fragen lassen. Der Meister aber antwortete ihm – um ihn zu prüfen – wie ein Geisteskranker. Nun ist anzunehmen, daß der reisende Mönch, der zu dem größten Meister seiner Zeit wallfahrtete, in der Zen-Erfahrung kein Neuling war. Um zu ergründen, wie die nächste Antwort ausfallen würde, wagte er es deshalb den Meister mit seiner Entgegnung herauszufordern. Nansen aber präsentierte nur weiter seine Sichel und pries ihre Schärfe.

Was also sollten diese Antworten, die die eines Narren hätten sein können?

Der Meister wollte dem Neuling, der den Weg zu ihm suchte, auf der Stelle klar machen, daß sein Kloster kein Ort sei, wo der Mönch lediglich abstrakte Erkenntnisse sammeln oder verschiedene philosophische Systeme durchdiskutieren könne, sondern daß das ganz konkrete Leben, und zwar so wie es der jeweilige Augenblick erforderte, von ihm erkannt und gelebt werden müsse.

Nur in der Erfahrung des Einklangs von Himmel und Erde war,

als Quintessenz der Lehre aller Erleuchteten, die Wahrheit zu finden und zu verwirklichen.

Wenn nötig: die Betätigung mit der Sichel, wenn nötig ein guter Schlaf und selbstverständlich zur rechten Zeit die rechte Meditation.

Menschen, die den Himmel stürmen wollen, fallen meist sehr unsanft auf die Erde zurück. Denjenigen aber, die unbedingt entschlossen sind, den Höhenweg zu wandern, sei geraten, bevor sie darangehen, das Nichts, also »Alles was ist ist Nichts« praktizieren zu wollen, sich an die Herkulesaufgabe zu machen, ihr eigenes Innere so von allen Wünschen und Begierden, auch von den subtilsten, zu reinigen, daß sie selber zu einem lebendigen Nichts geworden sind.

Dem Menschen, der wahrhaft sucht und sich selbst erforscht, bleibt nichts verborgen. Auf dieser großen Forschungsreise in das eigene Wesen entdeckt er das Wesen Aller, entdeckt er das »Nichts« und das »Alles«.

Es geht nicht auf einmal. Aber ein großer Pianist hat auch mit der Notenlehre und dem Üben der Tonleitern beginnen müssen. Nur auf der rechten Grundlage, der sehr bald die rechte Einsicht folgen kann, läßt sich aufbauen. Und Zeit spielt keine Rolle.

Ich setze einfach meine Füße in Bewegung und gehe. Ich weiß die Richtung, ich kenne das Ziel. Es liegt am Ende der Welt, es liegt an ihrem Anfang und es liegt in der allgegenwärtigen Mitte. Irgendwann und irgendwo werden wir, Anfang und Ende, in der allgegenwärtigen Mitte uns treffen, erkennen und miteinander verschmelzen. Ich gehe.

So sollte es sein. So kann es sein.

Was ist geschehen, seit die letzten Worte zu diesem, lange vergriffen gewesenen, Buch geschrieben worden sind?

Unfaßbares und — Nichts.

Um mit dem Nichts zu beginnen: Wie damals, als ich im Jahre 1963 von meiner ersten Japanreise zurückkehrte und das Buch* schrieb über die »fast unglaubhaft anmutenden Erlebnisse der ersten Frau aus der westlichen Welt, die von einem der berühmtesten Meister in sein Zen-Buddhistisches *Mönchs*-Kloster aufgenommen wurde«, wie auch fünf Jahre später, als ich wieder von Japan hierher zurückkam und die neu gewonnenen Erlebnisse unter dem Titel »Auf dem Wege zu Satori« zusammenfaßte, so befinde ich mich jetzt ebenfalls am selben Ort, im gleichen Raum, die Schreibunterlage auf den Knien, wie damals, und arbeite an dem »Nachwort« für das nunmehr neu vorliegende Werk.

Was mich selber so tief berührt, ist die Tatsache, daß ich, wegen meiner Schüler längst in München wohnend, ohne es vorher zu planen, von Berlin aus die letzten Worte niederschreibe, die den ersten, hier entstandenen, nun gleichsam wie gesetzmäßig folgen. Es trieb mich einfach wieder in diesen Raum, der in den vielen Jahren, seit er zu mir gehörte, nur Meditation, Arbeit und asketisches Leben in sich aufgenommen hatte. Er ist eins geworden mit dem Geist, der ihn bewohnte. Ich glaube, wir sollten es noch einmal miteinander versuchen.

Was also hat sich geändert seit diesen siebzehn Jahren? Äußerlich gesehen: Nichts. Zwar erfüllten Weltreisen des Geistes und des Körpers die vergangene Zeit – aber ich sitze am gleichen Ort, von dem das große Abenteuer ausging, atme entzückt den Duft der meinen Balkon weit

---

* F. A. Z. vom 31. 10. 67 über »Der Meister, die Mönche und ich.«

überragenden Linde und – schreibe. Wie damals. Jedoch geistig gesehen hat sich alles in einer ununterbrochenen Wandlung befunden, denn:

Wer einmal, nach endlosem Üben, durch das »Nichts« hindurchgegangen ist, das im Zen-Buddhismus die Vorbedingung für das Licht der Erleuchtung (Satori) bedeutet und danach nicht nachgelassen hat, in der Meditation sich selbst immer wieder neu zu entwerfen, dem offenbart sich dieses »Nichts« auf Schritt und Tritt. Das »Unfaßbare« dabei ist, daß man sich innerhalb dieses »Nichts« genauso unbefangen bewegt wie die Menschen es tun, die in der »sogenannten« Wirklichkeit leben. Was sich geändert hat, ist ein Bewußtseinszustand.

Für den, der ihn erlebt, hat dieser Zustand nichts Befremdendes und auch nichts Erschreckendes. Das muß gleich gesagt werden, um all den Suchern, die sich mit den östlichen Lehren und besonders mit dem Zen-Buddhismus auseinanderzusetzen versuchen, die Furcht vor dem zunächst unverständlichen Unbekannten zu nehmen. Das »Leben an sich« verändert sich nicht. Der »Erleber« erhält nur die Bestätigung dafür, daß die jahrtausendealte Aussage der großen Meister über das »Nichts« nicht nur die Wahrheit, sondern als solche *erlebbar* ist.

Freilich darf der Mönch oder der Schüler des Zen, der dieses große Erlebnis sich errungen hatte, niemals in eine Art von laisser-aller, dem »ich habe es ja« verfallen, denn dadurch würde er mit der Zeit alles Errungenen wieder verlustig gehen. Im Gegenteil, seine Tüchtigkeit in der Bewältigung des Alltags, ganz gleich wie er sich gibt, muß und soll die Tüchtigkeit der real denkenden Mitmenschen noch übertreffen, weil es nichts geben darf, gegen das er sich wehrt. Jeder Augenblick muß in sich vollendet, muß zur höchst möglichen Lebenskunst erhoben werden.

»Es gibt nichts, was nicht einmal endet.« Wer dieses Phänomen, das das »Nichts« in sich begreift, nicht nur verstandesmäßig erfaßt hat, sondern mit diesem ununterbrochenen Wandel in Ein-Klang lebt, der bleibt nicht nur ruhig in jeglichem Geschehen, sondern er lebt in Einheit mit dem Einen. Aus dieser Einheit, die die Leerheit des Herzens von Begierden und persönlichen Eigenschaften voraussetzt, können sich Ergebnisse entwickeln, die – normalerweise – unfaßlich wären. Dem »Erleber« aber sind sie so selbstverständlich wie Essen, Trinken und Schlafen.

Daraus ergibt sich, daß das ostasiatische »Nichts« (jap: Mu; chin: Wu) nicht ein Negativum im nihilistischen Sinne ist – ein Irrtum, vor dem die

Meister von altersher nicht genug warnen konnten, sondern nur *weil* es leer ist, kann es die Fülle in sich tragen.

»Im Herzen sind alle Dinge enthalten«, hatte mir mein Rôshi einmal bildhaft mit Tusche auf einen Fächer geschrieben. Mit dem Herzen ist immer der oder das Eine (auch die ewige Buddhanatur genannt) gemeint. Hat denn nicht auch das menschliche Herz unausschöpfbare Inhalte, deren sich der Mensch im alltäglichen Leben nur nicht bewußt wird? Prüfen wir uns doch einmal daraufhin. Unsere latenten Möglichkeiten, unsere wahrhaften »Inhalte« werden uns in Ehrfurcht verstummen lassen. »Sei Eins mit dem Einen« war im Sanzen (der geheimen Zwiesprache) die stete Forderung des Meisters an mich, nachdem in nie endendem, hartem Üben das »Mu« mehrmals durchlebt – durchlitten worden war. Der Durchbruch zum Einen war dann, nach dunkler, lebensgefährdender Wanderung, strahlendes Licht in so atemberaubender, nie zu schildernder Herrlichkeit, daß der Jubel über das Erleben dieses Wunders das Herz einfach durchbrach, auf daß es ganz zunichte werde, um die Fülle fassen zu können. Von da an gab es kein isoliertes Herz mehr, sondern das ganze Wesen, das sich Mensch nennt, war zum Herz geworden.

In den Jahren, die nun folgten und in denen tägliches Meditieren Selbstverständlichkeit blieb, verdichtete sich das einmal Gewonnene zur unumstößlichen Gewißheit: Du bist Eins mit dem Einen. Folgerichtig war seitdem das Eine der Erleber und demgemäß auch immer der Antworter, wenn Fragen an Sein Gefäß gestellt wurden. Das ist das oben erwähnte »Unfaßbare«. Aus Seinem Gefäß heraus lenkt Es, wenn das Gefäß befragt wird, den als ernsthaften Sucher Erkannten *den* Weg, der einzig dem Wesen des Suchers gemäß ist. Das bedeutet, daß es auf Seinem Wege immer nur den Einzelnen – nie eine Massenabfertigung geben kann.

In diesem Spätherbst 1980 werden es zwölf Jahre, daß ich den Tempel und Japan zum zweiten Male verlassen habe. Ohne Schmerz. Das immer wieder erlebte Satori hatte eine Euphorie der Befreiung, der Ablösung von allen denkbaren Bindungen ausgelöst, die einen neuen Lebensabschnitt einleiten sollte. Mit der Zeit verschwand auch die Euphorie und wich einem ruhig-sicheren Gleichmut. Das Leben gehörte nur noch den Schülern, die – ungerufen –, nur auf Grund meiner Bücher, den Weg zu mir als einer geistigen Heimat fanden. Die dankbare Bindung zum Rôshi, seinem herrlichen Tempel und den Mönchen blieb jedoch nicht nur erhalten, sondern sie verstärkte sich mit den dahinziehenden Jahren, in denen regelmäßige Geschenke die einzigartige Beziehung immer neu bestätigten.

Plötzlich geschah etwas Unerwartetes.

Mit dem Datum vom 4. Februar 1978 erhielt ich vom obersten Mönch des Rôshi, der inzwischen selber Meister geworden war, einen Brief. Er schrieb: »Ich habe eine gute Nachricht für Sie. Rôshi sama ist zum Hauptpriester der Zen-Rinzai Sekte mit dem Sitz im Myoshinji in Kyoto gewählt worden. Bitte schreiben Sie ihm.«

Nun hatte also dieser wunderbare Mann, der von den erlauchtesten Häuptern des Zen als »Heiliger« verehrt wird, die überragende Stellung, die ihm längst im geistigen Zen gehörte, auch im hierarchischen Raum erhalten. Meine Freude und die meiner Schüler war unbeschreiblich. Der nächste Brief teilte mit, daß die große Einführungszeremonie am 21. Mai sein würde, zu der mehr als 3000 Gäste erwartet würden. Die Myoshinji-Anlage (ji bedeutet Tempel) kann solche Massen unschwer aufnehmen, denn mit ihren weit auseinanderliegenden Tempeln in herrlichen Grünanlagen hat sie die Größe eines mittleren Dorfes. Ich habe mich damals, wenn der Rôshi mich zu einer Zeremonie mitnahm, meist verlaufen.

Die nächste aufregende Nachricht kam ein Jahr später und lautete: »Rôshi sama kommt nach Deutschland.« Meine unaussprechliche Freude, den Hochverehrten wiederzusehen, wurde jedoch über Monate hin auf eine harte Geduldsprobe gestellt, weil sich ständig alles änderte.

Ehe ich jedoch auf dieses Wiedersehen eingehe, möchte ich meinen Lesern den – ein früheres christlich-kirchliches Weltbild umstürzenden – neuen Weg, der von Rom ausging, nach meinen (nicht öffentlichen) Informationen weitergeben. Kirchenpolitisch hat sich in aller Stille vor wenigen Jahren noch wahrhaft Unvorstellbares vollzogen.

Die diskriminierende Bezeichnung »Heidentum« für nichtchristliche Hochreligionen* ist aus dem offiziellen katholischen Sprachgebrauch nach dem 2. Vatikanischen Konzil so gut wie verschwunden.

Um in dieser hochwichtigen Angelegenheit nicht den geringsten Fehler zu machen, fuhr ich im Oktober 1980 nach Maria Laach, um von dem Prior der berühmten Benediktiner-Abtei, Emmanuel von Severus, hierüber Auskunft zu erbitten. Da der Prior mich von meinem

---

* siehe dazu: »Der Meister, die Mönche und ich«, Seite 288–290, O. W. Barth – Scherz Verlag.

vorjährigen Besuch her gut kannte (darüber später), empfing er mich sofort, und es entwickelte sich ein mehrstündiges schönes Gespräch über innere religiöse Erfahrungen. In seinem großen Verständnis für meine Bitte um den Beweis, daß das für andere Religionen diskriminierende Wort »Heidentum« wirklich aus dem christlichen Sprachgebrauch verschwunden sei, gab er mir nicht nur persönlich Auskunft, sondern er ließ mir die betreffenden Stellen der Kommentare aus dem 2. Vatikanischen Konzil ablichten. Ich bin glücklich, sie weiterzugeben zu dürfen.

KONSTITUTIONEN, DEKRETE UND ERKLÄRUNGEN

LATEINISCH UND DEUTSCH

KOMMENTARE

TEIL II

Art. 1–2

PAULUS BISCHOF

1. In unserer Zeit, da sich die Menschheit von Tag zu Tag enger zusammenschließt, und die Beziehungen unter den verschiedenen Völkern sich mehren, erwägt die Kirche mit um so größerer Aufmerksamkeit, in welchem Verhältnis sie zu den nichtchristlichen Religionen steht. Gemäß ihrer Aufgabe, Einheit und Liebe unter den Menschen und damit auch unter den Völkern zu fördern faßt sie vor allem das ins Auge, was den Menschen gemeinsam ist und sie zur Gemeinschaft untereinander führt.

Alle Völker sind ja eine einzige Gemeinschaft, sie haben denselben Ursprung, da Gott das ganze Menschengeschlecht auf dem gesamten Erdkreis wohnen ließ; auch haben sie Gott als ein und dasselbe letzte Ziel. Seine Vorsehung, die Bezeugung seiner Güte und seine Heilsratschlüsse erstrecken sich auf alle Menschen, bis die Erwählten vereint sein werden in der Heiligen Stadt, deren Licht die Herrlichkeit Gottes sein wird; werden doch alle Völker in seinem Lichte wandeln.

Die Menschen erwarten von den verschiedenen Religionen Antwort auf die ungelösten Rätsel des menschlichen Daseins, die heute wie von je die Herzen der Menschen im tiefsten bewegen: Was ist der Mensch? Was ist Sinn und Ziel unseres Lebens? Was ist das Gute, was die Sünde? Woher kommt das Leid, und welchen Sinn hat es? Was ist der Weg zum wahren Glück? Was ist der Tod, das Gericht und die Vergeltung nach dem Tode? Und schließlich: Was ist jenes letzte und unsagbare Geheimnis unserer Existenz, aus der wir kommen und wohin wir gehen?

2. Von den ältesten Zeiten bis zu unseren Tagen findet sich bei den verschiedenen Völkern eine gewisse Wahrnehmung jener verborgenen Macht, die dem Lauf der Welt und den Ereignissen des menschlichen Lebens gegenwärtig ist, und nicht selten findet sich auch die Anerkenntnis einer höchsten Gottheit oder sogar eines Vaters. Diese Wahrnehmung und Anerkenntnis durchtränkt ihr Leben mit einem tiefen religiösen Sinn.

Im Zusammenhang mit dem Fortschreiten der Kultur suchen die Religionen mit genaueren Begriffen und in einer mehr durchgebildeten Sprache Antwort auf die gleichen Fragen. So erforschen im Hinduismus die Menschen das göttliche Geheimnis und bringen es in einem unerschöpflichen Reichtum von Mythen und in tiefdringenden philosophischen Versuchen zum Ausdruck und suchen durch aszetische Lebensformen oder tiefe Meditation oder liebend vertrauende Zuflucht zu Gott Befreiung von der Enge und Beschränktheit unserer Lage.

In den verschiedenen Formen des Buddhismus wird das radikale Ungenügen der veränderlichen Welt anerkannt und ein Weg gelehrt, auf dem die Menschen mit frommem und vertrauendem Sinn entweder den Zustand vollkommener Befreiung zu erreichen oder – sei es durch eigene Bemühung, sei es vermittels höherer Hilfe – zur höchsten Erleuchtung zu gelangen vermögen.

So sind auch die übrigen in der ganzen Welt verbreiteten Religionen bemüht, der Unruhe des menschlichen Herzens auf verschiedene Weise zu begegnen, indem sie Wege weisen: Lehren und Lebensregeln sowie auch heilige Riten.

Die katholische Kirche lehnt nichts von alledem ab, was in diesen Religionen wahr und heilig ist. [...]

Deshalb mahnt sie ihre Söhne, daß sie mit Klugheit und Liebe, durch Gespräch und Zusammenarbeit mit den Bekennern anderer Religionen sowie durch ihr Zeugnis des christlichen Glaubens und Lebens jene geistlichen und sittlichen Güter und auch die sozial-kulturellen Werte, die sich bei ihnen finden, anerkennen, wahren und fördern.

Diese Sätze sind eine Sensation!

Für weite Kreise innerhalb der Katholischen Kirche aber bedeuten sie eine *Revolution*. Mit diesem radikalen Umdenken zu leben und einverstanden zu sein, wird viel Einsicht und Zeit benötigen.

Die Ermahnung zum »Gespräch« und zur »Zusammenarbeit« hat inzwischen schon – noch vor wenigen Jahren für unmöglich gehaltene – Früchte getragen. Christliche Mönche sind für einige Zeit in Zen-Buddhistische Klöster zum Studium aufgenommen worden. Dem Einzug von etwa dreißig Zen-Buddhistischen Mönchen in besonders ausgesuchte benediktinische Klöster, so vor allem in das Benediktiner-Kloster Maria Laach, ging ein Seminar voraus, das durch das Ostasien-Institut e. V., Bonn einberufen, in St. Augustin vom 26.–29. März 1979 stattfand. Das Seminar trug den Titel:

»Auf der Suche nach Ansatzpunkten für einen christlichen Dialog mit Buddhisten. Beiträge zum Vorbereitungsseminar auf die Begegnung mit Buddhistischen Mönchen im Rahmen des Projekts Geistlicher Austausch zwischen Japan und Europa.«

Es sprachen neun Referenten. Ich zitiere aus dem großartigen Vorwort von Jan van Bragt (Dr. phil., Direktor des Nanzan Institute for Religion and Culture, Nagoya):

Dieses Seminar soll vor allem die Begegnung von Christlichen und Buddhistischen Mönchen vorbereiten. So muß von Anfang an die Frage nach dem Sinn einer solchen Begegnung eine Rolle spielen und sicher auch die Wahl der Themen.

Gestatten Sie mir, über den Sinn dieser Begegnung ein kurzes Wort als Einleitung zu sagen. *Erstens* soll nicht vergessen werden, daß die jetzige Initiative vor allem die japanischen Mönche im Auge hat: Den japanischen Mönchen soll Gelegenheit geboten werden, das Christliche Mönchtum und dadurch das Christentum selbst kennenzulernen. Von den Katholischen Mönchen wird dabei erwartet, daß sie ihr Leben zeigen und in ihrem Leben ihre Spiritualität.

Zweitens: die Initiative entstand aus der wachsenden Überzeugung der Teilnehmer am Christlich-Buddhistischen Dialog in Japan; der interreligiöse Dialog wird nie gründlich sein, wenn er sich auf die Diskussion von Lehren und Dogmen beschränkt. Oder positiv gesagt: Der Dialog hat seine wirkliche Chance vor allem auf der Ebene der religiösen Erfahrung. Da man weiter glaubt, daß das monastische Leben der privilegierte ›Ort der Gotteserfahrung‹ ist, muß man es für notwendig erachten – um wirklich den Aufruf des Vatikanum II zu beantworten – die Mönche so viel wie möglich in den Dialog einzubeziehen. – Beiläufig kann ich hier schon sagen, daß die religiöse Erfahrung den ganzen Inhalt des Buddhistischen Mönchslebens ausmacht, viel bewußter, als das bei uns der Fall ist.

Mönchtum im Buddhismus: Halten wir zunächst fest, daß im Buddhismus im allgemeinen – und selbst noch in Japan, denke ich – das Mönchtum eine viel zentralere Bedeutung hat, als es je im Christentum der Fall gewesen ist. In einem Artikel schreibt der amerikanische Spezialist in vergleichender Religionswissenschaft, Donald Swearer:

»Das Mönchsleben spielt jetzt nur eine abgeschwächte Rolle im Leben der Kirche. Wir müssen zum Mittelalter zurückkehren, um irgendwo eine Anwesenheit und den Einfluß der monastischen Berufung zu finden, die einigermaßen dem aktuellen Status des Mönchstums im Buddhismus nahekommt. Ich glaube, daß die monastische Tradition im Westen – welche sich immer mehr und mehr an der Oberfläche oder Außenseite des kirchlichen Lebens zu bewegen droht – wiederentdeckt und interpretiert werden muß mit Rücksicht auf die religiösen Bedürfnisse und das spirituelle Chaos unserer Zeit. Ich bin davon überzeugt, daß diese Wiederentdeckung und Interpretation am besten Platz findet im Lichte der monastischen Tradition im Buddhismus.«

Es folgte in dem sehr ausführlichen Referat eine Aufzählung der verschiedenen Sekten (oder Schulen) im japanischen Mahayana-Buddhismus, denen der Referent jeweils kurze Erklärungen hinzufügte.

Das zweite Referat hielt Horst Rzepowski (Dr. theol. SVD, Missionswissenschaftliches Institut St. Augustin). Mit bemerkenswerter Objektivität und gründlicher Sachkenntnis zeichnete er die Anfänge der ersten Buddhistischen Gemeinden in Deutschland (Gründer Seidenstücker 1903) bis zum Zusammenschluß aller Gemeinden in der »Deutschen Buddhistischen Union« am 20./21. September 1958 (einschließlich der Altbuddhistischen Gemeinde in Utting, die bis 1955 alle Zusammenschlüsse gemieden hat).

Aus der betont sachlichen Interpretation sei folgender wesentlicher Abschnitt hervorgehoben:

»Bei allen Gruppen fällt die betonte Zurückweisung jeglicher ›Missionsabsicht‹ auf. [...]

Wenn auch die Zurückweisung des Missionsgedankens durch ein oft falsch verstandenes christliches Missionsbild bestimmt ist, finden wir dennoch ›missionarische Züge‹ in den buddhistischen Gemeinden. So steht im buddhistischen Katechismus die Frage:

›Beauftragte Buddha auch andere Menschen mit der Verkündigung seiner Lehre?‹ Die Antwort lautet schlicht ›Ja‹. Und es wird hinzugefügt: ›Weil seine Heilslehre als die zeitlose, ewige Wahrheit nicht an seine Person gebunden war, so waren es die Menschen aller Stände, die seine Lehre verkündeten und für sie Feuer anmachten.‹ [...] Dabei betont er ausdrücklich, daß jeder die Lehre in seiner eigenen Muttersprache lernen sollte. Und an anderer Stelle verkündet der Buddha feierlich, ›daß der Mensch, welcher sowohl zum eigenen Heil als auch zum Heile der anderen wirkt, der größte, der beste, der würdigste ist‹.

Darlegung und Anpassung der Lehre scheinen zwei tragende Züge in der Eigenfindung der Buddhisten in Deutschland zu sein.

Fragen wir nach den mehr äußeren, soziologischen Strukturierungen der Gruppen, so erhält man wenig Aufschluß aus den Veröffentlichungen und Briefen. Auffallend ist, daß viele starke, individualistisch geprägte Persönlichkeiten unter der oft kleinen Schar der Buddhisten anzutreffen sind. Eine Reihe von Begabungen und Geisteswissenschaften haben offenbar eine große Nähe zum Buddhismus. So künstlerische Befähigungen, die Philosophie, die Psychotherapie und Psychiatrie und Allgemeinmedizin.

Ein Großteil der Anhänger des Buddhismus in unseren Breiten ist vom Christentum enttäuscht. Es bietet ihnen in persönlichen Konfliktsituationen keine ausreichende Hilfe, keinen Ausweg. Solchen Menschen gegenüber sieht der Buddhismus seine Aufgabe.«

Von Auszügen aus den bewundernswerten Darstellungen des »Zen Buddhismus« von Shimisu Matsui (Dr. phil., Mitglied der Japanischen Schwesternkongregation Misono) und dem »Geschichtlichen Hintergrund Buddhistischer Spiritualität« von Wilhelm K. Müller (Dr. phil. SVD Monumenta Serica, St. Augustin) müssen wir mit großem Bedauern Abstand nehmen um endlich auf das – zu erwarten gewesene – »ja, aber« eingehen zu können.

Es kommt von Joseph Zapf (Dr. phil., SVD Professor für Religionsphilosophie, Phil.-Theol. Hochschule St. Augustin). Professor Zapf habe ich aus meinem, vor neun Jahren in St. Augustin gehaltenen großen sesshin (Zazen), das damals erste Zazen an diesem geistigen Katholischen Zentrum, in beglückender Erinnerung. Er suchte mich täglich zu jeder freien Stunde in meinem Zimmer in St. Augustin auf, und wir hatten tiefe, wunderbare Gespräche, die ich ob ihrer begeisterungsfähigen Hingabe an das Mysterium der Erleuchtung (Satori) im Zen im Herzen behalten habe. Der Titel seines Referats lautet:

»Anthropologische und spirituelle Voraussetzungen für einen interreligiösen Dialog.«

Der interreligiöse Dialog kann das Ideal eines Dialoges nur selten verwirklichen. Zu viele Hindernisse stehen im Weg. Das Trennende in Kultur, Glaubenslehre, Welt- und Menschenbild überwiegt. Mehr: Es fehlt eine gemeinsame Sprache. So ist es verständlich, daß ein Versuch zum Dialog leicht abgleitet in eine Diskussion, die mehr trennt als verbindet. Begreiflicherweise endet dann der Dialog in zwei Monologen.

Der interreligiöse Dialog ist also schwer. Aber er ist heute nötiger denn je. Im Laufe der Geschichte lebten die Religionen nebeneinander, oft sogar gegeneinander. Heute sind sie herausgefordert zum Miteinander, verschieden zwar, aber unausweichlich. Viele Gründe wären hier zu nennen, z. B. das Zerbrechen alter Wertordnungen, die Existenzangst einer säkularisierten Gesellschaft, die Sinnfrage angesichts der Selbstentfremdung des modernen Menschen und einer Theologie des Todes Gottes.

Keine Religion kann sich dieser Aufgabe ʻzum Miteinander entziehen. Das Gegeneinander machte sie zu jeder Zeit unglaubwürdig. Denn sie predigten alle die Liebe als den Kern ihres Gesetzes. Trotzdem blieben sie sich bis heute gegenseitig die Ungläubigen oder Heiden. Die Gnade Gottes, die wahre Lehre, das zu bringende Heil, der Weg zur Erlösung waren bisher immer nur in der eigenen Religion oder eigenen Konfession zu finden. Dialog ist so nicht möglich. Apologetik tritt an seine Stelle. Jeder bleibt versucht, im Glauben des anderen nicht die Wahrheit, sondern den Irrtum zu sehen. Was aber ist der Maßstab für Wahrheit und Irrtum? Denn Judentum, Christentum und Islam beanspruchen je für sich das Privileg, die absolute Religion zu sein.

Hinduismus und Buddhismus verstehen sich als universale Religionen der

Zukunft, fähig, alle anderen in sich aufzunehmen. Sie setzen sich damit absolut, nur auf andere Weise.

Solche Absolutsetzungen verschließen notwendig voneinander. Dialog aber ist Öffnung und Begegnung, mehr: Er ist Verstehen aus innerer Anteilnahme.

– Welche Voraussetzungen sind für den interreligiösen Dialog notwendig?

– Wir fragen konkret nach der anthropologischen und spirituellen Voraussetzung.

(Von hier an müssen wir leider öfter große Sprünge machen, um zu dem für uns absolut Notwendigen zu kommen. Anm. d. Verf.)

Die spirituellen Voraussetzungen

Ihr Kern liegt in der spirituellen Erfahrung des Göttlichen. Dieser Kern muß von jedem Dialogpartner zunächst in der eigenen Religion gefunden werden. Der Jude teilt in seinem Volk die Erfahrung des Sinaibundes mit Jahwe. Der Christ erlebt das neue Sein in Christus als Kern des neuen Bundes, in dem sich der alte Bund vollendet. Dem Moslem begegnet Allah im geoffenbarten Wort des Koran und sucht die Einheit des Göttlichen in der Einheit mit dem göttlichen Willen. Der Hindu kennt unterschiedliche Erfahrungen des Göttlichen. Seine tiefste ist die Vedantaerfahrung: Tat twam asi, du selber bist das Göttliche. In modernen Heiligen wie Ramakrishna († 1886) oder Ramana Maharishi († 1950) verbindet sich die Advaita (Nichtzweiheit) Erfahrung mit der Liebeshingabe (bhakti) an den persönlichen Herrn (Ishwara). Buddhas religiöse Intuition durchschaut die Aporien des menschlichen Lebens. Im achtfachen Pfad lehrt er den Weg in die Befreiung. Befreiung geschieht in der Erleuchtung. Die Erleuchtung löscht allen Daseinsdurst, alle Begierde nach Existenz. Das Rad der Wiedergeburt steht still. Leersein von allem Bedingten füllt sich in der Nirvanaerfahrung mit der transzendenten Seligkeit des Absoluten.

Vergleichen wir diese Erfahrungen nur von außen, so bleiben sie leere Worte, ohne Verwandlungskraft. Wir gleichen dann dem Blinden. Ein Blinder aber kann nicht sinnvoll über Farben sprechen. Die Farben in ihrer Vielfalt aber verweisen auf das eine Licht. Das Göttliche Licht kann nur mit dem Auge des Geistes geschaut werden. Die christliche Philosophie und Theologie setzt Menschliches und Göttliches zueinander in Beziehung, daß ein paradoxes Verhältnis beide verbindet, ohne sie zu vermischen. Göttliches und Menschliches sind einander ähnlich. Diese lebendige Ähnlichkeit (Analogie) wird aber um so unähnlicher, je ähnlicher sie wird. Gott ist als das absolute Sein jedem geschaffenen Sein mehr inne als das Seiende sich selbst zu sein vermag. Was sich dem Zugriff des Denkens ins Geheimnis entzieht, tritt in Jesus Christus als gottmenschliche Existenz aus dem Geheimnis hervor. Sein Wort und seine Taten, seine gelebte Existenz offenbaren Gott als Vater. Und das Wirken in Auferstehung und Pfingstsendung gestaltet den mystischen Leib des Herrn, die Kirche.

Die christlich-spirituelle Erfahrung erschließt die lebendige Teilnahme an dieser gottmenschlichen Existenz des gekreuzigt-auferstandenen Herrn. Diese Erfahrung ist vielschichtig. Sie reicht vom gläubigen Hören des Wortes der heiligen Schrift über die Wiedergeburt aus Wasser und Geist bis in die Tiefe der

Hingabe am Kreuz auf sakramentale Weise. Sie nährt sich in Gebet und eucharistischem Mahl und erstarkt in der mystischen Erfahrung zur unmittelbaren Gegenwart göttlichen Seins. So bleibt auch die christlich mystische Erfahrung eine verhüllte Offenbarung im Glauben, aber sie vollzieht sich unmittelbar im Kern der eigenen Existenz. Das in der Taufe empfangene göttliche Leben wird Mitvollzug des dreifaltigen Lebens in der Seele des Menschen. Und in dieser Vergöttlichung erreicht die Intensität ein Maß, das den Menschen mehr Gott als Mensch sein läßt, ohne die seinsmäßige Verschiedenheit, die ontologische Differenz aufzuheben.

In dieser Aufgipfelung hebt sich die christlich-spirituelle Erfahrung klar von der spirituellen Erfahrung der anderen Religionen ab. Daß auch in den anderen Religionen echte letzte spirituelle Erfahrungen vorliegen, kann nicht bezweifelt werden. Wir fragen in unserem Zusammenhang nach dem dialogischen Bezug von Menschlichem und Göttlichem, insofern er sich über die spirituelle Erfahrung vermittelt. Das Problem liegt in der Sprachgestalt dieser Vermittlung. An der Sprachgestalt wirken verschiedene Faktoren mit: Geschichte, Dichtung, Philosophie, Weltanschauung, Theologie. Innerhalb des gleichen Kulturraumes lassen sich Unterschiede durch die gemeinsame Überlieferung interpretieren. Wie aber ist es bei verschiedenen Kulturen? Wie bei verschiedenen Religionen? Über welche Vermittlung soll sich die spirituelle Erfahrung interpretieren, ohne sich zu verfälschen? Sehr oft fehlen die adäquaten Ausdrucksmöglichkeiten in einer anderen Sprache. Umschreibungen sind nur Notbehelfe. Sie verändern den Sinn. Im Theorie-Praxis-Verhältnis einer solchen Vermittlung ist es bis heute auch eine offene Frage unter Fachleuten, ob eine spirituelle Erfahrung in einer bestimmten Religion genuin, also unverfälscht, in einer anderen Religion gemacht werden kann. Ich erinnere an die Diskussionen über die Möglichkeit eines »christlichen Zen«. Die einen glauben, die Meditationstechnik des Zen von ihrem Buddhistischen Hintergrund lösen zu können, andere bestreiten dies. Sie berufen sich dabei auf Experten der Tiefenpsychologie wie C. G. Jung.

C. G. Jung weist hin auf die doppelte Rezeption im Bewußtsein und eine andere, entscheidendere Rezeption im Unbewußten. In der Tiefe des Unbewußten erst findet die eigentliche »Verwurzelung« statt. Von daher trägt jede religiöse Tradition ein Erbe von Jahrtausenden in sich, und dieses Erbe lebt im Unbewußten der Gläubigen. Denn spirituelle Erfahrung ist auch wesentlich geformt vom Unbewußten. In der säkularisierten westlichen Kultur ist ein Prozeß der Entwurzelung im Gang seit zwei Jahrhunderten. Heute wird uns dieser Prozeß bewußt. Der einseitige Rationalismus westlicher Theologie und die emotionale Verkümmerung im Religiösen finden in asiatischen Meditationspraktiken eine echte Hilfe. Werden die Meditationspraktiken aber unkontrolliert geübt, bergen sie in sich die Gefahr, den Übenden der eigenen Tradition zu entfremden.

C. G. Jung warnt in anderem Zusammenhang ». . . solche Entwurzelung und Abschneidung neurotisiert die Massen und präpariert sie zur Kollektivhysterie« (Aion, S. 265)*.

---

* »Aion« von C. G. Jung erschien 1951. Also etwa zwanzig Jahre vor der Überflutung der westlichen Welt durch mehr oder weniger »Berufene« der östlichen Religionen.

Trotzdem ist es in Ausnahmefällen möglich, ohne Selbstverlust den inneren Weg der spirituellen Erfahrung einer anderen Religion zu gehen. Dafür sprechen zwei Gründe. Erstens enthält das Unterbewußtsein die gesamte Menschheitsgeschichte, wenngleich es von einer Tradition spezifisch geprägt bleibt. Zweitens enthält das Gesamtbewußtsein das göttliche Sein als tragende Grundlage. Dieses göttliche Sein gibt an sich selber teil, ohne sich zu zerteilen. Es bleibt als solches ganz, in absoluter Einfachheit. In der mystischen Erfahrung tritt es seinerseits in unmittelbaren Erfahrungskontakt mit dem Erleben des Menschen. Dieser Kontakt sprengt das Bewußtsein, weil ein Absolutes in ein Bedingtes einbricht. In der buddhistischen Erleuchtung formt sich daraus ein All-Einheits-Erlebnis von kosmischer Dimension. Sprache vermag es nicht zu fassen. Aber die Existenz des Erfahrenden verwandelt sich daran grundlegend, Sprachbilder wie: »Erwachen«, »Neugeburt«, »Ursprung« markieren die Zäsur dieses Erlebens.

Buddha schweigt grundsätzlich über das Transzendente, weil es nicht aussagbar ist. Der Hinduismus dringt in seiner spirituellen Erfahrung weiter vor. Er kennt das Göttliche unter apersonaler wie personaler Gestalt. Er ordnet im Vedanta jedoch die personale Seite des Göttlichen der apersonalen unter.

[...] Der christliche Mystiker trennt nicht zwischen persönlichem und unpersönlichem Aspekt. Die Gottheit offenbart sich als Vater, Sohn und Hl. Geist. Diese Offenbarung vermittelt uns der historische Jesus. Er zeigt den Vater, vergibt Sünden wie der Vater, ist in allem eins mit dem Vater. Er wird in der Kraft des Geistes auferweckt aus dem Tod und sendet den Geist seinen Jüngern als seine bleibende Gegenwart. Ohne diese Offenbarung in Jesus Christus wäre uns das trinitarische Geheimnis verschlossen geblieben. Die hinduistische Lehre von der Dreiheit als Sein-Bewußtsein-Seligkeit (sat-cit ananda) reicht an das trinitarisch-christliche Geheimnis erstaunlich weit heran. *Dieses Geheimnis öffnet sich in seiner Fülle aber erst im Christlichen.*

Im Blick auf diese drei spezifischen spirituellen Erfahrungen des buddhistisch Absoluten, des hinduistisch Göttlichen und christlich Trinitarischen stehen wir mit letzter Deutlichkeit vor der Frage nach den spirituellen Voraussetzungen eines interreligiösen Dialogs. Eine Vermittlung ist sicher möglich in der Präsenz eines spirituell Erfahrenen. Die Verwandlung seiner Existenz überträgt unmittelbar die Wirkung dieser Erfahrung auf andere. So erkennen sich die Erfahrenen intuitiv. Das hebt die Verschiedenheit der spirituellen Erfahrung nicht auf. Die Reaktion auf diese Verschiedenheit wird in der Regel auch bei den Erfahrenen der Versuch sein, die fremde Erfahrung der eigenen Erfahrung als vorläufig unterzuordnen. Damit wird die fremde Erfahrung gegenüber der eigenen relativiert. Die eigene Erfahrung gilt als Maßstab der fremden Erfahrung. Wenn der Buddhist und Hindu den personalen Aspekt dem apersonalen Aspekt des Göttlichen als vorläufig oder relativ unterordnet, hat dies auch subjektive Gründe. Beide sehen in der Person des Menschen eine Scheinwirklichkeit gegenüber dem Selbst als der absoluten Wirklichkeit. Sie übertragen ihre Deutung der menschlichen Person auf die göttliche Person. Beim Christen ist das Menschen- und Weltbild umgekehrt auch von der Offenbarung mitgeprägt. Um hier einen Schiedsspruch in der verschiedenen Bewertung von personalem und apersonalem Aspekt zu fällen, müßten wir einen Standpunkt über beiden einnehmen. Das ist menschlich nicht möglich. Es ist nur durch freiwillige Selbsterschließung des Göttlichen verifizierbar. Die Annahme dieser Selbsterschließung übersteigt jedoch die menschliche Vernunft. Sie ist nur dem Glauben möglich. Und dieser Glaube prägt dann die Auslegung der christlichen spirituellen Erfahrung ebenso, wie die heiligen Schriften der Hindus ihre Identitätserfahrung prägen. Wie soll aber dann der Dialog geführt werden?

Die Zukunft ist für alle Religionen eine Zukunft des Miteinander, nicht wie bisher eine Situation des Ohneeinander. Bisher laufen die Religionen wie Parallelen nebeneinander. Ihre Vielfalt ist historisches Faktum. Was aber ist der heilsgeschichtliche Sinn dieser Vielfalt innerhalb der Menschheitsgeschichte als Offenbarungsgeschichte des einen Vatergottes, der alle Menschen als seine Kinder schuf? Das ist die entscheidende theologisch-spirituelle Frage für den beginnenden Dialog.

Die christliche Sicht wertet die Auserwählung des israelitischen Volkes als entscheidenden Beginn eines Dialoges Gottes mit den Menschen. Gottes Treue gegenüber seiner Verheißung besiegelte den alten Bund als Beginn und den neuen Bund in Jesus Christus als Vollendung. Diese Vollendung ist im Geheimnis von Tod und Auferstehung ihrerseits der Beginn einer neuen Schöpfung im Hl. Geist, die sich vollenden soll in der Wiederkunft des Herrn am Ende der Zeiten. Diese Geschichtlichkeit alttestamentlicher und neutestamentlicher Offenbarung ist in Jesus Christus *einmalig, einzigartig und darum unüberholbar*. Sie ist Beginn, auf Zukunft hin offen. Diese Zukunft kann nicht so geartet sein, daß sie die Heilsgüter und Geistesoffenbarungen in den anderen Religionen ausschließt. Denn der Geist schafft Einheit, wenn auch in Vielfalt. Die Vielfalt enthüllt gerade durch ihren Reichtum die Unerschöpflichkeit des verborgenen Göttlichen. *Wenn in christlichem Selbstverständnis Jesus Christus das universale Heil für alle Menschen ist, vermittelt durch seine Kirche, dann muß diese Kirche zu einer Universalität sich ausweiten, in der die anderen Religionen ihr Eigenstes als Frucht des Geistes einbringen können. Das verlangt den Wandel von einer europäisch-christlichen Kirche zu einer universalen ökumenisch-katholischen Weltkirche.«*

Dieser Satz ist eine Provokation!

Er wurde in dem nur für ausgesuchte katholische Teilnehmer veranstalteten Seminar, das den verheißungsvollen Titel »Auf der Suche nach den Ansatzpunkten für einen christlichen Dialog mit Buddhisten« führt, wohl als inneres Leitmotiv für diejenigen, die den Dialog leiten sollten, verkündet.

Es ist erschütternd. Meine überwältigende Freude über den Absatz 2 des 2. Vatikanischen Konzils ist dahin. Daß ich vor mehr als einem Jahr diese, nur für die Teilnehmer gedruckten Referate, ohne mein Zutun, in die Hand gedrückt bekam, halte ich für eine Fügung. Umsonst und ohne gelenkte Absicht geschieht derart Wesentliches nicht.

Das obige Referat zu lesen hatte ich mir als letztes aufgehoben, weil ich mich darauf freute. Und nun dieser niederschmetternde Keulen-schlag, der die zu Anfang gepriesenen Thesen des 2. Vatikanischen Konzils in völlig verwandelter Sicht erscheinen läßt.

Viele Tage der Zurückgezogenheit waren nötig, um fähig zu werden, nach diesem unheiligen Manöver einer anderen Weltreligion gegenüber die Sprache wiederzufinden. Schweigen wäre Verrat. Verrat dem Buddhismus und den großen Zen-Buddhistischen Meistern gegenüber, die mir zum Licht der Erleuchtung geholfen hatten und deren Bereitschaft zum Dialog keine »Hintergründe« kennt. Das Wesen derer, die zu kennen ich die Ehre hatte und habe, ist so absolut rein, daß es ihnen einfach unmöglich ist Partner einer Religion, die nach Verbindung mit ihnen streben, anders als unter dem Aspekt der absoluten Wahrheit zu sehen.

Daß es, nach dem obigen Referat, vor allem darum geht, daß sie ihr »Eigenstes als Frucht des Geistes einbringen können« (das Wort »können« klingt verdächtig nach »dürfen«), um schließlich oberho-heitlich einverleibt zu werden, würde ihrem gänzlich unpolitischen, nur der Wahrheit gewidmeten Denken einfach unglaubhaft erscheinen.

Daß die Dekrete des 2. Vatikanischen Konzils einem Notstand der in allen Fugen wankenden Kirche abhelfen sollten, war klar. Trotzdem waren diese Einsicht verkündenden Thesen ein herzerwärmendes erstes Licht im Stockdunkel der bisherigen Taktik der Kirche.

Es ist leider zu befürchten, daß dieses Licht nur als Schein-Licht für eine gewisse Zeit hervortreten soll, denn: Die Kirche beharrt auf ihrer Oberhoheit. Und diese Überheblichkeit anderen Weltreligionen gegenüber ist unerträglich.

Wie schön wäre es, wenn die Christen ein wenig demütiger wären. Seit je nehmen sie in Anspruch die Religion der Liebe, der Nächsten-liebe zu haben. Wo war diese Liebe bei der Ausrottung der Bewohner der Westindischen Inseln? Wo war sie bei der Ausrottung der nord- und südamerikanischen, hochkultivierten Völker? Die Greuel dieser »Nächstenliebe« spotten jeder Beschreibung. Man lese die Berichte des Dominikaners Las Casas. Wo blieben Liebe und Nächstenliebe bei den unvorstellbaren Martern der Inquisition – um nur die prägnantesten Beispiele unserer (von uns) gepriesenen Nächstenliebe zu nennen, die es wagt sich über andere zu erheben. Im gegebenen Falle über den Buddhismus.

Diese friedfertigste aller Religionen hat nicht einen einzigen Glauben-

Eroberungskrieg geführt, und sogar die Auseinandersetzungen mit dem kaiserlichen Shintoismus im Jahre 552 in Japan verliefen friedlich und in gegenseitiger Achtung bis zum heutigen Tage.

Auch die Achtung vor der Religion des anderen ist im Zen-Buddhismus einzigartig. Als der große Rôshi mich in seinen Tempel und das Mönchskloster als erste Frau aus dem Westen aufnahm, da fragte er nicht, welcher Konfession ich angehöre, geschweige, daß er verlangte mich von ihr zu lösen. Das einzige, was erwartet wurde, war an der vom Meister gestellten Aufgabe zu arbeiten und mit der mönchischen Disziplin in Einklang zu leben. Diesen erschütternden Weg, begründet durch gegenseitiges tiefstes Vertrauen, schildert mein Buch »Der Meister, die Mönche und ich – im Zen-Buddhistischen Kloster«. Toleranz und Hochachtung dem religiös anders Gearteten gegenüber erscheint mir als der ehrfürchtigste Dienst, den wir alle dem Ewig-Einen in demütigem Erkennen zu leisten hätten. Das Beispiel dafür gibt *Zen*.

Das oben erwähnte Seminar fand im März 1979 statt. Anfang September kamen dann dreißig, den verschiedenen Zen-Buddhistischen Schulen angehörende Mönche aus Japan, um in den dafür vorgesehenen benediktinischen Klöstern mit dem christlichen Mönchsleben vertraut zu werden.

»Sie waren unerhört diszipliniert«, sagte Prior von Severus auf meine diesbezügliche Frage. »Sie wohnten auch allen Gottesdiensten bei, obwohl sie natürlich kein Wort verstanden.« Das ist es. Wie soll ein Dialog zustande kommen, wenn einer des anderen Sprache nicht versteht? Da kann es doch, selbst wenn äußerst gewandte und sichere Dolmetscher vorhanden sind, nur beim Anschauungsunterricht bleiben. Dolmetscher vermitteln das Notwendige. Aber das Wesen eines Gott geweihten Lebens in einer anderen Religion – dem zeitlich Gebundenen – auch nur annähernd zu vermitteln, scheint hoffnungslos, wenn man von wenigen europäischen Missionaren absieht, die ein Leben lang z. B. in Japan gelebt haben.

Das Tiefste des inneren Erlebens läßt sich auch in der eigenen Muttersprache kaum ausdrücken, höchstens umschreiben. Gespräche, Dialoge, Disputationen sind bisher für die fernöstlichen Sprachen nur unter sprachgewaltigen Partnern denkbar. Und dann ist noch nicht sicher, ob man sich geistig versteht. Ein Gelehrter muß nicht die Erfahrungen eines Gottsuchers haben. Und umgekehrt: Die »Erfahrenen« wissen, daß sie nur von in gleicher Weise »Erfahrenen« verstanden werden können. Unter denen aber bedarf es keiner Worte. Man versteht sich im Schweigen. Alles braucht seine Zeit. Und viel, viel Geduld ...

Im Frühsommer hatte ich vom Myoshinji Tempel in Kyoto, wie anfangs erwähnt, die Nachricht bekommen, daß Rôshi sama Mumon demnächst nach Deutschland kommen werde. Aber viele Wochen lang zog sich die Entscheidung hin, ob der Rôshi wirklich kommen würde. Mönche werden einfach beordert. Aber bei einem geistlichen Oberhaupt spielen nicht nur geistliche sondern auch politische Erwägungen eine Rolle. Noch am 28. August hieß es aus Kyoto, daß alles noch ganz ungewiß sei. Aber am 10. September erhielt ich die Nachricht: Rôshi sama kommt!

Gütigerweise ließ sich der Prior von Maria Laach telefonisch sofort von mir sprechen, und da er den Rôshi am 20. September erwartete, verabredeten wir ein Gespräch für den Nachmittag des 19. September. Mit großer Wärme und Herzlichkeit versprach mir Dr. von Severus alle Hilfe für die Begegnung im Kloster mit meinem Meister, der von seinem obersten Mönch begleitet sein würde. Am 20. früh überbrachte ich dem Bruder Pförtner Geschenke für den Rôshi und seinen Mönch. Sie wurden, nach einem Non-stop Flug von Tokyo nach Paris mit Umsteigen nach Köln und Autofahrt von dort bis nach Maria Laach, am späten Nachmittag erwartet. Der folgende Tag war für den erschöpften Rôshi als Ruhetag vorgesehen.

Als ich am nächsten Vormittag, dem feierlichen Anlaß entsprechend gekleidet, eine Viertelstunde vor dem vom Prior vorgesehenen Termin das Besuchszimmer betrat, waren dort bereits ein Dolmetscher und zwei japanische Kameraleute anwesend, die weder deutsch noch englisch sprachen und von dem Dolmetscher ganz genau wissen wollten, wer diese Frau war, die von dem Zen-Rinzai-Oberhaupt privat empfangen wurde und in welchem Verhältnis sie zu ihm stand.

In mir war alles ganz still. Keine Überlegung darüber, wie sich das Wiedersehen nach so vielen Jahren wohl gestalten könnte. Nichts. Nur das Herz war wach. Als dann plötzlich die Tür aufging und die vertraute Gestalt stillstand (wie immer mit dem durchsichtigen hellbraunen Überwurf über dem weißen Gewand bekleidet) und zu mir herüberschaute, da waren die Jahre entschwunden. Mit einem jubelnden »Rôshi!« ging ich, dem alten Zeremoniell entsprechend, zu Boden. Er setzte sich, ich kniete vor ihm und er streichelte lange liebevoll meinen Kopf.

Als die Kameras klickten, fuhr ich zusammen. »Ja, die verfolgen mich auf Schritt und Tritt«, sagte der Rôshi, mit einem kleinen, gutmütigen Seufzer. Die Welt war wieder da.

Jetzt sahen wir einander in die Augen. Es brauchte nichts gesagt zu werden. Wir waren Eins. Das, was von einem zum anderen übersprang und sich vereinte, bedurfte keiner Worte.

Was ist Glück? Ein Ewigkeitsaugenblick. Hier war er. – Als ich endlich aufstand, wurde mir erst bewußt, daß hinter dem Rôshi sein Mönch stand, der selber bereits Meister war. Als ich freudig auf ihn zuging, da schloß er mich einfach fest in die Arme. Die Kameras klickten, denn das, was sich da vor ihren Augen abspielte, war gänzlich unjapanisch.

Man berührt sich nicht. Man verneigt sich und legt die (eigenen) Hände zum Gruß ineinander. Was nun aber die ehrfurchtsvolle Begrüßung eines geistigen Oberhauptes durch einen Besucher betrifft, so wird sie von ihm lediglich durch ein Neigen des Kopfes erwidert. Hier und heute war alles aufgehoben. Nach der Umarmung breitete Nan san (der Mönch) die für mich mitgebrachten Geschenke auf dem Tisch aus, deren Schönstes ein großes, vom Rôshi mit Tusche gezeichnet-gemaltes Bild-Zeichen des Welt-Einen war.

Unser in Englisch geführtes Gespräch wandte sich einem Wiedersehen im Myoshinji zu, das der Rôshi lebhaft begrüßte. Als ich nach verschiedenen, mir von früher wohlbekannten Mönchen fragte, rief er strahlend: »Alle sollen kommen, um dich zu begrüßen, wenn du bei uns bist.« Denn es ist üblich, daß fortgeschrittene Mönche in andere Klöster geschickt werden, um zu lehren oder zu empfangen. Auch wenn in einer Hochburg des Zen die zu leistende geistige und körperliche Arbeit einem Mönch zu schwer wird, kann er dorthin versetzt werden, wo weniger verlangt wird.

Die uns vergönnte halbe Stunde war wie im Nu entschwunden, das Läuten einer Glocke mahnte zum Aufbruch. Als der Rôshi und ich uns vor der Tür gegenüber standen, begab sich etwas, was sich der Sprache entzieht. Man könnte es vielleicht als ein über irdische Begriffe hinausgehendes Geist-Lieben bezeichnen, wenn es für Unerklärliches überhaupt eine Bezeichnung gibt.

Am Nachmittag wohnte ich der Führung für den Rôshi durch die Abtei bei, die ein wenig ermüdend war. Bewundernswert war der junge, deutsche Dolmetscher, dessen Japanisch so fließend, umfassend und pausenlos reagierend war, daß er nicht einmal bei den langweiligsten Beschreibungen kostbarer Stickereien am Altar der Krypta eine Denkpause einlegen mußte. Ich war leider innerlich etwas ungeduldig, weil ich fand, daß solche Dinge nebensächlich waren, wenn es um die Suche nach den Möglichkeiten eines Einvernehmens im Göttlichen ging. Am nächsten Tag war ich beim Hochamt, dem der Rôshi und Nan san, feierlich zu den Altarsitzen geführt, beiwohnten. Zum ersten Male empfand ich ganz bewußt das Verschiedensein zweier Welten, die das Gemeinsame suchten. Das Nichts in der einfachen, aber wunderbar gestalteten Zen-Halle, das unmittelbar vom Ewigen erfüllt werden konnte, weil da eben nichts war, an das der Sucher sich hätte halten können, während bei uns, hinter dem Pomp, Gott erst gesucht werden mußte. Es sind zwei total verschiedene Wege, auch im zelebrierten Gottesdienst. Dem wahrhaft »Ergriffenen« erwachsen da in der »Verehrung an sich« keine Schwierigkeiten, wenngleich der Unterschied zunächst – sicherlich beiderseits – schwer zu verkraften ist.

Am nächsten Vormittag, dem 23. September, war der zwei Tage und drei Nächte währende Besuch des Rôshi in der Benediktiner-Abtei Maria Laach beendet. Mir wurde telefonisch mitgeteilt, daß er mich im Taxi von meinem Hotel abholen würde. So fuhren er, Nan san und ich an einem schönen Herbstmorgen zusammen nach Koblenz um von dort mit dem Intercity in Richtung Augsburg–München weiterzufahren. Sein »Gefolge« erwartete uns auf dem Bahnsteig. Der Rôshi, Nan san und ich hatten ein reserviertes Abteil, der Dolmetscher kümmerte sich um die Unterbringung des »Gefolges«.

Der unsagbar übermüdete Rôshi saß am Fenster und schlief sofort ein. Aber als der Rhein im Sonnenlicht aufblitzte, weckten wir ihn. Hingerissen von der einmaligen Schönheit der Landschaft, die der Zug durcheilte, murmelte er immer wieder: »Wundervoll.« Und das war es auch, denn das Sonnenwetter schenkte Strom und Bergen mit Burgen und Schlössern den Zauberglanz, für den dieser Erdenfleck weltberühmt ist. Gleich danach schlief er wieder ein. Einige Minuten bevor der Zug in Augsburg halten würde, weckte Nan san den Rôshi, der in der Benediktiner-Abtei St. Ottilien bei Augsburg für einen Tag zu Besprechungen und Besichtigungen erwartet wurde, um dann am 25. nach Rom, wo ein Zusammentreffen mit dem Papst vereinbart war, weiterzufliegen.

Der schmale Körper des Rôshi wurde vom Geist getragen, der ihn, sogar für meine Augen sichtbar, durchleuchtete. Wie hätte er sonst leisten können, was ihm an geistiger und körperlicher Wachheit immerwährend abverlangt wurde? Sein Irdisches war wirklich nur ein Hauch. Aber dieser Hauch war durchtränkt von der Kraft des Geistes.

Nan san ging taktvoll zur gegenüberliegenden Fensterseite, um mich die letzten Minuten mit seinem Herrn allein zu lassen. Als ich vor ihm kniete, nahm der Rôshi meine beiden Hände und sagte in tiefem Ernst: »Wir müssen weiter – weiter. Du weißt es.« Nach einer kleinen Pause durchbrach dann die alles überwindende Heiterkeit seines Wesens den Schmerz des Abschieds. Er deutete mit dem Finger auf sich und scherzte lächelnd: »Ich werde neunundneunzig Jahre alt.« Dann packte er meinen Kopf: »Aber du, du wirst hundert!«

Wir lachten, sahen einander in die Augen und wenige Augenblicke lang war Ewigkeit.

Als der Zug hielt, umarmte mich Nan san. Dann half er dem Rôshi beim Aussteigen. Gleich darauf rückte der Zug an, zum Weiterfahren.

Nie, so lange dieses Leben währt, wird mein Herz den Anblick vergessen können, der sich ihm jetzt bot: Die schmale Gestalt im lichten Gewand auf dem Bahnsteig, neben ihr die hohe, festgebaute im dunklen Mönchskleid und beide, mit erhobenen Händen, winkend ... winkend ...

Dann blieb Schweigen.

Erst Monate später fiel mir auf, daß ich den Rôshi während der stundenlangen Fahrt im Zug mit keinem Wort nach seinen Eindrücken im christlich-katholischen Maria Laach gefragt hatte. Das war natürlich gänzlich unwestlich. Es war *Zen*. Denn: Wichtig war in der gegebenen Zeit nur, daß der Roshi ruhte – nicht daß ich etwas erfuhr. Auch ist mir klar, daß seine Antwort nichts als ein leises Kopfschütteln und Schweigen gewesen wäre.

»Nicht ›ja‹ und nicht ›nein‹. Es gibt nur das Eine.« Das ist nicht etwa so etwas wie »Toleranz«, es ist gelebte *Erfahrung*. Es ist die höchste Erleuchtung, Satori: Den anderen gelten lassen, so wie er ist.

Warum, könnte man fragen, ist dieses Zen-Oberhaupt dem Rufe nach »gegenseitigem Kennenlernen« überhaupt gefolgt? Denn gleicherweise wie christliche Patres den Buddhismus in seinen Grundlagen kennen, kennen buddhistische Priester das Christentum. Seine Reise war ein Opfer für den »Zeitgeist«. Sie vollzog sich in letzter Schlichtheit, ohne Pomp, nicht anders, als wie er die ostasiatischen buddhistischen Länder besucht – mit einem einzigen Mönch als Begleitung und ohne roten Teppich.

Wenn ich jetzt den Aufwand bedenke, der z. B. dem christlichen Oberhaupt 1980 bei seinem Besuch in Deutschland bereitet wurde, der Millionen über Millionen verschlang – was das Oberhaupt wohl als angemessen empfand, denn sonst hätte es sich diesen Aufwand wohl verbeten –, dann erst wird der himmelweite Unterschied zwischen dem Zen-Buddhistischen Geist des »Nichts« auch im Äußeren, und dem christlichen Geltungsbedürfnis – wo immer es auftritt – voll sichtbar. Trotz allem, was dazu zu sagen auf der Zunge brennt – schweigen im Sinne des Zen ist besser.

Dennoch: Wir dürfen die Augen nicht davor verschließen, daß die durch Papst Paul VI. während des 2. Vatikanischen Konzils weit geöffneten Pforten für den mit großer Freude begrüßten interreligiösen Dialog sich behutsam und vorsichtig, hinter dem Mantel der neuen päpstlichen Diktatur, wieder zu schließen beginnen.

Deshalb sei abschließend an die Worte erinnert, die in dem Seminar »Zur Vorbereitung für den Dialog mit buddhistischen Mönchen« in St. Augustin gefallen sind:

»Wenn in christlichem Selbstverständnis Jesus Christus das universale Heil für alle Menschen ist, vermittelt durch seine Kirche, dann muß diese Kirche zu einer Universalität sich ausweiten, in der die anderen Religionen ihr Eigenstes als Frucht des Geistes einbringen können.

Das verlangt den Wandel von einer europäisch-christlichen Kirche zu einer universalen ökumenisch-katholischen Weltkirche.«

Also wieder: *Macht!* Der Wunsch nach Macht. Vorläufig nicht mit dem Schwert in der Hand, sondern mit vorsichtigem Abtasten vor der tödlichen Umschlingung.

Noch ist es nicht so weit. Dem Ewigen sei Dank. Hoffen wir, daß dieser durch uns Menschen aus den Fugen geratene Stern endlich zur Besinnung komme, auf daß wir trotz aller – *von Gott gegebenen* – Verschiedenheit uns verstehen und einander lieben lernen. Er gab die Verschiedenheit, und wenn Er sie gab, dann doch wohl deshalb, daß wir Ihn endlich in seiner ganzen Fülle anerkennen und ehren lernen mögen.

Schauen wir unentwegt in unser eigenes Innere. Aber dann wenden wir den Blick nach außen. Und wenn wir *recht* geschaut haben, dann war da in uns und außer uns nichts als Gott. An keinem Ort, an keinem Platz auf dieser Erde ist Er zu verfehlen.

Wir brauchen nicht einmal zu suchen. *Er ist da.* Allzeit gegenwärtig da. Stecken wir das Schwert in die Scheide. Erkennen wir liebend Ihn und uns in Ihm.

Dann haben wir Frieden.

Dezember 1980   Gerta Ital

INHALTSVERZEICHNIS

Weitere Bücher von Gerta Ital:

Der Meister, die Mönche und ich.
Eine Frau im Zenbuddhistischen Kloster.
(O. W. Barth Verlag)

Meditationen aus dem Geist des Zen.
Die große Umwandlung zur Selbstbefreiung.
(Walter Verlag)

Qualität statt Quantität – Aufbruch zu einem neuen Denken

520 Seiten / Leinen

Der bekannte Physiker und Heisenberg-Schüler Capra gibt uns das geistige Rüstzeug, um die Herausforderungen der Zukunft zu bewältigen.

Ein neues Denken, das zu einem Wendepunkt für uns und diesen Planeten führen kann.

Ein Buch, das den Lebensnerv unserer Zeit trifft.

GOLDMANN VERLAG

Thorwald Dethlefsen

Schicksal als Chance
Das Buch gibt Auskunft über alle
grundsätzlichen Fragen der
Astrologie, der Homöopathie
und der Reinkarnation. Durch
die Konfrontation mit diesem
Urwissen erhält jeder Mensch die
Chance, sein Schicksal zu verstehen und es zu nutzen.
11723

Das Leben nach dem Leben
Thorwald Dethlefsen ist es gelungen, Menschen in Hypnose in
frühere Leben zurückzuführen
Und sie aus diesen Leben erzählen zu lassen.
11748

Das Erlebnis der Wiedergeburt
"Die Lehre der Wiedergeburt ist
ein Wendepunkt in der Geschichte der Menschheit." (Nietzsche)
11749

GOLDMANN VERLAG

Esoterik

ESOTERIK

Dr. Joseph **MURPHY**
LEBEN IN HARMONIE

Der Kosmos: Die unversiegbare Quelle Ihrer Kraft

11751

ESOTERIK

JOHN BLOFELD
Selbstheilung durch die Kraft der Stille

Leicht erlernbare Übungen zur Erlangung von körperlicher Gesundheit, psychischer Stabilität und Kreativität mit Hilfe altbewährter östlicher Meditationsmethoden.

11752

ESOTERIK

Jiddu Krishnamurti
Fragen und Antworten und sein Gespräch mit Prof. David Bohm über das Erwachen der Intelligenz

11753

ESOTERIK

SATPREM
DER MENSCH HINTER DEM MENSCHEN

Ein Mann auf der Suche nach den letzten Geheimnissen der menschlichen Existenz – die Erfahrung einer inneren Entwicklung. Mit einem Vorwort von Georg Stefan Troller

11754

ESOTERIK

Dr. Joseph **MURPHY**
Die kosmische Dimension Ihrer Kraft

Positives Denken im Einklang mit dem Universum des Geistes

11755

ESOTERIK

JOAN HALIFAX
Die andere Wirklichkeit der Schamanen

Erfahrungsberichte von Magiern, Medizinmännern und Visionären. Die Wiederentdeckung uralten Wissens von den Kräften der Natur.

11756

ESOTERIK

Kurt ALLGEIER
Du hast schon einmal gelebt

Wiedergeburt? Erinnerungen in der Hypnose

11717

ESOTERIK

Thorwald DETHLEFSEN
Das Leben nach dem Leben

Gespräche mit Wiedergeborenen

11748

GRENZWISSENSCHAFTEN ESOTERIK

ERHARD F. FREITAG
Kraftzentrale Unterbewußtsein

Der Weg zum positiven Denken Mit einem Vorwort von Dr. Joseph Murphy

Bereits in der 15. Auflage

11740

BÜCHER FÜR DEN WEG

MACLAINE
SHIRLEY

SHIRLEY
MacLaine
Tanz im Licht